FLENSBURGER HEFTE

Märchen

Liebe Leserinnen und Leser!

“Ich weiß, ja ich weiß, was Dir fehlt: ein Mann, der Dir keine Märchen erzählt”, so heißt es in einem Schlager der fünfziger Jahre. Zweierlei ist erforderlich, damit ein derartiger Refrain “durchschlagen” kann. Erstens muß jedes Kind wissen, was Märchen sind, und zweitens muß allgemeine Ansicht sein, daß Märchen Geschichten sind, die wenig mit Wahrheit zu tun haben. “Erzähl mir doch keine Märchen!” ist dann fast gleichbedeutend mit “Lüg doch nicht!” Das kann man als Ausdruck eines Denkens verstehen, das ganz auf die diesseitige Welt gerichtet ist. In den letzten Jahren hat sich die Einstellung zu Märchen und Märchenhaftem gewandelt. Sie erleben eine Renaissance und werden nicht nur aus literarischem Interesse gelesen, sondern auch Psychotherapeuten, Theologen und Pädagogen haben sie für sich entdeckt. Aus diesen verschiedenen Fragestellungen ergeben sich unterschiedliche Sichtweisen auf die Märchen. Allen gemeinsam ist, daß sie die Märchen als wahr oder wichtig - nicht nur für Kinder - ansehen.

Aus der Fülle des Möglichen haben wir für dieses Heft folgendes ausgewählt: In den beiden ersten Interviews geht es von zwei verschiedenen Standpunkten aus betrachtet um die religiösen Dimensionen des Märchens; betont Peter Heidrich die Beziehungen zum Gebet, so geht es Heino Gehrts um die Verwandtschaft mit dem Schamanentum. Anschließend gibt Rudolf Geiger Einblick in die Märchenbetrachtung auf der Grundlage der Anthroposophie. Der Umgang mit Märchen in der Therapie wird von der Erzählerin Annemarie Geiger und dem Psychiater Erich Franzke geschildert. Marietta Biermann gibt einen Überblick über die psychologischen Anschauungen von Märchen in den letzten Jahren. Die beiden folgenden Interviews widmen sich der Verbreitung der Märchen: Arnica Esterl spricht über das Märchenerzählen und die Arbeit in Elternseminaren zum Thema Märchen, Anneliese Metzig-Brusberg über Marionettenspiel und Bilderbühne.

Anschließend haben wir Interviews und Artikel zu verschiedenen Aspekten zusammengestellt: Ernst-Martin Krauss blickt als Richter und Anthroposoph auf die Gerechtigkeit im Märchen. Ludwig Denecke erzählt aus dem reichen, nicht nur den Märchen gewidmeten Leben der Brüder Grimm. Ursula Heindrichs hat einen Artikel über die Verwendung märchenhafter Elemente in der modernen Literatur geschrieben sowie eine Kurzdarstellung der Europäischen Märchengesellschaft, deren Präsidentin sie ist. Gudrun Hofrichter schreibt über Farben im Märchen. Zum guten Schluß ein gutes Märchen: Johannes Stüttgen spricht anhand einiger Skizzen über “Hans im Glück”.

Es grüßt Sie
Ihre
FLENSBURGER HEFTE-Redaktion

Aus dem Inhalt:

Anmerkung:

Die GA-Nummern in den Zitatangaben zu Zitaten Rudolf Steiners in einigen Beiträgen dieses Heftes beziehen sich auf die jeweilige Bibliographie-Nummer der Rudolf Steiner-Gesamtausgabe im Rudolf Steiner-Verlag, Dornach/Schweiz. In der Regel sind danach das Erscheinungsjahr der benutzten Ausgabe, das Vortragsdatum und dann die Seitenzahl angegeben, von der Autor- und Titelnennung wurde abgesehen. Nach Bibliographie-Nummern geordnet ist die Rudolf Steiner-Gesamtausgabe im Katalog des Rudolf Steiner-Verlages aufgeführt. Der Katalog ist durch den Buchhandel erhältlich.

Märchen und Religion

INTERVIEW MIT DR. PETER HEIDRICH

von Annegret Kühl

Dr. Peter Heidrich, *geboren in Stettin, Abitur in Schwerin, Studium der Theologie und Sprachwissenschaft in Rostock. Dort zunächst Assistent in der Meister-Eckhart-Edition, später Unterweisung in Alten Sprachen und Religionsgeschichte. Kollegthemen: asiatische Religionen, Märchen, Zahlen, Goethes Faust, Dante.*

Was veranlaßt einen evangelischen Theologen, sich mit Märchen zu beschäftigen und Vorträge darüber zu halten? Luther kämpfte für eine gedanklich faßbare Religion. Die flutende Bilderwelt der Märchen, in der nichts begrifflich festgelegt ist, steht dem zunächst fremd gegenüber. Gibt es trotzdem Verbindungen zwischen evangelischer Theologie, Glaubenserfahrung und Märchen?

In den letzten Jahren haben Märchen erneut Aufmerksamkeit, auch von Theologen, erfahren. Das war nicht nur in der BRD, sondern auch in der DDR der Fall. So schrieb Dr. Peter Heidrich mehrere Sendungen für Radio DDR, in denen er sich mit Märchen, insbesondere mit ihren religiösen Dimensionen, befaßt.

Annegret Kühl: Sie haben in den letzten Jahren für Radio DDR mehrere Sendungen zum Thema Märchen geschrieben, unter anderem über "Das tapfere Schneiderlein". Welche Rolle haben Märchen in den letzten vierzig Jahren in der DDR gespielt?

Dr. Peter Heidrich: In den ersten Jahren nach dem Krieg sind die Märchen hier offiziell nicht geschätzt worden. Sie paßten nicht in das ideologische Schema. Sie galten als wirklichkeitsfremd und als verführerisch für die Kinder. Offiziell durften sie keine Rolle spielen und wurden abgelehnt. Dann hat sich aber herausgestellt, daß das Bedürfnis nach Märchen in der Bevölkerung nicht abzustellen und zu beseitigen war. Wenn zum Beispiel der Artia-Verlag aus Prag mit seinen großformatigen illustrierten Märchenbüchern in den Buchhandel kam, war jedes Mal zu bemerken, daß die Bücher nach wenigen Tagen vergriffen waren. Grimms Märchen sind hier mehrfach, unter anderem im Aufbau-Verlag, aufgelegt worden, aber wenn man in den Buchladen ging, war nichts zu bekommen. Die Märchenbücher waren im Nu "weg wie warme Semmeln".

Dann hat sich eine Reihe von Schriftstellern für die Märchenliteratur eingesetzt. Da ist besonders an Franz Fühmann zu erinnern, der in einer Zeit, in der das hier nicht gewünscht war, die mythischen Dimensionen für sich ganz persönlich entdeckte. Das war sicher ein Erkenntnisweg, nachdem er in der Sowjetunion vom Hitler-Jungen zum überzeugten Marxisten geworden war und dann im Laufe der Zeit als Künstler selbständig etwas entdeckt hat, was ihn persönlich anging. Daraufhin machte er in der Literatur auf Mythisches aufmerksam. Er war ein unabhängiger Mann, der es sich nicht nehmen ließ, in kirchlichen Einrichtungen, in denen geistesgestörte Kinder betreut wurden, zum Beispiel in Fürstenwalde bei Berlin, Märchen zu erzählen. Er hat darüber ein Buch geschrieben, wie er mit diesen geistesgestörten Kindern umging, und ihnen "Märchen auf Bestellung" geschrieben (so heißt ein Buchtitel). Außerdem hat er Gedichte geschrieben, in denen er seine Erfahrungen mit Märchen beschreibt. Diese Gedichte sind so schön, daß ich bei manchem Vortrag auf das eine oder andere davon zurückgreife. Ganz klar ist dabei, daß die Richtung der Märchen ins Wesentliche geht, und der Abstieg ins Wesentliche macht dem Menschen auch Angst, die er aushalten muß, sonst kommt er nicht in diese wesentlichen Bereiche. Fühmann ist ein ganz wichtiger Mann, der immer wieder auf die Bedeutung der Märchen aufmerksam gemacht hat.

Dann hat es auch andere Autoren gegeben, die alte Märchen aufgegriffen und zum Teil weitergedichtet haben. Da ist beispielsweise Günther Kunert zu nennen. Er hat - als er noch in der DDR lebte - unter anderem das Dornröschen-Märchen in einer bezeichnenden Weise umgedichtet. Er läßt den Prinzen in das Schloß kommen. Als er oben in das Turmstübchen kommt, liegt eine uralte Frau darinnen, der der Speichel aus dem Mund läuft und bei der die blauen Äderchen an den Schläfen bereits zu sehen sind, eine über Hundertjährige. Sie hat zwar geschlafen, aber sie ist nicht jung geblieben. Das ist der Ausdruck einer ganz tiefen Lebensenttäuschung. Das, was das Märchen eigentlich verkündet, hat sich nicht eingestellt, man ist enttäuscht worden. Hinter der Dornenhecke ist die Zeit nicht stehengeblieben.

Rainer Kunze zum Beispiel hat das Schneewittchen-Märchen umgedichtet. Die Königin hat bei ihm nicht in den glühenden Pantoffeln getanzt, sondern hat versucht, alle Spiegel im Lande zu zerstören. Das ist ihr natürlich nicht geglückt. Das sind alles Literaturstücke, in denen man als Leser in die Welt des Märchens mitgenommen wird.

A.K.: Muß man nicht sogar die Märchen als bekannt voraussetzen, wenn man sie in einer solchen Weise, wie Sie es eben beschrieben haben, umdichtet?

P. Heidrich: Sicher. Dann hat es auch Versuche gegeben, neue Märchen, sozialistische Märchen, zu schreiben.

A.K.: Geht das?

P. Heidrich: Man hat es versucht, und es stellte sich dann heraus, daß die Bilder immer wieder die alten sind, die uralten Bilder, die ganz tief in der Seele schlummern, wobei dann lediglich die Fassade neu aufgemacht wurde. Ich glaube, daß auch diese Märchen, die dann manchmal etwas vordergründige Aussagen treffen, dazu beigetragen haben, daß die Märchen selbst wieder stärker ins Bewußtsein getreten sind. Ich habe bei meinen vielen Reisen zu Vorträgen oft hinterher mit Menschen gesprochen und eigentlich nur ein einziges Mal erlebt, daß ein junger Wissenschaftler (in Jena) etwas konsterniert fragte: "Warum reisen Sie eigentlich mit so etwas Überholtem herum?" Das ergab dann natürlich ein sehr fruchtbares Gespräch. Ich habe sonst immer den Eindruck gehabt, daß die Hörer ein ganz unmittelbares Verhältnis zu den Märchen haben. Wenn man einige Hinweise gibt, wie etwas zu verstehen ist, begreifen sie sofort und sind mittendrin.

A.K.: Wenn man die Ausgaben der Märchen der Völker aufschlägt, die in den letzten Jahren in der DDR herausgekommen sind, so findet man im Vorwort häufig den Hinweis, daß die Märchen einem auch die Geisteshaltung eines fremden Volkes nahebringen können. Haben die Märchen sozusagen der Völkerverständigung gedient?

P. Heidrich: Grundsätzlich ja. Der Artia-Verlag in Prag hat sich immer darum bemüht, Märchen aus allen Völkern und Kulturen bekanntzumachen. Aber auch wissenschaftliche Ausgaben, etwa aus dem Akademie-Verlag, haben sich darum bemüht, die Märchenüberlieferungen verschiedener Völker zu verbreiten. Das hat sicher dazu beigetragen, etwas von der Geistigkeit und der Seelenhaltung anderer Völker zu verstehen.

Jeder ist berufen, ein König zu werden

A.K.: In der Sendung über das Märchen "Das tapfere Schneiderlein" sagen Sie, daß das Märchen dazu anregt, die eigene Individualität zu entwickeln, die eigene freie Individualität, die sich nicht so leicht gefangennehmen läßt. Sie sagen, daß das Schneiderlein in verschiedener Hinsicht ein wirklich freier Mensch sei. Inwiefern können die Märchen zur Entwicklung der Individualität anregen?

P. Heidrich: Das Problem der Eigenständigkeit wird uns Menschen bewußt, wenn uns klar wird, wie sehr wir im Banne anderer stehen, anderer Menschen, anderer Mächte, der öffentlichen Meinungen, daß wir also nicht selbst leben, sondern von irgendwoher gelebt werden. Wenn einem das bewußt wird, steht man vor der Frage, ob man resigniert und sagt: "Das ist halt so. Wir unterliegen politischen, gesellschaftlichen und technischen Zwängen. Die Zeiten sind halt so", oder ob man ganz tief in sich entdeckt: Ich bin eigentlich ein verwunschener Prinz, oder: Ich bin dazu berufen, ein König zu werden und eine Prinzessin zu gewinnen. Das heißt ja doch, selbständig zu sein, selbst zu leben. Die Märchen drücken das in diesem Bild als ein Angebot und einen Impuls aus. Sie drücken es so aus, daß ich diese in mir schlummernde Wirklichkeit entdecke, wecke und stärke. Daß es nicht immer das einfachste von der Welt ist, selbständig zu sein, daß Freiheit auch den Aspekt der Einsamkeit, des Alleinseins in sich birgt, darüber lassen die Märchen keinen Zweifel.

A.K.: Wie erklären Sie sich, daß das Bild des Königs auch in einer Gesellschaft, die keine Monarchie ist, den Menschen unmittelbar zugänglich ist?

P. Heidrich: Der König im Märchen ist ja keine gesellschaftliche Funktion, sondern ein Urbild einer selbständigen, weisen Persönlichkeit. Er trägt eine Krone, weil er von Welten über sich Impulse empfängt. Darauf ist die menschliche Seele eigentlich angelegt. Darum schlummern diese Bilder, d.h. aber auch diese Möglichkeiten, in ihr. Daß es bei vielen Menschen als Neugier erscheint, daß man in Illustrierten und im Fernsehen königliche Hochzeiten, wo es sie in der gesellschaftlichen Wirklichkeit noch gibt, gerne betrachtet, hängt - denke ich - auch damit zusammen, daß es eigentlich ein Bild ist, es ist eine Seelennot nach der Gestalt, die Vorbild ist. Ich habe jedenfalls festgestellt, daß es auch bei den Kindern und Jugendlichen, die hier bei uns aufgewachsen sind, überhaupt gar kein Problem ist, die Gestalt des Königs zu erfassen. Es ist auch in Weihnachtsmärchen, wie sie im Theater aufgeführt werden, nie versucht worden, die Königsgestalt durch republikanische Figuren zu ersetzen, weil offenbar jeder spürt, daß es nicht geht. Es muß eine herausragende Person sein, von der ein bestimmter Glanz ausgeht.

Märchenbilder sind prägnant

A.K.: Sie sagten, daß jeder den König in sich trägt, also diese Möglichkeit der Selbständigkeit. Ernst-Martin Krauss (*siehe das Interview in diesem Heft,* Red.) nennt es die Erfahrung des Souveräns, des Souveränseins. Ist es für heutige Menschen nicht leichter, das Souveränsein als Lebensziel zu akzeptieren als das Königtum?

P. Heidrich: Das ist möglich, aber mit dem Wort König verbindet sich eine starke Bildhaftigkeit, die sich bei dem Wort "Souverän" nicht einstellt. In der Märchenwelt wird Sprache in ihrem eigentlichen Sinn, in ihrem ursprünglichen Sinn wirksam, nämlich als ein großes Bildergeschehen. Manchmal habe ich den Eindruck, daß sich die Sprache, wenn sie begrifflich wird, nur auf einer Oberfläche bewegt. Man versucht, sich genau abzugrenzen gegen benachbarte Begriffe. Man versucht, präzis zu sein.

Märchenbilder hingegen, Bilder der poetischen Sprache überhaupt, sind prägnant. Das Wort 'prägnant' benutzen wir zwar gern im Sinne von 'treffend', aber es ist ein lateinisches Wort, das eigentlich 'schwanger, trächtig' heißt. Das ist mir sehr wichtig: ein Märchenbild ist schwanger. Darin ist ein Leben verborgen, das ich schon spüre, das sich schon rührt und das ans Tageslicht will, ich weiß aber noch nicht, wie es aussieht. Es ist eine Fruchtbarkeit, die noch im Kommen ist. Damit hat sich die Präzision noch nicht eingestellt, aber dieser scheinbare Mangel bezüglich der Begrifflichkeit ist in dieser Bilderwelt ein unschätzbarer Gewinn. Wenn ich Märchen erzähle, vertraue ich darauf, daß die Bilder in dem Zuhörer etwas in Bewegung setzen, das ich nicht will und nicht weiß und das der, der das Märchen hört, von sich aus auch noch nicht weiß. Da wirkt das Bild für sich bildend; deswegen denke ich auch nicht, daß es eindeutige Märchendeutungen gibt.

A.K.: In einer Ihrer Radiosendungen sagen Sie: "Märchen sind Bildergeschichten und sind darum nicht eindeutig, sie sind nicht durch einen einzigen Begriff zu übersetzen und zu erklären." Und an anderer Stelle führen Sie diese Bildhaftigkeit selber wiederum im Bild aus und sagen: "Gehen wir gleichsam in das Museum des Märchens, wo seine Bilder nebeneinander hängen wie in einer Galerie, treten wir je vor ein Bild und verweilen im Schauen. An einem gehen wir vielleicht bald vorüber, ein anderes können wir dagegen nie mehr innerlich loswerden." Wozu denn Märchendeutungen, wenn die Bilder der Märchen unmittelbar wirken?

P. Heidrich: Für Kinder sind die Märchendeutungen überhaupt nicht gedacht. Ich vermute, daß es dann für die Jugendlichen eine Lebensperiode gibt, in der es schwierig wird, ihnen Märchen zu erzählen. Aber wenn der Erzähler in sich keine Zweifel hat, könnte ich mir vorstellen, daß es auch dann geht. Für den gebildeten Erwachsenen aber ist die Märchendeutung hilfreich, vielleicht sogar notwendig. Damit er aufmerksam gemacht wird, daß das Märchen sich in einer anderen Wirklichkeit abspielt als auf der Ebene der Wirklichkeit, auf die er meistens eingestellt ist.

Dann kann man gelegentlich etwas aufschlüsseln, zum Beispiel daß Vögel sich in der Welt der Märchen in ihrer Bedeutung erschließen, wenn man sie wirklich innerlich schaut als ein bewegtes Leben über uns in der Luft. Wenn ich dazu noch erzähle, daß in alten Sprachen zwischen Luft und Geist sprachlich, nicht unbedingt begrifflich, ein Zusammenhang besteht, habe ich damit auch eine Tür in diese Welt der Märchen geöffnet. Dann wird ein Vogelwesen, wie zum Beispiel in dem Märchen "Der goldene Vogel", als Geisteserlebnis deutlich. Solche Aufschlüsselungen sind nach meiner Erfahrung für Menschen, die vielleicht auch gar nicht mit großer Dichtung bekanntgeworden sind, notwendig.

A.K.: Warum sprechen Sie in diesem Zusammenhang von dem gebildeten Erwachsenen?

P. Heidrich: Damit meinte ich einen Menschen, der eine ausgesprochen unpoetische Sprache pflegt, sich nur auf das einläßt, was gegenständlich vor ihm liegt, vielleicht auch kein gutes inneres Verhältnis zur Welt des Traumes hat oder gar nicht auf den Gedanken kommt, daß Märchenwelt und Traumwelt etwas miteinander zu tun haben könnten. Diesen Menschen können Märchenbetrachtungen nach meinem Eindruck etwas erschließen.

Wenn zum Beispiel in dem Märchen "Rapunzel" davon erzählt wird, daß dem Prinzen, als er hinunterspringt, das Augenlicht verlorengeht, ist das kein Problem, was den Augenarzt angeht. Es könnte aber, in unsere Begriffssprache übersetzt, auch bedeuten, daß bei zwei Menschen, die vielleicht nicht einmal räumlich voneinander getrennt sind, sondern sogar in einer Wohnung leben und selbstverständlich keine Augenbeschwerden haben, der Partner mit einem Mal seine Partnerin nicht mehr wiedererkennt und daß es ein langer Prozeß ist, bis er die Gestalt wiedersieht, die er einstmals im Turm gesehen hat. Ich habe den Eindruck, daß es nicht überflüssig ist, darauf aufmerksam zu machen, daß es Erlebnisweisen gibt, die scheinbar äußerlich beschrieben werden, aber etwas Inneres meinen.

"Sprache ist ein Tanz von Gestalten"

A.K.: Sie nehmen die Zuhörer zunächst in die "Gemäldegalerie" der Märchen mit hinein und weisen nach der Bildbetrachtung darauf hin, was die Bilder bedeuten könnten. Wie sind Sie zu dieser Methode gekommen?

P. Heidrich: Zunächst durch meinen eigenen Umgang mit den Märchen. Außerdem habe ich auch in meinen Sprachstudien gelernt, Sprache zu sehen und nicht nur zu hören.

A.K.: Wie meinen Sie das?

P. Heidrich: Wenn ich zum Beispiel höre oder lese: "Das geht mich an", dann sehe ich einen Vorgang, wie etwas geht, auf mich zukommt. Für mich ist Sprache so etwas wie ein Tanz von Gestalten, Sprache überhaupt, aber im Märchen sehe ich es im besonderen Maße. Es ist mir wichtig, diese Vorgänge zunächst nachzuzeichnen, nachzuerzählen, darzustellen. Ich rechne damit, daß sich dabei bereits für jeden ganz persönliche Verbindungen herstellen. Wenn sie sich nicht herstellen, hat das auch sein Recht und seinen Grund, daß das bei einem Märchen für einen Menschen eben nicht geschieht. Die wirklichen Auf-schlüsse stellen sich dann in der weiteren Betrachtung ein.

A.K.: Hängt es auch vom Erzähler ab, ob die Sprache und das Märchen lebendig werden?

P. Heidrich: Ich vermute, daß es sich auf den Zuhörer überträgt, wenn der Erzähler selbst die Dinge sieht, die er berichtet. Daß er also nicht nur aus der Erinnerung etwas auswendig Gelerntes erzählt, das dann wie ein Tonband abläuft, sondern daß er es unmittelbar vor sich sieht. Deshalb halte ich es auch nicht für so notwendig, einen bestimmten geformten Text auswendig zu lernen und auswendig zu wissen, wie Kinder es oft verlangen, weil ich die Vorgänge unmittelbar vor mir sehe und sie eigentlich ablese; ablese, nicht vom Buch, sondern vom Vorgang.

"Märchen sind Schritte in eine geistig-seelische Welt"

A.K.: Welches Interesse haben Sie als Theologe an Märchen?

P. Heidrich: Märchen sind Schritte in eine geistig-seelische Welt. Der Übergang aus der Erfahrung der gegenständlichen Welt des Alltags in diese Welt wird im Märchen geradezu rituell gestaltet, und zwar durch die Einleitung.

A.K.: "Es war einmal ..."

P. Heidrich: Das ist die uns geläufigste Einleitung, aber sie ist etwas verführerisch, weil sie zunächst so aussieht, als führe sie in die Vergangenheit; aber sie führt ins Wesen, und es gibt andere Einleitungen, die das deutlicher machen.

A.K.: "Es war einmal und war doch nicht, war es hier, war es da?"

P. Heidrich: Ja. Diese Übergänge versuche ich, miterleben zu lassen. Gelegentlich erzähle ich dann auch am Anfang ein Gedicht von Hugo von Hofmannsthal.

"Ich lösch das Licht
Mit purpurner Hand,
Streif ab die Welt
Wie ein buntes Gewand.
Und tauch ins Dunkel
Nackt und allein,
Das tiefe Reich
Wird mein, ich sein.

Groß' Wunder huschen
Durch Dickicht hin,
Quelladern springen
Im tiefsten Sinn,
O spräng noch manche,
Ich käm in' Kern,
Ins Herz der Welt,
Allem nah, allem fern."

Ich weiß zwar nicht, zu welchem Anlaß Hugo von Hofmannsthal dieses Gedicht geschrieben hat, aber es schildert den Abstieg, den Sprung in den Brunnen. Das ist ein urreligiöser Vorgang, den ich als Theologe unentwegt zu vollziehen habe; denn die wesentlichen Dinge der Bibel und die wesentlichen sakramentalen Vorgänge geschehen auch im Untergrund. Daß biblische und rituelle Überlieferung aus meditativer Schau stammen und auch in dieser meditativen Erfahrung gelebt werden können, kann meines Erachtens am Märchen sehr schön deutlich gemacht werden. Viele vermuten es beim Märchen zunächst nicht; irgendwelche Barrieren gegen "Religiöses" tauchen im Umgang mit Märchen zunächst nicht auf, und man erlebt dann am Märchen die eigenen Innenräume.

A.K.: Welches Verhältnis besteht zwischen Theologie und Märchenbetrachtung?

P. Heidrich: In der evangelischen Theologie herrscht die Methode vor, die biblische Überlieferung gegenständlich als historisches Geschehen zu erschließen. Man spricht davon, daß man dadurch über den "garstigen Graben" kommt, der uns davon trennt. Es ist sicher ein wichtiger Erkenntnisschritt, daß man sich aus-einander-setzt. Aber auf die Aus-einander-setzung muß die In-einander-setzung folgen. Mit dem, was ich aus der historischen Kritik gewonnen habe, muß ich mich dann in-einander-setzen. Dazu kommen wir in der Regel nicht. Wir beschreiben zwar richtig: dies oder das ist eine Legende, und setzen es damit von einem historischen Faktum ab, aber dann hören wir auf. Eigentlich müßten wir dann erst anfangen: Was heißt das denn jetzt? Wenn es in der Distanzbetrachtung als nicht faktisch dargestellt wird, ergibt sich die Frage, wie ich damit umgehe. Wir haben ja auch Studenten, die nicht aus einer lebendigen christlichen, religiösen Umwelt kommen, manchmal werden sie erst kurz vor dem Studium getauft. Wenn diese Menschen sofort lernen, sich zu trennen, sich zu distanzieren von biblischen Texten, dann dünkt mich das ein großes geistliches Problem.

A.K.: Können die Märchen zum Übungsfeld werden, um ein bildhaftes, meditatives Umgehen mit Texten zu üben?

P. Heidrich: Ja, nach meiner Lebenserfahrung ja.

A.K.: Ist es so, daß die evangelische Theologie das im besonderen Maße braucht, weil sie so wenig bildhaft ist, weil sie nüchterner als die katholische oder russisch-orthodoxe Kirche ist?

P. Heidrich: Ja, aber wenn sie an Eugen Drewermann denken, wird deutlich, daß dieses Thema in der katholischen Kirche auch aktuell ist. Die Orthodoxie hat da sicher eine andere Substanz, schon durch die Art ihres Kultus.

A.K.: Kann es sein, daß die Märchen die Menschen in unserem Kulturkreis unmittelbarer als die Bibel ansprechen, weil sie hier entstanden sind und nicht in Palästina?

P. Heidrich: Das ist möglich, aber mir nie so aufgefallen, weil mir die Verschiedenheiten in diesen Bereichen nie so sehr schwerwiegend vorgekommen sind. Wenn Menschen bei uns die Märchen unmittelbarer erfassen als die Bibel, dann hängt das meines Erachtens eher damit zusammen, daß unsere jeweilige Kindheit wieder lebendig wird, wenn wir Märchen hören. In der Kindheit haben die meisten Menschen Märchen intensiver aufgenommen und gelebt als die Bibel, die Weihnachtsgeschichten ausgenommen. Zu den biblischen Geschichten werden die meisten erst später geführt. Überall dort, wo ein Märchen lebendig wird, wird ein Stück Kindheit lebendig.

Welchem Inhalt begegnen wir in der Märchenwelt?

A.K.: In einer Ihrer Radiosendungen sagen Sie: "Es (das Märchen, A.K.) verbindet uns mit unserer Frühzeit, individuell wie menschheitlich. Das Märchen führt uns in die

Welt des 'Es war einmal und war doch nicht'." Welchem Inhalt begegnen wir in dieser Welt?

P. Heidrich: Einem Schatz von Bildern, die sich in allen Religionen, in allen Kulturkreisen wiederfinden. Sie stellen offenbar so etwas dar, wie das, was in der menschlichen Seele schlummert, etwas, was Platon mythisch ausgedrückt hat als Dinge, die wir vor unserer Geburt gesehen haben und die durch diese Märchenbilder wieder wachgerufen werden.

A.K.: Was ist mit den Dingen gemeint, die wir vor unserer Geburt gesehen haben?

P. Heidrich: Platon beschreibt diesen Mythos so, daß wir in dem Reigen der Götter gewesen sind und jeder in diesem Chor, in dem er da gewesen ist, eine ganz bestimmte Wirklichkeit mitbekommen hat, die in ihn eingesunken ist, und die wird wieder lebendig. Ich kann es auch mit einer jüdischen Legende erzählen: Die Seele des Menschen weiß vor der Geburt alles, weiß auch die ganze Thora. Dann kommt der Engel, der uns zur Geburt führt und legt seinen Zeigefinger auf unseren Mund, und dann vergißt die Seele alles, was sie gewußt hat. Von diesem Zeigefinger haben wir immer noch die Eindellung über unserer Oberlippe.

A.K.: Und das Märchen erinnert uns an das, was wir vergessen haben!?

P. Heidrich: Ja, durch die Märchen wird diese Erinnerung belebt.

Biblische Überlieferung und Märchen

A.K.: Erinnern die Märchen an dasselbe wie die Bibel?

P. Heidrich: Wenn Sie gesagt hätten: das gleiche, hätte ich sofort ja gesagt. Ich wüßte jetzt kein Märchen, das in solcher Intensität wie die Bibel die Gestalt des Christus darstellt. Wenn Sie fragen: Reden die Märchen auch von der Erlösung? Reden die Märchen von der Vollendung? Reden die Märchen von dem Aufarbeiten des Verfehlten? - dann habe ich keine Scheu zu sagen: Das tun sie auf ihre Weise, wie die Bibel es auf ihre Weise tut.

A.K.: Können Sie das an einem Beispiel näher erläutern?

P. Heidrich: Ich nehme ein muslimisches Märchen. Ich gehe gern mit diesem Märchen um, weil es deutlich machen kann, daß die Märchenwelt nicht so naiv ist, wie man gerne glaubt, sondern den Unterschied von der märchenhaften zu unserer üblichen Wirklichkeitserfahrung sehr genau kennt. Das ist auch in "Der Hase und der Igel" enthalten, wenn es dort heißt: "Disse Geschicht is lögenhaft to vertellen, Jungens, aver wahr is se doch."

Dieses muslimische Märchen läßt drei Prinzen vierzig Lügen erzählen, und wer diese Lügen so darstellen kann, daß ein Zwerg sie für wahr nimmt, der erbt den Thron des Vaters. - Der jüngste Prinz, auf den das Märchen hinausläuft, erzählt nun eine Phantasiegeschichte: Er wacht mitten in der Nacht auf, ein Stein ruft ihn, daß er zum Basar gehen soll. Erstaunlicherweise macht er das, obwohl es ja ganz unsinnig ist, in der Nacht zum Basar zu gehen. Dann muß ein großer Sack weggetragen werden, den er nicht wegtragen kann. Es kommen Hähne, die er mit Verbeugungen vor dem Hahnenfürsten bitten muß, ihm zu helfen. Diese Hähne tragen dann den Sack, und der Hahnenfürst geht hinterher. Als der Sack abgeladen ist, gehen die Hähne weg; aber der Hahnenfürst steht noch da, und ein kleiner Hund, den der Prinz auf dem Arm hat, sagt: "Guck dir mal den Rücken des Hahnenfürsten an." Da sieht der Prinz, daß der Hahnenfürst einen ganz wunden Rücken hat, obwohl er nicht mitgetragen hat. Da begreift er, daß es die Aufgabe eines Fürsten ist, die Wunden seines Volkes zu tragen.

Ich habe den Eindruck, daß das eine ganz tiefe Ahnung von dem stellvertretenden Leiden des Christus ist. Aber das heißt nicht, daß wir alles Leiden auf ihn abschieben und selbst unberührt bleiben könnten. In irgendeiner Weise ist jeder von uns ein Padischah, ein Fürst in irgendwelchen Lebensbereichen, und diese Geschichte sagt uns dann, daß es dazugehört, Wunden der anderen zu tragen.

A.K.: Finden sich auch in Grimms Märchen christliche Motive?

P. Heidrich: Wenn Sie an so etwas denken, wie "Das Wasser des Lebens". Das Wasser des Lebens ist unerläßlich für die Heilung des alten Königs, und es kann nur von dem Demütigen gewonnen werden, der sich nicht für zu gut hält, einem Zwerg, der ihn fragt, Antwort zu geben. Im weiteren Verlauf des Märchens besteht dann die Gefahr, daß er den rechten Zeitpunkt verschläft. Damit wird auch religiöse Existenz so bildhaft beschrieben, daß der mit der Bibel lebende Christ sich darin wiederfindet.

A.K.: Daß Märchen religiöse Existenz beschreiben, wurde bereits am Anfang dieses Interviews deutlich. Es bleibt noch die Frage, ob sie christliche religiöse Existenz beschreiben. Märchen werden häufig als Überreste heidnischer Religiosität angesehen. Besonders deutlich wird das meines Erachtens an den Frauengestalten. In der Bibel, besonders im Neuen Testament, wird in erster Linie von der Jungfrau Maria gesprochen, in dem Märchen gibt es neben "guten Frauen" die Hexen. Ist die Hexe ein heidnischer Überrest?

P. Heidrich: Was heißt hier 'heidnischer Überrest'? Sicher sind Märchen zum großen Teil älter als das Christentum und tragen auch eine vorchristliche Religiosität in sich. Die Erfahrung des Fasziniertwerdens, des In-einen-Bann-Geratens, eines ganz gefährlichen Fasziniertwerdens; warum das etwas Heidnisches sein soll und für den Menschen von heute, für den Christen von heute keine Rolle spielen soll, vermag ich nicht einzusehen. Ich beschreibe manchmal, wo wir Faszinationen erleben. Dann erzähle ich auch, daß das Wort "Faszination" Behexung heißt. Man erschwert sich die Sache, wenn man sagt, daß die Hexe ein bestimmter Typ von Frau sein muß und bestimmte Formeln sprechen muß, wenn man sagt, daß etwas, was fasziniert und einen in seinen Bann schlägt, eine Hexe sei. Mir kommt es manchmal so vor, als wenn sich die Märchen als Überlieferung neben der Heiligen Schrift gehalten haben, weil die Bibel auf bestimmte Erfahrungsbereiche gar nicht so unmittelbar eingeht.

A.K.: Können Sie das etwas näher erläutern?

P. Heidrich: Es gibt im Neuen Testament sehr viele Stellen, die aus einer ganz starken Christusnähe heraus diese Weltzeit wie am Ende, wie unmittelbar vor dem Umbruch schildern. Sie rechnen mit der Wiederkunft des Herrn sozusagen im nächsten Augenblick, da werden ganz bestimmte Erfahrungsweisen dieser irdischen Welt gegenstandslos. Aber sie spielen ja eine Rolle, und dafür geben die Märchen mit ihren Bildern Modelle, in denen man sich wiederfindet, auf seine Gefährdungen aufmerksam gemacht wird und in denen einem Lösungswege angeboten werden. Es ist doch wohl kein Zufall, daß die Märchen immer lebendig geblieben sind, obwohl eigentlich jetzt längst die Predigt des Evangeliums gekommen ist.

Christus reitet auf einem Esel in Jerusalem ein

A.K.: Kann man dann sogar die Märchen als Ergänzung zur Bibel auffassen? Die Märchen sind gleichnishaft, und die Bibel ist es auch. Während in den Märchen die Tierverzauberung eine ganz große Rolle spielt, kommen in der Bibel Tiere vergleichsweise selten vor. Hängt das vielleicht damit zusammen, daß die Bibel dem Reich Gottes näher ist, während die Märchen sich mit den "Niederungen des Alltags" beschäftigen?

P. Heidrich: Das könnte man so sagen. Im Neuen Testament gibt es aber auch Tiere. Der Christus reitet auf einem Esel ein, sicherlich nicht nur als historische Erinnerung daran, daß der Esel im Orient das Reittier war, das man meistens benutzte, sondern das rührt auch ein Urbild an, was uns unabhängig von der Historie angeht. Aber dafür, daß man aus einem Tier in einen Menschen verwandelt wird, wüßte ich jetzt auch kein Beispiel aus der Bibel, allenfalls Nebukadnezars Erfahrungen (Daniel 4). Für das Märchen ist das ja ein ganz wichtiges Thema, daß wir erst dabei sind, Mensch zu werden, und daß man hoffen und erwarten kann, daß wir verändert, verwandelt werden.

A.K.: Daß wir verwandelt werden oder daß wir uns verwandeln?

P. Heidrich: Eine schwierige Alternative, denn was tun wir und was lassen wir zu? Wenn wir ganz offen sind im Vertrauen, dann wird Ihre Frage eigentlich gegenstandslos: Was tue ich? Was geschieht mit mir? Es gibt im griechischen Neuen Testament eine grammatische Form eines Imperativ-Passiv, ein Befehl, der im Passiv gegeben wird. Wir übersetzen dann, weil wir diesen Imperativ nicht haben: Laß Dich retten! Laß Dich versöhnen! Es müßte eigentlich heißen: Werde versöhnt! Es ist also ein Befehl, aber das Geschehen ist etwas, was ich zulassen muß. Deshalb erscheint mir diese Alternative - ich verwandle mich oder ich werde verwandelt - nicht so wesentlich. Manchmal ist es in den Märchen die Hilfe, die von außen kommt, die einen verwandelt, beispielsweise "Hans mein Igel". Er legt, als er die Königstochter hat, seine Igelhaut ab, kann das aber sicher nur, weil er da wirklich geliebt ist. Die Königstochter verbrennt dann die Igelhaut, und er liegt schwarzgebrannt im Bett. Hat er das nun getan? Hat er sich gewandelt? Ist er verwandelt worden? Es hätte nicht geschehen können, wenn er es nicht gewagt hätte, aus seinem Elternhaus fortzugehen, wenn er die Tiere nicht mitgenommen hätte und wenn er nicht ein Musikinstrument mitgenommen hätte und mit Musik umgegangen wäre; das gehört alles zu seinem Weg, zu seiner Menschwerdung dazu.

A.K.: Das Märchen "Das Eselein" hat einen ganz ähnlichen Verlauf. Ein Menschenkind wird nicht in Menschengestalt, sondern in Eselsgestalt geboren, lernt die Musik, die ihm hilft, Einlaß in das Königsschloß zu bekommen. Er erhält die Königstochter, legt seine Haut ab, und die Haut wird verbrannt. In diesem Märchen wird sie allerdings nicht von der Königstochter verbrannt, sondern von ihrem Vater. "Und er blieb selber dabei, bis sie ganz zu Asche verbrannt war." 'Hans mein Igel' trägt Brandwunden davon, das ehemalige Eselein nicht, wie erklären Sie sich diesen Unterschied?

P. Heidrich: Es ist ja die Beziehung zwischen dem Verbrennenden und dem Jüngling unterschiedlich; in dem einen Märchen ist es der Vater, in dem anderen die Frau. Warum hat das Eselein keine Brandwunden? Vielleicht liegt es daran, daß 'Hans mein Igel' oben ein Igel und unten ein Junge ist. Beim Eselein hingegen ist der Schritt zum Menschsein größer. Das Ablegen der Tierhaut stellt beim Eselein eine größere Verwandlung dar als bei 'Hans mein Igel', denn 'Hans mein Igel' ist nicht ganz und gar Igel. Vielleicht sind deshalb bei 'Hans mein Igel' die Spuren der Verwandlung stärker, während beim Eselein der Sprung, die Intensität der Verwandlung größer ist.

A.K.: Am Beispiel des Esels möchte ich noch einmal auf die Bibel zurückkommen. Der Christus reitet auf einem Esel in Jerusalem ein. So wie Sie es jetzt ausführten, kann man diese Stelle auch gleichnishaft nehmen. Sehen Sie Parallelen zwischen dem Märchen "Das Eselein" und dem Esel, auf dem der Christus in Jerusalem einreitet?

P. Heidrich: Ich denke, daß die Tiere, die in der Bibel vorkommen, auch mehrschichtig zu betrachten sind. Sie sind nicht nur historisches Vorkommnis. Den Männern, die die Bibel geschrieben haben, ist das stärker in den Blick gekommen, als es uns in den Blick käme, wenn wir heute derartige Berichte schrieben. Für uns würde das Faktische viel wesentlicher sein. Der Esel kommt in der Bibel noch in einem Prophetenbuch, im Sacharja-Buch, vor. Da wird die Szene des Einzugs des Königs geschaut, der auf einem Esel reitet. Bei Bileam ist es ganz deutlich, daß es mehr ist als ein äußeres Reittier. Da ist es eine Instinktkraft, die über Erkenntnismöglichkeiten verfügt, die dem Tagesbewußtsein nicht zugänglich sind. Der Esel sieht ja etwas, was der Reiter, obwohl er ein Prophet ist, noch nicht sieht: den wegversperrenden Engel.

A.K.: Warum reitet der König auf einem Esel ein und nicht auf einem Pferd?

P. Heidrich: Das Pferd ist lebhafter, aggressiver als der Esel. In der Schau des Johannes kommt es vor, daß auf Pferden geritten wird, der apokalyptische Reiter und der Logos, der auf einem weißen Pferd reitet. Das hat einen anderen Hoheitscharakter. Sacharja sagt ja von dem König, daß er demütig ist, und außerdem, meist übersetzen wir, daß er ein Helfer ist, aber es heißt eigentlich, daß er einer ist, dem geholfen worden ist. Das ist eine Dimension, die das Neue Testament mit der Gestalt des Christus eher verbindet als das Pferd. Der Esel ist sehr viel stärker ein tragendes als ein weiten Raum gewinnendes Tier. Der Esel ist anspruchsloser als das Pferd.

Märchen beschreiben Wege

A.K.: An anderer Stelle haben Sie ausgeführt, daß Märchen ermutigende Geschichten sind. Inwiefern können Märchen Hoffnung geben?

P. Heidrich: Die Märchen beschreiben einen Weg durch viele gefährliche Stationen hindurch, aber einen Weg mit einem glückhaften Ziel. Dieses Ziel vor Augen zu haben, von diesem Ziel zu wissen, ist für uns wichtig. Die Märchen beschreiben selbstverständlich auch, daß dieses Ziel verfehlt werden kann. Das zweite Mädchen bei "Frau Holle" kommt mit Pech beladen aus der Tiefe. Es wird eigentlich bei beiden Mädchen nur das sichtbar, was in ihnen längst drinsteckt. Das ist ein Geschehen von Wahrheit, aber nicht unbedingt von Freude.

A.K.: Die Märchen gehen nicht immer für alle gut aus!?

P. Heidrich: Nein, man denke an das Märchen von "Frau Trude", wo ein neugieriges Mädchen in das Haus dieser gefährlichen Frau kommt und dann, nachdem es in einen Holzscheit verwandelt worden ist, im Feuer verbrannt wird. Da wird offensichtlich von einer Begegnung geredet, der dieses Mädchen nicht gewachsen ist, deren Gewalt der Mensch nicht gewachsen ist. In dem Märchen von 1001 Nacht, vom "Geist in der Flasche", hat dem Helden nur Klugheit geholfen, den Geist noch einmal in die Flasche zurückzubringen, sonst hätte es auch tragisch enden können. Das ist ein Geist, dem man gewachsen sein muß, wenn man ihm begegnet. Aber insgesamt sind Märchen hoffnungsvoll.

Das Jona-Märchen

Ich denke dabei zum Beispiel auch an das biblische Märchen von Jona. Es beschreibt, wie jemand auf der Flucht vor den wesentlichen Aufgaben seines Lebens von der Tiefe verschluckt wird und wie er dann wiedergeboren werden kann und dann wieder im Osten landet; obwohl sicher manche reale Lebensgeschichte zwischendurch endet, so daß es für uns nicht mehr sichtbar ist, daß es zu einer solchen Wiedergeburt, Erneuerung kommt. Das Jona-Märchen zeigt, wie er wieder im Osten ankommt und daß das Grab und die Geburt zusammenhängen. Damit enthält dieses Märchen eine Evangeliumsbotschaft. Deshalb ist es auch nicht verwunderlich, daß der Christus dieses Märchen auf sich und auf seine Ostererlebnisse bezogen hat.

Ich sage aber auch gerne, daß es mir wichtig ist, daß es sich hierbei um ein Märchen handelt und nicht um ein einmaliges unverständliches Wunder. Denn, wenn es ein Märchen ist, ist es jedem von uns auch offen. Wenn es ein Wunder wäre, könnte man sagen, daß es nur einer einzigen Person geschehen wäre. Es hat in der Theologie im 17./18. Jahrhundert solche Tendenzen gegeben, wo es ganz äußerlich interpretiert wurde, wo man etwa sagte, Gott habe extra einen Fisch gemacht, der den Jona verschluckt habe. Wenn es so, als ein einmaliges Wunder, geschildert wird, dann kann ich es bestaunen, aber es ist mir nicht zugänglich. Als Märchen hingegen wartet es darauf, mit meiner konkreten Lebensgestalt ausgefüllt zu werden, ihr einen Rahmen, eine Formung zu geben.

Die Stadt der Enttäuschten

A.K.: Ist das ein Kennzeichen der Märchen, daß sie grundsätzlich für jeden Menschen erfahrbar sind?

P. Heidrich: Grundsätzlich ja, wobei berücksichtigt werden muß, daß im Laufe des Lebens jeder Mensch zu verschiedenen Märchen eine größere Nähe und eine größere Ferne hat. Das ist individuell unterschiedlich.

Manchmal erzähle ich aus den "Sieben Bildschönen" von Nizami das erste Märchen, ein Sonnabendmärchen, das eine Saturnerfahrung darstellt. Es handelt von der Stadt der Enttäuschten. Jemand lernt jemanden kennen, der ganz in Schwarz geht und offensichtlich ganz tiefe Trauer in sich trägt. Er läßt sich erzählen, warum das so ist, und erfährt, daß es ganz fern im Osten eine Stadt der Enttäuschten gibt. Das beschäftigt ihn so stark, daß er auch dort hingeht. In diesem Ort laufen alle Menschen schwarzgekleidet herum, kein Mensch will ihm etwas sagen, aber er drängt so lange, bis sich einer erbarmt und ihn alles erleben läßt: Vor dem Ort kann man in einem Korb auf einen Berg hochgehoben werden. Der Jüngling unternimmt das Abenteuer, wird auf den Berg hochgezogen und kann nur dadurch, daß ein großer Vogel kommt, wieder von dem Berg herunterkommen, indem er sich an ihn hängt. Er läßt sich dann in eine Landschaft fallen, in der viele schöne Frauen leben. Die Königin ist die schönste. Er wird dort freundlich aufgenommen, lernt viele

Jona
Illustration von Gudrun Hofrichter (1982)

Frauen kennen und lieben, aber verliebt sich immer mehr in die Königin. Sie ist aber ganz abwehrend, er darf sich mit jedem ihrer Mädchen näher vertraut machen, aber mit ihr nicht. Nach einiger Zeit hält er das nicht mehr aus und bestürmt sie so, daß sie sagt: "Schließ die Augen, ich löse den Gürtel." Er schließt die Augen, und als er sie wieder öffnet, ist er wieder in dem Korb, in dem er von dem Berg heruntergelassen wird. Unten steht der Bekannte, der ihm diese Erfahrung vermittelt hat. Jetzt weiß der Jüngling auch: Das Schönste ereignet sich nicht in dieser Welt. Irgendetwas bleibt in dieser Welt unerfüllt. In diesem Märchen ist es die Begegnung mit der Feenkönigin. Diese Trauer, diese Melancholie, die zur Saturnerfahrung gehört, wird er nun sein Leben lang tragen müssen.

Es hat sich einmal im Kolleg ergeben, daß ich dieses Märchen am Ende einer Kollegstunde erzählt habe. Das passiert mir nicht wieder. Denn das nächste Mal haben viele Teilnehmer erzählt, wie bekümmert sie von dannen gegangen sind.

A.K.: Ist dieses melancholische Ende nicht ein Kennzeichen dafür, daß es sich nicht um ein Volksmärchen, sondern um ein Kunstmärchen handelt?

P. Heidrich: Ich weiß nicht, wieviel an persischer Überlieferung Nizami in diesen Märchen verarbeitet hat, aber ich habe nicht den Eindruck, daß es Kunstmärchen sind. Es geht durch die sieben Planeten, und die sieben Planeten stehen ja für wesentliche Erfahrungen unseres Lebens, und der Saturn ist nun einmal der Melancholiker, ist der, der von dem Geträumten weiß. Deshalb habe ich in diesem Fall nicht die Sorge, daß es sich um eine dem Kunstmärchen eigene Färbung handelt. Dieses Märchen sagt aus, daß irgendetwas offenbleibt.

Der rituelle Schluß

Märchen werden häufig rituell eingeleitet, und sie werden auch rituell geschlossen. Folgenden Märchenschluß aus Armenien erzähle ich sehr gern: Drei Äpfel fielen vom Himmel. Einer für den, der erzählt hat; einer für den, der zugehört hat; und der dritte, der schönste, der fiel in den tiefen Abgrund. Ich versuche dann, davon zu reden, daß Märchenerzählen ein Vorgang ist, der zunächst nur den Märchenerzähler selbst etwas angeht, so wie Predigen oder Messezelebrieren etwas ist, was sich zwischen dem Priester und Gott vollzieht. Die Gemeinde ist zwar dabei, aber es geht sie zunächst gar nichts an. Ich stelle mir das bei einem Pianisten auch so vor, daß sich zwischen ihm und dem Musikstück etwas abspielt, wenn nicht nur künstlerische oder religiöse Dienstleistung geleistet wird, sondern ein eigener Lebenssinn verwirklicht wird. Es ist mindestens der Traum jedes Predigers, daß er diesen Apfel bekommt. Es ist also nicht der Beifall der anderen, der nach einem Konzert oder einer Märchenerzählung wichtig ist, sondern der Erzähler bekommt schon seinen eigenen Apfel. Der Zuhörer bekommt auch seinen Apfel. Aber der schönste Apfel fällt keinem von uns zu, sondern er ist so etwas wie die Befruchtung der Erde, der Tiefe. Es steht dort zwar nicht ausdrücklich, daß es eine Befruchtung der Erde ist, aber es ist eine Verbindung von Himmel und Erde, die sich in diesem Bild, das der schönste Apfel zur Erde fällt, ausdrückt. Wenn ich irgendwo nur einen einzelnen Vortrag halte, schließe ich fast immer mit diesem Märchenschluß, weil er eine schöne Abrundung ist. Man könnte auch andere Märchenschlußpassagen nehmen, aber diese ist mir besonders naheliegend.

neu!
Einführungsangebot
Im WELEDA Citrus-Gewinnspiel:
200 Lenkdrachen zu gewinnen!
Teilnahmescheine gibt's im Handel!
WELEDA
Citrus-Körperpflege
Die frische Linie
Frisch.
Aktiv.
Natürlich.
• mit den echten ätherischen Ölen der Citrus-Früchte
• ohne synthetische Konservierungs-, Duft- oder Hilfsstoffe
• für die tägliche gesunde Körperpflege
WELEDA Citrus-Bademilch
WELEDA Citrus-Hautöl
WELEDA Citrus-Hautcreme
WELEDA Citrus-Hautgel
WELEDA Citrus-Deodorant
WELEDA
Aus Verantwortung für Mensch und Natur.
WELEDA Präparate sind erhältlich in Apotheken, Reformhäusern, Drogerien und im Naturkostfachhandel
WELEDA AG Heilmittelbetriebe, Postfach, D - 7070 Schwäbisch Gmünd

Wen es zu Wunder und Verzauberung hinzieht ...

INTERVIEW MIT DR. HEINO GEHRTS

von Wolfgang Weirauch

Dr. Heino Gehrts, *geboren im Juni 1913; Volksschule, Oberrealschule, Studium der Philosophie, Chemie, Germanistik. Promotion mit einer philosophischen Arbeit über Jean Paul. Siebeneinhalb Jahre Soldat und Kriegsgefangener; danach wissenschaftlicher Schriftsteller. Forschungen zum Gral, zum Märchen, zur Epik und dementsprechend notwendigerweise zum Wesen der Rituale. Übertragung der Biographie des Hopis Don C. Talayesva. Bücher über das Zweibrüdermärchen und die beiden großen indischen Epen. Die Begegnung mit einem Besessenheitsfall Justinus Kerners gab Anlaß zur Forschung über den animalischen Magnetismus, über Schamanentum und zum Gegenstand der Parapsychologie im allgemeinen. Zu Kerners Fall ein Buch über "Das Mädchen von Orlach". Außerdem eine Reihe kleinerer Arbeiten in der Zeitschrift für deutsche Philologie, im Antaios, in der Gorgo und an anderen Orten.*

Was hat der Schamane mit dem Märchen zu tun? Auf den ersten Blick scheint die Verbindung ungewöhnlich, aber schaut man näher, so erweist es sich keineswegs mehr als eigenartig. Der Schamane, zum Beispiel der Medizinmann eines Indianerstammes, ist ein Mensch, der mit vielerlei Geistigkeit in Verbindung steht, zum Beispiel mit den Naturgeistern. Er besitzt Mittel und Kräfte, um für seinen Stamm Hilfen und Voraussagen in einem überschaubaren Rahmen zu erbitten bzw. zu erkunden. Daß der Schamane dabei eine Art Entrückungserlebnis durchmacht, bildet die Brücke zu den schamanischen Motiven in den Märchen, zumindest den Zaubermärchen. Eine Fülle von Motiven und Bildern, vielleicht sogar der gesamte Handlungsablauf der Märchen, legen die Vermutung nahe, daß es sich auch hierbei um die bildhafte Darstellung von Entrückungs- und Einweihungserlebnissen handelt.

Ich besuchte Dr. Heino Gehrts in Alt-Mölln, der sich zeit seines Lebens in unermüdlicher Fleißarbeit in die Zehntausende von Weltmärchen und in ihre Motive vertieft hat, und befragte ihn nach den schamanischen Elementen der Zaubermärchen.

Wolfgang Weirauch: Sie teilen die Epochen der inneren menschlichen Entwicklung in vier oder fünf verschiedene Kulturen ein, die sich auch in dem Zeiterleben des Menschen der jeweiligen Epoche ausweisen. Die früheste Kultur ist die schamanische mit der rhythmischen Erneuerung des ewigen Augenblicks. Wie kann man das näher charakterisieren?

Dr. Heino Gehrts: Wichtig ist, daß ich vor allem die Kulturen unterscheide, nicht so sehr die Zeitepochen, denn verschiedene Kulturformen leben noch bis in unsere Zeit hinein. In der Religionswissenschaft ist es üblich, daß man ganz allgemein von Religionen spricht, was ich allerdings für falsch halte. Denn die religiöse Kultur beginnt eigentlich weithin auf der Welt erst vor ungefähr 2.500 Jahren; vorher gab es die rituelle Kultur und die schamanische Kultur. - Die schamanische Kultur nehme ich deswegen als die älteste an, weil es dem Menschenwesen entspricht, daß er von irgendwelchen Begegnungen ergriffen wird. In der schamanischen Kultur wird der Mensch unmittelbar von einer Wesenheit ergriffen; in der folgenden rituellen Kultur wird diese Ergriffenheit in Form von Riten und Kulten ausgestaltet, zu denen jeder Mensch Zugang hat. In der typisch schamanischen Kultur steht der Zugang zu den Wesensmächten lediglich dem Schamanen, also dem esoterischen Führer der Gruppe, offen.

Während der schamanischen Kultur eröffnete sich das gesamte All

W.W.: Und wie ist das Zeiterleben der Menschen während der schamanischen Kultur?

H. Gehrts: Dabei spielt besonders die Séance eine große Rolle. In der Séance eröffnet sich - nicht nur für den Schamanen selbst, sondern auch für alle anderen Teilnehmer, zum Beispiel die Familie oder die Dorfbewohner - das gesamte All bis in die größten Fernen, bis zu den höchsten Göttern, die im Himmel leben und in der Tiefe weilen. Ebenso wie man von einem Ort einen Ausblick in das gesamte All hat, zentriert sich auch die Zeit, denn man ist mit allen wirklichen Kräften der Welt in einer echten Berührung. Entweder bringen sich die Mächte durch die Stimme des Schamanen zu Gehör oder sie werden durch direkte Stimmen wahrnehmbar.

W.W.: Entspricht dieses Erlebnis einer Einweihung bzw. einer anfänglichen Schau in die geistige Welt?

H. Gehrts: Ich selbst würde es nicht gerade mit geistiger Welt bezeichnen, aber in der herkömmlichen Ausdrucksweise könnte man es schon so nennen. Denn es ist eine Welt, in der Geister und Götter leben, in die der Schamane entrückt wird. Um zu Ihrer Frage zu kommen: In jedem Augenblick kann die Zeit zu einer Ganzheit werden, weil man eben mit allen Mächten in Verbindung tritt. Es versteht sich, daß man auch mit den Toten in eine Verbindung kommen kann. Die Toten sind dem Menschen in den alten Kulturen weitaus näher als heutzutage, wahrscheinlich können wir uns den intimen Kontakt zu den Toten damals gar nicht mehr vorstellen. Wenn der Tote zu dem Menschen spricht, wird damit natürlich auch die Vergangenheit lebendig, die Familienvergangenheit, die Vergangenheit des entsprechenden Stammes oder gegebenenfalls sogar die einer größeren Gruppe.

W.W.: Wahrscheinlich entschwanden die Toten gar nicht einmal für die Lebenden, da die Toten in der damaligen Zeit mit den Lebenden in einem intensiven Verbund wirkten.

H. Gehrts: Genau, zum Beispiel dadurch, daß der Totendienst zu den täglichen Verrichtungen gehörte. In den sibirischen Kulturen, in denen sich das Schamanentum am längsten rein gehalten hat, finden sich noch heute die Ahnenbilder in den Winkeln des Hauses bzw. im Winkel der Jurte. Auf der anderen Seite gab es die Totenhilfe, insofern man die Toten anrufen konnte, und zwar wie Götter. Das lebte in China noch bis ins vorige Jahrhundert; der Kwan-Ti war der Kriegsgott, und damals gab es noch einen Bericht darüber, daß ein Gouverneur mit Hilfe des Kwan-Ti einige Bronzekanonen wiederentdeckt hätte. Natürlich erzählt der Berichterstatter unserer Zeit dies mit einem Lächeln, als wäre es Unsinn; aber der Verkehr mit den Toten ist in solchen Kulturen noch etwas sehr Lebendiges gewesen.

Das zyklische Gefühl für den Verlauf der Zeit

W.W.: Die zweite Stufe ist die rituelle Kultur mit dem Rhythmus der stetigen Erneuerung. Können Sie einige Wesensmerkmale dieser Zeit darstellen?

H. Gehrts: Zum Unterschied der rituellen und der religiösen Kultur kann man folgendes sagen: In der rituellen Kultur ist die Zeit ein Kreislauf, d.h. der Strom der Zeit mündet wieder in seine Quelle. Das wurde in der rituellen Kultur dadurch aktuell, daß es ein Fest im Jahreskreislauf gab, bei dem alles wieder zusammentraf, ähnlich wie bei den Séancen der schamanischen Kultur. Im Mittwinterfest vereinigte sich alles, zum Beispiel bei den Hopi-Indianern, die mir besonders vertraut sind. Es wurde ein Ritual gefeiert, das den Weltursprung bedeutete. Man geht also mit den Riten, die den Menschen das ganze Jahr hindurch begleiten, in den Ursprungsritus hinein. Auf diese Weise verläuft die Zeit wirklich als ein Kreislauf. Man spricht oft so davon, als hätten diese Kulturen in dem Irrtum gelebt, daß sie während der Wintersonnenwende Macht über die Sonne ausübten, in dem Sinne, daß sie die Wende hätten herbeiführen können. Bei den Inkas zum Beispiel gibt es einen bestimmten Felsen, in Machu Picchu, der sich Inti-Huatana nennt, was man als Sonnenfessel übersetzen muß. Der weiße Gelehrte berichtet das dann mit einem Lächeln, als hätten die Inkas sich sich die Macht zugeschrieben, die Sonne zu fesseln. In Wirklichkeit handelt es sich darum, daß man das Menschengeschick mit dem kosmischen Geschick verknüpft. In der späteren Zeit ist dieses zyklische Gefühl für den Verlauf der Zeit verlorengegangen; aber nicht deswegen, weil man die Zeit in einem tieferen Sinn durchschaut hat, sondern weil der Ritus, der das zyklische Lebensgefühl immer erneut bestärkt hat, zerstört worden ist.

W.W.: Wie war es innerhalb dieses zyklischen Zeitempfindens mit der Anschauung, daß der Tote eines Tages wiederkommen werde?

H. Gehrts: Es war fast noch bis in unsere Zeit hinein üblich, daß man die Toten zur Mittwinterzeit empfing. Es gibt Belege aus Skandinavien, aus Kärnten und vielen anderen Ländern, daß man den Toten in der Mittwinternacht den Tisch gedeckt hat. In Schweden war es sogar so, daß man den Toten die Betten gemacht hat und selbst auf dem Julstroh schlief. Ferner stellte man Kerzen auf, legte Brotlaiber bereit, und auch Getränke gehörten mit zur Totenbewirtung. Man kann auch bei den typisch rituellen Kulturen nachweisen, daß sie um die Mittwinterzeit die Toten empfangen haben. Bei den Hopi-Indianern geschah dies so, daß sich die Lebenden in die eine Hälfte des Dorfes begeben haben, während für die Toten in der anderen Dorfhälfte ein Festmahl bereitet war. Natürlich waren die Indianer nicht so unüberlegt zu glauben, daß die Toten die bereitgestellten Speisen verzehren, sondern sie hatten ein ganz klares Verständnis davon, daß die Toten nur den Duft der Speisen zu sich nähmen. Und wenn wir das entsprechende Wort richtig übersetzen, so bedeutet das natürlich wiederum, daß sie nur die Seele der Speise aufgenommen haben.

W.W.: Gab es denn auch Kulturen, in denen nicht nur davon ausgegangen wurde, daß die Toten einmal im Jahr Kontakt mit den Lebenden aufnehmen, sondern daß sie auch als reinkarnierte Personen wiedererscheinen?

H. Gehrts: Die Reinkarnation ist eine Frage, die ich des öfteren erwogen habe. Ich meine allerdings, daß die typische Reinkarnations-Lehre erst mit der religiösen Kultur aufgekommen ist und daß sie für die rituelle Kultur nicht typisch ist. Allerdings gibt es Hinweise, daß man auch in den rituellen Kulturen an eine Art Wiederkehr geglaubt hat, zum Beispiel bei den afrikanischen Bantu-Stämmen. Dort werden die Initianden mit Narben gezeichnet, was unter anderem eine Hilfe sein sollte für die Seelen, die sich wieder einkörpern, damit sie sich nicht etwa in einem falschen Stamm inkarnierten. Es bedürfte meines Erachtens noch eingehender Untersuchungen, um zu ergründen, was ehedem unter Inkarnation gedacht wurde, und was heute zum Unterschied davon verstanden wird. Sicherlich ist unsere Auffassung von Reinkarnation stärker personal ausgerichtet, während es sich bei den älteren Kulturen mehr um die Substanz gehandelt hat.

Der Mensch fällt aus der Ureinheit heraus

W.W.: Die Geborgenheit der Menschen, die noch während der rituellen Kultur empfunden wurde, zerbricht zunehmend, indem die religiösen Kulturen entstehen. Können Sie sagen, was während dieser religiösen Kulturen geschieht und wie die Menschen in dieser Zeit empfanden?

H. Gehrts: Entscheidend für die religiöse Kultur ist, daß das wichtigste Ereignis nicht mehr in der Gegenwart stattfindet. In der schamanischen Kultur ist es die Séance, in der rituellen ist es zum Beispiel das Zeiteinkehrfest, das Mittwinterfest, wo alles in einem Ritus zusammentrifft. Die religiöse Kultur dagegen richtet ihr Augenmerk auf bestimmte heilige Punkte der erstreckten Zeit. Im Christentum sind sie durch die Geschichte des Erlösers ausgezeichnet, bei den Buddhisten durch die des Buddha, bei den Mohammedanern des Mohammed. Außerdem ist der eigentliche Mittelpunkt des Lebensbereiches

Tunguntischer Schamane mit Geweihkopfputz (Sibirien)
Stich von 1705

nicht wie bei den Steinkreisen der rituellen Kultur die Mitte des Kreises, die rituelle Mitte des Dorfes, sondern dieser Punkt liegt außerhalb. Für die Christen ist es der Blick nach Golgatha, für die Mohammedaner der Blick nach Mekka und Medina. Es gibt in allen mohammedanischen Gotteshäusern die Gebetsnische, durch die eine gebotene Richtung der Blick nach Mekka bezeichnet wird. Man steigt also nicht zur Macht des Alls aus irgendeiner Mitte heraus auf, sondern richtet seine Blicke in eine bestimmte Richtung. Ähnlich ist es auch mit der Zeit, denn der Mensch ist zeitlich auf den Punkt der Offenbarung bezogen, gegebenenfalls auch auf die Zeit der Weltschöpfung sowie auf das Weltende. Auf diese Weise entsteht allerdings immer noch das Bild einer Zeit, die erfüllt ist; die Heilsgeschichte erfüllt die gesamte Zeit.

W.W.: Sie nennen diese Epoche die religiöse, weil der Mensch aus der Ureinheit herausfällt; muß er nun seinerseits wieder die Verbindung durch Religion - durch Kultus und Gebet - zur geistig-göttlichen Welt suchen?

H. Gehrts: Ich möchte an dieser Stelle noch einmal betonen, daß diese Ureinheit, von unserer Zeit aus gesehen, vielleicht als ein Wunschbild erscheinen könnte, aber ich meine, daß man an der schamanischen und rituellen Kultur, soweit man sie noch in ihrer Einheit vorfindet, nachweisen kann, inwiefern die Menschen wirklich geborgen waren. Diese Geborgenheit muß in der religiösen Kultur schwer errungen werden. Ich denke dabei unter anderem an Martin Luther, der hart um seinen Gott und Erlöser gekämpft hat und dessen Lied "Aus tiefer Not schrei ich zu Dir" ganz charakteristisch für diese Zeit ist.

W.W.: Somit beginnt also in der religiösen Kultur auch die Entwicklung, damit aber auch die Dramatik, die Auseinandersetzung mit dem Bösen, ferner Irrtum, Krankheit und Tod!

H. Gehrts: Ja, es fehlt einfach der Rücklauf, der noch in der rituellen Kultur vorhanden gewesen ist, also etwa daß die Toten immer wiederkommen können. Die Inder haben eine reiche rituelle Literatur, in der wir den Umschwung genau nachvollziehen können. In einem von mir verfaßten Buch habe ich eine Textstelle zitiert, in der ein Sohn seinem Vater seine rituellen "Irrtümer" vorwirft und im Ergebnis zu der Aussage kommt: "Ich erlöse mich selbst!" Hierdurch wird ganz deutlich, daß der Mensch in der religiösen Kultur auf sich selbst zurückgeworfen ist und von sich selbst aus einen Weg eröffnen muß.

W.W.: Gibt es weitere Kulturen, die Sie nach der religiösen bis zur heutigen Zeit einteilen?

H. Gehrts: Die Geistlichen werden mir hoffentlich nicht böse sein, wenn ich glaube, daß die religiöse Kultur mit ihrem Kraftstrom schon in gewisser Weise abgeschlossen ist und daß die letzte Stufe, in der wir gegenwärtig leben, die technokratische ist. Allerdings möchte ich nicht mehr von einer technokratischen Kultur sprechen, sondern von der technokratischen Zivilisation. Denn eine Kultur wäre eine Gestalt, die man dem Zusammenleben der Menschen aufgrund besonderer Erlebnisse gibt, gegebenenfalls auch aufgrund der Offenbarungen eines Heilands. Aber all das fehlt in unserer heutigen Welt, so daß wir im Grunde heutzutage überhaupt keine inneren Wegweisungen mehr haben. Natürlich gibt es noch einzelne Menschen, die etwas derartiges besitzen, aber ob sich das einmal wieder zu einer Gänze zusammengestalten wird, das muß man abwarten. Unsere Epoche jedenfalls gibt dafür nichts her.

W.W.: Wie steht es mit den Räumlichkeiten, in denen der Mensch der jeweiligen Kulturen seine geistig-religiösen Erlebnisse hatte? Der Schamane wird diese geistigen Erlebnisse sicherlich an jedem Ort haben können, während der religiöse Mensch dazu mit Ausnahme des individuellen Gebets in eine Kirche geht.

H. Gehrts: In der schamanischen Kultur konnte der Mittelpunkt der Séance an jedem Ort geschaffen werden. Wenn beispielsweise eine Indianergruppe mit ihrem Medizinmann, der dort der Schamane ist, zusammenkam, weil sie auf die Jagd bzw. zu einem kriegerischen Unternehmen gehen wollte, dann konnte der Schamane auf dieser Wanderung die Geister befragen. Natürlich würde er dazu immer eine besondere Tageszeit bevorzugen, die dazu günstig ist, ferner würde er sich in der Landschaft sicherlich auch einen bestimmten Ort aussuchen. Aber grundsätzlich ist es möglich, daß sich der Schamane an jedem Ort die Weisheit des Alls und der Ahnen eröffnet.

In der rituellen Kultur ist es so, daß man dazu ausgezeichneter Orte bedarf; die entsprechenden Heiligtümer waren zum Beispiel die Steinkreise wie in Stonehenge. Das waren Heiligtümer, die eine bestimmte Weihe in sich enthielten und auch ausstrahlten. Hierbei muß man allerdings zweierlei unterscheiden: Einerseits kann man, wie auch in der religiösen Kultur, noch jeden Ort weihen, man kann abträgliche Kräfte austreiben, was auch bei jeder Kirchengründung noch heute der Fall ist, und man kann heilige Mächte dazurufen; aber andererseits gibt es auch bestimmte Orte - und das ist eine begründete Liebhaberei der modernen Strahlenforschung -, die in besonderer Weise geeignet sind, einem Heiligtum eine Stätte zu bieten.

Während der religiösen Kultur wurden oftmals in den sogenannten bekehrten Ländern die alten Heiligtümer für die eigene Religionsausübung genutzt, indem man dort eine Kirche, eine Kapelle oder wenigstens ein Heiligenbild aufstellte. Somit wurde also der alte heilige Ort für die Kirche genutzt, Chartres ist hierfür ein besonderes Beispiel. Aber es besteht eben auch die Möglichkeit, die Weihe vom Höchsten herabzurufen, oder indem man das, was von einem Heiligen noch übriggeblieben ist, entweder seinen ganzen Körper oder eine Reliquie, in einem Heiligtum niederlegt und es auf diese Weise weiht.

Dann gab es innerhalb der religiösen Kultur Visionen, besondere Erlebnisse an bestimmten Stätten. Ich denke dabei zum Beispiel an Ratzeburg, das hier ganz in der Nähe liegt, wo ein missionarischer Mönch von den heidnischen Bewohnern dieser Gegend gesteinigt worden ist. Im 14. Jahrhundert lebte dann eine Frau, die Visionen dieses Mönches schaute, aufgrund derer dann dort ein Wallfahrtsort entstanden ist. Ähnlich war es an anderen Orten; es konnte sozusagen an jedem Ort die Quelle für ein Heiligtum entspringen.

W.W.: In welcher Situation ist der Mensch heute, wo er im Grunde keinen heiligen Ort mehr hat, an den er hingehen kann? Ist es so, daß der Mensch heute diesen Ort in seinem Innern - seiner Seele und seinem Geist - finden muß?

H. Gehrts: Das ist natürlich unsere Situation, und es wird ja auch überall empfohlen, diese Verinnerlichung, zu der die Welt früher selbst verhalf, heute im eigenen Innern zu suchen. Ich möchte aber annehmen, daß der Suchende dazu auch immer der Richtweisung von außen bedarf, indem er sein Augenmerk auf das richtet, was während der älteren Kulturen geschehen ist.

Die Nichtchristlichkeit der Märchen

W.W.: In welcher dieser Kulturen sind jetzt die Märchen entstanden?

H. Gehrts: Die Märchen haben ihren Ursprung in den älteren Kulturen, und zwar in denjenigen, die noch vor der religiösen liegen. Für uns ist das deswegen sehr leicht nachzuweisen, weil die typisch christlichen Merkmale, zum Beispiel der Sohn Gottes, Christus, in den Märchen überhaupt nicht vorkommen. Eines der erstaunlichsten Beispiele für die Nichtchristlichkeit der Märchen ist für mich immer wieder ein Märchen aus Siebenbürgen, welches in eine bekannte Sammlung des vorigen Jahrhunderts einging. Es heißt "Der Königssohn und die Teufelstochter". Das ist ein Märchen, welches zu einem bestimmten Typus gehört.

W.W.: Was meinen Sie mit den Typen?

H. Gehrts: Die Märchen sind nicht wie eine Sammlung von Novellen unterschiedlich, so wie die Lebensläufe von Menschen alle individuell verschieden sind. Sondern die vielen Zehntausende von Märchen, die seit den Brüdern Grimm überall gesammelt worden sind, gehören jeweils bestimmten Typen an. Der Typus, der die Nr. 425 trägt, ist beispielsweise von einem schwedischen Forscher untersucht worden, und der hat zu seiner Zeit - vor etwa 35 Jahren - allein von diesem Typus etwa 1.200 verschiedene Fassungen untersucht. Das Märchen "Der Königssohn und die Teufelstochter" gehört also zu dem Typus, der die Nr. 313 trägt und dem ich den allgemeinen Titel gebe: die Tochter der Unterweltsmacht als Helferin des Helden. Der Unterweltsherr wird meist als ein Zauberer beschrieben, manchmal auch als eine Art dämonisches Wesen, und nur sehr selten wird er geradezu Teufel genannt. Wenn nun der Erzähler diesen Herrn der Unterwelt als Teufel bezeichnet, weil wir dies so gewohnt sind, so entsteht ein ganz eigenartiges Problem: Denn diese Teufelstochter ist ein sehr liebenswürdiges und schönes Wesen, welches freiwillig dem Helden bei dem vom Teufel gestellten Aufgaben hilft. Und zwar sind die Aufgaben so, daß sie innerhalb unserer diesseitigen Welt nicht gelöst werden können, zum Beispiel in einer Nacht ein Feld zu besäen, abzuernten und bis zum Morgen daraus ein Bier zu brauen. Diese unmöglichen Aufgaben könnte der Held nicht lösen und wäre somit dem Herrn der Unterwelt verfallen, wenn ihm nicht die Tochter der Unterweltmacht Hilfe brächte.

In diesem Märchen ist also das liebenswürdige Mädchen die Tochter des Teufels, so daß das Paradoxon entsteht, daß der Held bei seiner Rückkehr als Thronfolgerin eine Tochter des Teufels als seine Braut mitbringt. Das ist zur christlichen Weltanschauung derart widersprüchlich, daß ein spanischer Erzähler diese Teufelstochter wieder in die Unterwelt abgeschoben hat. Er konnte sich nicht überwinden, eine Teufelstochter auf den Thron zu setzen. Das geschieht aber im Widerspruch zum Typus.

Wenn der Held beleckt wird

Da wir auch vom schamanischen Element gesprochen haben, kann ich hier vielleicht anfügen, daß bei diesem Typus der Held und die Geliebte aus der Unterwelt vor der Unterweltsmacht fliehen müssen, die Flucht gelingt ihnen, sie trennen sich, sobald sie die Grenze der diesseitigen Welt erreicht haben. Der Grund wird von der Märchenerzählung selbst allerdings nicht klargestellt. Das Eigentümliche ist, daß der Held seine Geliebte in dem Moment, in dem er die diesseitige Welt betritt, vergißt, und zwar deswegen, weil er in die Körperwelt eintritt. Das Mädchen hat ihn im vorhinein gewarnt, daß er sie vergessen würde, wenn er etwas äße oder wenn er sich küssen ließe. Oft ist es dann so, daß er sich zwar nicht küssen lassen will, aber der Hund seinen Herrn anspringt und ihm das Gesicht leckt. Durch dieses Belecktwerden hat der Held das Mädchen und sämtliche Unterweltserlebnisse vergessen, so daß das Mädchen auf seiner Hochzeit mit einer anderen Braut Kunstgriffe anwenden muß, um sich ihm wieder in die Erinnerung zu bringen.

Sehr schön stellt sich der Kunstgriff, durch den das Mädchen des Helden Vergessenheit überwindet, in einem spanischen Märchen dar. Das Mädchen führt nämlich ein Puppentheater auf, in dem sie die Rolle des Prinzen und seiner Retterin darstellt. Die Marionette, die den Prinzen verkörpert, kann sich an gar nichts erinnern, und dafür wird diese Puppe auf der Bühne immer wieder geprügelt. Diese Prügelschmerzen empfindet der leibhaftige Prinz aber selber, bis seine Erinnerung an die Unterweltserlebnisse und seine Geliebte wieder in ihm durchbricht. Diese Amnesie und ihre Überwindung zeigt, daß das ganze Unterweltsabenteuer ein Entrückungserlebnis war, eine Einweihung für den künftigen König in der Unterwelt, die gleichzeitig damit verbunden ist, daß er eine Braut aus dem Jenseits gewinnt.

W.W.: Sind die meisten Märchen Einweihungserlebnisse, die dann später den Menschen erzählt worden sind?

H. Gehrts: Man kann bei den Märchen späte und frühe unterscheiden; auf der einen Seite gibt es die großen alten Märchen, auf der anderen Seite diejenigen, die erfunden worden sind und einer späteren Zeit angehören. Zu diesen spätzeitlichen Märchen rechne ich zum Beispiel "Das Mädchen ohne Hände". Aber die großen alten Märchen enthalten stets das rituelle oder schamanistische Element und bezeichnen dadurch ihr Altertum.

Der Schamane geleitet die Toten an ihren Ort

W.W.: Was ist ein Schamane?

H. Gehrts: Der Schamane ist in der schamanischen Kultur die zentrale Figur, derer die Gemeinde unbedingt bedarf. Man kann nicht Krieg führen, seine Toten bestatten oder auf die Jagd gehen, ohne für all diese Verrichtungen den Schamanen zu befragen, der dazu eine Kunde aus der Binnenwelt beibringt. Der Schamane muß in der Lage sein zu sagen, daß die Toten einen Kriegszug billigen oder vor diesem warnen. Bei den Indianern wurde zum Beispiel oft vor kriegerischen Ausfahrten mit dem Medizinmann eine Séance gehalten, in der er meist bestimmte Auskünfte über den bevorstehenden Kampf geben konnte. Bei den Indianern kommt noch hinzu, daß jeder einzelne auch durch sein Einweihungserlebnis einen gewissen Zugang zu jener Welt hatte, die sich im wesentlichen für den Schamanen eröffnete.

Wichtig war auch die Rolle des Schamanen bei der Bestattung; in den alten Kulturen handelte es sich nicht darum, den entlebten und entseelten Leib irgendwo unterzubringen, sondern vor allem um das Seelengeleit. Hierzu gibt es auch bei uns eine Fülle von Sagen und Erzählungen von Sensitiven, die davon erzählen, daß ein Toter seinen Weg nicht findet, daß er noch umgeht, daß er spukt. Sensitive haben oft darüber berichtet, daß sie von Toten überfallen worden sind, die ihren Weg an ihren jenseitigen Ort nicht finden konnten. Das aber vermag der Schamane, er kann den Toten an seinen Ort geleiten. Er kennt die Wege des Jenseits, weil sie ihm bei seiner Einweihung eröffnet worden sind.

Das Entscheidende am Amt des Schamanen ist, daß er keine Lehre bei einem älteren Schamanen durchmacht, sondern seine Einweihung von den Toten empfängt. Zwar kann er von einem älteren Schamanen angeleitet werden, wenn er als ein guter Nachfolger erkannt wird, aber dies bleibt doch nur eine anfängliche Wegweisung. Sein eigentliches Wissen empfängt der Schamane bei seiner Einweihung drüben.

Sein Wissen besteht unter anderem auch darin, daß er die Wege des Jenseits kennenlernt, also die Wege, auf denen er den Toten zu führen hat, ferner diejenigen Wege, auf denen sich die Unheilsmächte den Menschen nahen. Der Schamane wird ja bei seiner Einweihung zerstückelt, und diese Stücke werden von den Geistern verzehrt, und jeder Geist, der von ihm ein Stück verzehrt hat, muß ihm in irgendeiner Weise dienen, und wenn es ein böser Geist ist, so kann ihn der Schamane bezwingen. Ein böser Geist, der bei dem Selbstopfer des Schamanen von diesem nicht bedacht worden ist, wird von dem Schamanen nur sehr schwer zu bezwingen sein. Im übrigen geht es bei der schamanischen Einweihung nicht nur um die Kenntnis und das Wissen der Jenseitswege, sondern vor allem auch darum, daß der Schamane einen Hilfsgeist gewinnt. Dieser Hilfsgeist kann die Wege im Jenseits weisen. Er kann ihn in den verschiedensten Praktiken belehren, und er kann ihm die untergebenen Hilfsgeister zuführen.

W.W.: Inwieweit hat der Schamane Macht über alle geistigen Wesen, oder bezieht sich dies im wesentlichen auf einen ihm konkret verbundenen Hilfsgeist?

H. Gehrts: Jeder Schamane hat einen ganz speziellen Hilfsgeist. Am Anfang dieses Jahrhunderts ist es zutage gekommen, daß bei den Jakuten, aber auch bei anderen Stämmen, dieser Hilfsgeist dem entgegengesetzten Geschlecht angehörte, so daß zwischen beiden eine Art Ehe geführt worden ist.

W.W.: Waren die Initiationsriten in Europa, zum Beispiel bei den Nordeuropäern, denen der außereuropäischen Schamanen, zum Beispiel den Indianern, ähnlich?

H. Gehrts: Das Wesentliche ist überall das gleiche, denn es handelt sich immer um das grundmenschliche Erlebnis des Anheimfalls an außerirdische Mächte, um das Offenwerden für diese Wesen, ihre Art, ihr Mitwirken an der Welt, ihre Hilfe oder ihre Gegnerschaft - und im letzten Falle um die Möglichkeit ihrer Überwindung -, dies eben durch die zu gewinnenden Hilfsgeister.

W.W.: In der Welt des Schamanentums gibt es drei Ebenen, die auch im Märchen vorkommen, können Sie diese einmal kurz darstellen?

H. Gehrts: Neben der irdischen Welt gibt es die obere und die untere Welt. Die untere Welt ist nicht ausschließlich die Welt des Bösen, im Märchen zum Beispiel kommt der Held, wenn er in die untere Welt gelangt, nicht unbedingt nur in eine düstere Welt hinein, sondern auch diese Welt hat ihr Licht. Das für uns Merkwürdige ist, daß es auch in der oberen Welt böse Geister gibt und daß es in der unteren Welt auch gute Wesenheiten gibt, die dem Schamanen helfen können.

Weltenverbindend ist in den schamanischen Kulturen die Weltachse; das kann ein Weltenbaum sein, der auch in den Märchen vorkommt und der vor allem in den nordeuropäischen und nordasiatischen Kulturen eine große Rolle spielt. Die Ungarn, die ja aus einer Gegend ostwärts des Urals stammen, haben in ihren Märchen noch deutlichere Überbleibsel dieses Weltenbaumes als wir in unserer Region. Es gibt aber auch bei uns das Märchen vom Weltenbaum, allerdings steigt dann der Held meist nach oben und nicht mehr in die Unterwelt. Ein germanisches Überlebsel dieses eurasischen Weltenbaumes ist die Yggdrasil in der Edda.

W.W.: Ist es für den Schamanen typisch, seinen Lebens- und Einweihungsweg alleine zu sehen?

H. Gehrts: Eigentlich kann man das nicht so sagen, da er auch andere Schamanen als Helfer haben kann. Das Entscheidende ist allerdings immer das Erlebnis des Jenseits, und da ist er auf sich selbst gestellt bzw. auf die Hilfsgeister angewiesen, die er sich erworben hat. Aber auch in der diesseitigen Welt gibt es immer Geister, die er anrufen kann. Bei den Mongolen sind dies zum Beispiel - außer den Seelen der Toten - die Geister der Berge. Die Berge sind also nicht nur geologische Erhebungen, sondern Wesensmächte. Der mongolische Schamane kann also auch von hiesigen Wesenheiten Hilfe bekommen.

W.W.: Aber im Endeffekt geht der Schamane seinen Weg doch alleine!?

H. Gehrts: Ja. Hinzu kommt noch, daß er nicht instrumentell besitzlos ist, denn in seinen Offenbarungen wird ihm noch mitgeteilt, auf welche Weise er zum Beispiel seine Trommel betätigen soll. Die Trommel ist ein sehr wichtiges Instrument, zumal im sibirischen Schamanentum, und diese Trommel wird zu seiner letztgültigen Einweihung hergestellt, und zwar nach den Anweisungen der Geister. Das Interessante ist, daß die Trommel selbst ein Bild des Kosmos ist, der meist auf der Trommel abgebildet ist.

Der Schamane als Heiler

W.W.: Ein Hauptanliegen der Schamanen ist es auch, heilen zu können. Kommen ähnliche Motive auch im Märchen vor, daß der Held also die Kraft hat, heilen zu können?

H. Gehrts: Es gibt das Märchenmotiv des Heilens, allerdings nicht in der Fülle, wie man es für den Schamanen voraussetzen möchte. Denn der Schamane ist uns ja im vorigen oder vorvorigen Jahrhundert als der Heiler schlechthin bekanntgeworden, und das Wort Medizinmann besagt dies noch deutlicher, obwohl die Medizin bei den Indianern etwas anderes bedeutet als eine Arznei. Die Medizin ist ja bei den Indianern bekanntermaßen auch ein zauberisches Mittel. Es gibt aber auch Märchen, in denen die Heilung eine wesentliche Rolle spielt. Auch dabei ist aber das Wichtige, daß die Märchen niemals Routineaufgaben darstellen, sondern daß sie alle initiatischen Sinn haben, d.h. daß sie den Helden auf dem Wegstück darstellen, wo er seine eigentliche Macht gewinnt.

Im Märchen vom Lebenswasser, das ist der Typ 551, ist der König erkrankt, und ich möchte annehmen, daß es sich hier nicht um eine personelle Erkrankung handelt, sondern in der alten Zeit hing das Heil des Landes davon ab, daß der König heil und gesund war. In der Gralssage erkennen wir dies noch ganz deutlich, da in dem Augenblick, in dem der König in der Heckdrüse, den Hoden, verwundet wird, das Land in Unfruchtbarkeit fällt. Das ist das Motiv des Ödlandes, und es gibt dort auch keine Zeugung mehr, selbst die Pflanzen wachsen nicht mehr.

Wenn also im Märchen vom Lebenswasser der König krank wird, beispielsweise in Gefahr ist zu erblinden - und das Augenlicht bezeichnet nicht nur ein optisches Vermögen, sondern das Licht des Innern überhaupt -, so zeigt sich daran, daß dem König das Licht des Innern nicht mehr leuchtet. Die Erkrankung des Königs in diesem Märchen bedeutet also ein Reichsunheil. Es ziehen dann die drei Königssöhne aus, um für ihn das Lebenswasser zu finden. Es kann auch sein, daß statt des Lebenswassers in diesem Typus der Goldvogel gesucht wird.

Von Gewicht ist in vielen Märchen das Motiv der Suche, die Queste, wie sie in der Gralssage heißt. In ähnlicher Weise gibt es in vielen Märchen diese Questen, und in diesem Typus vom Goldvogel bzw. dem Lebenswasser ziehen die drei Brüder aus. Die beiden Älteren verirren sich sehr bald, indem sie zum Beispiel an einen Kreuzweg kommen, wo der eine Weg als todesgefährlich bezeichnet wird. Die Älteren wählen dann immer die ungefährlichen Wege, während dem Jüngeren nichts anderes übrigbleibt, als den todesgefährlichen Weg zu gehen. Daraus wird klar, daß man die eigentliche Kraft des Lebens aus dem Jenseits gewinnt. Der Held findet im Zuge seines Suchens nicht nur das Lebenswasser, sondern auch eine schlafende Prinzessin. In Wirklichkeit ist dies aber keine Prinzessin, sondern eine Fee oder Halbgöttin, wie es außereuropäische Märchen bezeugen. Man muß sich für das Heil des Diesseits das Jenseits eröffnen, und das geschieht, indem der Held bei der jenseitigen Jungfrau schläft, mit ihr ein Kind zeugt und sie dergestalt als Königsbraut gewinnt. (Es gibt drei Märchentypen mit einem derartigen Beischlaf, bei welchem die Prinzessin oder Fee nicht aufwacht.) Der Held bringt dann das Lebenswasser zurück. Die Braut stellt sich erst später mit dem Kind zusammen ein. Aber die Brüder sind Verräter und versuchen, dem Jüngeren das Lebenswasser oder den Goldvogel abzugaunern und schrecken auch nicht davor zurück, den Bruder zu ermorden. Er wird dann von der Jenseitsmacht, die ihn überhaupt erst zu dem Ort des Lebenswassers geführt hat, wiederbelebt und kommt als ein Verachteter, weil die anderen Brüder ihn inzwischen verleumdet haben, zum Vater zurück.

In einem anderen Typus, vom Goldvogel, von der Königstochter und vom Wunderpferd, lacht die Königstochter nicht, die die Brüder ihm weggenommen haben, das Pferd frißt nicht und der Goldvogel singt nicht. Erst als der jüngste Bruder an den Hof zurückkommt, entfalten diese Jenseitsmächte ihre eigentliche Macht: das Mädchen lacht, das Pferd wiehert, der Goldvogel singt. Das ist dann das Symbol dessen, daß das Reichsheil wiedergekehrt ist.

Der Schamane treibt die Dämonen aus

W.W.: Inwieweit sind Krankheiten im Schamanismus - aber auch im Märchen - eine Form von Besessenheit?

H. Gehrts: Im Märchen finden wir ja oft den Kampf mit einem Dämon. Es ist eine typisch schamanische Überzeugung, daß Krankheiten durch Dämonen verursacht werden, aber durch die Kraft des Schamanen ausgetrieben werden können. Es gibt ein ganz bekanntes Märchen, in dem die Besessenheit - wie ich es nenne, obwohl es im Märchen niemals so genannt wird - und die Heilung dieser Besessenheit eine sehr große Rolle spielen. Dies ist ein Märchen aus der Sammlung von Hans-Christian Andersen: "Der Reisekamerad", ein Vertreter des Typs vom toten Helfer.

In diesem Märchen leistet der Held zunächst einen Totendienst, und zwar geht es darum, daß irgendein Toter unbestattet daliegt, weil seine Gläubiger noch an dem Toten Rache nehmen wollen. Der Held bezahlt seine Schulden, er gibt dabei sein ganzes Vermögen hin. Doch eben dadurch erwirbt er ein jenseitiges Vermögen. Ihm begegnet unerkannt der Tote als der Reisekamerad, der ihn bis an den Ort begleitet, wo sich sein Schicksal entscheiden soll. Sie gelangen zu einer Königstochter, die ihren Bewerbern zu raten aufgibt, was sie gerade denke. Das kann natürlich niemand herausbekommen, der nicht irgendwie über jenseitige Kräfte verfügt. Aber der Tote leistet diese Dienste für den Helden, indem er die Königstochter über Nacht belauscht. Um Mitternacht verläßt sie nämlich ihr Zimmer und fliegt davon in eine unterirdische Höhle in einem Berg. In einer Fassung steht in diesem Raum sogar ein Altar. Dort begegnet die Königstochter einem Jenseitigen, einem Dämon, mit dem sie jeweils verabredet, welchen Gegenstand sie ihren Bewerber raten lassen soll. Der Tote belauscht sie dabei und sagt es dem Helden am Morgen.

Auf diese Weise kann der Held zwei Fragen lösen. In bezug auf die dritte Frage sagt der Dämon zu der Königstochter, sie solle an seinen Kopf denken, weil er nicht glaubt, daß der Held darauf verfallen könne. Der Tote oder der Held in der Rolle des Toten schlägt daraufhin dem Dämon den Kopf ab, und als der am Morgen vorgewiesen wird, ist die Prinzessin von ihrer Besessenheit geheilt. Allerdings bleibt ein Rest ihres Gebrestens noch in ihr, das durch ein dreimaliges Bad vor der Hochzeit geheilt werden muß. Das ist also ein ganz typisches Märchen, das von der Heilung einer dämonischen Besessenheit erzählt.

W.W.: Wo findet der Drachenkampf statt; ist dies ein äußerer Kampf oder einer im Innern des Helden?

Wenn das verliebte Mädchen Läuse ißt

H. Gehrts: Ich habe gerade eine Arbeit fertiggestellt, die hoffentlich bald im Druck erscheint, die vom Schlaf im Märchen handelt. In den Drachenkampf-Märchen geschieht ja das Eigentümliche, daß, wenn der Held die Königstochter aus der Bedrohung durch den Drachen retten will, er dann sagt, daß er vorher erst einmal schlafen möchte. Er legt sich dann auf ihren Knien schlafen. Oft hat man sich eingebildet, daß dies eine Form des Beischlafs sei. Da im Märchen aber nie ein Hehl daraus gemacht wird, wenn es sich wirklich um einen Beischlaf handelt, kann es sich hierbei nicht darum handeln. Der Held sagt zu der Prinzessin, sie möge ihn lausen, was zwar eine Liebeshandlung ist, denn gewöhnlich ißt das verliebte Mädchen diese Läuse, da sie das Blut des Helden enthalten. Aber normalerweise, und so auch hier, führt das Lausen zum Einschlafen.

W.W.: Warum schläft der Held ein, wenn er doch dem Drachen gegenübertreten soll?

H. Gehrts: Das ist eine Rätselfrage, die man im Grunde nicht häufig genug stellen kann und die noch nicht richtig gelöst ist. Das liegt daran, daß man das Motiv des Schlafens nicht ernst genug genommen hat. Es gibt aber ein russisches Märchen, "Der Kampf auf der Brücke", das nah verwandt ist mit unserem Drachenkampf-Märchen. Hier besteht der Königssohn aus drei jungen Männern: Iwan Zarensohn, Iwan Magdsohn und Iwan Kuhsohn. Die Magd und die Kuh sind zu gleicher Zeit wie die Königin auf zauberhafte Weise geschwängert worden. Aber diese dreifache Gestalt bedeutet ganz unzweifelhaft einen einzigen Königssohn. Es gibt in der indischen Retnalistik ganz eindeutige Beispiele dafür, daß der König aus fünf göttlichen Personen besteht. Das Interessante an dem russischen Märchen ist, daß der Kuhsohn auf der Brücke den Drachenkampf besteht, während die beiden anderen Brüder fest schlafen. Die Brüder hätten ihm eigentlich helfen sollen, aber sie schlafen, während Iwan Kuhsohn mit Mühe und Not den Drachenkampf besteht. Es ist also ein ganz geheimnisvolles Verhältnis, in dem diese drei Personen in einer Dreieinigkeit miteinander verwoben sind.

Dieses Beispiel läuft darauf hinaus, daß auch der *einzelne* Drachenkämpfer wirklich unter dem Kampfe schläft. Hinzu kommt noch, daß der Held sehr schwer zu erwecken ist, wenn sich der Drache naht; oftmals wacht der Held erst durch die Träne der Prinzessin auf, in deren Schoß er schläft, wenn sie auf sein Antlitz fällt. Er besiegt nun den Drachen, geht aber nicht etwa mit der Prinzessin nach Hause, sondern er nimmt, trotz ihrer Bitten, mit ihr zu kommen, Abschied von ihr. Im weiteren Verlauf des Märchens drängt sich dann meist ein anderer vor, der von ihr den Eid verlangt, daß *er* den Drachen besiegt hätte.

Das Eigenartige ist, daß der wirkliche Erretter noch ein Jahr in der Welt umherläuft und genau am Jahrestag wiedererscheint. Das ist meines Erachtens ein weiterer Hinweis darauf, daß er gar nicht leibhaft am Orte war, sondern daß er diesen dämonischen Drachen als Seelenwesen bekämpft hat. Es ist also ein Kampf in der Ektasis. In vielen Fassungen des Märchens kommt der Schlaf noch ein zweites Mal vor, indem der Held nach dem Drachenkampf wiederum einschläft und dann oftmals von dem Verräter getötet wird. Meist sind es seine helfenden Tiere, die ihn wieder ins Leben zurückrufen. Dies ist also ein weiteres Schlafmotiv, das sich unmittelbar an den Drachenkampf anschließt.

Aus allem möchte man den Schluß ziehen, daß der Held nicht nur im Schoße der Prinzessin schläft, sondern daß der gesamte Vorgang ein Erlebnis im ekstatischen Schlafe ist.

Jagdzauber

W.W.: Eine wichtige Figur der Schamanenwelt ist der Jäger. Nun glaube ich aber kaum, daß dieser Schamanenjäger irgendetwas mit dem Jäger aus dem Märchen zu tun hat, oder gibt es hier doch Ähnlichkeiten?

H. Gehrts: Es gibt einen Märchentypus, und zwar denjenigen vom Goldenen oder Grindkopf, bei dem der Held wie bei dem "Eisenhans" auf wundersame Weise goldenes Haar erlangt. Dieses goldene Haar verbirgt er aber unter einer Mütze oder einem Schafsmagen, eine Kopfbedeckung, die ihn sehr häßlich macht. Fortwährend sagt er, daß er seine Kopfbedeckung nicht abnehmen könne, da er ein Grindkopf sei. Er arbeitet als Gärtner am Königshof und nimmt in einem Augenblick, in dem er nicht vermutet, daß ihm die Prinzessin zusieht, seine Kopfbedeckung ab. Die Prinzessin wird nun von seiner Wesensart ergriffen, d.h. sie durchschaut seine Grindkopf-Verkleidung. Er kann sich aber noch nicht als der eigentliche Held offenbaren, denn er muß sich erst, nachdem er die goldene Kraft aus dem Jenseits erworben hat, in dieser Welt bewähren. Das geschieht unter anderem dadurch, daß er seinem künftigen Schwiegervater mit aufgedecktem Kopf bei der Besiegung seiner Feinde hilft. Er erhält in diesem Kampf eine Wunde, die letztendlich beweist, daß der Grindkopf auch der goldene Kämpfer ist.

Neben diesem Schlachtmotiv kommt auch das Motiv der gebrandmarkten Nebenbuhler vor. Die Prinzessin hat meist noch zwei Schwestern, die immer mit gewöhnlichen Menschen verheiratet sind. In der alten Kultur sind derartige gewöhnliche Diesseits-Menschen nicht als Könige geeignet. Man muß jenseitige Macht in sich haben, die der Goldene mit seinem goldenen Haupt erweist. Das goldene Haupt ist das Merkmal einer inneren Weihe. Eben dieses Zeichen der inneren Weihe gibt es übrigens auch bei schwarzköpfigen Völkern. Es ist also kein Rassenmerkmal.

Den Nachweis der inneren Weihe kann der Held auch auf andere Weise erbringen, zum Beispiel indem er dem König ein Heilmittel bringt. In einem kordofanischen Märchen ist dies das Blut von bestimmten Tieren, von Gazellen. Die Schwiegersöhne des Königs reiten aus, um dieses Wild zu erlegen. Aber der Grindkopf vermag es so einzurichten, daß die anderen überhaupt kein Wild antreffen. Das ist ein Jagdzauber. Er versammelt das gesamte Wild um sich, und als die anderen auf dem Heimweg an ihm vorüberkommen, sitzt er bereits als der Goldene dort und überläßt ihnen seine Jagdbeute gegen eine Brandmarkung, oder er schneidet ihnen einen Ohrzipfel ab. Es handelt sich bei dieser Erprobung der Schwiegersöhne durchaus nicht um den Nachweis, ein guter Jäger zu sein, sondern darum, das wunderbare Heilmittel zu bringen, also zu erweisen, daß sie jenseitige Macht erwerben können. Darum sind sie gezwungen, auf die Bedingungen des Goldenen einzugehen, zum Beispiel sich einen kleinen Zeh oder einen kleinen Finger abschneiden zu lassen oder eine Brandmarkung über sich ergehen zu lassen. Anhand dieser Brandmarkungen kann der Goldene schließlich beweisen, daß er der jenseitig Begabte, mithin auch der rechtmäßige Königserbe ist. - Natürlich kommt die Jagd auch sonst in vielfältiger Weise im Märchen vor, bei dem Förster, bei Edelleuten, die jagen, aber das hat im allgemeinen nichts mit schamanischen Elementen zu tun.

W.W.: Meist taucht in den Märchen das Motiv der Wanderung, der Reise oder der Suche auf. Oft ist auch der Fluß eine Grenze zwischen der hiesigen und der jenseitigen Welt. Ist diese Reise mit dem Weg der Initiation eines Schamanen vergleichbar?

H. Gehrts: Der Fluß ist im Märchen tatsächlich eine Grenze zwischen dem Diesseits und dem Jenseits. Überdies gibt es noch andere Grenzen, zum Beispiel die zusammenschlagenden Berge, durch die man nur unter Todesgefahren den Weg in das andere Reich findet. Auch der Wald ist oft schon ein jenseitiger Bereich.

Der Abstieg in die Unterwelt

W.W.: Nun gibt es verschiedene Wege in die jenseitigen Welten, auf der einen Seite den Baum und den Berg, auf der anderen Seite den Brunnen und das Loch in die Erde. Werden so untere und obere Welt unterschieden oder können sie sich auch vermischen, indem man zum Beispiel über den Baum in die untere Welt gelangen kann?

H. Gehrts: Man muß wohl sagen, daß die obere und die untere Welt geschieden sind. Wir haben ja das Märchen von den drei entrückten Prinzessinnen; das ist ein Typus, der bis nach China hineinreicht. Hier wird immer ein Erdloch gefunden, in das ein Dämon verschwunden ist; oftmals führt noch eine Blutspur zum Loch, weil der Dämon bereits von dem Helden verwundet worden ist, und der Held läßt sich schließlich von seinen beiden Gefährten in die Unterwelt hinabseilen. Es ist durchaus möglich, daß er dann in eine noch tiefere Unterwelt hineinfällt.

Seine beiden Gefährten sind nämlich verräterisch gesonnen. Der Held erlöst zwar in der Unterwelt die drei entrückten Prinzessinnen aus den Fängen des Drachen oder des Zauberers, aber seine verräterischen Gefährten ziehen die drei entrückten Prinzessinnen herauf und lassen ihren Gefährten, nachdem sie ihn halb heraufgezogen haben, wieder fallen.

In einem slowenischen Märchen hat die dritte Königstochter den Helden gewarnt; sie sagt ihm voraus, daß er, wenn er hinunterfiele, einen weißen und einen schwarzen Widder sehen würde. Er solle zusehen, daß er auf den weißen falle, denn sonst würde er verlorengehen. Natürlich fällt er auf den schwarzen und kommt dadurch nochmals in eine tiefere Unterwelt. Seine Rückkehr ist zunächst sehr zweifelhaft, aber er besteht dann an einem unterirdischen Fluß einen Drachenkampf und kann damit die Menschen der Unterwelt, die an Wassermangel leiden, von diesem Drachen befreien, der das Wasser zurückgehalten hatte. Der König der Unterwelt will ihm sogar seine Tochter zur Frau geben, aber der Held winkt ab, er habe bereits ganz oben eine Braut.

W.W.: Bei dem Märchen "Frau Holle" ist mir aufgefallen, daß man vertikal durch den Brunnen in die untere Welt hinabkommt, horizontal durch das Tor aber wieder hinaus. Wie kommt das?

H. Gehrts: Das ist ein sehr häufiges Motiv, auch in den Erlebnissen der rituellen und schamanischen Kulturen, daß man durch Entrückung irgendwohin gelangt, aber dann auf einem ganz normalen geographischen Wege zurückkommt. Eines der schönsten Beispiele dafür ist ein Märchen, das erst im vorigen Jahrhundert erfunden worden ist, nämlich die "Regentrude" von Theodor Storm. Dort erhält das junge Paar von der alten Mutter des jungen Mannes die Kunde von der Möglichkeit des Abstieges; sie steigen durch den hohlen Baum viele Stufen hinab und wecken dann die Frau auf, die für das Wasser und die Fruchtbarkeit verantwortlich ist und die dort in der Einsamkeit eingeschlafen ist, weil die Menschen nicht mehr zu ihr gekommen sind. Nachdem das Mädchen sie aufgeweckt und ihren Segen empfangen hat, fährt das Paar auf einem dort unten entspringenden Bach entlang, bis sie mit einem Male bemerken, daß dies der heimische Bach ist, der durch das eigene Dorf fließt.

W.W.: Wie erklären Sie, daß man in eine untere Welt hinabsteigt, aber auf gewöhnlichem Wege horizontal wieder hinausgelangt?

H. Gehrts: Der Abstieg in die Unterwelt hat symbolische Bedeutung, es ist eine Entrückung, und schließlich kommt man wieder zu sich, zu seinem gewöhnlichen Bewußtsein. Der Weg zurück ist der Weg in die reale körperliche Welt.

W.W.: Wenn der Weg, die Suche, im Märchen dem Initiationsweg des Schamanen ähnelt, warum wird dann im Märchen immer der Unerfahrene, der Jüngste, der den Weg noch ganz gehen muß, geschildert, aber nie der Erfahrene, Eingeweihte, der doch auch Erlebnisse hat, die es lohnen würde, als Märchen zu erzählen?

H. Gehrts: Der Weg ins Jenseits wird nicht durch die Ratio eröffnet, auch wenn der gereifte Mensch des Altertums sich sicherlich auch schon auf seine Vernunft verließ. Aber mit der Entwicklung der Ratio kommt hinzu, daß der Mensch selbstisch, ich-bewußt wird. Die mehr selbstischen Menschen sind in den Märchen meist die älteren Brüder, während der jüngere meist der ärmere, aber menschenfreundlichere ist, der im Gegensatz zu seinen älteren Brüdern auch noch sein letztes Gut verteilt. Eben dadurch gewinnt der Jüngere die Hilfe von älteren Menschen oder anderen Wesen. Der Jüngere ist also meist bereit zu opfern. An dieser Stelle tauchen auch oft Wolf und Fuchs als die helfenden Tiere auf. Der Wolf verlangt zum Beispiel, daß ihm das wichtige Reitpferd geopfert werde, und nachdem der Jüngere sein Pferd geopfert hat, ist der Wolf bereit, ihn selbst in das ferne gewünschte Land zu tragen. Oft reitet der Held dann sogar auf dem Fuchs; ein ganz eigenartiges Bild, da dies in der Realität gar nicht möglich wäre.

W.W.: Das Pferd ist ja auch ein Tier, das sich im Märchen opfert.

H. Gehrts: Ja, genau. Es gibt das Motiv, daß das Pferd jemand bis zu einer bestimmten Grenze, oft sogar über einen Fluß, trägt und dann sagt, daß es mit ihm nicht mehr weitergehen könne. Das Pferd fordert dann dazu auf, daß es zerteilt werde, daß das Fell ausgespannt, daß das Haupt an einem bestimmten Platz gelegt werde und vieles mehr. Meist ist es eine Frau, die auf diesem Pferd vor einem Dämon geflohen ist. Sie legt sich dann zwischen den Teilen des Pferdes schlafen und wacht am Morgen in einem Hause auf. Durch das Tieropfer ist also ein Schloß, ja ein Reich entstanden.

W.W.: Die Zerstückelung des Tieres bzw. das Tieropfer selbst sind auch schamanische Motive?

H. Gehrts: Ja, bei schamanischen Einweihungen, besonders im Osten, in Sibirien, werden Pferde geopfert.

Auch das Jenseits ist erlösungsbedürftig

W.W.: Eine neue Droge seit einigen Jahren ist mal wieder der Spiritismus in seinen unterschiedlichsten Kategorien. Tritt diese Suche, oftmals sogar diese Sucht, deswegen so stark auf, weil die Menschen nicht mehr so sehr mit Märchen leben? Und würde diese Sucht verschwinden, wenn sich die Menschen wieder stärker mit Märchen auseinandersetzen würden?

H. Gehrts: Die Sucht muß oder möchte, wie sich versteht, zum Verschwinden gebracht werden. Indessen ist die Sucht wohl häufig eine Verderbnis der Sehnsucht, die dem Menschen gesund und natürlich ist, eine Entartung der Sehnsucht nach dem Nichtalltäglichen, nach dem Wunderbaren. Man kann, wenn man danach beschaffen ist, die Sehnsucht absterben oder ohne Erfüllung hinschmachten lassen. Wer nicht so geartet ist, wen es wirklich zu Wunder und Verzauberung hinzieht, der findet in der Märchenwelt gewiß die notwendige Minderung der alltäglichen Wertewelt, das Aufsteigen einer Wunderwelt, derer er bedarf. Durch die Märchen würde er dann, kraft ihres initiatischen Gehaltes, auch möglicherweise bis dorthin geführt werden, wo sich sogar mit der Droge Spiritismus ein Weg zu echter Erfüllung auftäte. Doch ohne Initiation, Sucht statt Suche, das ist wirklich eine alte Erfahrung, führt der Drogenweg, welcher Art auch immer, ins Abseits.

Ferner ist es wichtig hinzuzufügen, daß der gute Weg nicht notwendig nach der Art der Initiationen des Altertums beschritten werden muß. Es gibt spontane Einweihungen, die das Lebensschicksal selber dirigiert. Als ein Beispiel könnte man Justinus Kerner nennen, der seine Überzeugung vom Hereinragen einer Geisterwelt in die unsere auf einem Wege gewann, der ihn über mehrere Stationen, über Begegnungen mit immer neuen Erscheinungen - Somnambulismus, Sehertum, Besessenheit, Spuk - zu einer tief wurzelnden Einsicht führte, die seinen ursprünglichen Vorstellungen ganz entgegengesetzt war.

W.W.: Würden Sie sagen, daß Märchen ein Heilmittel für seelische Erkrankungen sein können?

H. Gehrts: Das würde ich unbedingt bejahen. Ich habe vor einigen Jahren einmal einen Film-Vortrag über Drogen gehört, bei dem in der ersten Reihe auch einige Süchtige saßen. Ich hatte damals das ganz dringende Gefühl, daß, wenn man diese Menschen in eine Wunderwelt einzuführen vermöchte, die unsere gegenwärtige Welt ja nicht ist, man mit den Märchen einen Weg anbahnen könnte, der zur Heilung führen könnte. Dazu gehört freilich immer ein Kenner der Materie. Ich habe mich in der letzten Zeit auch viel mit dem Totendienst und der Totenhilfe beschäftigt und bin dabei zu der Erkenntnis gelangt, daß es für einen Psychotherapeuten und für andere verantwortliche Menschen dringend notwendig ist, sich selbst ein Wissen vom Jenseits zu verschaffen, damit sie seelisch oder körperlich Erkrankten, auch Todbedrohten, eine Hilfe sein können. Dazu können die Märchen gewiß ein Wegstück bedeuten. Allerdings denke ich dabei nicht an die personbezogene Art der Märchendeutung, sondern an jene märchenhafte Bilderwelt, die das Diesseits vom Jenseits her erfüllt sein läßt. Das eben wäre Erfüllung zu nennen.

Hinzuzufügen ist noch, daß auch das Jenseits eine Erlösung braucht, was in der Gralssage klar zum Ausdruck kommt. In der alten Welt waren nicht so sehr die Lebenden erlösungsbedürftig, sondern weit mehr die Jenseitigen, auch die Toten, und ihre Erlösung bestand eben darin, daß sie wieder in eine innige Verbindung mit den Diesseitigen kamen. Vielleicht führt es zu einer heilsamen Erkenntnis, wenn man die Frage stellt, ob es nicht vielleicht mehr auf eine Befreiung der Toten aus dem unzugänglichen Bereich ankommt, in dem wir sie abgekapselt halten, als auf die Befreiung der Hiesigen, von welcher Bedrängnis auch immer es sein mag.

Märchen erfahren - nicht deuten

INTERVIEW MIT RUDOLF GEIGER

von Annegret Kühl

Rudolf Geiger, *geboren 1908 in Annweiler am Trifels, Rheinpfalz, lebt in Buchenbach bei Freiburg/Br. War zunächst vier Jahre in der Redaktion einer Lokalzeitung tätig für Lokales und Kulturelles in der Region. 20jährig Bekanntschaft mit Anthroposophie, intensive Arbeit, viel Selbststudium. Aus diesem Zusammenhang heraus Eintritt in die Verwaltung einer anthroposophisch-psychiatrischen Privatklinik im Schwarzwald, als Korrespondent und Sekretär des leitenden Arztes. Dort das weitere berufliche Leben verbracht, d.h. mit der Klinik völlig verwachsen; die letzten 14 Jahre bis zur Pensionierung als Geschäftsführer in leitender Stellung tätig.*

Seit dem 65. Lebensjahr fast ausschließlich Arbeit im Bereich der Märchen, aber längst vorher schon damit begonnen, und zwar als reiner Liebhaber von der künstlerisch-bildnerischen Seite her. Er verfertigte zwischen 1934 und 1964 in selbstentwickelter Arbeitstechnik (in Scherenschnitten aus Schwarzkarton, mit Seidenpapieren hinterlegt) insgesamt ca. 300 großformatige Transparente, bis zu 27 Bilder einer Serie zu Grimmschen Märchen, die er dann als Leuchtbilder im verdunkelten Raum vorführte - dazu das Märchen möglichst getreu, aber frei erzählend. Dies geschah vor Kindern, aber noch mehr vor Erwachsenen (Kranken) im Rahmen der Klinik. Durch die intensive Verbindung mit einem Märchen über lange Zeit hin, sowohl vom Bild als vom Text her, ergaben sich Betrachtungen zu den Märchen, die im Druck vorliegen: "Märchenkunde. Mensch und Schicksal im Spiegel von 41 Grimmschen Märchen", Verlag Urachhaus, Stuttgart, 2. Auflage 1987.

Rudolf Geiger ist als Märchenerzähler innerhalb der Europäischen Märchengesellschaft bekannt geworden und hat darüber hinaus seit seiner Pensionierung in Deutschland und in der Schweiz in über 150 Städten und Heimen Vorträge und Kurse aus der Welt der Märchen gehalten. Sein Erzählfundus umfaßt etwa 70 Volksmärchen, davon die Hälfte aus der Sammlung der Brüder Grimm, die übrigen aus aller Welt.

Mit dem IC-Zug fahre ich nach Freiburg und dann mit dem Nahverkehrszug in den Schwarzwald nach Himmelreich. Dort werde ich abgeholt und wir fahren zum Geigerhaus, einem kleinen Haus, umgeben von hohen Bäumen und einem schönen Garten. Nachdem wir Kaffee getrunken haben, beginnen wir, zwischen Bücherregalen mit lauter Märchenbüchern sitzend, das Interview. Nach 1.1/2 Stunden sagt Rudolf Geiger: "So jetzt machen wir Schluß!" - Damit ist ein Interview beendet, daß noch stundenlang hätte weitergehen können. Rudolf Geiger beschäftigt sich seit Jahrzehnten mit Anthroposophie und mit Märchen. Daraus ist eine Betrachtung der Märchen erwachsen, die nicht nur von Anthroposophen geschätzt wird. So hat er mehrmals Vorträge auf den Jahrestagungen der Europäischen Märchengesellschaft gehalten, wobei er einer der wenigen Vortragenden ist, die selber Märchen erzählen. Rudolf Geiger ist Träger des Märchenpreises 1990 der Märchenstiftung Walter Kahn im Rahmen der Europäischen Märchengesellschaft.

Zwei Zitate Rudolf Steiners aus dem Vortrag "Rosenkreuzerisches Weistum in der Märchendichtung" seien als Ausgangspunkte dem Interview vorangestellt. Er sagt dort über die Volksmärchen:

"In viele, viele Seelen zogen diese und andere Geschichten damals ein. Die Seelen horchten hin und nahmen es auf - nahmen es aber nicht auf, um es etwa nach der Weise von sonderbaren Theosophen der Neuzeit allegorisch auszulegen, denn als symbolische und allegorische Auslegungen sind diese Dinge nichts wert. Nein, die Menschen nahmen es auf, weil sie ihre Lust und ihr Vergnügen daran hatten, weil sie das warme Leben bei solchen Erzählungen durch ihre Seele ziehen fühlten. Und nichts weiter wollten sie, wenn dies durch ihre Seele zog, wenn ihnen erzählt wurde von dem Königssohn, von seinen Taten mit dem Glöckchen und seiner Erwerbung der Tochter der Blumenkönigin. Und viele Seelen leben jetzt, die damals so etwas gehört und in Lust und Freude aufgenommen haben. Und wenn so etwas aufgenommen wird zum Entzücken und zur Befriedigung der Seele, so lebt es weiter in der Seele. Dann nehmen solche Seelen Gedankenformen in Gefühlen und Empfindungen auf, und dann sind sie etwas anderes geworden, als sie vorher waren. Das bringt Früchte, das gibt Kräfte den Seelen, und diese Kräfte verwandeln sich, werden zu etwas anderem. Was sind sie denn geworden? Zu dem sind sie geworden, was jetzt in den Seelen ist als Sehnsucht nach einer höheren Auslegung derselben Geheimnisse, als Sehnsucht nach der Geisteswissenschaft. Damals haben die Rhapsoden nicht erzählt: Es gibt einen Menschen, der strebt zum höheren Selbst hinauf und muß dazu überwinden, was ihn herunterdrücken will als sein niederes Selbst. Sondern sie haben erzählt: Einen Königssohn gab es; der zog aus und fand einen Graben, aus dem es herauf wimmerte, und tat das, was eine gute Tat war." (S.18)

Und weiter unten führt er aus:
"Woher kamen denn die Rhapsoden des siebenten, achten oder des zwölften Jahrhunderts, die hinauszogen in die Welt, um die Gedankenformen zu erregen, damit die Seelen jetzt etwas anderes fassen können? Wo war das Zentrum dieser Rhapsoden? Wo hatten sie gelernt, solche Bilder vor die Menschen hinzustellen? - In denselben Tempeln hatten sie es gelernt, die wir als die Schulen der Rosenkreuzer anzusehen haben. Sie waren Schüler der Rosenkreuzer, und ihnen sagten die Lehrer: Heute könnt ihr noch nicht hinausziehen und in Ideen zu den Menschen sprechen, wie dies später der Fall sein wird; heute müßt ihr von dem Königssohn, von der Blumenkönigin und von dem dreifachen Mantel erzählen, damit die Gedankenformen sich bilden, die in den Seelen leben sollen. Und wenn die Seelen wiederkommen werden, dann werden sie verstehen, was sie dann brauchen zum weiteren Fortschritt. - Immerzu senden die geistigen Zentren ihre Abgesandten in die Welt, damit in einem jeden Zeitalter das, was in den Tiefen des Geistes ruht, an die Menschenseelen herangebracht werden kann.

Es ist eine triviale Anschauung, wenn heute die Menschen glauben, aus ihren Phantasien heraus Märchen formen zu können. Die alten Märchen, die Ausdruck sind der alten geistigen Geheimnisse der Welt, sind so entstanden, daß die, welche sie für die Welt geformt haben, hinhorchten und lauschten bei denen, die ihnen die geistigen Geheimnisse erzählen konnten, so daß die Zusammenfügung, die Komposition gemäß den geistigen Geheimnissen ist. Deshalb können wir sagen: Es lebt in ihnen der Geist der ganzen Menschheit, des Mikrokosmos und des Makrokosmos.

Von denselben Tempeln heraus wurden die Rhapsoden geschickt, um inhaltsvolle Märchen zu erzählen, und aus denselben Tempeln stammen die Erkenntnislehren der heutigen Zeit, die eintreten in die Seelen und Herzen der Menschen, um die Kultur möglich zu machen, welche die Menschheit braucht. So schreitet der Geist, welcher der Menschheit zugrunde liegt, von Epoche zu Epoche. Diejenigen Wesenheiten, welche in der vorchristlichen Zeit die Individualitäten, die in den heiligen Tempeln saßen, unterwiesen und das lehrten, was sie sich selbst aus früheren planetarischen Zuständen mitgebracht hatten, unterstellten sich der Führung des Christus, dieser einzigartigen Individualität, um in dessen Sinne weiterzuwirken. Der große Lehrer, der Menschenführer ist der Christus geworden. Und wenn ich Ihnen heute noch erzählen könnte, daß die Märchen, die seit Jahrhunderten leben, auf dieselbe Weise entstanden sind, und daß sie innerhalb der ganzen westlichen Kultur Gedankenformen angeregt haben, die dasselbe ausdrücken, nur im Bilde, wie das, was wir heute vom Christus zur Welt sprechen, dann würden Sie sehen, wie in der Zeit nach dem Mysterium von Golgatha die geistige Führung der Menschheit an ihren zentralen Stätten sich in der Tat unterstellt hat der Führung des Christus." (S.24 f., Sonderdruck aus GA 124, Dornach 1980)

Annegret Kühl: Märchen erzählen Menschen- und Menschheitsgeschichte in Bildern. Heute leben die meisten Menschen nicht unmittelbar in dieser Bilderwelt, sondern streben nach Erkenntnis der Weltzusammenhänge. Sind Märchen dann noch aktuell?

Rudolf Geiger: Das klingt so, als ob ein Unterschied oder geradezu ein Gegensatz zwischen Erkenntnis und Bildersprache bestünde. Das ist aber ein Irrtum, denn auch die Erkenntnis bedient sich der Sprache, und die Sprache hat immer Bilder, und zwar viel mehr als wir im allgemeinen wahrnehmen. Man kann also nicht sagen, daß die heutige

Form, sich den Geheimnissen und Zusammenhängen der Welt zu nähern, nur über die gedanklich sich äußernde Erkenntnis gefunden werden könnte, sondern es ist gerade viel überzeugender, wenn gedanklich fundierte Erkenntniseinsichten durch bildhafte Beispiele beleuchtet werden. Gerade diese bildhaften Erläuterungen bringen die Erkenntnisse erst in die rechte Wahr-nehmung hinein. Die Gedanken erweitern sich in die bildhafte, imaginative Welt hinein, dann leuchten sie anderen Menschen ein.

A.K.: Rudolf Steiner sagt, daß die Märchen aus der Imagination gewonnen sind und dazu gedient haben, die Menschen vorzubereiten, heute Geisteswissenschaft aufnehmen zu können.

R. Geiger: Er sagt nicht, daß sie dazu gedient haben, sondern daß die Menschen, die diese Märchen damals aufgenommen und sich mit aller Freude und Lust diesem Geschehen hingegeben haben, die nicht darüber reflektierten, sondern sie mit der ganzen Seelenoffenheit in sich hineinsaugten, dadurch einen Keim in sich gelegt haben, so daß sie heute die Fähigkeit besitzen, gerade das Erkenntnismäßige im geisteswissenschaftlichen Sinn wiederum an das Imaginative anzuknüpfen.

A.K.: Welche Bedeutung hat das Märchen in diesem Zusammenhang heute?

R. Geiger: Das Märchen ist im Grunde alterlos. Es hat seine Gültigkeit nicht nur in den alten Zeiten gehabt, als es gebildet, gefunden und erlebt wurde. Es ist im Grunde der Niederschlag von Erlebnissen in einem wachen Traumzustand, in einer Wahrtraumwachheit, wo eine Begegnung der Menschenseele mit geistigen Wesenheiten, die nicht physisch inkarniert, aber absolut existent sind, stattfindet. Das Märchen ist der Niederschlag, das nachträglich Festgehaltene einer solchen geistigen Begegnung. Insofern eine solche geistige Begegnung auch heute von den Menschen gesucht wird, ist das Eintauchen in ein Märchen zugleich das Aufleben einer solchen Geistbegegnung.

Man kann natürlich sagen, daß die Sprache des Märchens keine Erkenntnissprache ist, wie wir sie durch die Geisteswissenschaft erhalten. Es könnte also jemand einwenden, daß man die Märchen erst einmal in eine Begriffssprache übersetzen müßte, die wiederum dem erkenntnismäßigen Erfassen der Geheimnisse entspräche. Das stimmt vielleicht grundsätzlich, aber es liegt eine große Gefahr vor: Wenn man ein Märchen in geisteswissenschaftliche Begriffe übersetzt, also einzelne Gestalten aus dem Märchen mit aus der anthroposophischen Geisteswissenschaft bekannten Begriffen identifiziert, dann abstrahiert man die Gestalt in einen Begriff hinein. Der Begriff ist immer der Schattenwurf der eigentlichen Gestalt. Natürlich gibt es lebendige Begriffe, die selber Gestalt haben, aber das bloße Übersetzen aus der Bildsprache des Märchens, indem man sagt: Die Königstochter bedeutet das und das, das Pferd bedeutet dieses, das Wasser jenes - das ist eigentlich zu wenig.

"Im Grunde schreibe ich gar keine Deutungen"

A.K.: Andererseits sind doch die Märchen unmittelbar, ohne Deutung den meisten Menschen heute nicht verständlich, weil die Bildsprache ihnen nicht vertraut ist. Bei Ihren Deutungen fällt mir auf, daß Sie nicht sagen, das bedeutet das, sondern daß Sie eher beschreibend vorgehen und von der genauen Wahrnehmung des Märchens ausgehen.

R. Geiger: Ich versuche, im Märchen zu bleiben. Ich versuche, die Gestalt in ihrer Handlung zu begreifen. Wie verhält sie sich? Wie verhalten sich andere zu dieser

Heldengestalt des Märchens, die meistens mit einer anderen Gestalt zusammen auftritt. Zum Beispiel eine Königstochter sucht einen verzauberten Königssohn, um ihn zu erlösen. Was macht sie auf diesem Weg? Welche Erlebnisse hat sie auf diesem Weg? Das versuche ich nachzuerleben. Ich versuche, in der Geschichte selber drinnenzubleiben, oder anders ausgedrückt: ich versuche, diese Geschichte für-wahr-zu-nehmen. Das Wahrnehmen im sehenden oder hörenden Sinn wird hier identisch mit dem Wahrnehmen der Echtheit. Für mich ist ein Märchen eine echte Begebenheit. Ich versuche, mich in diese Begebenheit selbst hineinzubegeben, d.h. in den Sinn, in die Stimmung, in das Wesen des Tätigen, also des Helden oder der Heldin. Ich versuche nachzuempfinden: Wie ist ihr zumute, wenn sie auf der Wanderung ist, ihren verwunschenen Geliebten zu suchen; was sieht sie alles, was erlebt sie? Ich versuche, die Handlung zu ergreifen, mitzumachen, und nicht festzustellen, was sie bedeutet. Die Bedeutung ergibt sich von selbst, wenn ich das Bild nicht nur betrachte, sondern in das Bild hineingehe. Das ist ein Sich-selber-Hineinversetzen.

A.K.: Kann man denn die Märchendeutungen, die Sie unter anderem in der "Märchenkunde" geschrieben haben, eher als genaue Bildbetrachtungen bezeichnen?

R. Geiger: Es ist eine Bildbetrachtung, aber noch mehr ein Prozeß der Betrachtung. Die Betrachtung geht in einen Prozeß über.

A.K.: Wie meinen Sie das?

R. Geiger: Ein Bild, das an der Wand hängt, ist statisch fest, auf eine Fläche gebannt und leblos. Ich betrachte es. Die imaginative Welt aber ist eine flutende Welt. Das, was man imaginiert, ist ein sich ständig veränderndes, bewegendes Element. Das Märchenbild ist in Bewegung - nicht wahr, es geschieht ja immer etwas! -, und wenn ich versuche, mich selber in die Gestalten, die innerhalb dieses bewegten Bildes leben, hineinzufinden, mit ihnen zu fühlen, dann erlebe ich etwas anderes, als wenn ich nur mit Abstand etwas von außen betrachte, auf etwas hinsehe. Meine Methode der Märchenbetrachtung will teilnehmen, will das Märchen erfahren und nicht deuten. Im Grunde schreibe ich gar keine Deutungen. Wenn Sie es genau nehmen, erzähle ich das Märchen nur noch einmal, indem ich mich selber mithandelnd fühle. Das ist der Unterschied. Ich übersetze es nicht in eine andere Sprache, ich bleibe im Märchen und versuche zu ergründen, wie da wird, was es wird. Dabei lasse ich meine eigene Empfindungswelt mitschwingen, die sicher durch die Beschäftigung mit der Geisteswissenschaft befruchtet und aus der Anthroposophie gespeist ist.

Was bewirkt das Märchen in mir, wie erlebe ich es in mir? Das will ich ausdrücken.

A.K.: Trotzdem sind Ihre Märchenbetrachtungen nicht nur für Sie persönlich von Bedeutung.

R. Geiger: Wenn es mir gelingt, es so darzustellen, daß auch ein anderer diesen Prozeß mitvollziehen kann, wie er in mir geschieht, daß er bejahen kann, wie ich es ausspreche, dann ist die Märchenbetrachtung nicht nur für mich gültig, dann kann auch ein anderer einen Gewinn davon haben. Es geschieht mir immer wieder, daß jemand kommt und sagt: "Das ist genau das, was ich empfunden habe, aber nicht ausdrücken konnte." Insofern haben Sie recht, wenn Sie sagen, es ist zwar ein persönliches Erlebnis, aber es hat eine gewisse allgemeine Gültigkeit. Das schließt nicht aus, daß es auch Widerspruch zu einer solchen Methode der Darstellung geben kann und gibt, daß also ein anderer Märchenkenner von einer anderen Einstellung her zu völlig anderer Auffassung kommt. Das Märchen ist so großzügig veranlagt, daß es vielerlei Arten, sich ihm zu nähern und zu "verschreiben" zuläßt.

Märchen sind Seelennahrung

A.K.: Die Brüder Grimm sagen in der Vorrede zu den Kinder- und Hausmärchen:

"Wir finden es wohl, wenn von Sturm oder anderem Unglück, das der Himmel schickt, eine ganze Saat zu Boden geschlagen wird, daß noch bei niedrigen Hecken oder Sträuchern, die am Wege stehen, ein kleiner Platz sich gesichert hat und einzelne Ähren aufrecht geblieben sind. Scheint dann die Sonne wieder günstig, so wachsen sie einsam und unbeachtet fort: keine frühe Sichel schneidet sie für die großen Vorratskammern, aber im Spätsommer, wenn sie reif und voll geworden sind, kommen arme Hände, die sie suchen, und Ähre an Ähre gelegt, sorgfältig gebunden und höher geachtet als sonst ganze Garben, werden sie heimgetragen, und winterlang sind sie Nahrung, vielleicht auch der einzige Samen für die Zukunft."

Ein Same muß in die Erde gelegt werden, damit er wieder fruchtbar werden kann. Wie werden die Märchen für den heutigen Menschen wieder fruchtbar?

R. Geiger: In dem Vortrag "Märchendichtungen im Lichte der Geistesforschung" spricht Rudolf Steiner davon, daß das Märchen für die Seele des Menschen dasselbe bedeutet wie die Nahrung für den Organismus. Er sagt dort:

"Was im Märchen zum Ausdruck kommt, wurzelt so tief in der Seele, daß der Mensch das erlebt, gleichgültig, ob er Kind im ersten Kindheitsalter ist, ob er Mensch in mittleren Jahren ist oder ob er Greis geworden ist.

Durch unser ganzes Leben zieht sich in den tiefsten Seelenerlebnissen dasjenige, was im Märchen zum Ausdruck kommt. Nur ist das Märchen von dem, was Erlebnis ist und als Erlebnis zugrunde liegt, ein freier, oftmals sogar spielerischer, bildhafter Ausdruck. Der ästhetische, künstlerische Genuß des Märchens ist von dem, dem das Märchen in den inneren Seelenerlebnissen entspricht, für die Seele vielleicht so weit entfernt - der Vergleich kann gewagt werden - wie etwa das Geschmackserlebnis auf der Zunge, wenn wir eine Speise genießen, entfernt ist von den verborgenen, komplizierten Vorgängen, welche diese Speise im Gesamtorganismus durchmacht, um ihrerseits zum Aufbau des Organismus beizutragen. Was da die Speise durchmacht, entzieht sich zunächst der menschlichen Beobachtung und Erkenntnis. (...) So ist das, was der Mensch im ästhetischen Genusse des Märchens erlebt, wohl weit, weit entfernt von dem, was in der menschlichen Seele, tief unten im Unbewußten, geschieht, wenn das, was das Märchen von sich ausströmt und ausgießt, mit der menschlichen Seele sich verbindet, weil diese Seele ein untilgbares Bedürfnis hat, durch ihre geistigen Adern den Stoff des Märchens rinnen zu lassen, wie der Organismus ein Bedürfnis hat, die Nahrungsstoffe, die Nahrungssubstanzen durch sich zirkulieren zu lassen." (GA 62/06.02.1913)

Damit beantwortet sich die Frage, ob Märchen heute noch gültig seien. Natürlich sind sie gültig. Aber man muß ihre Sprache neu verstehen lernen. Rudolf Steiner sagt in einem ganz frühen Vortrag im Jahre 1904 über die Prometheus-Sage, daß jede welthistorische Sage mehrere Deutungen hat. Die erste Form, in der sie aufgenommen wird, ist die wörtliche. Es wird alles wörtlich verstanden und so aufgenommen. Die zweite Form ist die allegorische. Wenn die Menschen nicht mehr daran glauben, dann versuchen sie, es allegorisch auszudeuten. Die dritte Form ist die, daß man es wieder wörtlich nimmt und mit hinzubringen kann, welcher Sinn in diesen Worten liegt. Rudolf Steiner nennt das letzte die okkulte Deutung. Und dann sagt er das geheimnisvolle Wort, daß es noch vier weitere Möglichkeiten der Deutung gibt, die wir überhaupt noch nicht kennen. Damit komme ich auf das, was ich ganz am Anfang bereits sagte: Das Märchen ist zeitlos, und es speist sich aus einer Quelle, die wir nicht kennen bzw. mit unserem Bewußtsein nicht erreichen. Dort liegen die Urerlebnisse.

Das Urmärchen und der Mythos

Dort liegt auch das, was ich das Urmärchen genannt habe, von dem alle Märchen wie abstammen. Das ist wirklich genau dasselbe Bild, wie wenn Goethe die Urpflanze entdeckt. Das ist die Pflanze als Wachstumsgebilde im Geiste, und von dort aus verkörpert sich etwas. Im Märchen verbildlicht sich von dort aus etwas, und jedes Märchen bringt eine Facette, einen Blick auf diesen geistigen Ursprung von einem bestimmten Gesichtspunkt, einem bestimmten Erlebnispunkt her. Viele Märchen zusammen tragen sich gegenseitig. Es gibt Märchen, die mehr vergangenes Seelenleben darstellen, und es gibt Märchen, die mit der Gegenwart beginnen. Das Märchen "Sterntaler" ist eines, das heute, in diesem Augenblick, beginnt.

A.K.: Die Brüder Grimm waren der Ansicht, daß Märchen Bruchstücke von Edelsteinen seien, und dieser Edelstein der Mythos sei. Insofern denke ich, daß der Mythos das Urmärchen ist, während das einzelne Märchen nur einen Teil zeigt. Im Vergleich mit der Pflanzenmetamorphose könnte man es etwa so ausdrücken: Ein Märchen ist Blüte, ein anderes Stengel und wieder ein anderes Wurzel. Ist da der Begriff Urmärchen berechtigt?

R. Geiger: Dazu müßten wir zunächst den Begriff Märchen näher definieren, wo wir das Märchen verlassen und wo das Mythische beginnt. Diesen Übergang können Sie überhaupt nicht exakt feststellen. Es gibt zum Beispiel 80 Grimmsche Märchen, die Motive enthalten, die auch in der germanischen Göttermythologie, der Göttergeschichte enthalten sind. Also wo wollen Sie da abgrenzen und sagen: Das ist die Urmythe oder das Urbild, und das Märchen ist nur ein Bruchstück davon? Man kann es wohl so sagen, aber das Märchen hat seine Wurzeln in diesem Urmythischen.

Die Bildner, die den Menschen die Mythen gegeben haben, haben ursprünglich in dem Mythos das Götterwalten dargestellt. Die Mythen haben als Hintergrund, wenn man es für unser Begreifen verdeutlichen will, die Schöpfung der Welt und das Walten der göttlichen Wesen in dieser Welt. Es kann sehr verschieden sein, wie die einzelnen Völker in Nord oder Süd, in Ost oder West dieses Götterwalten im Schöpfungsgeschehen erleben. Da sind also die Mythen verschieden; aber es sind immer geistige Wesen, die ursprünglich handelten, Wirkungen absonderten, Taten geschehen ließen, die Schöpfung hervorbrachten. Davon berichten die Mythen.

Nun ist eines dieser Schöpfungsgebilde der Mensch, und zwar ein sehr konzentriertes. Im Menschen wiederholt sich nun in einer gewissen Weise jedesmal der Schöpfungsprozeß, in jedem ein wenig anders. Die Märchen schildern nun mehr von der menschlich-seelischen Entwicklung her diesen Urprozeß des Werdens im Erdenlauf, die Eroberung der Erde durch den Menschen und was dabei an Seelischem verlorengegangen ist und verlorengeht und wiedergewonnen werden muß. Es ist wie ein Abstieg aus Höhen geistigen Geborgenseins, der Mensch ist ursprünglich eingebettet in das goldene Zeitalter und steigt herunter. Er kommt über das silberne zum irdenen, tönernen Zeitalter, das auch das eiserne Zeitalter genannt wird. Dann folgt ein neuer Anstieg zu den geistigen Welten, der wird gesucht. Zur Zeit sind wir in diesem eisernen, tönernen Zeitalter und versuchen, wieder den Anschluß an ein goldenes, geistiges Zeitalter zu finden, in dem der Mensch ein selbstbewußtes und doch selbstlos handelndes Wesen geworden ist. In diesem Sinne sind die Märchen immer gültig. Man muß nur hineinkommen und sehen und erkennen wollen, das kann man nicht durch Übersetzung, in welche Begriffe auch immer, sondern nur durch Erleben und Nachvollziehen, indem man im Märchen selber diese Strecken der Menschheitsentwicklung mitmacht. Darin beruht die auch heute gültige Kraft und Wahrheit des Märchens.

Der König und der Holzhacker

A.K.: Es gibt verschiedene Anfänge von Märchen. Es gibt Märchen, die beginnen: "Es war einmal ein König und eine Königin, die waren reich und hatten alles, was sie sich wünschten", oder auch Märchen, die anfangen: "Es war einmal ein armes frommes Mädchen, das lebte mit seiner Mutter allein". Sind damit verschiedene Zeiten der Menschheitsentwicklung beschrieben?

R. Geiger: Damit sind verschiedene Bewußtseinsebenen angesprochen. Wenn es mit einem König beginnt, ist auf eine Bewußtseinszeit hingewiesen, wo eine hohe hierarchische Kraft die Ordnung der Menschen und der Welt bestimmte. Der König ist der zentrale Regent, der die geistige Weisung über seine Krone empfängt. Die ursprünglichen Kronen waren nicht geschlossen, sondern offen. Die echte Krone kann man mit einer Antenne vergleichen, die in die geistige Welt hineinreicht. Über die Krone nahm der König die Weisung auf und gab sie von der Thronmitte aus seinem Reich weiter. Langsam ist das gottgenährte Königtum im Menschen einem erwachenden Selbstsein gewichen. Wir sind inzwischen alle "Könige" geworden, d.h. wir haben alle dieses Königswesen der Würdekraft, der Selbstbestimmungskraft in uns.

Aber in demselben Maße wie das ursprüngliche, von geistiger Eingebung getragene Königtum versiegt ist, ist der Mensch ein Selbsterhalter geworden. Der Holzhacker ist ungefähr das Gegenbild zum König. Der Holzhacker hat kein Reich und keinen Reichtum; es gibt niemals im Märchen einen reichen Holzhacker, es gibt nur arme. Er arbeitet mit der Kraft seiner Arme, ist ganz auf sich selbst gestellt und muß sich sein Lebensfeld mit der Axt in der Hand erobern und erhalten. Den König hingegen kann man sich nicht arbeitend vorstellen. Er ist nur weisend. Sein Zepter ruht. Wenn das Zepter anfängt zu wackeln und zu fuchteln, dann ist die Sicherheit weg. Man kann sich den König nicht in Bewegung im Sinne einer Tätigkeit vorstellen. Ein sich erregender König hat das Königliche verloren. Aber umgekehrt verhungert der Holzhacker, der nichts tut. Er muß tätig sein. Im Holzhacker ist das Königtum völlig abgeschmolzen und das armselige Auf-sich-selber-Stehen und Sich-selber-Erhalten geblieben. Da beginnt der Mensch, sich auf seine Weise in der Welt durch-zu-schlagen. Die Worte sind ja oft ganz treffend. Er muß wirklich tätig eingreifen.

Erst sein Sohn kommt wieder aus der Eisensphäre hinaus und in die Merkursphäre hinein. Er kommt in die Verbindungssphäre. Das ist in dem wunderbaren Märchen "Der Geist im Glas" dargestellt. Da ist der Vater der Vertreter der einsamen Menschenseele, die nur auf sich selbst steht und nur das schaffen kann, was von der Hand zum Munde reicht.

Während der Vater in der Mittagspause sitzt, ißt, ruht und alles zusammennimmt, damit er nachher wieder besser arbeiten kann, geht der Sohn mit dem Brot in der Hand spazieren und will Vogelnester suchen. Was will er eigentlich? Er will das junge Leben, das fliegende Wesen, suchen, dahin zieht es ihn. Sein eigenes Wesen wird wie beflügelt. Er wandert, bis er zu einem Riesenbaum kommt, der so grausam dick ist, daß ihn keine fünf Männer umspannen können. Er denkt: "Es muß doch mancher Vogel sein Nest hineingebaut haben", und ist ganz beglückt darüber. Da hört er dann die Stimme: "Laß mich heraus, laß mich heraus!", die kommt von der Erde, und da entdeckt er den eingeschlossenen Geist, der von sich sagt: "Ich bin der großmächtige Merkurius." Der Sohn findet also Merkurius, den Geist der Beweglichkeit. Er läßt ihn arglos frei, öffnet die Flasche, doch schon im nächsten Moment, riesig geworden, droht der Merkurius: "Weißt Du auch, was Dein Lohn dafür ist, daß Du mich herausgelassen hast? Den Hals muß ich Dir dafür brechen!" - "Das hättest Du früher sagen sollen, so hätte ich Dich steckenlassen." Dann gelingt es dem Jüngling, den Geist wieder in die Flasche zu bannen, und erst beim zweiten Herauslassen hat sich der Geist Merkurius gewandelt; nun beschenkt er seinen Befreier.

Der Holzhackersohn wird Heiler

Was bekommt der beschenkte Schüler und was wird nun aus dem Beschenkten? Er bekommt einen Lappen; es ist ein Pflaster. Wenn er mit dem einen Ende eine Wunde bestreicht, heilt sie. Wenn er mit dem anderen Ende Eisen bestreicht, wird es Silber. Wir kommen also aus der tiefen eisernen Zeit in eine silberne Zeit, das Silber kommt wieder ins Spiel. Außerdem kann der Sohn die Wunden, die die Axt des Vaters schlägt, mit diesem merkurialen Element heilen. Das ist der neue Zug, der durch den Sohn in die Welt kommt. Der Sohn versöhnt. Er wird Arzt. Der Holzhauersohn wird ein Heiler.

A.K.: Kann man das als Bild dessen nehmen, was Rudolf Steiner den hygienischen Okkultismus genannt hat? Er beschreibt an verschiedenen Stellen als Aufgabe Mitteleuropas, eine neue Heilkunst zu entwickeln.

R. Geiger: Das ist in diesem Märchen enthalten. Es ist ein Märchen, das in der Gegenwart, mit dem Holzhauerdasein, beginnt, jeder muß heute auf sich selbst stehen, das ist die Zeitsituation. Dieses Ellenbogen-Haben, Sich-Wehren und Fest-auf-der-Erde-Stehen, das ist Holzhauerart. Aber der Sohn ist der Bewegliche. Er sucht zu ergründen: Was ist das? Wie ist das? Wo ist etwas Neues? Der entdeckt den eingeborgenen Geist, den Geist in der Welt, zunächst in der Flasche verborgen. Wenn man die Kräfte der Erde ohne das wahre Verständnis einfach löst, sie losläßt, dann zerstört man nicht nur, sondern begibt sich auch selbst in große Gefahr. Das Märchen enthält also die ganze gegenwärtige Krise. Aber der Sohn erlöst den Geist und bekommt dafür die Gabe, von der Geistseite her, nicht mit der Axt, sondern mit der heilenden Hand den Dingen ein neues Leben zu vermitteln.

Natürlich kann man fragen: Wenn ein Mensch, der normalerweise nicht mit Märchen umgeht, nur dieses Märchen hört, wirkt es auf ihn dann auch so, daß er eine ganze Zukunftsvision darin entdeckt? Nicht ohne weiteres.

A.K.: Wenn man das, was Sie vorhin von Rudolf Steiner zitierten, ernst nimmt, wirkt es wohl schon so, aber der Mensch kann es dann nicht begrifflich fassen. Durch eine Märchenbetrachtung wie Sie sie durchführen, wird ihm das Märchen dann zugänglich gemacht.

R. Geiger: Rudolf Steiner sagt, daß der seelische Organismus dieser Bilder bedarf. Sie sind für die Seele des Menschen Nahrung wie die leibliche Speise für den leiblichen Organismus.

Wandlung auf der Wanderung

A.K.: Sind diese Bilder unmittelbar da, wenn man das Märchen erzählt bekommt?

R. Geiger: Wenn der Erzähler von der inneren Richtigkeit, von der Stimmigkeit des Märchens überzeugt ist, dann sind die Bilder da. Meines Erachtens wäre es allerdings eine fatale Überspitzung, wenn man sagen würde: "Bevor Du ein Märchen erzählst, mußt Du wochenlang in den geisteswissenschaftlichen Gehalt des Märchens hineingehen." Das kann man nicht erwarten und nicht verlangen, aber es gehört eine innere Bereitschaft dazu, das, was sich im Märchen als geistiger Gehalt niederschlägt, mit der eigenen Ehrfurcht anzunehmen und in sich selber leben zu lassen, in sich zu bewegen. Das ist der Gewinn: Wenn Sie ein Märchen nur still für sich lesen, dann nehmen Sie es nur in Ihre Vorstellungssphäre auf. Es bleibt blaß. Wenn Sie aber versuchen, sich ein Märchen Wort für Wort anzueignen, dann wird es lebendig; wenn Sie sich wirklich die Mühe machen, es Eigentum in Ihrem Gedächtnis werden zu lassen, und nicht nur im Gedächtnis, sondern es auch mitfühlend, mitlebend, mitleidend in sich aufnehmen, nicht bloß als einen Text, eine Information, dann bekommt es Leben. Märchen sind keine Information, Märchen sind auch keine Texte, freilich nur gedruckt, im Buch, müssen sie uns als Texte erscheinen. Doch ihr Wesen erschließt sich erst, wenn sie erzählt werden.

Märchen sind eigentlich Organismen, Schicksalsgebilde, Schicksalsplastiken, aber lebende, die sich bewegen und verändern. Kein Held ist am Ende derselbe, der er am Anfang war. Eine Königstochter, die zuerst als reines Kind immer am Vater hängt und wieder heim will, im "Eisenofen" zum Beispiel, die ist am Ende eine wunderbar erschlossene, durch Leid kraftvoll und tätig gewordene, seelenhafte Frau, eine Liebende.

Das Märchen verwandelt seine Gestalten, und wir verwandeln uns mit ihnen. Das ist mehr als nur zu wissen, was es bedeutet. Das Erlebnis ist immer mehr als nur ein Wissen. Das Symbolesuchen im Märchen ist nur ein schwacher Versuch, dem Märchen nahezukommen. Symbole haben nur dann einen Sinn, wenn man sie lebt und vollzieht, sagt Rudolf Steiner. Das heißt, wenn ich zum Beispiel erlebe, wie ein in ein Tier verzauberter Königssohn warten und leiden muß, bis die Gestalt kommt, die es auf sich nimmt, ihn aus dieser Tierverzauberung herauszuholen, also bis er erlöst wird. Was sich bis dahin abspielt, das sind Seelenprozesse, die den Menschen verändern und bilden. Darauf kommt es eigentlich an. Was da geschieht, ist nicht damit erfaßt, daß man sagt: "Nun weiß ich: es bedeutet etwas in der und der Richtung."

A.K.: Kann man sagen, daß wir heute im Verständnis der Mythen und auch der Märchen zwischen der allegorischen und der okkulten Deutung, das Märchen wieder real zu nehmen, leben? Kann in diesem Zwischenstadium die Anthroposophie eine Hilfe sein, um auf die Realität hinzuweisen, die dem Märchen zugrunde liegt, so daß man das Märchen wieder ernst nehmen kann?

R. Geiger: Ganz sicher. Das ist die Zukunft des Märchens, wir müssen das Aufnehmen erneuern. Das bloße Konsumieren, also ein Märchen nach dem anderen zu lesen, ist nicht das Ideale. Es ist auch kein Ideal, wenn ein Erzieher den Kindern Märchen erzählt, nur weil er gehört hat, daß Märchen für Kinder gut seien. Wenn der Erzählende selber nicht von der Wahrheit dessen, was er erzählt, überzeugt ist, dann wirkt es eher schädlich. Dann kommen die berechtigten Fragen von Kindern: "Ist das auch wahr?" - "Stimmt das auch? Das gibt's ja gar nicht!" Die Märchenerzählerin Frau Mönckeberg hat einmal gesagt: "Wenn ich ein Märchen erzähle, und hinterher käme jemand und würde sagen: 'Ach, ist das denn auch wahr, was Sie gesagt haben?', würde ich sagen: 'Wie schlecht habe ich erzählt! Wenn ich etwas erzähle, ist es wahr!'" Es ist wahr durch die Überzeugung des Erzählenden. Es spielt sich nämlich in seiner Seele ab, darin bewahrheitet es sich.

"Ich bin auch die Hexe"

A.K.: Finden sich in seiner Seele alle Gestalten des Märchens wieder, oder muß er sich beim Erzählen auf eine Gestalt konzentrieren?

R. Geiger: Im Grunde bin ich natürlich nicht nur die liebende Königstochter, ich bin auch die Hexe. Dieser Wesenszug ist doch auch in mir. Das Märchen ist ja in der Vielfalt seiner Gestalten der entfaltete Mensch oder die entfaltete Seeleninnerlichkeit. Da sind die Seelenfähigkeiten, die Seelenkräfte in die einzelnen Gestalten auseinandergefaltet. Es ist tatsächlich so, daß alle diese Gestalten in mir sind, und ich lebe sie alle mit. Wenn ich ein Märchen erzähle, und ich komme an die Hexe, meinen Sie, die plappere ich nur so dahin mit weniger Intensität und Kraft? Im Gegenteil! Es ist sehr notwendig, daß die Hexe ihr Recht behauptet. Die Überwindungskraft, die dann von der Hauptgestalt, der wandernden Gestalt, kommt, die muß dann ebenso, ja vielleicht noch stärker mit Kraft erfüllt sein.

In mir sind alle Gestalten, auch die bösen. Es soll doch kein Mensch glauben, es sei nur Gutes in ihm, und er wolle ja nur das Beste für die Welt. Das ist ein großer Irrtum. Wir sind alle in Schwächen verhaftet und können versagen. Insofern sind die Märchen auch wiederum modern. Sie sind das Spiegelbild unserer eigenen Seelenverfassung. Es gibt natürlich Märchen, die einem näherliegen, die einem mehr sagen, die mehr der eigenen Haltung und Situation entsprechen; andere, die einem weniger geben. Deshalb kommt es, daß ein Märchenerzähler "seine" Märchen hat. Das hat etwas mit ihm, mit seiner eigenen Seelenverfassung, mit seiner eigenen Aura zu tun.

Vom Haupte des Buddha

A.K.: Sie wiesen bereits darauf hin, daß der Held im Märchen ein Wandernder ist, und auf den Gegensatz zwischen der Hexe und der wandernden Gestalt. Der Held oder die

Heldin im Märchen sind Wandernde und am Ende andere als am Anfang. Gilt diese Wandlung auf der Wanderung nur für europäische oder auch für außereuropäische Märchen?

R. Geiger: Das, was Sie eben ausgeführt haben, trifft auf das europäische Zaubermärchen zu. Es findet eine Verzauberung statt und es erfolgt eine Erlösung. Die Verzauberung und die Erlösung sind der Inhalt des Zaubermärchens. Diese Märchen gibt es über die ganze Welt hin. Ich könnte Ihnen ein mexikanisches Märchen erzählen, in dem ebenso eine Erlösung stattfindet, oder auch ein chinesisches. Am anderen Ende des asiatischen Kontinents gibt es Märchen, die bis in den Titel hinein unseren Märchen ähnlich sind. Was wir im "Teufel mit den drei goldenen Haaren" haben, gibt es in China unter dem Titel "Die drei goldenen Haare des Buddha". Es ist fast dasselbe, jemand ist unterwegs, wird zu einer schwierigen Aufgabe weggeschickt. Bei uns sagt der König: "Wer meine Tochter haben will, der muß mir aus der Hölle drei goldene Haare von dem Haupte des Teufels holen." In dem chinesischen Märchen sagt die Mutter der Geliebten: "Wenn mir Sonnenschein (so heißt der Junge) aus dem Westlichen Paradies drei goldene Haare des Buddha bringt, so soll er Regenbogen (das Mädchen) haben."

A.K.: Es ist doch aber ein Unterschied, ob vom Teufel oder vom Buddha.

R. Geiger: Ja, aber vom Weg her, von der Aufgabe her, ist es dasselbe. Der Auftraggeber hat im Sinn, der andere solle nicht wiederkommen, er soll auf dem Weg dorthin zugrunde gehen. Das ist gemeint. Sie deuten aber richtig darauf hin: Es ist fast und doch nicht ganz dasselbe. Im Grimmschen Märchen geht der Held, ein arm geborener Menschensohn, in die Hölle, weil der König will, daß der Teufel ihm den Kragen umdrehe; er mag den Bräutigam nicht. Aber es gelingt dem Glückskind, das Weisheitsgold, über das der Teufel verfügt, zu erlangen. Die Fragen, auf die die Städter keine Antworten haben - warum ihr Baum verdorrt, warum ihr Brunnen versiegt, wie lange der Fährmann noch fahren muß -, alle diese vom Menschenwissen her unbeantwortbaren Fragen weiß der Teufel merkwürdigerweise. Die Antworten werden ihm für das Glückskind von der hilfreichen Ellermutter entlockt.

Im selben Sinne wird im chinesischen Märchen nicht dem Teufel, sondern dem Buddha Antwort auf schwere Fragen entlockt. Der Buddha wohnt aber nicht in der Hölle, sondern im "Westlichen Paradies". Die Hölle wird schwarz-rußig geschildert; es ist ein Ort der Dunkelheit und nicht des Lichtes, während in dem chinesischen Märchen ein Bereich der Kontemplation geschildert wird, in dem sich der Buddha im Gebet befindet. Indem der Jüngling von des Buddhas Schulter aus ihm die Haare aus dem Haupt zieht, wacht dieser wie für einen Augenblick aus der Versunkenheit auf: "Wer hat mich gestört?" Und auch er gibt Rat auf die Fragen des Jünglings. Die Haare werden dem Jungen auf dem Heimweg zu Hilfen für die, die auf seine Rückkehr warten. - Das Glückskind im deutschen Märchen tritt sehr selbstsicher auf. Schon auf dem Hinweg antwortet er den Fragenden merkwürdigerweise immer: "Wartet, bis ich zurückkomme, dann will ich es euch sagen." - "Ich will es euch sagen" -, obwohl er noch gar nicht weiß, ob er je zur Weisheit gelangen wird. Aber es wird dann doch seine Weisheit, wenn sie dem Teufel abgelockt ist. Im deutschen Märchen ist die Ich-Haftigkeit darinnen, im chinesischen Märchen nicht; es ist ein Aufstieg zu einer Art Urquelle, bei uns ist es ein Abstieg, gewissermaßen ein Abringen der Weisheit aus der Finsternis. So sehen wir: Es ist bis zu einem gewissen Grad das gleiche Märchen. Aber in der Art, wie sie im Detail voneinander abweichen, zeigt sich die Bewußtseinsverschiedenheit zwischen entlegenen Orten der Erde, mit anderen Zivilisations- und Kulturbedingungen. Insofern sind die Märchen verschieden.

In ähnlicher Weise könnte ich Ihnen eine Parallele entwickeln zwischen "Rotkäppchen" und einem Märchen aus Mexiko. Während Rotkäppchen verschlungen wird und vom Jäger aus dem Bauch des Wolfes befreit werden muß, läßt sich Tepozton, der Junge im mexikanischen Märchen, ruhig verschlingen und tötet das Ungeheuer selbst von innen, aus dem Wanst heraus. Das wäre ein Unterschied zwischen einem mitteleuropäischen und einem westlichen Märchen. Was ich vorher geschildert habe, war der Unterschied zwischen einem mitteleuropäischen und einem östlichen Märchen. Das gleiche Motiv verändert sich; denn es gibt auch eine Geistgeographie, und aus dieser Geistgeographie heraus haben die Märchen eine verschiedene Gestaltung, einen variierenden Ablauf.

A.K.: Ist denn das Märchen "Der Geist im Glas", von dem wir vorhin sprachen, ein typisch mitteleuropäisches Märchen?

R. Geiger: Es ist ein mitteleuropäisches Märchen. Es enthält ja auch die Mission Mitteleuropas, den heilenden Impuls.

Rosenkreuzerisches Weistum im Märchen

A.K.: Sind die europäischen Märchen, oder Märchen überhaupt, christlich?

R. Geiger: Das kann ich nicht in drei Sätzen so beantworten, daß ich es einem anderen überzeugend nahebringen kann. Aber Rudolf Steiner sagt ganz deutlich in dem Vortrag "Rosenkreuzerisches Weistum in der Märchendichtung", daß die meisten unserer Märchen aus einer rosenkreuzerischen Quelle stammen. Sie sind also von Menschen geprägt und gegeben, die einen Zusammenhang mit dem Weltgeschehen von der geistigen Perspektive her hatten. Gerade in den Grimmschen Märchen sind es nicht immer die großen, sondern besonders die kleineren, zwei bis drei Seiten umfassenden Märchen, die die tiefsten Geheimnisse enthalten.

Es gibt Märchen, die sich von selbst erschließen, zum Beispiel die herrliche Geschichte "Vom Fischer un syner Fru". Jeder erklärende Satz zu diesem Märchen ist überflüssig. Es spricht völlig sich selbst aus. Aber bei "Der Geist im Glas" können Sie lange verweilen, oder wenn Sie über "Die drei Sprachen" nachsinnen oder über "Die drei Federn" und gar über "Fundevogel", kann Sie Staunen erfassen und Sie kommen so schnell an kein Ende. "Fundevogel" ist eines der christlichsten Märchen. Es umfaßt nur zwei Seiten. In seinem wunderbaren Spruch: "Verläßt du mich nicht, so verlaß ich dich auch nicht", und der Antwortstimme: "Nun und nimmermehr", liegt das Geheimnis. Dieser Spruch wird viermal gesagt. Er ruft jedes Mal die Treue auf, die Treue zueinander - und bewirkt Wunder der Verwandlung. Es realisiert sich: "Wo zwei oder drei in meinem Namen zusammen sind, da bin ich mitten unter ihnen." - Ich stelle das jetzt sehr kompakt dahin, aber das ist in dem Märchen enthalten. Was werden Fundevogel und Lenchen denn? "Werde Du zum Rosenstöckchen und ich zum Röschen darauf." Lenchen und Fundevogel sind zwei, aber der Rosenstock mit dem Röschen darauf, das ist plötzlich eine Einheit. Es gibt keinen Rosenstock, der nicht eine Rose trüge, sonst wäre er keiner, und keine Rose kann ohne ihren Rosenstock bestehen. Da werden sie eins. Die beiden fliehen nicht vor der Verfolgung, sondern sie holen aus sich selber durch diesen Beschwörungsspruch der Treue, so schlicht er klingt, die Kraft Christi. Sie legen damit einen Schutzmantel um sich, sie brauchen nicht zu fliehen. Sie bleiben am Wald. Beim zweiten Mal werden sie Kirche und Krone, beim dritten Mal Teich und Ente. Ich will das Märchen jetzt aber nicht weiter erläutern; Sie werden es in einem Nachfolgeband der "Märchenkunde", der bald erscheinen wird, finden.

Wenn Sie also fragen, ob Märchen christlich sind, sage ich: Ja, im tiefsten Grunde, ja. Aber das gilt keineswegs für alles, was wir unter Märchen summieren. Und manchesmal ist das Christliche sogar aufgesetzt, ein bißchen sehr deutlich gemacht; bei dem Märchen "Marienkind" zum Beispiel finde ich, daß die Signatur der Gestalten ein bißchen zu gewollt ist.

Es gibt keine guten Hexen

A.K.: Dabei ist es kulturgeschichtlich sehr interessant, daß hier die Jungfrau Maria auftritt. In anderen Märchen treten einerseits Hexen und Mütter mit hexenhaften Zügen und andererseits die "reine Magd" auf. In den christlichen Kirchen ist die Urmutter ganz zurückgedrängt und das Weibliche auf die Gestalt der Jungfrau Maria reduziert. Kann man so weit gehen, zu sagen, daß die Märchen eine Ergänzung zum christlichen Glauben sein können?

R. Geiger: Das Wesen der Hexen läßt sich auch nicht in drei Sätzen umfassen. Es gibt sehr verschiedene Hexen. Es ist nicht *die* Hexe. Die Hexe in "Hänsel und Gretel" ist eine ganz andere als die in "Fundevogel". In "Fundevogel" wird sie nur einmal die alte Hexe genannt. Da heißt es: "Da mußte die alte Hexe ertrinken." Das ist ein Wasserwesen, die ist wassersüchtig. Sie trägt Wasser und will Wasser aussaufen, sie wackelt auch hinterdrein, sie ist breit und vollgesogen, wässerig. Sie will im Wasser sieden und kochen. - Die Hexe in "Hänsel und Gretel" will zwar Hänsel kochen, aber das Wasser läßt sie Gretel tragen. Die Hexe trägt es nicht, sie zündet den Backofen an, daß die Flammen herausschlagen. Das ist eine Feuerhexe, da ist die Gier ganz anders. Sie muß im Feuer untergehen, denn das ist ihr Element. Die Hexen gehen jeweils in ihrem eigenen Element zugrunde. Das ist das Wesen des Bösen; aber das Böse war einmal gut. Das ist sehr schwer darzustellen.

Das Märchen "Die Kristallkugel" beginnt ja folgendermaßen: "Es war einmal eine Zauberin, die hatte drei Söhne, die sich brüderlich liebten; aber die Alte traute ihnen nicht und dachte, sie wollten ihr ihre Macht rauben. Da verwandelte sie den ältesten in einen Adler, der mußte auf einem Felsengebirge hausen, und man sah ihn manchmal am Himmel in großen Kreisen auf- und niederschweben. Den zweiten verwandelte sie in einen Walfisch, der lebte im tiefen Meer ..." Den dritten will sie in einen Bären oder in einen Wolf verwandeln, aber er entflieht. Die Mutter selber hat Angst, daß ihre Söhne, die natürlich die Zukunft, das Neue, darstellen, ihr ihre Macht rauben könnten. Sie hat diesen drei Wesen das Leben gegeben und will jetzt nicht wahrhaben, daß sie damit ihre Mission erfüllt hat und die drei Söhne jetzt ihr eigenes Wesen entfalten müssen. Das Merkwürdige daran ist, daß dieses Hexenwesen ursprünglich sicherlich viele gute Züge gehabt hat.

Doch ein Wesen, das nicht erkennen kann, wann seine Mission erfüllt ist, wann es seine Kraft und Macht abgeben muß an die nächste, an die jüngere Generation, wird böse.

Im Ursprung liegen darin die wunderbaren schöpferischen mütterlichen Kräfte, die man bezeichnen kann als die Große Mutter. Aber es ist, glaube ich, ein Mißverständnis der heutigen Frauenbewegung, wenn man das Märchen als Beleg dafür nimmt, daß man ein neues Matriarchat aufrichten müsse. Das Matriarchat war eine wunderbare Gegebenheit zu seiner Zeit, nicht nur gültig, sondern segensvoll gültig. Aber es wurde abgelöst. Damit will ich nicht sagen, daß die heutige Art des Patriarchats auf Ewigkeit weiter existieren müsse, doch man kann einen einmal gewesenen Zustand nicht in der alten Form einfach wiederholen. Die Versuche, aus den bösen Hexen gute zu machen, bleiben Mißverständnisse, denn eine Hexe, die gut wird, ist keine Hexe mehr; sie wird dann zur Fee oder zur weisen Frau. Es gibt keine guten Hexen. Es gibt ja eine Kindergeschichte, in der sich eine kleine Hexe weigert, immer böse zu sein, sie will gut werden. Dadurch gerät sie in Konflikt mit den echten Hexen. Warum denn? Sie ist eben keine Hexe mehr. Das Wort Hexe ist nicht mehr am Platz. Man kann das nicht einfach umdrehen, dann muß man auch den wahren Namen nennen.

Das Böse hat eine Mission

A.K.: Das Böse taucht im Märchen ja in verschiedenen Formen auf. Einmal als etwas, was seine Macht, die einmal berechtigt war, nicht abgeben will, und andererseits auch als etwas, was Entwicklung überhaupt erst ermöglicht. In dem Märchen "Die Bienenkönigin" zum Beispiel ermöglichen die beiden älteren Brüder, die böse sind, dem Dummling überhaupt erst, seinen Lebensweg zu gehen und die "jüngste und liebste" Königstochter zu erlangen.

R. Geiger: Das findet man mehrfach, daß die eigensüchtigen älteren Brüder durch ihre Sturheit, durch ihre, man kann fast sagen, idiotische Verbohrtheit - in dem Märchen "Die drei Federn" nehmen sie Wagenräder als Ringe -, durch ihre hartnäckige Ablehnung die Handlung so vorwärtstreiben, daß für den Jüngsten die sich ründende, vollendete Dreiheit entsteht: Der Teppich des Lebens, der Ring der Vollkommenheit und die Seelengestalt dieser wunderbaren Jungfrau kommen dem jungen König zu. Er hat danach noch lange Zeit weise regiert, heißt es. Die Brüder helfen ihm durch ihre Bosheit und ihren Widerstand, einen idealen Zustand zu erreichen, der sich in der Dreiheit krönt. Das ist in mehreren Märchen nachweisbar.

Also hat auch das Böse eine Mission. Dazu braucht man nur Goethe zu zitieren, der von der Kraft spricht, "die stets das Böse will und stets das Gute schafft". Das ist im Märchen deutlich spürbar.

Die Stiefmutter

A.K.: Bei "Schneewittchen" ist es doch auch so!?

R. Geiger: Schneewittchen geht durch diesen Tod hindurch, der kein endgültiger ist, sondern nur eine Art Erstarrung. Bei "Schneewittchen" liegt das Problem aber anders als bei den drei Brüdern. Hier handelt es sich um eine Stiefmutter, und das ist ein eigenes Kapitel. Heute wird die Figur der Stiefmutter im Märchen ja abgelehnt, weil diese Gestalt für jede Frau, die als zweite Ehegattin in eine Familie kommt, beleidigend sein könnte. Wenn dieses Problem angesprochen wird, sage ich gewöhnlich: Was als Stiefmutter im Märchen Gestalt wird, ist der Neid im Menschen. Den hat jeder, und zwar nicht nur die Frauen haben ihn, den habe ich auch als Mann. Die Stiefmutter als seelische Potenz lebt in jedem Menschen. Jede Mutter hat Minuten, in denen sie Stiefmutter wird, und jede Stiefmutter hat viele Stunden, in denen sie echte Mutter ist. Das Problem "Stiefmutter im Märchen" ist kein bürgerliches, es ist ein innerseelisches Problem. Wir alle unterliegen der Gefahr, wenn wir irgendwo erfahren müssen, ein Jüngeres keimt auf, entfaltet sich, wird schön, wird bevorzugt, daß sich Neid in uns regt: Warum gerade es und nicht wir?

A.K.: In der Umgangssprache spricht man auch ohne weiteres davon: "Das habe ich stiefmütterlich behandelt ..."

R. Geiger: Ja, die Stiefmutter ist auf jeden Fall keine bürgerliche Frau, sondern eine innerseelische Verkümmerung. Wirkliche Klärung in diesem schwierigen Kapitel verdanke ich Franz Vonessen, er ist Professor für Philosophie an der Universität Freiburg, und seinem ausgezeichneten Essay "Die Stiefmutter im Märchen", der in der Herder-Bücherei "Initiative" (Nr. 70/ "Mutterschaft") erschienen ist.

Wort für Wort?

A.K.: Sie sprachen davon, daß man das Märchen wörtlich, Wort für Wort für wahr nehmen kann. Heißt das, daß man das Märchen auch wörtlich erzählen sollte?

R. Geiger: Das Wörtlich-Nehmen ist eine Sache, die jeder mit sich selbst abmachen muß. Man wirft den Brüdern Grimm vor, sie hätten von sich aus willkürlich die Märchen bearbeitet, jedenfalls stilistisch durchgeformt, um nicht zu sagen, überformt. Da wird meistens das berühmte Beispiel vom Froschkönig angeführt, das in der ursprünglichen Fassung eine viel kürzere Form hatte als in der letzten. Es ist sicher richtig, daß die Brüder Grimm nicht alles von ihren Beiträgern, ihren Gewährsleuten wortwörtlich übernommen haben. Eine Ausnahme bilden vielleicht gewisse Märchen, die die Viehmännin erzählt hat. Deren Sprache findet man meines Erachtens etwa in "Der Eisenofen" oder "Hans, mein Igel" ganz deutlich wieder. Während das Märchen "Die Gänsemagd", das auch von ihr stammt, ganz sicher von den Brüdern Grimm durch ihre Sprachkunst überarbeitet worden ist.

Aber was auch die Brüder Grimm getan haben, sie haben gewiß Holperiges ausgebessert und manches Mal auch etwas hineingebracht, was lieblich und zierartig ist, aber eigentlich nie etwas Fremdes, und sie haben sich immer bemüht, die Sprache bei aller Präzision, d.h. die Situation exakt schildernd, nie im Sinne einer literarischen Eleganz zu schönen. Das ist das Erstaunliche, daß man die Grimmschen Märchen wirklich erzählen kann, wie sie da stehen, und sie klingen glaubhaft. Die Sprache ist gut. Versuchen Sie aber mal, ein Kunstmärchen zu erzählen! Eine Ausnahme bildet Andersen, der schreibt auch mundgerecht. Seine Kunst ist es, daß er den Sprechstil in die Märchen eingeführt hat. Ganz schwierig wird es bei Märchen aus "1001 Nacht"! Die können wir nicht erzählen, die langen jedenfalls nicht. Man müßte hören, wie sie ein Orientale erzählt, der mit den langwierigen Passagen, den klug verschachtelten Sätzen fertig wird. Sie zu lesen, kann ein Vergnügen sein.

"Es lohnt sich, den Brüdern Grimm in ihrer Sprache zu folgen"

Die Brüder Grimm haben meines Erachtens an der Substanz der Märchen nie etwas geändert. Sie haben mit großer Vorsicht, ja fast mit Andacht, die Märchen gesammelt und aufgeschrieben. Egon Friedell drückt es in seiner "Kulturgeschichte der Neuzeit" folgendermaßen aus:

"Sie vereinigen die wärmste Einfühlung ins Objekt und das feinste Ohr für die Regungen der Sprache mit geduldigster Sorgfalt und mikroskopischer Strenge. Ihre Andacht vor dem Unbedeutenden, von Friedrich Schlegel verspottet, war nicht Pedanterie und Kleinlichkeit, sondern künstlerischer, ja fast religiöser Herkunft."

Ich meine, daß es sich lohnt, den Brüdern Grimm in ihrer Sprache zu folgen und sie sich anzueignen, zu versuchen, sie wirklich zu erfüllen. Mit eigenen Worten kann man eigentlich nur banalisieren. Sie können es mit ihrer eigenen Sprache nur schlechter machen, nicht besser. Wenn man die Grimmsche Sprache wiedergibt, doch so, als entstehe sie in diesem Augenblick aus einem selbst, ist man im Märchen selber drin. Das will aber nicht heißen, daß eine Mutter, die ihren Kindern Märchen erzählt, es nicht mit ihren eigenen Worten tun dürfte. Das ist ein anderes Kapitel. Es ist ein großer Unterschied, ob Eltern für ihre Kinder, die vor ihnen sitzen, mit ihren eigenen Worten erzählen oder ob ich mich vor eine Gruppe von Menschen hinstelle (es wurde Eintritt verlangt!) und Märchen erzähle. Für mich ist in diesem Augenblick das Märchen ein Kunstwerk, das ich so wenig ummodeln darf oder will, wie ich eine Bachinvention oder eine Mozartsonate plötzlich umwandeln würde. Dazu müßte ich dann wieder der geniale Beethoven sein, der ein Mozartmotiv variiert. Für mich sind die Grimmschen Wortlaute dasselbe, was die Partitur einer Sonate für den Pianisten ist. Wenn ich als Märchenerzähler vor fremde Menschen trete, hat das denselben Charakter, wie wenn ein Solist ein Konzert gibt. Er wird mit einer gewissen Werktreue versuchen, diesem Kunstwerk aus seiner toten Druckfassung Leben zu geben durch sein Spiel, durch seine Hingabe an das Werk. In demselben Sinne will ich als Märchenerzähler jene Märchen erzählen, mit denen ich lebe, vor Menschen, die sie hören wollen.

Märchen geben Hoffnung

MÄRCHENERZÄHLEN IN DER THERAPIE
INTERVIEW MIT ANNEMARIE GEIGER
von Annegret Kühl

Annemarie Geiger, *geboren 1935 in Den Haag/Holland. Studium Erziehungsberatung; Hausfrau, Mutter von vier Söhnen. Ab 1970 Vorträge über Märchen und Kurse in Gesprächsform, Erzählen in Kliniken. 1982 Übersiedlung nach Buchenbach/BRD und Heirat mit Rudolf Geiger. Seitdem Tätigkeit in der Friedrich-Husemann-Klinik mit Patientengruppen als Märchererzählerin.*

Aus der Art und Weise wie Annemarie und Rugolf Geiger die Märchen betrachten und mit ihnen umgehen, ergeben sich auch Gesichtspunkte für das Märchenerzählen, dem sich das folgende Gespräch im Hinblick auf die therapeutische Arbeit Annemarie Geigers zuwendet.

Annegret Kühl: In den letzten Jahren werden Märchen wieder häufiger erzählt, für Kinder und Erwachsene und auch im Zusammenhang mit therapeutischen Bemühungen. Sie zum Beispiel erzählen Märchen hier in der Friedrich-Husemann-Klinik in Buchenbach. Wie gestalten Sie einen Märchenabend?

Annemarie Geiger: Nun, zuerst erzähle ich ein Märchen, und dann sprechen wir in der Gruppe darüber. Es geht dabei um drei Wirkungen: 1. Das Märchen erklingt, es wird erzählt, nicht gelesen. 2. Wir sprechen zusammen, um den verschiedenen Stationen des Märchens nachzuspüren und so einen neuen Zugang zu gewinnen. 3. Wir durchleben miteinander einen Prozeß, lernen einander besser kennen, lernen uns in einer Gruppe aussprechen und den anderen tiefer zu verstehen.

A.K.: Leiten Sie das Gespräch ein oder ergibt es sich von selbst, nachdem Sie erzählt haben?

A. Geiger: Das ist unterschiedlich. Manchmal sind die Gruppen lebhafter, manchmal zurückhaltender.

"Das war der Nullpunkt"

A.K.: Was können die Märchen Ihrer Beobachtung nach für Ihre Zuhörer bedeuten?

A. Geiger: Einmal habe ich das Märchen "Die Kristallkugel" erzählt. Der Held des Märchens ist schon lange in der Welt umher geirrt, ohne das Schloß von der goldenen Sonne zu finden, da kommt er in einen großen Wald und weiß nicht, wo der Ausgang ist. Da habe ich gefragt: "Was war das für ein Gefühl, da in dem Wald zu sein? Was war das für eine Situation?" Da sagte nach einigem Schweigen ein junger Mann, der in dieser Gruppe noch nie etwas gesagt hatte: "Das war der Nullpunkt!" Es geht dem Helden immer schlechter, und diese Bewegung, diese Geste erfaßte der junge Mann genau. Aber zugleich sprach er sich selbst aus, er deutete etwas über sich selbst an, dadurch daß er gerade in diesem Moment das Wort ergriff, nachdem er so lange geschwiegen hatte. Für die ganze Gruppe war das ein tiefes Erlebnis.

Das Märchen hat ihm geholfen, etwas zum Ausdruck zu bringen, was er ohne Bild nicht hätte sagen können. Es geschieht in diesen Gesprächen öfter, daß die Menschen sich auf eine neue Art artikulieren können. Ihre Aussagen sind dann von dem Märchen wie umhüllt. So ein Gespräch ist etwas ganz Merkwürdiges: Wir sprechen über Aschenputtel, über den Dummling und das Eselein und sind uns inzwischen halbwegs bewußt, daß das alles, was da geschieht, nicht weit weg ist, sondern sehr nah unserem eigenen Streben, Leiden, Suchen.

Das Märchen ist der rote Faden des Gesprächs

A.K.: Durch das Märchen ist die Möglichkeit gegeben, die eigenen Erfahrungen zu objektivieren. Wenn jemand zwar vom Text ausgeht, das Märchen aber nur zum Vorwand nimmt, um seine eigene Geschichte zu erzählen, kann man ihn wieder zur gemeinsamen Grundlage des Textes zurückführen. Man hat für das ganze Gespräch in dem Märchen einen roten Faden.

A. Geiger: Ja, und das ist auch oft nötig, weil in den Märchen sehr viele Anregungen leben, sich in verschiedene Richtungen zu begeben. Dann frage ich immer: "Was sagt das Märchen genau?" Das ist meistens eine Korrektur, eine Hilfe; denn es geht mir nicht nur um das Märchen, sondern auch um das Gruppengespräch. Deshalb ist es mir sehr wichtig, daß die Gruppe auch mitmacht. An den Gesprächen nehmen oft Menschen teil, die sich schon lange mit Märchen beschäftigt haben und die sofort ganze Deutungen geben möchten; aber das hilft nicht weiter, wenn nicht auch der Unerfahrenste aus der Gruppe mitkommen kann. Es ist besser, wir gehen gemeinsam ein paar Schrittchen, als daß einige schon alles verstanden haben und die anderen fassungslos danebensitzen.

A.K.: Diese Arbeit hat ja nicht nur das Thema "Mit Märchen umgehen", sondern ist auch Gespräch über ein bestimmtes Thema in einer Gruppe. Kann man sagen, daß Sie dieses Gespräch mit einer Zuhörübung einleiten, indem Sie das Märchen erzählen?

A. Geiger: Nein, so kann ich das nicht sehen. Das Märchen ist das Zentrum dieser Arbeit. Es ist eine Quelle heilender Kräfte. Das erzählte und gehörte Märchen ist das Wichtigste. Die Märchen meiden ja das Traurige nicht, sie führen aber immer wieder hinaus. Im Grunde zeigen sie hundertfach menschliches Schicksal, Unglück, Verzauberung *und* den Weg hinaus zu neuer Harmonie und Reife. Diese Dynamik mitzuerleben, weckt Kräfte in der Seele, das Schicksal zu bejahen.

Volksmärchen haben etwas Menschheitliches

A.K.: Haben die Märchen gegenüber anderen Erzählungen weitere Vorteile, die für diese Gruppenarbeit wichtig sind?

A. Geiger: Wenn ich von Märchen spreche, meine ich immer Volksmärchen. Ich habe die Erfahrung gemacht, daß die Märchen der Brüder Grimm sich für diese Arbeit besonders gut eignen. Ich versuche immer wieder, Märchen aus anderen Ländern zu nehmen. Das gelingt unter Umständen auch gut, aber ich fange fast immer mit den Grimmschen Märchen an, weil sie für uns den besten Einstieg ermöglichen.

A.K.: Wie erklären Sie sich das?

A. Geiger: Die Märchen der Brüder Grimm sind in die Sprachen der ganzen Welt übersetzt. Die Kinder in Japan kennen die japanischen Märchen und die Märchen der Brüder Grimm. Die Kinder in Thailand kennen die Märchen der Brüder Grimm sogar besser als ihre eigenen. Warum? Das läßt sich nicht so leicht erklären, aber es ist wohl sicher, daß die Märchen der Brüder Grimm etwas ganz Besonderes, vielleicht etwas Menschheitliches haben. Es ist, als kämen sie aus einer besonderen spirituellen Quelle.

Kunstmärchen hingegen, wie schön sie auch sein mögen, bringen immer auch etwas sehr Persönliches von dem Autor selber. Es gibt Menschen, denen etwas eingefallen ist und die das in Märchenform aufschreiben. Das kann sehr wichtig und sehr schön für die Menschen selber und ihren Umkreis sein, oft ist es sogar hilfreich für sie. Es ist aber etwas ganz anderes als das Umfassende, das in den Volksmärchen lebt, die oft durch Jahrhunderte überliefert worden sind. Die Volksmärchen haben etwas allgemein Gültiges. Sie schildern bestimmte Entwicklungen und Verwandlungen, die menschheitlich sind und auch im einzelnen Leben geschehen. Das widerspricht sich nicht, sondern die Volksmärchen umfassen beides.

A.K.: Was bedeuten den Patienten die Märchen und die Gespräche zum Märchen?

A. Geiger: Es geht nicht so sehr um "Bedeutung". Das Märchen *ist* Nahrung, Heilung, Hoffnung. Im Grunde möchte ich den Menschen den Zugang zu einem verschlossenen Reich wieder eröffnen. Aber da die Menschen unterschiedlich sind, gibt es da auch verschiedene Wege. Es gibt Menschen, die hören das Märchen und sind sofort im Zentrum. Das Märchen wirkt so stark, daß sie nach dem Erzählen am liebsten allein sein würden, um es in Ruhe nachklingen zu lassen.

Andere sind überrascht, aber zugleich voller Fragen und Probleme, zum Beispiel: Warum immer die böse Stiefmutter? Warum läßt der Vater das zu? Warum die Nageltonne am Ende? Wieder andere haben unausgesprochene Ahnungen nach den Hintergründen, bei ihnen werden die Fragen während des Gespräches langsam bewußt. Diese beiden letzten Gruppen finden den Umgang erst nach und nach, und das Gespräch ist die Hilfe, um verstehen zu lernen und mancherlei Hindernisse wegzuräumen, die mit unserer alltäglichen Klugheit zusammenhängen.

Märchen und Psychologie

Marietta Biermann

Die Märcheninterpretationen und die Haltung gegenüber Märchen seitens der Psychologie und Pädagogik unterliegen ständigen Veränderungen. Heute erleben Märchenlesungen, Märchenaufführungen, Märchen als therapeutisches Hilfsmittel und als Gegenstand psychologischer Abhandlungen eine wahre Renaissance.

Gehörten die Märchen in den fünfziger Jahren unseres Jahrhunderts noch zum festen überlieferten Kulturgut deutscher Erziehung, so wurden sie Ende der sechziger bis Ende der siebziger Jahre - wie so vieles auf dem Gebiet der Psychologie, Pädagogik und Politik - radikal in Frage gestellt. Die meisten Märchen wurden aus den Kinderstuben der fortschrittlichen Familien und pädagogischen Institutionen und Lehranstalten sowie aus den meisten geistes- und sozialwissenschaftlichen Fakultäten der Universität, nachdem sie einer vernichtenden Kritik unterzogen worden waren, verbannt.

Es lassen sich drei Hauptansätze von Märcheninterpretationen unterscheiden, die jeweils zeitlich gesehen nebeneinander existieren und sich auch gegenseitig beeinflussen. Aber eine von ihnen dominiert in bestimmten Zeiträumen, je nach Zeitgeist und Stand der sich durchsetzenden wissenschaftlichen Erkenntnisse:

1. Der "Anti-Märchen"-Ansatz der rationalistisch-materialistischen Psychologie und Pädagogik "linker" gesellschaftspolitischer Prägung (Höhepunkt Ende der sechziger bis Mitte der siebziger Jahre);
2. der "klassisch-psychoanalytische" Ansatz (Höhepunkt Mitte der siebziger bis Anfang der achtziger Jahre) und
3. der "ganzheitlich-alternative" Ansatz (Höhepunkt Anfang bis Ende der achtziger Jahre).

Richtet zunächst der "Anti-Märchen"-Ansatz das Interesse mehr auf das Äußerlich-Materielle (arm - reich, Beherrschte - Beherrscher), und ist auch die Methode zur Analyse der Naturwissenschaft entlehnt, so wendet sich der psychoanalytische Ansatz ganz der Suche nach Symbolen und Zeugnissen eines inneren seelischen Lebens zu und versucht, durch die psychodynamische Herangehensweise dessen Mechanismen aufzuzeigen. Der "ganzheitlich-alternative" Ansatz der Märcheninterpretation schließlich entdeckt die Kategorien der kosmisch-geistigen Verbundenheit des Menschen, aber auch die des Bösen, wendet sich C.G. Jung und Alfred Adler zu und versucht, auch neue der Wissenschaft des Übersinnlichen entlehnte Methoden und Ideengehalte anzuwenden.

Im folgenden Überblick über die Hauptansätze der psychologischen Märcheninterpretationen kann nur beispielhaft, keineswegs erschöpfend, eine kleine Auswahl dargestellt werden. Wer sich intensiver mit einzelnen Märchen diesbezüglich befassen will, sei auf die angegebene Literatur verwiesen.

"Weg mit den Märchen!"

Diese "Anti-Märchen-Strömung" wurde vor allem von einer Generation getragen, die selbst unter einer Erziehung gelitten hatte, die durch die im Märchen vordergründig herausinterpretierbaren Werte und Normen gekennzeichnet war: Gehorsam, Angst, Autoritätsglaube, unterdrückte Sexualität und Aggressivität zwecks kritikloser Anpassung. Lange genug wurden in den Lehrbüchern der Medizin und der Psychologie die Theorie der Vererbung von Eigenschaften und deren nur geringe Modifizierbarkeit durch Erziehung und Umwelterfahrung vertreten. Jedoch hatte die Arier-Hysterie und Blut-und-Boden-Ideologie gezeigt, was man aus Menschen durch gezielte und massive ideologische Erziehung machen konnte. Allem Mythisch-Mystischem und Totalitärem wurde grundtiefer Abscheu und radikale Ablehnung entgegengebracht. Man wollte nunmehr nichts ungefragt übernehmen, man wollte selbst herausfinden, was wichtig und sinnvoll war für eine gesunde Gesellschaft und auch für die Erziehung der Kinder. Sah man doch darin einen entscheidenden Faktor für die dringend notwendige Veränderung der Gesellschaft. Erziehung wurde zum gesellschaftspolitischen Betätigungsfeld par excellence - und so auch deren Mittel und Grundlagen, wozu eben auch Märchen gehören.

Der Zeitgeist kritisierte schonungslos und ungeniert in Hörsälen und pädagogisch-sozialen Elterninitiativen drauflos: Zweck und Sinn der Werte, Normen und Eigenschaften der Märchenfiguren, des Handlungsablaufes sowie des Ausganges dieser Geschichten wurden kritisch durchleuchtet. Solche, wie zum Beispiel Aschenputtel, Dornröschen, Schneewittchen und Frau Holle wurden in etwa so interpretiert:

"In den meisten Märchen herrscht ein dichotomisches, als unveränderbar dargestelltes, ewig-legitimiertes Weltbild vor: Hier oben die Herrschenden in Gestalt von Prinzen, Königen, Prinzessinnen und Königinnen etc., die ausnahmslos in unverdientem Reichtum und Müßiggang, umgeben von Scharen von Dienstpersonal, Gold, Edelsteinen, schönen Kleidern, wohnhaft in prallen Palästen ihr schmarotzerhaftes, sorgloses Leben leben und die skrupellos alle Machtmittel bei Bedrohung ihrer privilegierten Stellung zwecks Erhaltung derselben einsetzten. - Dort unten die Beherrschten, die Unterdrückten, die Armen, die kaum etwas zum Essen haben - aber 'glücklich' sind, die ausnahmslos und klaglos sich ihrem Schicksal in Bescheidenheit und Gefügigkeit unterwerfen, die auch völlig idiotischen und willkürlichen Geboten und Verboten gehorchen, die eine Tugend aus ihrer Bedürfnislosigkeit, ihrer Selbstlosigkeit und Opferbereitschaft machen, die in resignativem Abwarten und unter Duldung aller Mißlichkeiten und Grausamkeiten vor sich hin vegetieren und leiden." (Aus einem Papier der Pädagogischen Hochschule Berlin, 1971)

Diese genannten Eigenschaften würden im Märchen implizit als die einzig wahren und erstrebenswerten hingestellt, würden die Träger dieser Eigenschaften doch zu guter Letzt nach langem Leiden und Darben reichlich belohnt, entweder mit Gold oder Edelsteinen oder indem ihnen die Ehre zuteil würde, in die Reihe der Herrschenden durch Heirat mit dem Prinzen bzw. der Prinzessin aufgenommen zu werden. Unterstellt wurde ferner, daß diese "Aufsteiger" schnell ihr eigenes Leiden unter den Herrschenden verdrängen müßten, um nun selbst die Macht ausüben zu können, womit also wieder der status quo bestehen bliebe.

Das Frauenbild im Märchen

Die Frauenbewegung nahm natürlich auch die Märchen aufs feministische Korn. Sie stellte fest: Die Frauen und Mädchen im Märchen sind mit den "klassischen" Frauentugenden ausgestattet, die nur die vorhandenen - und zu überwindenden - Vorurteile gegen

Frauen zementieren. Es sind zwei Haupttypen von Frauenbildern vertreten, die auch gleich eine Wertung in Gut und Böse erfahren:

1. Das fleißige, angepaßte, alles passiv hinnehmende weibliche Wesen, das alles duldet und erleidet. Diese Wesen sind ausschließlich mit Hausarbeiten, Handarbeiten oder dummen Spielen mit Goldkugeln beschäftigt, und allen erscheint es als höchstes Lebensglück und Erfüllung des Lebenssinns und aller Träume, einen Mann zu bekommen, der sie dann vor allem Unglück bewahren oder sie aus einer ausweglos erscheinenden mißlichen Lage befreien und retten wird. Diese Frauen sind die "Guten".

2. Die "Bösen" sind unersättlich, egoistisch, macht- und rachsüchtig, neidisch, eitel, gierig und nur mit sich selbst, ihrer Schönheit, ihrem Aussehen, ihren Ballkleidern und ihrer Machterhaltung beschäftigt. Sie schüchtern die Männer ein, dominieren über diese, drängen oder zwingen sie zu bösartigen Handlungen und schrecken nicht vor Mord und Totschlag zurück, um ihre Ziele zu erreichen. Andere Frauen sind schwatzhaft, unzuverlässig, von einer ungeheuren Neugier besessen, die meistens alles, was der Mann an Sinnvollem und Gutem gerade auf die Beine gestellt hat, zunichte macht. Zwar wird die Frau hier als aktiv und schlau gekennzeichnet - aber im negativen Sinne.

Die wirklich Handelnden und Aktiven im positiven Sinne sind im Märchen die Männer. Sie ziehen in die weite Welt hinaus, weil sie es wollen. Die Frauen dagegen werden verjagt oder gezwungenermaßen in die Welt geschickt, meistens um dann einem oder mehreren männlichen Wesen (Zwerge, Brüder) zu dienen, geduldig zu warten oder Leiden bzw. Opfer auf sich zu nehmen. Die Männer hingegen erleben ein Abenteuer nach dem anderen, sind mutig, heldenhaft, voller Kraft und Klugheit bewältigen sie jede Situation. Wagt einmal eine Frau, etwas Selbständiges zu wollen, oder übertritt sie irgendein Gebot oder Verbot (Rotkäppchen, Dornröschen), so hagelt es nur noch massenweise schreckliche Konsequenzen: frau wird verstoßen, verjagt, verwünscht, es wird ihr nach dem Leben getrachtet, sie wird stumm, blind, taub oder hat eine endlose Reihe von Unannehmlichkeiten zu erwarten und zu erleiden.

Es war klar: Für die Frauenbewegung der sechziger und siebziger Jahre waren die Märchen zu nichts als zu massiver Kritik zu gebrauchen. In den späten achtziger Jahren änderte sich das Verhältnis der Frauenbewegung zu den Märchen, als frau sich im Zuge der Alternativbewegung auf das mystisch-mythische Frauenbild (Göttingen, Kräuterhexen, Hexen aller Art etc.) zu besinnen begann.

"Märchen - Brutstätte der Züchtung von Grausamkeitsgelüsten"

Man stellte sich die Frage, wie die zarten Kinderseelen auf die blutrünstigen Schilderungen im Märchen reagierten, welche Folgen diese haben würden: erschießen, erstechen, vergiften, auffressen, aufschlitzen, sterben, Eingeweide herausnehmen, Köpfe abhauen, in einen Brunnen fallen, verlassen werden, eingesperrt werden, verjagt werden etc.

Würden diese Blutrünstigkeiten durch die Vorstellungskraft der Kleinen nicht unsagbar tiefe seelische Erschütterungen hervorrufen, irreversible Ängste neu schaffen, vorhandene aktivieren oder übersteigern? Könnten nicht sogar reale Gefahren daraus erwachsen (das Kind springt wirklich in einen Brunnen, um zu Frau Holle zu kommen), Angstneurosen entstehen (Verfolgungswahn, Angst vor vergifteten Äpfeln, vor Spaziergängen im Wald, Angst, von den Eltern verlassen zu werden), Grausamkeitsgelüste gezüchtet werden (Frösche gegen die Wand knallen)?

Getreu der damals stärker wissenschaftlich-materialistischen Fundierung der herkömmlichen Psychologie und Pädagogik (die eine direkte Ursache-Wirkung Relation in psychischen Prozessen wie im empirischen Exeriment anzunehmen geneigt ist) entschieden sich diese Fragen in den so ausgerichteten Hochburgen größtenteils so: Diese Blutrünstigkeiten sind schädlich, eine wie oben gekennzeichnete Auswirkung ist wahrscheinlich, zumindest nicht auszuschließen, und man empfahl, entweder diese Grausamkeiten zu überlesen bzw. zu übergehen, zu modifizieren oder gänzlich umzuformen.

So geschah es dann, daß viele Märchen - auch ablesbar an den vielen Märchenbüchern für Kinder -, größtenteils in einer Fassung erschienen, die bis auf den Titel und/oder wenige, manchmal aus dem Zusammenhang gerissene Einzelheiten, kaum noch etwas mit dem Ursprungsmärchen gemeinsam hatten: In diesen Märchenfassungen wird niemand vom Wolf aufgefressen, dessen Bauch wird auch nicht aufgeschlitzt usw.

Ganz munter und modern wird es in den Neudichtungen von Märchen, die nicht nur versuchen, die genannten Grausamkeiten abzumildern oder wegzulassen, sondern auch die Charaktereigenschaften der Märchenhauptpersonen so verändern, daß sie als Modellverhalten zur Nachahmung durch die Kinder herausgestellt werden: Rotkäppchen reißt sich die doofe Mütze vom Kopf, antwortet ihrer Mutter auf deren Bitte, zur kranken Großmutter zu gehen: "Geh' doch selber", läßt sich nicht vom Wolf beeindrucken, sondern durchschaut intelligent sein Spielchen, holt den Jäger und beide lachen sich krumm über den doofen Wolf etc.

Eine andere Art von Neudichtungen bestand (und besteht) in der Transformation des zentralen Themas in den Hier-und-jetzt-Alltag des Kindes in der Annahme, so würde das Kind alles viel besser und leichter verstehen: Rotkäppchen lebt nicht auf dem Land in einem kleinen Häuschen, sondern im Hochhaus in der Stadt, geht nicht, sondern fährt mit der U-Bahn, pflückt keine Blumen, sondern kauft sie im Kaufhaus und wird nicht durch den Wald, sondern durch die bunte Spielzeugabteilung abgelenkt usw.

Die wenigen Märchen, die auch in der Ursprungsform Gnade vor den Augen der rationalistischen Strömung der Psychologie und Pädagogik fanden, waren solche, die einen immanenten Modellcharakter besitzen, in denen also Märchenhelden vorkommen, die sich gegen das Schicksal auflehnen, sich gegen die Anpassung an das Gegebene wenden, und die den Gehorsam gegenüber Autoritäten verweigern, kreativ und selbständig denken und handeln, sich mit anderen solidarisch zusammenschließen, die wenige oder als harmlos eingestufte Grausamkeiten zu erleiden oder zu vollbringen haben und worin der Erfolg hauptsächlich durch die eigene, aktive, mutige, initiative Tätigkeit (und nicht durch Heirat) bedingt wird. "Hänsel und Gretel", das "Tapfere Schneiderlein" und die "Bremer Stadtmusikanten" mögen hierfür als Beispiele genannt sein.

Betrachtet man aus heutiger Sicht, anno 1990, die in den sechziger und siebziger Jahren vorgebrachten Bedenken und Vorbehalte gegen die Grausamkeiten im Märchen, fällt es schwer, diese wirklich ernstzunehmen. Denn angesichts der heutigen Horror-action-Videos nehmen sich diese Grausamkeiten im Märchen fast märchenhaft harmlos aus. Man kann nur Vermutungen anstellen, welchen Anteil das Verhindern der Auseinandersetzung der Kinder mit dem Bösen im Märchen seitens vieler Pädagogen und Psychologen daran hat, daß dieses Böse in Gestalt heutiger Video- und Filmblutrünstigkeiten und der inneren Kälte vieler Kinder und Jugendlicher ihnen gegenüber in so erschreckendem Maße und mit so geballter Kraft bestens gedeiht.

Psychoanalytischer Ansatz. "Märchen lesen und abreagieren"

Diese Strömung hatte ihre Hochkonjunktur ab Mitte der siebziger bis Anfang der achtziger Jahre. In bezug auf Märchen wurde Bruno Bettelheim mit seinem Buch "Kinder brauchen Märchen" bahnbrechend. Ohne im einzelnen auf verschiedene Repräsentanten und das gesamte psychoanalytische Erklärungsmodell der menschlichen Psyche einzugehen, kann man generell sagen, daß die Handlung im Märchen als symbolische Darstellung intrapsychischen Geschehens, meist konflikthafter Art gesehen wird. Die Märchengestalten, deren Attribute und Verhältnis zueinander, die Wechselwirkungen einzelner Handlungsfolgen werden als symbolhafte Auseinandersetzung der verschiedenen miteinander in Konflikt befindlichen Bestrebungen (oder Triebe), Bedürfnisse, Wünsche, Ziele oder psychischen Instanzen *(Ich, Es, Über-Ich)* begriffen.

Das Aufdecken des Unbewußten sowie dessen Bestandteile und Dynamik im menschlichen Seelenleben ist wohl das Hauptverdienst von Freuds psychoanalytischer Lehre. Das menschliche Seelenleben wird durch ständigen Kampf gekennzeichnet: Aus dem Unbewußten, die vorherrschende Qualität im *Es*, wirken die organischen Triebe (Eros und Destruktions- oder Sexual- oder Aggressionstrieb) und drängen nach sofortiger und rücksichtsloser Befriedigung. Eine solche würde jedoch zu gefährlichen Konflikten mit der Außenwelt und zum Untergang führen. Daher hat sich eine psychische Instanz gebildet, die mit der Außenwelt durch die Sinneswahrnehmung verbunden ist: das *Ich*. Dieses Ich hat die Aufgabe der Selbstbehauptung des Menschen in der Realität. Dafür muß das Ich zweierlei leisten. Es muß fortwährend diese Realität oder Außenwelt immer besser und vollständiger kennen- und beherrschenlernen, um darin bestehen zu können. Aber es muß auch die Herrschaft über die Triebansprüche aus dem *Es*, aus dem Unbewußten erlangen, indem es fortwährend entscheiden muß, ob, inwieweit und wie diese Triebansprüche zur Befriedigung zugelassen werden sollen, ob deren Befriedigung auf die in der Außenwelt günstigeren Zeiten und Umstände verschoben oder ob sie gänzlich unterdrückt (verdrängt) werden müssen.

Schließlich muß sich das Ich auch mit einer weiteren psychischen Kraft-Instanz, dem sogenannten *Über-Ich* auseinandersetzen. Dieses Über-Ich besteht in den gesamten Werten, Normen, Ge- und Verboten, die der Mensch während seiner langen kindlichen Abhängigkeit von den elterlichen Beeinflussungen durch Erziehung, Moral, Lebensweise etc. erfahren und verinnerlicht hat. Hier leben auch die Schuldgefühle und das Gewissen. Kulturfaktor der Umwelt

Das Ich erfüllt also seine Aufgabe der gesunden Selbstbehauptung, wenn es in der Lage ist, gleichzeitig den Anforderungen des Es, des Über-Ich und der Realität zu genügen, also deren Ansprüche zu versöhnen weiß. Gelingt dies nicht oder nur unzureichend, entsteht die seelische Erkrankung in Form von Neurosen oder Psychosen. Die Entstehungsbedingungen der psychischen neurotischen Erkrankung sah Freud hauptsächlich in der frühkindlichen Zeit, in der das "schwache und unfertige Ich ... dauernd geschädigt wird durch die Anstrengungen, die ihm auferlegt werden, um sich der dieser

Lebenszeit eigentümlichen Gefahren zu erwehren. ... Gegen die Gefahren, mit denen die Außenwelt droht, wird das Kind durch die Fürsorge der Eltern geschützt. Es büßt für diese Sicherung durch die Angst vor Liebesverlust, der es den Gefahren der Außenwelt hilflos ausliefern würde." (Sigmund Freud: Abriß der Psychoanalyse. Frankfurt/Hamburg 1953, S.55)

Gegenüber den zur Befriedigung drängenden sexuellen und aggressiven Triebregungen und der von den Eltern ausgeübten Unterdrückung, Leugnung und Bestrafung jeglicher sexueller Regungen beim Kind (im prüden 19. Jahrhundert) muß das kleine schwache kindliche Ich kapitulieren und die Regungen unterdrücken oder verdrängen. Die Moralvorstellungen der Eltern werden in Form von Gewissen und Schuldgefühlen verinnerlicht, welche wiederum dem Ich helfen können, die Triebregungen aus dem Unbewußten in Schach zu halten.

Dieses (hier nur in extrem verkürzter Form dargestellte) psychoanalytische Gedankengut fand nun verstärkt und flächendeckend Eingang in die Beschäftigung der Psychologen und Pädagogen mit Märchen. Im Mittelpunkt standen vor allem drei Aspekte:

1. Märchen als Veranschaulichung und als Beleg für die Verifizierbarkeit der psychoanalytischen Theoreme,
2. die Funktion der Märchenerzählung als möglicher Neurose verhindernder Faktor in der kindlichen Entwicklung und
3. Einsatz von Märchen als therapeutisches Mittel bei der Behandlung kindlicher psychischer Fehlentwicklungen.

Als Beispiel für den psychoanalytischen Einfluß kann der veränderte Umgang seitens des Psycho-Zeitgeistes mit dem Bösen im Märchen dienen: Die im Märchen geschilderten Grausamkeiten und die bösen Charaktere darin werden nun als die symbolische Manifestation des Aggressionstriebes interpretiert. Damit ist die Existenz des Bösen zwar auf den Aggressionstrieb reduziert, aber doch als eigenständige innerseelische Kraft anerkannt, mit der man sich auseinanderzusetzen hat und die nicht durch bloßes Verleugnen oder Verniedlichen zum Verschwinden gebracht werden kann. Die Ansicht verbreitete sich immer mehr, daß es geradezu gesundend, ja kathartisch für Kinder sein könnte, wenn sie durch die Märchenerzählungen ihre eigenen aggressiven Regungen wiedererkennen würden (also mögliche Schuldgefühle abgebaut werden könnten) und diese auch gleich anhand der aggressiven Handlungen im Märchen stellvertretend ausagiert und damit abgebaut werden könnten. Ebenso positiv wurde nun hervorgehoben, daß ja der Märchenheld oft die Angriffe auf seine Person gut übersteht, daß also sein Ich im psychoanalytischen Sinne gut funktioniert und auch dieses ein Trost sein könnte für die Kleinen bzw. als Modell für ihre eigene Ich-Stärkung dienen könnte.

Viel beschäftigte man sich auch mit der Deutung der symbolischen Manifestationen des Sexualtriebes. Ödipale Verführungs- und Versuchungssymbole, Schilderungen symbiotischer Vater- und Mutterbindungen, inzestuöse Regungen und vielerlei Symbole sexueller Art (zerbrochene Flaschen, Spindeln, Schlüssel in Schlüssellöchern) wurden festgestellt. Auch in diesem Bereich fand man es sinnvoll und gesundend, daß die Kinder durch die Märchen ihre sexuellen Regungen wiedererkennen und stellvertretend ausagieren könnten, damit sie nicht der Verdrängung anheimfielen. Potentiell drohende neurotische Fehlentwicklungen könnten so günstigenfalls verhindert werden.

Der ganzheitlich-alternative Ansatz

Als Anfang der achtziger Jahre die Umweltzerstörung und die kaum mehr zu überbietende Rüstung mit ihrem vielfach produzierten Over-Kill von niemandem mehr übersehen werden konnte, als der lange Marsch durch die Institutionen zwecks grundlegender Veränderungen die Einsicht erzwang, daß die tödliche Bedrohung der Menschheit mit den bisherigen partei- und gesellschaftspolitischen Mitteln nicht mehr abzuwenden war, fing die große Suche nach Alternativen an. Dabei versuchte man an das Originäre, das Natürliche, das Bewährte anzuknüpfen und es zu bewahren. Man suchte auch im Reiche des Übersinnlichen, des Mystischen und des Esoterischen nach Quellen und Nahrung, die man zur Wiederherstellung der eigenen Ganzheit auf der Reise ins Innere so dringend brauchte. So wurden Märchen und Mythen wieder zu einem ungeahnten Betätigungsfeld für das Auffinden von verborgenen Kräften, Symbolen und Imaginationen auch in der Psychologie und Pädagogik.

Neu daran war, daß Märchen nunmehr nicht nur als Lektüre für Kinder, sondern auch für Erwachsene salonfähig wurden. Zahlreiche Seminare, work-shops und Märchenlesungen legen für diese neue Einstellung Zeugnis ab. Im Zuge dieser Strömung belebte sich das Interesse psychologischer und pädagogischer Ausbildungsstätten sowie der erwerbstätigen Psychologen und Therapeuten an C.G. Jung, Alfred Adler und auch an meditativen Methoden enorm. Verstummt war die akademische Kritik an ihrer Lehre, sie sei mystisch, experimentell und empirisch nicht nachweisbar und dergleichen mehr.

Sowohl C.G. Jung als auch Alfred Adler waren einst Schüler von Freud, beide wichen aber von seiner Lehre in zentralen Punkten ab. Speziell Jung ist wohl derjenige, der der Kategorie "Geistiges-Universelles" innerhalb des Seelenlebens am nächsten gekommen ist, weshalb sich heute viele anthroposophisch orientierte Ärzte und Psychiater mit der Psychoanalyse allmählich zu versöhnen beginnen und in ihrer therapeutischen Arbeit vielfach versuchen, die Jungschen Methoden und Kategorien anzuwenden.

Märcheninterpretation auf der Grundlage von Alfred Adler

Adlers zentrales Thema ist die Stellung des Individuums zur Gemeinschaft, verstanden als das "Einigsein mit dem All". Dabei heißt "Menschsein" für Alfred Adler im Grunde, sich als Mangelwesen und unsicher zu fühlen:

"Im Märchen werden vielerlei Spielarten dieser Mangelerfahrung beschrieben: Not, Armut, Krankheit oder auch nur einfach Dummheit und Unfähigkeit, das Leiden an menschlicher Unvollkommenheit und Schwäche, an Unterlegenheit, Neid, Mißgunst, Härte oder Bosheit." (Hermann Hellhardt: Das Märchen in der Sicht der Individualpsychologie, S.59)

"Die wesensmäßige Unvollkommenheit und Endlichkeit des menschlichen Daseins weist aber zugleich im Menschenbild des Märchens - wie der Individualpsychologie - auf die 'Not'wendigkeit der Gemeinschaftsbeziehung des einzelnen und ihrer gefühlsmäßigen Bejahung, der Reifung eines Gemeinschaftsgefühls und -bewußtseins hin, woraus allein dem Märchenhelden Vertrauen und Mut erwachsen zur Bewältigung der Hindernisse und Schwierigkeiten, die ihm begegnen." (ebd.)

Es wird geschlußfolgert, daß der Märchenheld eben Kraft aus seiner All-Verbundenheit, aus seinem Einigsein mit dem All schöpft, aus dem Vertrauen zu kosmischen oder geistigen Mächten, die in Gestalt und Bildern von Tieren, Pflanzen, Ereignissen, Natur- und Elementarwesen dazu da sind - die All-Verbundenheit und das Vertrauen vorausgesetzt -, die Menschen auf ihren Wegen durchs irdische Leben in der aktiven Bewältigung ihrer zu bestehenden Prüfungen zu begleiten und zu unterstützen. “Ihm wird die Lösung, der glückliche Zu-Fall aus der gelebten Identität mit dem schicksalhaften Geheimnis der schöpferischen Kraft ... ‘von selbst’ zuteil.” (a.a.O., S.61)

Diese Art der Interpretation wird durch die Tatsache unterstützt, daß die sogenannten “Anti-Helden”, also die “bösen” Figuren im Märchen, sich außerhalb dieser All-Verbundenheit befinden (Pechmarie). “Ihnen fehlt einfach das Gemeinschaftsgefühl der echten Verbundenheit mit der Ordnung und der schöpferischen Kraft des kosmischen Ganzen” (ebd.).

Statt dessen werden die negativen Kräfte in Form von schwarzer Magie aktiviert, weil der Anti-Held seine Mangelsituation aus narzißtischer Eitelkeit nicht akzeptieren will. Statt des Gemeinschaftsgefühls entwickeln sich “überkompensatorischer Ehrgeiz, rivalisierendes Streben nach Überlegenheit und Macht, schließlich prinzipielle Feindseligkeit und Isolation, woran der Unheld im Märchen meistens zugrunde geht oder einfach leer ausgeht.” (ebd.)

Entsprechend werden auch die Aggressionshandlungen im Märchen in konstruktive (weil eingebunden in die All-Verbundenheit) und destruktive (aufgrund des Fehlens der All-Verbundenheit) Aggressionen differenziert. Die konstruktive Aggression führt zur Lösung des Problems (Frosch gegen die Wand), die destruktive hat keinen Erfolg (Stiefmutter im Schneewittchen).

Märcheninterpretation auf der Grundlage von C.G. Jung

Im Mittelpunkt der psychologischen Märcheninterpretation mit Hilfe der Jungschen Kategorien steht das Aufspüren des Unbewußten. Die Kategorie des Unbewußten ist bei Jung (anders als bei Freud) über das persönlich Unbewußte hinaus um das sogenannte kollektive Unbewußte erweitert. Das kollektive Unbewußte existiert unabhängig von persönlich Erlebtem und enthält latente Urbilder, verstanden als eine der menschlichen Gattung innewohnende ererbte Prädisposition oder Bereitschaft, auf bestimmte Ereignisse zu reagieren.

Diese Urbilder als Inhalt des kollektiven Unbewußten nannte Jung *Archetypen.* Wörtlich meint Archetyp “Originalmodell, auf dessen Grundlage andere ähnliche Dinge geschaffen werden.” - So etwa wie das Negativ eines Fotos erst durch die Filmentwicklung zu einer Fotografie wird, so ist ein Urbild oder Archetyp zunächst Form ohne Inhalt:

“Ein Urbild ist erst dann in bezug auf seinen Inhalt bestimmt, wenn es bewußt geworden ist und mit dem Material der bewußten Erfahrung ausgefüllt worden ist.” (C.G. Jung: Gesammelte Werke. Band 9, I, S.79)

Die bekanntesten Archetypen (deren Erforschung sich Jung besonders intensiv widmete) sind: persona, anima und animus, der Schatten und das Selbst.

Der Schatten

Im Märchen finden sich viele solcher Urbilder, oder wie Marie-Louise von Franz schreibt: Ich sehe "Märchen als archetypische Grundmuster allgemein menschlichen Verhaltens an, als bestes Mittel, gewisse psychologische Probleme zu erläutern" (Marie Louise von Franz: Der Schatten und das Böse im Märchen. München 1985, S.7). Sie arbeitet mit dem "Schatten" als "all das, über das der Analysand unbewußt ist", bestehend aus teils persönlichen, teils kollektiven Elementen (a.a.O., S.10). Aus den unterdrückten Eigenschaften, die vom Individuum nicht zugelassen oder angenommen werden, weil sie mit den gewählten, bewußten Eigenschaften unverträglich sind, baut sich der Schatten auf. Dieser Schatten eines Menschen findet sich sehr häufig im Märchen versinnbildlicht (zum Beispiel in den Märchen "Frau Holle" und "Die beiden Wanderer").

Anhand der Deutung eines solchen Märchens kann die Existenz und auch die Konkretisierung des eigenen Schattens dem Patienten bewußt gemacht werden. Jedoch hebt Franz hervor, daß die Probleme des Patienten damit nicht gelöst sind, das eigentliche Problem fängt erst mit dem Bewußtsein des eigenen Schattens an, nämlich dann, wenn der Patient sich der Aufgabe gegenübergestellt sieht, mit diesem Schatten zu leben. Das kann er nur, wenn er Wege findet, mit diesem Schatten umzugehen und ihn in sein Leben zu integrieren.

Angesichts der massiven Konfrontation der Menschheit mit dem eigenen archetypischen "kollektiven Schatten" steht zu hoffen, daß sich das allgemeine Bewußtsein für dieses Böse langsam, aber sicher stärkt. Die Reduzierung des Bösen - auch im Menschen - auf Aggressionstriebe greift zu kurz. Die Suche der Psychologen nach dem Sinn dieses Bösen wird wohl letztendlich ohne die Erweiterung durch geisteswissenschaftliche Erkenntnisse und Methoden erfolglos bleiben.

Die Märcheninterpretationen werden so um einen vierten Ansatz bereichert werden müssen, und zwar um die Dimension der anthroposophischen Geisteswissenschaft, die ausgezeichnet in der Lage ist, hier undogmatisch-integrativ zu wirken.

Märchen in der Psychotherapie

INTERVIEW MIT DR. ERICH FRANZKE

von Annegret Kühl

Dr. Erich Franzke, *geboren 1927 in Wien. Medizinstudium in Wien; 1959 als praktischer Arzt nach Schweden. Seit 1961 Arbeit in der Psychiatrie und seit 1962 psychotherapeutische Arbeit. 1965 bis 1968 analytische Ausbildung in Freiburg; Psychodramaausbildung im Moreno-Institut; Supervisor im Symboldrama; Lehrtherapeut in der konzentrativen Bewegungstherapie. Hauptinteresse: kreative Arbeitsweisen im Rahmen der Psychotherapie. Zahlreiche Veröffentlichungen, u.a. "Märchen und Märchenspiel in der Psychotherapie".*

Märchen und märchenhafte Geschichten können auf sehr unterschiedliche Weise in der Psychotherapie eingesetzt werden. Sie können Anlaß für ein Gespräch oder eine szenische Darstellung sein, sie können Ausgangspunkt für die eigene Phantasie sein, sie können zum Schreiben eigener Geschichten anregen und zu guter letzt können sie als Ganzes aufgenommen und genutzt werden. "Märchen und Märchenspiel in der Psychotherapie - Der kreative Umgang mit alten und neuen Geschichten" heißt ein Buch, das Erich Franzke geschrieben und das zu diesem Interview angeregt hat. Der Autor spricht sich dafür aus, die tradierten Volksmärchen als allgemeines Kulturgut so zu belassen, wie sie sind und nicht zu verändern. In der Arbeit mit einem Menschen oder in einer Gruppe plädiert er jedoch für einen sehr offenen Umgang mit Märchen und märchenhaften Geschichten. Anhand zahlreicher Beispiele aus der Praxis gibt Erich Franzke im folgenden Interview Einblick in seine Arbeitsweisen und Erfahrungen.

Annegret Kühl: Sie arbeiten seit Jahren hier in Växjö in der Therapie und auch in der Ausbildung von Psychotherapeuten mit Märchen. Wie sind Sie auf die therapeutischen Möglichkeiten der Märchen aufmerksam geworden?

Dr. Erich Franzke: In der praktischen Arbeit hier in Växjö arbeite ich nicht sehr viel mit Märchen, denn hier übe ich hauptsächlich Ausbildungssupervisionen aus. Was ich hier in Växjö mit Märchen mache, das nenne ich Verwendung von Märchen 'en passant'. Ich verwende es dann, wenn ich den Eindruck habe, daß es für jemanden hilfreich ist, wenn er sich in seiner Situation nicht alleine fühlen soll. Wenn etwas ein Märchenstoff geworden ist, dann hat es sicherlich viele Menschen betroffen, ähnlich wie bei einem Sprichwort. Wenn man in das Gespräch ein Märchen oder einen Teil von einem Märchen mit hineinnimmt, kann das unter Umständen viel hilfreicher sein, als wenn man zum Beispiel sagt: "Nehmen Sie es doch nicht so tragisch, das haben auch andere schon erlebt." Bei Familien, in denen ein Kind gestorben war, habe ich beispielsweise gelegentlich das Märchen "Das Totenhemdchen" verwendet. Manchmal mache ich dann auch noch eine Hinzufügung.

Märchen und märchenhafte Geschichten

A.K.: In dem Untertitel zu Ihrem Buch "Märchen und Märchenspiel in der Psychotherapie" fassen Sie den Märchenbegriff sehr weit, indem Sie dort schreiben: "Der kreative Umgang mit alten und neuen Geschichten".

E. Franzke: Mit Absicht. Dr. Stehlin vom Huber-Verlag, der Altphilologe ist, hat mich darauf hingewiesen, daß man nur mündlich tradierte Texte als Märchen im engeren Sinne bezeichnen kann. Es gibt natürlich viele Verfasser, die Geschichten als Märchen bezeichnet haben, die eigentlich keine sind, zum Beispiel Manfred Kyber und Hans Christian Andersen. Alle Märchen, die einen Verfasser haben, sind im eigentlichen Sinne keine Volksmärchen, und die Persönlichkeit des Verfassers muß bei der Betrachtung dieser Texte mitberücksichtigt werden. Ich wollte es so weit fassen, weil es für die Art, wie ich die Märchen und Geschichten verwende, genügt, wenn in der Geschichte etwas vorkommt, was das rein Realistische überschreitet, wenn also ein märchenhaftes Detail darin enthalten ist. Im Schwedischen gibt es ein Kinderlied, das so ähnlich ist wie "Hänschen Klein", darin begegnet der Junge einem Bären und hat keine Angst, sondern spricht mit ihm. Diese Tatsache genügt mir, um es als eine Geschichte mit märchenhaften Zügen zu bezeichnen.

Damit sind wir bei einem wichtigen Punkt. Die Märchen als solche sind für mich unveränderlich. Ich möchte nicht, daß jemand sie für die Allgemeinheit verändert. Es ist nicht berechtigt, wenn jemand sagt, daß das Märchen besser würde, wenn es einen anderen Schluß hätte. Das Märchen soll so bestehen bleiben wie es ist und sich weiterhin in der mündlichen Tradierung etwas verändern. Aber wenn ich mit jemandem mit einem Märchen arbeite, dann möchte ich wissen, wie *dieser* Mensch das Märchen erlebt. Wenn jemand ein Märchen erwähnt, frage ich gerne: "Welche Szene oder welche Figur hat Sie denn am meisten fasziniert oder am meisten erschreckt?" In der Arbeit mit einer Einzelperson oder einer Gruppe ist mir wichtig, inwiefern das Märchen von verschiedenen Menschen verschieden erlebt wird und ab welcher Stelle jemand es zum Beispiel gerne abändern möchte.

A.K.: Oder falsch erinnert!

E. Franzke: Ja, persönlich erinnert. Da würde ich nicht sagen: "Da erinnern Sie sich falsch, lesen Sie es mal nach", sondern ich würde sagen: "Sie erinnern da etwas anderes als ich, sehen wir doch einmal nach, wie der Ursprungstext lautet". Diese Abweichungen sagen dann natürlich sehr viel über die Persönlichkeit aus.

A.K.: Können Sie das an einem Beispiel noch deutlicher machen?

E. Franzke: Bei "Schneewittchen" zum Beispiel ist es ein großer Unterschied, ob jemand von der Spiegelgeschichte besonders fasziniert ist oder ob jemand sich darüber ärgert, daß das Mädchen immer wieder auf die alte Stiefmutter hineingefallen ist. Eine andere Frau war zutiefst davon berührt, daß der Jäger das Schneewittchen auf seine Bitten hin leben läßt. Ihr war besonders wichtig, daß ein Mann, der normalerweise Tiere tötet und den Auftrag hat, sie zu töten, ein eigenes Risiko eingeht, um sie zu retten. Wieder ein anderer Mensch nimmt zum Beispiel die Szene im Glassarg am wichtigsten. Es ist ganz wichtig, jedem die Chance zu geben zu sagen, wie er das Märchen erlebt.

A.K.: Machen Sie diese Arbeit hauptsächlich mit einzelnen oder in Gruppen?

E. Franzke: Hauptsächlich in Gruppen mit Ausbildungskandidaten. Auf verbaler Ebene mache ich es auch bei der einen oder anderen psychoanalytischen Gruppe. Wenn Märchenstoff anklingt, greife ich es auf.

A.K.: Welche besonderen Möglichkeiten eröffnen sich durch die Arbeit mit Märchen in der Ausbildung?

E. Franzke: Man kommt näher an das Erlebnismäßige heran, als wenn man sich nur an das rein Realistische hält. Auf diese Art findet man Zugang zu Antrieben, Haltungen, Fehlhaltungen, Gehemmtheiten und man bekommt Tiefendimensionen, allgemein menschliche Grundfragen, Jungianisch gesprochen: das kollektive Unbewußte, in den Blick. Man kommt etwas weg von dem: Das ist richtig! und: Das ist falsch! Man kann auch erkennen, daß ganz Einfaches oft viel besser ist als sehr Kompliziertes. Der Dummling, der auf die Stimmen der Natur hört, kann etwas bewältigen, was die Schlauen nicht bewältigen können. - Es kann einerseits zu einer Vertiefung und andererseits zu einer Auflockerung in der Gruppenarbeit kommen.

A.K.: Ist dafür das Märchen besonders geeignet, weil es nicht festlegt? Andere Geschichten haben meistens eine Absicht und eine "Moral von der Geschicht", während die Märchen ein Geschehen schildern, ohne daß eine plumpe Moral vermittelt werden soll.

E. Franzke: Dabei kommt es aber sehr darauf an, wie man mit dem Märchen umgeht. Die Volksmärchen werden zum Teil ja auch zu Erziehungszwecken mißbraucht, indem man sagt: "Siehst Du, tu das nicht!"

A.K.: Können Sie dafür ein Beispiel nennen?

E. Franzke: Da gibt es viele Beispiele. Anknüpfend an den "Froschkönig" kann die Mutter zum Beispiel zur Tochter sagen, daß sie nicht auf den Vater hören soll, weil die Entwicklung in diesem Märchen erst weitergeht, als die Tochter entgegen der Weisung des Vaters den Frosch nicht mit ins Bett nimmt. Das Märchen geht eigentlich dadurch weiter, daß die Regel übertreten wird. Es gibt aber auch andere Märchen, die dadurch weitergehen, daß die Regel eingehalten wird. Wenn man also nur ein Märchen nimmt, kann man häufig eine eindeutige Moral daraus ziehen. Nimmt man aber andere Märchen hinzu, dann wird deutlich, daß einmal die Regeleinhaltung und ein anderes Mal die Regelübertretung die Entwicklung weiterführen. Damit ist der einzelne Mensch aufgerufen, herauszufinden: *Wie* ist es richtig für mich?

A.K.: An diesem Beispiel wird deutlich, daß die Märchen nicht als plumpe Erziehungsmittel gebraucht werden können.

E. Franzke: Gott sei Dank. Wenn ich ein Märchen erzähle, weiß ich nie, was der andere für sich herausholt. Für mich ist der Zusammenhang mit der Lebensgeschichte wichtig, der Moment, in dem ein Klient feststellt: "Hoppla, diese Gestalt, die mich besonders fasziniert, hat ja etwas mit meinem eigenen Leben zu tun." Dann ist immer die Frage: "Was sehen Sie für Anknüpfungspunkte, daß diese Figur oder diese Szene Ihnen wichtig ist?"

A.K.: Benutzen Sie dabei das Märchen, um die Lebensgeschichte des Klienten aufzuschlüsseln?

E. Franzke: Ich würde nicht sagen, um sie *aufzuschlüsseln.* Es geht mir weniger darum, daß ich seine Lebensgeschichte besser verstehe, sondern mehr darum, daß er seine eigene Lebensgeschichte besser nachempfinden und einfühlen kann. Dabei geht es nicht nur um das Wissen, sondern mehr um das Nachspüren und um die erlebnismäßigen Anteile.

Begegnungen im Märchenland

A.K.: Wie arbeiten Sie mit den Märchen?

E. Franzke: Ganz verschieden. Von der bloßen Erwähnung eines Märchens im Gespräch bis dahin, daß ich jemanden ermuntere, ein Privatmärchen zu schreiben. Wenn ein Klient zum Beispiel sagt: "Leider erinnere ich meine Träume nicht", dann sage ich: "Dann können Sie ja versuchen, ein Bild zu zeichnen oder ein Märchen zu erfinden." Im Gespräch kann es sein, daß ein Klient etwas erzählt, was märchenhaft klingt, dann sage ich: "Das klingt ja fast wie im Märchen", oder ich frage, ob in der Kindheit Märchen erzählt wurden.

In einer Gruppe kann zunächst einer ein Märchen vorlesen. Danach bittet man alle, die Augen zuzumachen und die Bilder des Märchens aufsteigen zu lassen. Dann können die Klienten von einer, höchstens von zwei Szenen des Märchens, die sie besonders fesseln, eine Skizze machen. Die Skizzen kann man dann gemeinsam anschauen. Außerdem kann man Märchen im Psychodrama, im Märchenspiel, darstellen. Das geht dann bis zur Begegnung im Märchenland. Dabei teilen die Gruppenteilnehmer einander verschiedene Rollen zu, die entweder direkt passen oder Gegenrollen sind. Bei den Rollenspielen mache ich es gerne so, daß die Betreffenden, wenn es für sie nötig oder wünschenswert wird, eine Metamorphose durchlaufen können. Sie sollen dann nur aufpassen, wann sie es tun und wie sie es tun.

A.K.: Nehmen Sie dafür ein Volksmärchen als Ausgangspunkt?

E. Franzke: Alle Märchen. Wenn wir Begegnungen im Märchenland spielen, kann es ohne weiteres sein, daß wir Schneewittchen, den Bären aus "Schneeweißchen und Rosenrot" und den Riesen aus "Dem Tapferen Schneiderlein" haben. Die begegnen einander. Wenn sich nun einer im Laufe des Spieles verwandelt, so darf er nicht sagen, was er jetzt ist; sondern er darf es nur durch seine Art ausdrücken. Wenn zum Beispiel jemand am Anfang der Wolf war und jetzt Rotkäppchen wird, darf er nur darauf hinweisen, indem er etwa sagt: "Schau, was ich hier Schönes im Korb habe." Man spielt und schaut, wie sich die verschiedenen Märchenfiguren begegnen. Das ist allerdings weniger für Patienten gedacht, sondern mehr für Gruppen, in denen man sehr frei und locker arbeiten kann.

Da nehmen wir das, was die Gruppe wählt. Es kann auch ein Märchen von einem Autor sein oder ein Privatmärchen. Besonders interessant ist es, mit fremdländischen Märchen zu arbeiten. In Mexico-City haben wir in einer Gruppe von 15 Personen - Japaner, Mexikaner, Norweger, Holländer, Deutsche - zusammengesessen und geschaut, welche Themen in den Märchen der verschiedenen Länder immer wieder vorkommen. Dabei war die Frage, inwieweit die Märchen der verschiedenen Kulturen Variationen zu Grundthemen sind, die überall etwas anders behandelt werden, aber doch die gleichen Grundzüge haben.

A.K.: Kann man dazu sagen: Grundthemen des Menschlichen?

E. Franzke: Gern! An dieser Stelle möchte ich etwas einfügen, was mir grundsätzlich bei der "Deutung" von Märchen wichtig ist. Ich bin immer froh, wenn jemand, der ein Märchen deutet, dazu sagt, aus welchem Gesichtswinkel er es macht. Ich möchte auf jeden Fall verhindern, daß der Therapeut seine Sicht des Märchens als allgemein gültig erlebt und dem anderen aufoktroiert.

A.K.: Wie stehen Sie zu Märchendeutungen in der Literatur?

E. Franzke: Wenn der Autor dazu sagt: "Ich schaue das Märchen von dieser Seite her an und mir sagt es dieses oder jenes, das kann es bedeuten", dann bin ich einverstanden. Oder wenn jemand, wie zum Beispiel Bettelheim, den Hinweis gibt: "Märchen psychoanalytisch gedeutet", dann finde ich das völlig berechtigt. Wenn aber jemand sagt: "So ist es und nicht anders", dann empfinde ich das als einen Verstoß dagegen, wie man mit Symbolen überhaupt umgehen sollte. Symbole sollen vielschichtig und mehrdeutig, eigentlich unergründlich sein. Besonders wenn man nun mit einem anderen Menschen über Märchen arbeitet, muß man offen dafür sein, was es für denjenigen bedeutet und was es bei ihm bewirkt.

A.K.: In der Gesprächsgruppe in Mexico-City haben Sie Märchen als Ausgangspunkt gewählt. Hätten Sie genauso gut Träume nehmen können, um zu sehen, ob die Träume über die ganze Welt ähnlich sind?

E. Franzke: Jein! Als Geschichten mit tiefgründigem Inhalt hätte man auch Träume nehmen können, aber wenn man mit einem Traum arbeitet, der von einem einzelnen kommt, würde mir die Allgemeingültigkeit fehlen. Den Traum würde ich eher in Parallele zu einem Märchen von einem Autor oder zu einem Privatmärchen sehen.

Mir ist bei den Märchen das nicht Einengende sehr wichtig. Das wird durch die sehr prägnante Ausdrucksweise unterstützt. "... dann feierten sie Hochzeit, und lebten lange glücklich und zufrieden."

A.K.: In den Märchen wird nichts Überflüssiges erzählt.

E. Franzke: Ja, und das eröffnet für das Spiel sehr viele Möglichkeiten. Wenn es zum Beispiel heißt: "Es ward Hochzeit gefeiert", dann entsteht die Frage, wie diese Hochzeit gefeiert wird, und wie das gespielt wird. Was im Märchen in einem Satz dargestellt ist, wird dann in der Gruppe in der individuellen und aktuellen Form angereichert.

A.K.: Die Märchen spiegeln - ähnlich wie die Sprichworte - menschliches Geschehen wider.

E. Franzke: Sprichworte sind aber keine Geschichten, sie greifen nur einzelne Punkte heraus. Insofern kann man die beiden nicht vergleichen.

A.K.: Es wird aber auch in den Sprichworten ein menschliches, psychisches Geschehen widergespiegelt. Die Sprichworte und Märchen sind viel älter als Freud und Jung. Wie erklären Sie sich, daß die Menschen dieses Geschehen in Worte fassen konnten, ohne Freud oder Jung gekannt zu haben?

Das Analytikermärchen: "Tischchen deck dich"

E. Franzke: Freud ist kein Erfinder, sondern ein Auffinder. Die Dinge, die er beschreibt, hat es lange vorher gegeben. In Wien habe ich bei einer Tagung über "Das anale Antriebserleben im Spiegel der Märchen" gesprochen. In diesem Vortrag habe ich unter anderem *das* Analytikermärchen "Tischchen deck dich" herausgegriffen. Es zeigt denselben Verlauf wie die menschliche Entwicklung. Zuerst kommt die orale Phase: "Tischchen deck dich"; dann kommt die anale Phase: "Esel streck Dich"; und dann kommt die phallische Phase: "Knüppel aus dem Sack". Dieses Märchen ist natürlich wesentlich älter als die Entwicklungspsychologie von Freud. Die Naturgegebenheiten der menschlichen Entwicklung waren eben da und sind auf verschiedene Art und Weise dargestellt, vermittelt und erklärt worden.

Bei den Ausbildungsgruppen ist es mir sehr wichtig, gelegentlich darauf hinzuweisen, daß die alten Volksmärchen ursprünglich keine Kindermärchen waren. Die älteren Frauen haben den jungen Mädchen Spinnstubengeschichten erzählt, die im Laufe der Entwicklung zu Märchen wurden. Ich finde es sehr interessant, der Frage nachzugehen: Was wollten die Frauen der nächsten bzw. der übernächsten Generation mit diesen Geschichten vermitteln? Heute erlebe ich, daß viele Frauen, die sehr stark in der Selbständigkeit leben, gegen manche Lösungen im Märchen heftig protestieren. Man kann sich dann wirklich fragen, ob die Lösungen, die im Märchen angeboten werden, mehr in die damalige Zeit gepaßt haben. Wenn man daraufhin die Comicstrips anschaut, zum Beispiel "Barbarella" oder "Phantom" oder auch "Asterix und Obelix", kann man sich fragen, ob es darin ähnliche Themen wie in den Märchen gibt. Diese Comics greifen Dinge auf, die die Wirklichkeit überschreiten, und haben "märchenhafte" Züge.

A.K.: Aber werden in diesen Comics auch Lösungswege angeboten?

E. Franzke: Andere. Für die Freundin von "Phantom" ist es das Wichtigste, mit stärkster Kraft gerüstet zu sein und viele Männer vernaschen zu können. Es ist die Frage, was man als Lösung wertet. Es ist natürlich nicht dasselbe wie die Märchen, aber das Bedürfnis nach symbolischen und magischen Dingen drückt sich auch in der Begeisterung für Comics aus. Wenn es als Märchen verpönt ist, kommt es eben in einer Zerrform wieder.

Ich verwende auch noch sehr gerne Märchen, weil sie die Möglichkeit bieten, sich mit dem Helden oder auch mit einer Nebenfigur zu identifizieren. Außerdem ist im Märchen fast nie in Frage gestellt, *ob* man es anpacken soll. Im Märchen wird auf die eine oder andere Weise angepackt. Die Stiefmutter in "Hänsel und Gretel" sagt: "Wir können nicht überleben, wenn die Kinder nicht hinausgeschickt werden." Das wird dann gemacht. Im weiteren Verlauf von "Hänsel und Gretel" wird Gretel schlauer als die Hexe und stößt sie ins Feuer.

Rumpelstilzchen im Märchenspiel

Beim "Rumpelstilzchen" habe ich oft erlebt, daß - besonders von Frauen - gesagt wurde: "Eigentlich ist es schade um das Rumpelstilzchen, das war doch gar nicht nur böse, sondern hat der Königin auch geholfen. Es hatte Mitleid mit dem weinenden Mädchen und will etwas für seine Dienste haben, sogar "etwas Lebendiges". Das ist doch verständlich. Das Rumpelstilzchen gibt nachher der Königin eine dreifache Chance, seinen Namen zu erraten, und dann muß es sich zerreißen. Das könnte man doch auch anders enden lassen." Dann habe ich gelegentlich die Teilnehmer/innen der Gruppe gebeten, einen veränderten Schluß zu schreiben. Sie sollten dabei nicht das Märchen an sich verändern, sondern ihre eigene Version schreiben. Dabei kamen sehr schöne Möglichkeiten heraus. Zum Beispiel, daß man dem Rumpelstilzchen eine Freistatt im Schloß gibt, zu der es kommen und gehen kann ..., und daß es der Königin bei der Erziehung des Kindes hilft, damit das Kind genauso schlau wird wie es selbst. Da wird das Rumpelstilzchen akzeptiert. In einem anderen Fall bekam es das Angebot, in Saus und Braus im Schloß zu leben. Einmal hat eine Teilnehmerin es im Rollenspiel folgendermaßen verändert: In der dritten Nacht, als die Müllerstochter wieder das Stroh nicht zu Gold spinnen kann, sagt das Rumpelstilzchen zu ihr: "Magst Du den König überhaupt? Der ist doch nur an Deinem Geld interessiert." Die Königin antwortet: "Nein, eigentlich mag ich ihn nicht." Darauf sagt das Rumpelstilzchen: "Dann komm doch mit mir, wir gehen in den Wald". Und die Königin geht mit ihm in den Wald. Der König wird zornig und schickt Wachen nach. Das Rumpelstilzchen sagt zu den Wachen: "Mögt Ihr denn Euren König? Der ist doch nur am Geld interessiert. Kommt doch mit uns in den Wald, dann könnt Ihr neben uns Hütten bauen, und wir errichten ein neues Dorf und lassen den alten König allein." Die Wachen sind mit dem Rumpelstilzchen und der Königin gegangen. - Das würde ich aber nicht als Veränderung des Märchens akzeptieren, wenn jemand sagte, das sei eine bessere Fassung als die der Brüder Grimm. Für die Menschen in dieser Gruppe war es aber sehr wichtig, einen Selbständigkeitsansatz zu probieren. Weil der König sehr dominierend war, ist ihm das passiert, was heute einem autoritären "König" relativ leicht passieren kann: er wurde verlassen. Für den einzelnen ist es mir wichtiger, daß er im Umgang mit dem Märchen etwas für sein eigenes Leben gewinnt, als daß er es brav nachspielt.

Wir lesen das Märchen einmal, damit alle den gleichen Ausgangstext haben. Dann verteilen wir die Rollen gerne in doppelter Besetzung, so daß wir das Märchen dann zweimal spielen können. Ich habe oft erlebt, daß, wenn die erste Version sehr stark vom Ursprungstext abwich, die zweite Version sehr eng am Text gespielt wurde, und umgekehrt.

A.K.: Mir erscheint dieser Unterschied sehr wichtig, den Sie bereits am Anfang des Interviews machten: zwischen dem alten tradierten Volksmärchen und der Arbeit mit einem Märchen, wobei sich dann eine Gruppe auf der Grundlage der Märchen auf völlig eigene Wege begeben kann.

E. Franzke: Ja, das kann bis zu völlig eigenen Wegen gehen. Es kann aber auch sein, daß die Gruppe mit dem Volksmärchen in unveränderter Form arbeitet.

In Deutschland, in der Psychosomatischen Klinik in Umkirch, haben wir gelegentlich bestimmten Patienten die eine oder andere Rolle unverändert gegeben. Eine Patientin beispielsweise, die recht verwöhnt war und zu nichts Konsequentem zu bringen war, die daran gewöhnt war, daß die anderen immer nachgeben, hat in dem Spiel "König Drosselbart" die Rolle der Königstochter bekommen. Die Königstochter meckert ja am Anfang an allem herum, bis der Vater sagt, daß sie den nächsten heiraten muß, egal ob er ein Königssohn oder ein Bettelmann ist.

A.K.: Was hat dieses Spiel bei der Patientin bewirkt?

E. Franzke: Es kann sein, daß die Patientin lernt, daß man auch selber mal etwas tun muß oder daß man jemandem begegnen kann, der konsequent genug ist zu sagen: "Jetzt ist Schluß mit der Meckerei, den nächsten heiratest Du." Ich denke dabei an eine Patientin, die dieses Märchen sehr gut gebrauchen konnte. Sie war nach diesem Spiel viel bereiter, in der Therapie etwas zu tun. Auf der anderen Seite sagte sie aber: "Den König Drosselbart, selbst wenn er es noch so gut mit mir meint, der mir die Töpfe entzwei geritten hat, den heirate ich nie; auch wenn er mir sagt, daß er mir nur zeigen wollte, wie ich bin." Das war für diese Frau sehr wichtig und für uns als Therapeuten auch. Wir mußten einsehen, daß wir dieser Frau nichts aufzwingen konnten, was für sie gut ist, und dann auch noch erwarten konnten, daß sie uns dankbar sein würde. Wir mußten froh sein, wenn sie es lernt, auch wenn sie dann sagt: "Ihr seid hundsgemein zu mir gewesen."

Sowohl subjektstufige als auch objektstufige Interpretation

A.K.: Dabei haben Sie das Märchen objektstufig interpretiert, also die Gestalten des Märchens als mehrere Personen betrachtet. Kommen Sie auf dem Weg über das Psychodrama auch zu einer subjektstufigen Interpretation?

E. Franzke: Ja, vor allem in der Nachbesprechung kann man dann fragen: "Was ist, wenn ich mir vorstelle, daß ich das ganze Märchen bin?" Nehmen wir als Beispiel ein Märchen, in dem ein Paar vorkommt: "Jorinde und Joringel". Man kann sich dann fragen, ob das das Märchen eines Liebespaares ist oder ob es die männliche und die weibliche Seite, Animus und Anima, innerhalb einer Person darstellt. Ist die Hexe, die darin vorkommt, vielleicht eine innere Mutter? Beim "Froschkönig" beispielsweise, könnte man den Vater als die Überichinstanz, die Prinzipieninstanz, ansehen; den Frosch könnte man als die erwachende Sexualität und Erotik sehen; die goldene Kugel als den naiven ursprünglichen Ball der Kindheit, der Ganzheit. Der Prinz wäre dann nicht ein äußerer Prinz, sondern die eigene innere Animusseite, die entwickelt wird. Dann betrachtet man das Märchen subjektstufig. Das kann man auch in einer Gruppe machen. Im Spiel ist das schwierig, weil da jeder eine Rolle spielt; aber in der Nachbereitung gehört es dann unbedingt dazu.

A.K.: Weisen Sie in der Nachbesprechung darauf hin, daß man das Märchen sowohl subjektstufig als auch objektstufig deuten kann?

E. Franzke: Ja, es ist aber wichtig, auf das Sowohl-Als-auch zu achten. Man kann nicht sagen: "Die Zwerge im Schneewittchen sind meine eigenen inneren Kräfte, mit denen ich mir helfe; aber die böse Stiefmutter, das ist die und die Person." Sehr schön kann man das auch am Beispiel eines Traumes deutlich machen, den Freud in der Traumdeutung beschrieben hat. Allgemein sagt man, daß Jung die Subjektstufe entdeckt hätte. Es stimmt, daß er sie als solche bezeichnet hat, aber sie kommt bei Freud auch schon vor.

Freud schildert einen Traum, in dem jemand ausgeht, von einem wilden Hund angefallen wird und einen Polizisten zu Hilfe ruft, um mit dem Hund fertig zu werden. Freud schreibt damals - schon vor Jung -, daß man sich einerseits fragen könnte, ob einen am Tag jemand angefallen und ob man jemanden anderen zu Hilfe gerufen hat, andererseits schreibt Freud, daß man sich auf der inneren Ebene fragen kann, ob der Hund eigene oralaggressive Bedürfnisse repräsentiert und der Polizist ein Vertreter des Überichs ist. Das wäre praktisch subjektstufig. Es ist sehr wichtig, daß man diese beiden Ebenen nicht vermischt, sonst kann der eine, der das träumt, sagen: "Der, der mich da anfällt, ist mein böser Bruder, aber dank meiner eigenen guten Ausrüstung kann ich ihn auf seinen Platz verweisen." Da hat man es vermischt und fühlt sich gut. Den gleichen Traum kann man dann auch vermischt "deuten" und sich mies fühlen: "Ich werde so leicht von meinen inneren oralaggressiven Impulsen überwältigt. Wenn ich am Würstchenstand vorbeigehe, muß ich mir sofort ein Würstchen kaufen. Gott sei Dank war gestern mein Vater dabei und hat das verhindert." Daran wird deutlich, daß es sehr wichtig ist, sich klar zu sein, auf welcher Ebene man mit dem Märchen arbeitet, und diese beiden Ebenen nicht miteinander zu vermischen.

Ich stolpere jetzt allerdings darüber, daß Sie sagen: Ein Märchen subjektstufig *deuten*. Wer deutet das Märchen? *Ich* deute nicht, ich habe natürlich meine eigene Auffassung über das Märchen, die nach Möglichkeit sehr vielfältig ist, aber ich versuche immer, daß der Betreffende mir sein Märchen beschreibt und mir erzählt, was es für ihn beinhaltet.

A.K.: Sie betrachten das Märchen zusammen mit Patienten und Ausbildungsgruppen und leiten das Gespräch. Fließt dabei nicht Ihre Auffassung über das Märchen bestimmend mit ein?

E. Franzke: Ich bemühe mich, daß möglichst vielfältige Deutungsansätze aus der Gruppe heraus kommen. Ich habe zum Beispiel nie verstanden, wozu der "Eiserne Heinrich" beim "Froschkönig" auftaucht. Ich habe es als Anhang erlebt, daß am Ende des Märchens steht: "Heinrich, der Wagen bricht", und der Heinrich antwortet: "Nein, Herr, der Wagen nicht, es ist ein Band von meinem Herzen, das da lag in großen Schmerzen, als Ihr in dem Brunnen saßt, als Ihr eine Fretsche (Frosch) wast (wart)." Wir haben dieses Märchen einmal gespielt, und dabei habe ich einen Eisernen Heinrich erlebt, der ganz sicher war: "Ich bin von den Eltern des Prinzen, des Froschkönigs, angestellt worden, um ihm das Reiten und das Fechten beizubringen. Ich bin sein ihn entwickelnder Extravater." Jemand anderen hat an dieser Stelle besonders angerührt, daß es dreimalig heißt: "Heinrich, der Wagen bricht", und daß dreimal ein Band zerspringt. Für ihn drückte das das Herankommen an die Gefühlsebene aus. In den Spielen wurde mir also deutlich, daß im "Froschkönig" nicht nur die Prinzessin eine Rolle spielt, sondern auch der Frosch, der sich in einen Prinzen verwandelt bzw. verwandelt wird und dann der Eiserne Heinrich.

A.K.: Daran wird noch einmal deutlich, wie man das Märchen, das in seiner überlieferten Form sehr komprimiert ist, im Psychodrama entfalten kann. Bekommt man dadurch Zugang zu den verschiedenen persönlichen Auffassungen des Märchens?

E. Franzke: Ja, aber ich würde statt Auffassungen lieber Erlebnisweisen sagen, das Märchen berührt jeden auf seine Weise.

A.K.: Werden diese Erlebnisweisen im Psychodrama deutlicher, als wenn man nur über das Märchen spricht?

E. Franzke: Das kommt darauf an, wie stark eine Gruppe im Verbalen ist, und wie gut sie das Verbale mit den Gefühlen verbinden kann. Auch durch das Malen oder Skizzieren kann man die eigene Erlebnisweise des Märchens dem anderen vermitteln. Dabei geht es mir nicht um eine Deutung des Märchens, schon gar nicht um eine eindeutige Deutung des Märchens, sondern um eine Auffächerung, um ein Zugänglichmachen der vielfältigen Möglichkeiten, die in dem Märchen enthalten sind.

A.K.: Der vielfältigen Möglichkeiten des Märchens oder der Persönlichkeit?

E. Franzke: Die Möglichkeiten der Persönlichkeit angeregt durch das Märchen. Ich bin sicher mehr auf der Seite dessen, der versucht, etwas für sich aus dem Märchen herauszugewinnen. Vielleicht bin ich deshalb so scharf darin, daß ich sage, die Märchen dürfen für die Allgemeinheit nicht verändert werden, damit der einzelne sich aus einem Allgemeingut etwas herausholen kann, was für ihn zutreffend ist. Damit findet der einzelne seine individuelle Variation zu dem allgemeinen Thema.

Ich glaube nicht, daß die Märchen geschaffen sind. Ich würde eher sagen, daß sie gewachsen sind, sich ergeben haben, sich herauskristallisiert haben. Sonst wären wir ja wieder bei dem Märchen von einem Autor. Bei Hans Christian Andersen zum Beispiel findet man einerseits sehr warmherzige Geschichten und andererseits Märchen, in denen seine depressive Haltung zum Ausdruck kommt. Seine Lösungen liegen ja häufig nicht auf der Realitätsebene, sondern im Aufgehen im gemeinsamen Rauch, also auf einer sehr symbolischen Ebene. Darin kommt sicherlich sein Pessimismus zum Ausdruck. Gerade die Frauengestalten kommen bei Hans Christian Andersen nicht sehr gut weg. Dazu muß er auch Größenideen gehabt haben. Er kann sich nicht vorstellen, daß man etwas genügend verwirklichen kann, sondern zuvor stirbt, das ist sehr interessant. Im Gegensatz dazu sind die Märchen von Manfred Kyber ausgesprochen liebenswürdig. Wenn man "Deutsche Märchen der Romantik" liest, fragt man sich bei einigen: Warum ist das überhaupt ein Märchen? Es sind einige Geschichten dabei, die ich eher als bizarre Geschichte bezeichnen würde, denn als Märchen. "Das Märchen" von Goethe zum Beispiel ist zwar hochinteressant, aber ich kann mir schwer vorstellen, daß es jemals zum Volksmärchen werden könnte.

Der Schatten

A.K.: Wenn Sie bei einem Patienten bemerken, daß er Schwierigkeiten hat, seinen Schatten in seine Persönlichkeit zu integrieren, und wenn er bei der Betrachtung eines Märchens oder Traums Subjektstufigkeit und Objektstufigkeit vermischt, so daß er zum Beispiel zu dem obengenannten Traum sagen würde: "Glücklicherweise habe ich den Hund in mir, um den Bösen da draußen zu verjagen", er also am Ende durch diese Vermischung gut wegkommt, können Sie dann darauf hinweisen, daß auch der Böse als Teil von ihm selbst gesehen werden kann, so daß der Traum bzw. das Märchen eine Stütze ist, um dem Patienten zu helfen, seinen Schatten zu akzeptieren und dann zu integrieren?

E. Franzke: Wenn er möchte, gerne. Ansonsten bin ich sehr vorsichtig, einen vorgegebenen Auftrag des Psychotherapeuten abzuleiten, der ihm das Recht gibt zu entscheiden, was der andere aufnehmen soll und was nicht. Ich habe an Ausbildungen für Mitarbeiter einer kirchlichen Einrichtung, die sehr frei arbeiten dürfen, mitgewirkt. Es waren viele Priester dabei und denen habe ich gesagt: "Ihr habt es gut. Ihr habt den Auftrag von Gott oder zumindest von Eurer Kirche, Ihr dürft den 'reichen Kaufmannssohn' betrübt von Euch weggehen lassen, wenn er noch nicht reif ist, und Ihr dürft auch jemanden leiden lassen, damit er besser an sein künftiges Heil herankommt. Dazu habt Ihr den Auftrag; *den* Auftrag habe ich nicht. Ich bekomme meinen Auftrag, was ich machen darf und was nicht, von meinen Patienten und meinen Klienten." Ich kann ihm etwas anbieten, aber ich darf ihn nicht dahin manipulieren, daß er etwas in sich aufnimmt, was wahrscheinlich gut für ihn wäre, wobei ich aber nicht weiß, ob er es auch ertragen kann. Ich bin kein Freund der Einsichtsvermittlung auf Biegen und Brechen; man darf auch nicht vergessen, daß eine ganze Reihe von frühen Psychoanalytikern, die sehr auf Einsichtsvermittlung gesetzt haben, unglücklich wurden und einige sich sogar umgebracht haben. Man muß mit den Freiheiten, die man erwirbt, und den Möglichkeiten, die man dann hat, zurechtkommen. Sonst kommt man in die Situation: "Die Geister, die ich rief, werde ich nicht mehr los." Wenn es am Platz ist, kann ich dem anderen im Märchen auf eine spielerische, freilassende Weise etwas anbieten, es ihm mundgerecht machen, "reinstopfen" würde ich es aber nicht.

Märchenerzählen
INTERVIEW MIT ARNICA ESTERL
von Annegret Kühl

Arnica Esterl, *geboren 1933 in Den Haag, besuchte in den Kriegsjahren die Dorfschule in Friesland. Studium Germanistik, Philosophie und Friesisch in Amsterdam und Tübingen. Wurde Waldorflehrersfrau in Stuttgart (auch ein Beruf!), vier Kinder. Seit 1976 Mitglied der Europäischen Märchengesellschft. 1989 Gründung des Stuttgarter Märchenkreises. Übersetzte friesische Märchen ins Deutsche und betreut Märchentexte für Bilderbücher.*

Märchen kann man heute lesen, aber ursprünglich wurden sie mündlich weitergetragen. In Erzählgemeinschaften gab es Männer und Frauen, die für ihr Wissen bekannt waren und ihre Märchen und Geschichten erzählten. Dann wurden Märchen mehr und mehr zur Literatur und entsprechend trat auch häufig das Vorlesen an die Stelle des Erzählens. Ist es sinnvoll, Märchen zu erzählen? Wie wird man Erzähler/in?

Viele Menschen, die heutzutage Kinder im Märchenalter haben, sind selber weitgehend ohne Märchen aufgewachsen, denn die waren vor zwanzig, dreißig Jahren als grausam und schädlich verpönt. Erst einige Jahre später hat unter anderem Bruno Bettelheim sie durch sein Buch "Kinder brauchen Märchen" wieder kinderzimmerfähig gemacht.

Arnica Esterl ist Märchenerzählerin. Sie gibt darüber hinaus Abendkurse und Seminare, in denen sie erzählt, die Hintergründe der Märchen bespricht und die Märchenbilder anreichert, um Verständniswege zu eröffnen. Ihr Anliegen ist, daß die Erwachsenen Freude am Märchen erleben, so daß sie auch den Kindern gerne vorlesen und erzählen.

Annegret Kühl: Sie haben vor einigen Jahren zusammen mit anderen Menschen den Stuttgarter Märchenkreis e.V. gegründet. Was ist das Anliegen dieses Vereins?

Arnica Esterl: Durch die jahrelange Arbeit hatten wir in Stuttgart viele andere Märchenerzähler kennengelernt und auch Menschen, die sonst an Märchen interessiert sind. In der Stadt selber wurde außer Puppenspielen zum Thema Märchen nichts geboten. Daraufhin haben wir beschlossen, die Menschen zusammenzuholen, die sich dafür interessieren könnten. Gemeinsam haben wir beschlossen, einen Verein zu gründen. In der Großstadt braucht man diese Form, um öffentlich auftreten zu können. Das hatte mehr Zuspruch, als wir erwartet hatten, und der Verein kam sehr leicht zustande, so daß wir jetzt einen größeren Kreis von mitdenkenden und mitarbeitenden Menschen haben.

A.K.: Im Mittelpunkt dieses Vereins steht das Märchen. In der Satzung heißt es: "Der Verein stellt sich die Aufgabe, die Pflege und Verbreitung der Volksmärchen zu fördern. (...) Besonderer Wert wird auf die Verbreitung des mündlichen Erzählens gelegt. Dies soll durch die Aus- und Weiterbildung von Erzählerinnen und Erzählern geschehen." Warum haben Sie ausgerechnet Volksmärchen als Thema dieses Vereins gewählt? Hätten es auch andere Erzählungen sein können?

A. Esterl: Gleich in der ersten Sitzung schlug jemand vor, statt Märchen das Wort "Geschichten" zu nehmen, weil er sich in seinem Erzählen von den puritanischen Erzählern eingeengt fühlte. Wir haben das überlegt; aber die Versammlung war einstimmig dagegen, weil es dann uferlos würde. Dann hätte man genausogut einen Literaturkreis gründen können, und das wollten wir nicht. Wir wollten uns auf die eigentlichen Volksmärchen konzentrieren, auf die Geschichten, die von alters her überliefert und aus tieferen Gründen herausgeholt sind als aus der reinen Erzählphantasie. Diese Tiefen sind heute versandet. Die Auffassungen über das Märchen kommen heute eigentlich alle von außen an das Märchen heran und nicht aus dem Märchen selber heraus. Wir wollten wieder nach der Bedeutung der Märchen graben.

A.K.: Wollten Sie sich dabei auch in Abgrenzung zum Kunstmärchen auf das Volksmärchen beschränken?

A. Esterl: Ja, wir wollten auf die Bildmärchen gehen, nicht auf gedachte, sondern auf geschaute Märchen - das sind die ältesten, die über die ganze Welt ähnlich sind -, weil wir gemerkt haben, daß sie auf die Menschen ganz anders wirken als die Kunstmärchen.

A.K.: Haben Sie das beim Erzählen bemerkt?

A. Esterl: Ja! Man merkt es auch, wenn man sich mit anderen Menschen über Märchen unterhält. Die Eltern fragen an den Elternabenden oft: "Sollen es nun Märchen sein oder Geschichten? Was ist mit Andersen?" Das sind Fragen, die immer kommen. Andersen hat nun keine Volksmärchen gesammelt, sondern aus einem inneren Schatz und aus seiner Beschäftigung mit den Menschen Geschichten geschrieben.

Wenn man die Menschen fragt, an was sie sich davon erinnern, dann erinnern sie sich eigentlich nur an Tränen und starke seelische Gefühle. Es ist immer der erhobene Zeigefinger drin, auch wenn die Märchen noch so lustig sind. Ich finde sie genial. Ich kenne eine Erzählerin, die auf Andersen spezialisiert ist. Das ist phantastisch, da steckt sehr viel Humor drin, zum Beispiel in dem Märchen "Die Stopfnadel" oder auch in "Der standhafte Zinnsoldat". Diese Märchen sind großartig, aber es sind keine alten Volksmärchen.

Volksmärchen sind nicht sentimental

A.K.: Wenn ich in Elternkursen frage: "Welche Märchen erinnern Sie als grausam?", werden zu über 50 % Andersens Märchen genannt. Liegt das daran, daß Andersen häufig eine melancholisch-depressive Welthaltung durchscheinen läßt?

A. Esterl: Nicht immer. Das haben Sie nur in der Erinnerung. Die melancholische Seite wirkt auf die heutigen Menschen viel interessanter. "Das Mädchen mit den Schwefelhölzern" ist der Traum aller pubertären Menschen. In Schwaben sagt man dann: "Schön schlimm." Das sind die Volksmärchen nicht. Die sind dann, wenn sie grausam sind, wenn man sie schon von der Seite her auffassen will, wirklich grausam, aber nicht sentimental.

A.K.: Was macht Ihrer Erfahrung nach den Wert des Volksmärchens aus? Warum wirken die Volksmärchen so stark auf die Menschen?

A. Esterl: Weil sie erstaunlicherweise nicht auf das Seelisch-Gefühlsmäßige wirken, sondern eine Schicht tiefer auf das unmittelbare Menschsein, auf das Leben. Sie sprechen die Menschen viel tiefer an als ein oberflächliches, fröhliches oder trauriges Gefühl. Es ist ja erstaunlich, daß sich Menschen allen Alters beim Märchen gleich fühlen. Alle sind in dem Moment Rotkäppchen, sie sehen Rotkäppchen nicht vor sich und versuchen nicht zu begreifen, wie traurig das Geschehen für Rotkäppchen ist, sondern sie sind selber Rotkäppchen. Ein Volksmärchen ist man selber, während eine gedichtete Erzählung meistens eine Idee ist, die erzählt wird.

A.K.: Die man von außen betrachten kann?

A. Esterl: Ja, man kann sie von außen betrachten, man kann sich auch damit beschäftigen, aber man *ist* nicht. Bei den ausgedachten Märchen fehlt oft der Humor, und der fehlt mir schmerzhaft. Dann fehlt mir auch das reine Bild, es geht immer in die Richtung, daß dies oder jenes ausgedrückt werden soll. Es steckt eine Absicht dahinter.

A.K.: Würden Sie das auch über Goethes Märchen sagen?

A. Esterl: Im Prinzip ja. Nun hatte Goethe aber die Fähigkeit, die Idee, die er ausdrücken wollte, in die richtigen Bilder zu gießen bzw. richtig zu schauen. Es ist ein Unterschied, ob ich eine bestimmte Meinung sagen möchte und nun ein passendes Bild suche oder ob ich eine geistige Idee habe und nun schaue, welche Gestalt in der sinnlichen Welt wirklich dazugehört. Ich glaube, daß man dafür sensibel werden kann, ob zum Beispiel ein Tier im Märchen ein geschautes Bild einer geistigen Wirklichkeit ist oder aber ein ausgedachtes Symbol einer Meinung. Dazu muß man es nicht selber schauen können, aber man kann allmählich üben zu unterscheiden, ob es ein ausgedachtes oder ein geschautes Tier ist.

A.K.: Können Sie dadurch beurteilen, ob ein Märchen ein altes Volksmärchen ist?

A. Esterl: Nicht nur. Aber man lernt von den Reaktionen der Menschen. Ein Esel ist ein Esel, und ein Wolf ist ein Wolf. Das Interessante ist, daß man heutzutage angegriffen wird, wenn man vom bösen Wolf erzählt, weil die Soziobiologen herausgefunden haben, daß Wölfe freundliche Tiere sind, die sehr sozial im Rudel leben. Das hat aber mit dem Bild des Wolfes nichts zu tun; trotzdem ist ein Wolf ein Wolf.

Märchen sind ursprünglich Erwachsenengeschichten

A.K.: Für Menschen welchen Alters sind Märchen geeignet?

A. Esterl: Früher wurden Märchen für Erwachsene erzählt. Märchen sind ursprünglich Erwachsenengeschichten. Die Kinder waren halt dabei und haben zugehört, weil man früher auf Kindererziehung nicht geachtet hat.

A.K.: Die Brüder Grimm mußten feststellen, daß sie mit den Märchen die Erwachsenen nicht unmittelbar erreichten, sondern die Märchen über den Umweg durch die Kinderstube bekannt wurden.

A. Esterl: Das hängt mit dem zusammen, was ich vorhin das Versanden genannt habe. Warum haben die Erwachsenen früher Märchen erzählt? Um den Sinn des Lebens als Bild dargestellt zu bekommen, in einer Zeit, als die Menschen noch keine gescheiten Vorträge hielten. Damals konnten sie die Erzählungen so aufnehmen, daß das Bild unmittelbar auf ihre eigene Entwicklung wirkte, wenn es stimmte. Diese Fähigkeit haben die Menschen im Laufe der Zeit verloren, weil sie selbstbewußter wurden. Das Selbstbewußtsein ist eine gewisse Barriere für das direkte Aufnehmen von Bildern.

Durch die lange Tradierung sind die Märchen zum Teil auch ausgeschmückt worden: Da hat mal ein Erzähler jemandem einen Piekser versetzen oder etwas besonders schön erzählen wollen. Das merkt man in häufig gesammelten gleichen Märchen. Diese Zusätze haben die Grimms wieder herausgenommen. Durch ihre lange wissenschaftliche - und man könnte fast sagen: meditative - Arbeit mit den Märchen haben sie gewußt, welche Reihenfolge von Bildern die richtige ist. Sie haben die Bilder nicht selber geschaut, aber sie haben geschaut, wie die Bilder passen.

Die Kindergeneration, die noch nicht das Selbstbewußtsein der Erwachsenen hat, nimmt diese Bilder wieder unmittelbar auf. Wenn ich den kleinen Kindern in die Augen erzähle, dann steht nicht die Frage dazwischen: Was könnte das bedeuten? Die Kinder nehmen die Bilder grenzenlos auf. Die Brüder Grimm haben Großartiges geleistet, indem sie die Märchen von schmückendem Beiwerk gereinigt haben. Ich kenne die Vorwürfe, die gegen die Brüder Grimm erhoben werden, aber was sie positiv geleistet haben, ist unmittelbar durch die Welt gegangen.

A.K.: Die Brüder Grimm haben die Märchen ja auch in eine sehr schöne sprachliche Form gebracht.

A. Esterl: Die sprachliche Form ist ein Kapitel für sich. Die Sprache der Märchen ist ein Labsal für die Kinder.

A.K.: Für Erwachsene auch?

A. Esterl: Ja, aber die Erwachsenen haben immer wieder das Gefühl, daß sie die Märchen der modernen Zeit anpassen müssen.

Märchen verfolgen keinen Zweck

A.K.: Gibt es Unterschiede, wie die Märchen auf Menschen verschiedenen Alters wirken?

A. Esterl: Ja, je nachdem, wie ein Mensch gegliedert ist. Die Wirkung des Märchens ist eben nicht ein Zweck. Gedichtete Geschichten, auch Romane, verfolgen immer einen

Zweck; die Märchen nicht. Ein Märchen schildert die Welt in ihren Zusammenhängen. Jeder Zuhörer kann es für sich auffassen. Das Märchen macht die Welt durchsichtig und schildert, warum die Welt so ist, wie sie ist. Ein naives Kind - naiv im ursprünglichen Sinne des Wortes: frisch geboren - nimmt die Welt auch so auf, wie sie ist, ohne nachzufragen. Deshalb muß ich auch so erzählen, daß ich das Märchen als reines Bild hinstelle.

Etwa vom 10. Lebensjahr an kommt dann eine stärkere seelische Beteiligung der Kinder, die bis hin zum Erwachsenenalter weiter wächst. Die Erwachsenen wollen dann die Bedeutung wissen. Sie suchen den Bildzusammenhang und suchen ihre Standpunkte dazu. Der Standpunkt ist dann außerhalb des Märchens, und von dort aus betrachten sie das Märchen.

A.K.: Ist nicht bereits vorher schon ein Einschnitt im Auffassen des Märchens? Dan Udo de Haes drückt es in seinem Buch "Kinderwelt - Märchenwelt" so aus, daß die Kinder vor dem 6. Lebensjahr ganz in dem Gefühl leben würden, daß die Welt gut sei, und es nicht ertragen könnten, wenn in einem Märchen zum Beispiel am Schluß steht - wie in "Brüderchen und Schwesterchen" -, daß das Wasser verzaubert bleibt. Er folgert daraus, daß man dieses Märchen erst ab dem Schuleintritt erzählen könnte, weil das Wasser nicht ausdrücklich wieder entzaubert wird.

A. Esterl: Das ist eine Frage, die man bei jedem Erzähler gesondert beantworten müßte. Ich kenne es, daß Kinder je nachdem fragen, wer erzählt. Bei mir fragen sie praktisch nie; denn ich erzähle so, daß ich weder selber frage, noch Angst habe, noch überlege, ob es ankommt. Ich schildere bloß, was ich sehe. Dann kann man alles erzählen, weil die Kinder mitgehen. Die Märchen der Brüder Grimm enden nicht mit dem Satz: "Und wenn sie nicht gestorben sind, dann leben sie noch heute." Von 200 Grimmschen Märchen enden nur zwei so, der Rest endet viel interessanter, wenn man sie wörtlich nimmt. Welches Kind sitzt denn bei "Brüderchen und Schwesterchen" und denkt die ganze Zeit: "Wann wird denn endlich das Wasser entzaubert?" Das Wasser spielt längst keine Rolle mehr. Am Ende ist das Rehlein doch wieder ein Brüderchen - was will ein Mensch mehr?

A.K.: Das Kind vor dem Schuleintritt lebt ganz und gar im Vordergrund. Es nimmt das Märchen so auf, wie ich es erzähle, ohne zu fragen, was es bedeutet. Das ändert sich mit der Schulreife. Rudolf Steiner sagt in "Die Erziehung des Kindes vom Gesichtspunkte der Geisteswissenschaft": "Vor dem Zahnwechsel werden die Erzählungen, Märchen usw., die man an das Kind heranbringt, Freude, Erfrischung, Heiterkeit allein zum Ziele haben können. Nach dieser Zeit wird man mit dem zu erzählenden Stoff außer diesem darauf Bedacht zu nehmen haben, daß Bilder des Lebens zur Nacheiferung vor die Seele des jungen Menschen treten." (Sonderdruck aus GA 34 u. 36, 1984/S.28 f.)

Märchen sind sinnenfreudig

A. Esterl: Das ist völlig richtig. Bei den kleinen Kindern erlebe ich noch etwas anderes: Märchen sind erstaunlich sinnenhaft, sinnenfreudig. Wenn ich kleinen Kindern erzähle, dann schmecke und rieche ich und fühle die Wärme. Rotkäppchen zum Beispiel wird immer als Moralgeschichte genommen, das ist eine völlig falsche Auffassung. "Rotkäppchen schlug die Augen auf", das ist ein etwa fünfjähriges Kind, und sie sieht die

Blumen und hört die Vögel, und die Welt ist schön, und die Sonnenstrahlen tanzen zwischen den Bäumen, das ist das, was der Wolf ihr vermittelt. Sie findet eine faule Ausrede und sagt: "Ein Blumenstrauß für die Großmutter wird ihr Freude machen." Was macht sie? Sie geht in die Welt hinein und pflückt eine Blume, und, was wir alle machen: die nächste ist schöner und die nächste noch schöner usw. usf., und so verlieren wir uns an das Leben. Sie hört erst auf - von wegen Sträußchen -, als sie so viele hat, daß sie sie nicht mehr tragen kann. Da fällt ihr das Ziel ihres Lebens wieder ein. Das erzähle ich den kleinen Kindern so, daß sie nicht begreifen, daß es das Ziel des Lebens ist, um was es sich handelt, sondern daß sie sich über die Blumen und die Vögel freuen; denn damit sind sie in ihrem Lebensalter gerade beschäftigt. Der Wolf kann für diese Kinder sogar heiter sein.

Aber die Zehn- bis Zwölfjährigen müssen begreifen, daß der Wolf etwas Dunkles ist. Da betone ich die dunkle Farbe: "Ach, wie war's so dunkel in dem Wolf seinem Leib." Ein fünfjähriges Kind guckt bloß, ob aus dem Schnitt wirklich etwas herauskommt; ein Zehnjähriges denkt für einen Moment lang nach, wie dunkel das ist, aber von der Farbe her, von der Farbqualität. Beim Erwachsenen schließlich ist die Begegnung mit dem Wolf ein Erkenntnisakt, der darin begründet liegt, wie ich durch die Welt gehe. Das kann man erzählend vermitteln, ohne es zu sagen.

A.K.: Wodurch?

A. Esterl: Das, was der Erzähler in sich erlebt, überträgt sich.

Märchenerzählen für Jung und Alt

A.K.: Zunächst denkt man ja gar nicht, daß die Märchen auch auf Erwachsene stark wirken. Man bemerkt es aber beim Erzählen. Es scheint mir sogar leichter zu sein, vor Erwachsenen zu erzählen als vor Kindern.

A. Esterl: Diese Erfahrung machen die meisten Erzähler/innen. Es ist erstaunlich zu beobachten, daß die meisten Erzähler/innen eigentlich lieber für Erwachsene erzählen.

A.K.: Warum?

A. Esterl: Das hat verschiedene Gründe, vielleicht weil man wirken will, weil man auf die Tube drücken kann und eine leichtere Resonanz hat oder weil man das Verständnis nicht hat, was es für ein Kind bedeutet, diese Imaginationen zu bilden. Es ist natürlich keine allgemein verbreitete Auffassung, daß ein Unterschied zwischen Imagination und einfachem Bild besteht. Es ist auch sehr schwer, sich klarzumachen, wie man einem Kind erzählen kann. Wie erzähle ich so, daß das Kind keine Angst bekommt? Wenn ich mir diese Frage stelle, hat das Kind schon Angst. Dann hört man auf, Kindern zu erzählen. Es ist schwerer vor Kindern, aber ich finde es herrlich. Großen Gruppen von Vorschulkindern etwas zu erzählen, ist sogar sehr schwer, zumal wenn man als Märchentante nur ein einziges Mal kommt. Was soll ich in einer Kindergartengruppe einmal erzählen? Dann komme ich nicht nur für ein Märchen, sondern erzähle gleich drei, was natürlich zuviel ist; aber es ist vielleicht das einzige Mal, daß diese Kinder Märchen hören. Sie müßten eigentlich jeden Tag eines hören und über Wochen dasselbe. In einer ersten, zweiten oder dritten Schulklasse ist es herrlich, da haben die Kinder soo große Augen beim Zuhören.

A.K.: Wie machen Sie es, wenn Sie mehrere Märchen erzählen? Vermischen sich da nicht die Bilder miteinander?

A. Esterl: Am besten wäre es, zum Beispiel ein paar Flötentöne dazwischen zu spielen. Sowie eine Musik erklingt, ist das Bild weg. Die Musik liegt auf einer anderen seelischen Ebene. Dann ist das vorige Bild so weit weg, daß man ein neues Bild erzählen kann. Wenn keine Möglichkeit besteht, Musik zu machen, dann mache ich eine kleine Pause, lasse locker und frage die Kinder zum Beispiel, welches ihr Lieblingsmärchen ist.

A.K.: Mir erscheint es häufig so, daß es zu kurz ist, wenn man nur ein Märchen erzählt. Brauchen die Kinder und auch die Erwachsenen nicht einige Zeit, um sich an die Erzählsituation zu gewöhnen? Muß sich nicht erst die Erzählgemeinschaft bilden?

A. Esterl: Ja, ich mache es bei Elternabenden häufig so, daß ich erst eine kleine Erzählung bringe und anschließend spreche. Erst dann folgt ein größeres Märchen, und daran arbeiten wir dann.

Neulich war ich mit dem "Märchen von einem, der auszog, das Fürchten zu lernen" in einer vierten Klasse, das ging fast die ganze Unterrichtsstunde. Da sind die Kinder mit diesen Bildern beschäftigt. Sie sitzen am Anfang zwar da und sagen: "Das kenne ich schon von der Kassette". Nachher haben sie aber zu der Lehrerin gesagt, daß es doch besser als die Kassette gewesen sei, weil keine Musik dabei war. Es war für mich sehr interessant, daß die Kinder die Musik auf der Kassette als störend empfinden. Beim Erzählen können die Kinder sich wirklich hineinbegeben. Spätestens wenn der Junge in dem Märchen auf der Straße steht, stehen die Kinder auch alle auf der Straße.

A.K.: Erzählt man den Kindern Märchen, um ihnen etwas fürs Leben mitzugeben?

A. Esterl: Rudolf Steiner sagt, daß den Kindern Lebensmut durch die Märchen erwächst und daß ein Kind arm dran ist, das keine Märchen zu hören bekommen hat. Aber sowie Sie anfangen zu erzählen, um etwas damit zu bewirken, ist es aus. Zum Erzählen muß man die eigene unbekümmerte Freude am Erzählen wiedergewinnen, dieses Sinnenhafte, das keinen Zweck verfolgt. Es ist ja völlig unlogisch, daß ein Hase angehoppelt kommt und das Wasser des Lebens holt. Es ist unlogisch, aber es ist herrlich. Es paßt doch zum Hasen. Man muß zum Erzählen sehr Kind werden, man muß zurückgehen in das Bildekräftealter, um diese Kraft der Bilder zu erleben.

Märchen sind keine Träume

Wir haben an einem Abend in Stuttgart lange über Märchen und Träume gesprochen, weil sie immer wieder gleichgesetzt werden. Man sagt immer wieder, Märchen seien alte Träume. Ein Traum ist eine seelische Aufarbeitung, ein Märchen nicht, es ist eine Erinnerung. Eine Erinnerung aber ist keine seelische Aufarbeitung, sie ist das Heraufholen eines Eindruckes aus dem Lebensleib. Das, was sich von der geistigen Welt gewissermaßen in das Leben der ganzen Menschheit eingedrückt hat, das sind Märchen. Die Märchen liegen eine Stufe tiefer als die Träume. Die heutige Psychologie setzt aber Traum und Märchen gleich, weil sie die Märchen auch als Aufarbeitung eines psychologischen Geschehens betrachtet.

A.K.: Bruno Bettelheim hat in seinem Buch "Kinder brauchen Märchen" doch gezeigt, daß die Märchenbilder auch psychisches Geschehen abbilden und darauf passen.

A. Esterl: Märchen antworten so, wie man sie fragt. Weil die Märchen das ganze Menschsein umfassen, umfassen sie selbstverständlich auch die Seele. Wenn man von daher fragt, kommt die entsprechende Antwort. Die Märchen sind aber nicht als psychotherapeutische Medizin erzählt worden.

A.K.: Das beleuchtet noch einmal von einer anderen Seite, warum Märchen auf Menschen allen Alters und in jeder Lebenssituation wirken können, es sei denn, daß jemand sich dem vollständig verschließt. Aber auch dann kann es geschehen, daß er am Ende sagt: "Das kann man sich ja doch anhören."

A. Esterl: Anhören kann man es sich, weil Märchen Humor haben. Und sie sprechen die Menschen ohne jeglichen Zwang an.

A.K.: Das ist ja gerade ein Charakteristikum der Märchen, daß sie zu nichts zwingen, daß sie verschiedene Deutungen zulassen und jedem Menschen erlauben, sie auf seine Weise auf sich zu beziehen.

A. Esterl: Das ist das, was Bruno Bettelheim uns vermacht hat, was man auch sonst gegen ihn einwenden mag. Er sagt, daß alle Kinder die Märchen anders aufnehmen, jedes auf seine Art. Das vergessen wir oft. Wir suchen aus, dieses Märchen paßt zu dem Kind, jenes zu dem anderen. Ich habe sogar eine Mutter erlebt, die "Schneewittchen" jedes Jahr anders erzählt hat. Für das dreijährige Kind hat sie dieses Stück erzählt, für das vierjährige das nächste. Schneewittchen ist für ein dreijähriges Kind ja sowieso viel zu lang. Mit fünf Jahren hat sie es wieder anders erzählt. Das Kind akzeptiert das natürlich nicht, denn es will sein Märchen hören und nicht Mutters Märchen. Das ist typische Erwachsenenart. Die Märchen sind aber so wie sie sind.

Wenn die Eltern Angst haben ...

A.K.: Würden Sie alle Märchen auch kleinen Kindern erzählen?

A. Esterl: Nein, es gibt auch bei Grimm Märchen, die nicht für kleine Kinder geeignet sind. Es gibt genügend Märchen, um auszuwählen. Wenn jemand Angst vor dem Wolf hat - wenn die Mütter Angst haben, die Kinder haben keine Angst -, dann nimmt man eben eins ohne Wolf; es sind gerade zwei Märchen, in denen der Wolf vorkommt.

A.K.: Sie erzählen auch vor Gruppen von Eltern und Kindern. Wie machen Sie es da, daß sich die Angst der Eltern nicht auf die Kinder überträgt?

A. Esterl: Ich habe die Eltern so neben mich gesetzt, daß sie fast in der Erzählerrolle sitzen und ihre Kinder angucken. Dann verlieren die Eltern die Angst, weil sie sehen, daß die Kinder im Märchen mitgehen. Anschließend habe ich etwa eine halbe Stunde mit den Eltern gesprochen, die Kinder wurden währenddessen in einem anderen Raum betreut. Das hat auf die Mütter einen ungeheuren Eindruck gemacht zu sehen, daß die Kinder mit großen Augen in das Bild hineingehen.

A.K.: Wenn nun die Eltern den Kindern Märchen erzählen, welche Rolle spielt ihre Einstellung zu den Märchen dabei?

A. Esterl: Wenn die Eltern skeptisch sind, nimmt das Kind es gar nicht auf. Wenn sie ängstlich sind, werden die Kinder auch ängstlich. Wenn der Erwachsene einfach bloß vorliest, weil es Tradition ist und an etwas anderes dabei denkt, dann hört das Kind gar nicht zu.

A.K.: Muß der Erwachsene für sich einen Zugang zu Märchen gefunden haben, sie als wahr und nicht nur als schöne Geschichten empfinden?

A. Esterl: Wenn er die Märchen wirklich als schöne Geschichten empfindet, reicht es, weil er dann den Genuß an der sinnenhaften Erzählung hat. Wenn er das Märchen nur erzählt, weil er meint, es müßte sein, genügt das nicht.

A.K.: Gelingt es, den Eltern auf Elternabenden die Märchen schmackhaft zu machen?

A. Esterl: Sagen wir, an jedem Abend vielleicht einer Mutter oder einem Vater. Ich bin froh, wenn jemand hinterher zu mir kommt und sagt, daß er das Vorlesen oder Erzählen wieder einführen will. Es spricht die Eltern sehr an, und zwar weil ich immer auch erzähle. Theorie hat hier keinen Sinn. Weil ich die Eltern erleben lasse, was der Unterschied zwischen Vorlesen und Erzählen ist, wollen einige hinterher auch erzählen.

Von Mund zu Ohr - von Mensch zu Mensch

A.K.: Wirken die Bilder beim Erzählen stärker, als wenn man das Märchen selber liest?

A. Esterl: Das hängt von der Genialität des Lesenden ab. Es gibt viele Menschen, die mir erzählen, daß sie in der Pubertät viele Märchen gelesen haben. Das ist ein Alter, in dem man auch in Büchern leben kann. - Der Erzählende muß eine Bildwelt vor sich haben. Ich rezitiere den Text nicht, obwohl ich wörtlich erzähle, sondern ich baue das Märchen in mir auf, bis ich es sehe und das Geschehen beobachte; dann schildere ich den anderen, was ich beobachte.

A.K.: ... was sie beobachten oder das, was sie sind?

A. Esterl: Oder wo ich darinnen bin. Ich schildere, was geschieht. Dann kann der andere seine eigenen Bilder dazu wieder aufrufen. Der andere schlüpft auch da hinein. Nur, wir sind dieses Erzählen von Mund zu Ohr nicht mehr gewohnt. Es gibt viele Menschen, die nicht mehr miteinander sprechen, jedenfalls nicht mehr so miteinander sprechen, daß sie dem anderen ein Bild vermitteln wollen. Man will dem anderen höchstens intellektuelle Inhalte bzw. Fähigkeiten vermitteln oder von dem Unfall an der Ecke berichten. Das unmittelbare Gespräch, in dem gemeinsam etwas aufgebaut wird, wird immer seltener, die Begegnung von Mensch zu Mensch wird dadurch schwieriger. In Stuttgart wurde "Hamlet" aufgeführt. Hamlet kann ja auch mit niemandem sprechen. Es ist also ein Stück, das von der Kommunikationsschwierigkeit handelt. In dieser Inszenierung hatte jeder Schauspieler einen Fernseher vor dem Bauch, und alle sprachen durch diese Fernseher. Das fand ich eine geniale Idee. Es war zwar eine grausige Inszenierung, aber es war eine phantastische Idee, um den Mangel an Kommunikation auszudrücken. Die Sprache erleben heute die meisten Menschen hauptsächlich durch das Medium. Wenn Eltern den Kindern etwas Gutes tun wollen, geben sie ihnen eine Märchenkassette. Sie spüren den qualitativen Unterschied zwischen der Kassette und der Begegnung von Mensch zu Mensch nicht. Wenn die Mutter oder der Vater das Kind auf dem Schoß hat, und sie gehen zusammen mit Rotkäppchen durch den Wald, dann ist das hundertmal besser, als wenn das Kind auf einer Kassette das Märchen hört. Die Sprecher forcieren oft das Erzählen, und es kommt noch untermalende Musik dazu. Das ist furchtbar, weil die Musik nicht aufs Bildhafte geht, sondern auf das Dramatische. Diese Zusammenstellung steigert das Kind in etwas hinein, was es erschüttert und was beim Erzählen nicht auftauchen würde.

A.K.: Sie sagten vorhin, daß die Musik die Bilder auslöscht. Wie ist es nun bei der Kassette, kommt es da nicht zu einem ständigen Kampf zwischen Bild und Musik?

A. Esterl: In gewissem Sinne ja. Die Musik überlagert die Bilder. Das merkt man auch im Film. Wenn es spannend wird, braucht man keine Worte mehr und kaum noch Bilder, der Held läuft in die Wüste hinein, und die Musik drückt aus, daß vermutlich innerhalb der nächsten drei Sekunden der tödliche Schuß fällt. Das ist kein Bild, das ist Manipulation, und die ist für das Kind gemein, weil es ihr hilflos ausgeliefert ist.

A.K.: Wird durch Märchenerzählen in gewisser Weise auch das Gespräch wieder geübt? Wenn ich einem Märchen zuhöre, höre ich einem anderen Menschen über längere Zeit hin zu und begebe mich in die Bilderwelt, die er schildert. Früher hat es derartige Erzählgemeinschaften in größerem Umfang gegeben, heute ist das Erzählen über das Geschichtenerzählen bis zum Witzeerzählen verkürzt worden. Ähnliches findet sich beim Gespräch: vielen Menschen fällt es sehr schwer, anderen genau und über längere Zeit zuzuhören, das Gespräch wird - wie der Witz - auf kurze Mitteilungen reduziert. Erleben Sie bei Elternabenden, daß sie eine andere Gesprächsatmosphäre schaffen, wenn Sie zu Beginn des Abends erzählen?

A. Esterl: Ja, es entsteht eine Aufmerksamkeit für die Worte der anderen. Auf der Tagung der Europäischen Märchengesellschaft in Bad Karlshafen 1988 haben wir morgens vor den Vorträgen erzählen lassen. Damit haben wir sehr gute Erfahrungen gemacht. Es hat dazu geführt, daß die Zuhörer beteiligt waren, ob nun mit oder ohne Genuß. Man hört erst einmal richtig zu und denkt nicht: "Wenn ich jetzt nicht aufpasse, kann ich es ja nachher im Manuskript lesen."

Dauerbrenner: Grausamkeit

A.K.: Wird bei den Elternabenden heute noch nach der Grausamkeit im Märchen gefragt?

A. Esterl: Nach der Grausamkeit wird immer gefragt. Das ist eine der Hauptfragen, weil die Menschen offensichtlich keine Kriterien haben, sie zu beurteilen. Entweder orientiert man sich als Erwachsener bildhaft, man bemüht sich zu sehen, was im Märchen geschieht, und vergleicht es mit Szenen, die man im Fernsehen gesehen hat, und das ist natürlich sehr grausig. Eine Mutter sagte mir einmal: "Ich kann meinen Kindern keine Märchen erzählen. Die müssen schon im Fernsehen so viele grausame Sachen sehen, daß ich nicht auch noch Märchen obendrauf setzen kann." Für diese Mutter war das Märchen die erzählte Fernsehsendung. Da war ich sprachlos und wußte keine Antwort, was mir nicht mehr sehr häufig passiert. Aber eine andere Mutter sagte ganz leise: "*Müssen* sie?"

Oder man versteht die Strafen im Märchen nicht richtig, weil man die Gestalten des Märchens als realistische Personen auffaßt. Dann sind die Strafen grausig. Dann ist es nicht angenehm, in ein Faß gesteckt zu werden, das innen mit Nägeln ausgeschlagen ist, und von zwei Pferden zu Tode geschleift zu werden. Sobald man die Gestalten des Märchens als Einzelpersonen psychologisch gegeneinander ausspielt, werden die Strafen grausig, weil man dann fragen könnte, ob man nicht Mitleid üben müßte. Es gibt ein Märchen, in dem Mitleid geübt wird, das ist "Einäuglein, Zweiäuglein und Dreiäuglein".

Da werden die beiden Schwestern am Schluß wieder wohlwollend in den Lebenskreis aufgenommen.

Die Gestalten im Märchen sind keine Einzelpersonen, sondern Typen. Die Strafen im Märchen sind Konsequenzen und eigentlich keine Strafen, keine Grausamkeiten. Jede Konsequenz ist bildhaft passend zu dem vorhergehenden Geschehen. Die Märchengestalten machen im eigentlichen Sinne keine Fehler, sondern die Fehler der Menschen sind die Typen im Märchen. Wenn man einen Fehler ablegt, so muß der Fehler auch tatsächlich abgelegt werden. Man muß ihn loswerden. Wenn man Mitleid bekommt, muß das Nichtmitleid als dunkle Gestalt verschwinden. Man kann nicht sagen: Das Dunkle nehme ich mit, weil es mein Bruder ist. Es ist nicht mein Bruder, sondern es ist das, was ich ablegen muß, um mich weiterzuentwickeln. Die Freßhexe kann nur im Ofen verbrannt werden und der glühende Neid muß in glühenden Schuhen verglühen. Das ist wie ein Sich-Auflösen in sich selbst.

A.K.: Ist es nicht auch ein Ausdruck davon, wie man den Neid in sich als glühend empfinden kann?

A. Esterl: Ja, und es wird doch so schön gesagt: "Grün und gelb vor Neid". Das Märchen ist wirklich bildhaft. Es ist nicht moralisch. Das sage ich oft, und dann ecke ich natürlich an, und das will ich auch; denn dann fangen die Menschen an zu überlegen.

A.K.: Bei Märchen wird diese Bildsprache oft als problematisch und grausam empfunden. In der Umgangssprache werden aber häufig Bilder benutzt, die nicht weniger grausam sind. Wenn man zum Beispiel sagt: "Ich hab' mein Herz verloren!", wird das auch vor Kindern nicht als problematisch empfunden.

A. Esterl: Weil die Menschen durch die mediale Aufarbeitung der Märchen - auch durch jede Illustration - das Bild konkret vor sich sehen und sich daran stoßen.

Sinnenhaft und nicht seelenhaft erzählen

A.K.: Sind die Bilder für die Kinder unmittelbarer zugänglich als für die Erwachsenen?

A. Esterl: Ja, wenn man sie sinnenhaft erzählt und nicht seelenhaft. Ich bin beim Erzählen sehr weit damit gekommen, daß ich diesen Unterschied mache.

A.K.: Kann man auch bei der Märchendeutung von diesem Sinnenhaften ausgehen?

A. Esterl: Ja, ich steige mit den Eltern gnadenlos in das Märchen ein. Ich frage immer wieder: "Wie heißt es im Märchen?" Dann sagen die meisten Menschen: "Weiß ich nicht mehr." Ich habe das Märchen gerade erzählt, aber die Erwachsenen wissen es nicht mehr. Dann sage ich: "Die Kinder wissen beim zweiten Mal ganz genau, was war. Wehe, Sie erzählen das zweite Mal anders." Das haben alle Eltern erfahren. Trotzdem nehmen sie den Text immer noch nicht wichtig. Sie modeln das Märchen um, damit es so ist, wie es ihnen paßt.

A.K.: Wie verhält es sich mit dem Umdichten? Wenn man ein Märchen vorliest und an eine Stelle kommt, bei der man zusammenschrickt und die man nicht vorlesen will, kann man da einfach umdichten?

A. Esterl: Nein. Man muß sich auch auf das Lesen vorbereiten. Man sollte nicht unvorbereitet vorlesen. Man sollte sich lieber damit beschäftigen, warum das Bild so ist, wie es ist, als daß man es ändert. Sonst erzählen die Eltern "Schneewittchen" nur bis zu der Stelle, wo der König ein Hochzeitsfest anrichten läßt. Dann bleibt aber der Neidhammel bestehen, und das geht nicht. Wenn das Märchen wie eine Selbstverständlichkeit erzählt wird, hat kein Kind Angst. Wenn ein Kind doch Angst hat, so muß man sich als Eltern damit auseinandersetzen und sich fragen, was die Bilder eigentlich bedeuten. Die Elterngeneration hat es am schwersten, weil sie wissen muß, was es bedeutet.

A.K.: Was macht man mit den Märchen, zu denen man überhaupt keinen Zugang findet?

A. Esterl: Die kann man einfach weglassen. Märchen wie "Der liebste Roland" oder "Der Räuberbräutigam" kann nicht jeder erzählen.

A.K.: Das einzige Märchen, mit dem ich einmal ein Kind zum Weinen gebracht habe, war "Der goldene Schlüssel".

A. Esterl: Weil das nicht endet?

A.K.: Es war ein vierjähriger Junge, der dieses Ende, das eigentlich kein Ende ist, nicht ertragen konnte.

A. Esterl: Das kann ich verstehen. Andererseits ist es ein Lieblingsmärchen für die erste Stunde in der ersten Klasse. Da sagen dann die Lehrer am Ende: "Nun wollen wir morgen sehen, wie es weitergeht." Dieses Märchen steht nicht umsonst am Schluß der Grimmschen Sammlung.

Den Schlüssel zum Märchen haben wir noch lange nicht gefunden, den Schlüssel, mit dem wir in das Märchen hineinkommen, so daß wir dann von innen hinausgucken können.

Das Märchen erzählt in der Erscheinungswelt, warum sie so ist, wie sie ist

In den Elternkursen mache ich es folgendermaßen. Ich frage: "Was ist passiert? Was steht im Text? Was sehen Sie vor sich?" Dann kommen unwahrscheinliche Erlebnisse. Zum Beispiel die Frau Holle, die immer irgendwo am Himmel hängt oder über dem Balkon und die Betten schüttelt. Das stimmt von vorne bis hinten nicht. Sie hängt weder am Himmel, noch über dem Balkon, noch schüttelt sie selber die Betten. Bis ich das mit den Eltern durchgearbeitet habe, sind sie hingerissen von dem Märchen.

A.K.: Damit sind wir wieder dabei, daß man das Vordergründige im Märchen ganz genau nehmen muß und daß das Märchen vorder- und hintergründig zugleich ist.

A. Esterl: Ja.

A.K.: Bei den Märchen stimmen Form und Inhalt so überein, daß man absolut vom Vordergründigen ausgehen kann. Man kann sogar Brehms Tierleben nehmen und dort schauen, wie ein Tier dargestellt ist und daraus folgern, was dieses Tier im Märchen bedeutet. Für mich ist es immer wieder ein Schlüsselerlebnis, wenn die Menschen in Märchenkursen sagen: "Ich kann hier ja sogar etwas mit dem Wissen aus meinem Biologieunterricht anfangen."

A. Esterl: Ja, das ist die Weisheit der alten Rosenkreuzer in den Märchen. Die alten Rosenkreuzer sind von der sichtbaren Natur ausgegangen, haben deren Gesetzmäßigkeiten gesucht und wahrgenommen: die Gesetzmäßigkeiten des Menschenlebens stimmen überein mit den Gesetzmäßigkeiten der Erscheinungswelt. Das Märchen erzählt in der Erscheinungswelt, warum sie so ist, wie sie ist. Das ist eine seltsam kurze Formel, die für mich aufschlußreich geworden ist. Wenn ich das Märchen so genau nehme, wird mir immer wieder gesagt: "Nimm es doch nicht so genau! Die Brüder Grimm haben es doch auch bloß so erzählt. In einem anderen Märchen sind es zum Beispiel nicht sieben Brüder, sondern zwölf, in der sogenannten Variante. Was ist der Unterschied?" Ich sage dann immer: "Nehmen wir nicht die Variante dazu, sondern nehmen wir die Variante extra und schauen, was jedes einzelne Märchen für sich aussagen will." Ich halte nicht viel von Motivsammlungen. In dem direkten, erzählten Text steckt alles drin.

A.K.: Kann man eine Motivsammlung damit vergleichen, aus allen Gemälden zum Beispiel den Mund herauszuschneiden?

A. Esterl: Ja, so nimmt man aus den Märchen zum Beispiel die böse Stiefmutter oder irgendeine andere Gestalt isoliert heraus und beachtet den gesamten Bildzusammenhang nicht.

A.K.: Damit zerstört man doch auch den Sinnzusammenhang.

A. Esterl: Ja, es sei denn, man macht es so wie Professor Vonessen aus Freiburg es von Zeit zu Zeit macht, wenn er zum Beispiel vom König spricht, sinnvollerweise spricht er nicht vom "König im Märchen", sondern vom "Könighaften im Märchen". Er erzählt dann davon und sagt mit Recht, daß es auch im Märchen gute und schlechte Könige gibt. Man kann sich auch der Frage widmen: "Was ist die Große Mutter?" Das ergibt eine Art Biologie der Märchengestalten, die man in die Märchenbetrachtung einfließen lassen kann.

A.K.: Der Märchenforscher Max Lüthi hat das Vordergründige des Märchens ja sehr gründlich erforscht.

A. Esterl: Ja, er betrachtet das Märchen literarisch. Das ist zum Einstieg sehr geeignet, weil man sich nicht in der Deutung festlegt.

Wort für Wort?

A.K.: Viele Eltern fragen sich: "Muß ich wörtlich, Wort für Wort erzählen oder kann ich das Märchen frei erzählen und es sogar frei umdichten?"

A. Esterl: Wir hatten vorhin schon darüber gesprochen, ob man das Märchen, wenn es einem zu grausam erscheint, einfach abändern kann. Das kann man nicht, weil man dann den Erzählfluß zerstört. Man bringt damit eine eigene Interpretation hinein und erzählt das Märchen so, wie man selber meint, daß es weitergehen sollte.

A.K.: Damit wird doch auch die exakte Phantasie verlassen, die im Märchen gegeben ist, und man läßt der eigenen Phantasie freien Lauf.

A. Esterl: Ja, entweder ändert man das Märchen aus moralischen Prinzipien, oder man erzählt es assoziativ nach freier Phantasie. Man kann Kindern Assoziationen erzählen, vor allem Väter können das sehr gut. Das ist hinreißend, und es gibt für Kinder nichts Schöneres, als wenn Väter sich Zeit nehmen, um aus irgendetwas eine Geschichte zu machen. Man darf nur nicht den Anspruch haben, daß das ein altes Volksmärchen wäre. Auch wenn man an ein altes Märchen die eigene Phantasie anhängt, ist es nicht mehr das eigentliche Bild. Eine dritte Möglichkeit ist, daß man sich sehr viel mit Symbolen beschäftigt, sich sehr genau überlegt, was welches Symbol bedeutet und dann die Symbole zusammensetzt; das wird heute häufig gemacht, und das nenne ich einen "handgestrickten Symbolpullover". Das gibt dann die modernen bedeutungs- und inhaltsschweren Phantasiegeschichten, bis hin zu den großen Filmen, in denen das Dunkle so dunkel und das Weiße so weiß wie überhaupt nur möglich sind und beide aufeinander krachen, damit das Gute siegt. Das Gute siegt in diesen Filmen und Comics seltsamerweise immer mit Gewalt.

A.K.: Nun ist aber für viele Eltern die Frage, ob sie wirklich wörtlich erzählen müssen oder ob sie, sich an dem Text orientierend, frei erzählen können.

A. Esterl: Wenn ich in einer Altentagesstätte erzähle und dann einmal mitten in einem Märchen beginne, zum Beispiel mit dem Satz: "Ach, wie war's so dunkel in dem Wolf seinem Leib", dann erinnern sich alle an diesen Satz. Es gibt Sätze, die wörtlich wiederkehren müssen. Das sind Generationen verbindende Erlebnisse, Meilensteine im Märchendasein, die bleiben müssen: "Königstochter, jüngste, mach mir auf, weißt du nicht, was gestern du zu mir gesagt, bei dem kühlen Brunnenwasser? Königstochter, jüngste, mach mir auf." Da kann man nicht einfach sagen: "Ach Königstochter, mach mir auf, du hast es mir doch gestern beim Brunnen versprochen." Wenn man sich völlig aus dem alten Sprechen herausbegibt, fehlt leicht ein gewisser Rhythmus. Es ist natürlich eine Sprache, die nicht unsere Umgangssprache ist.

Ich selber stamme aus Holland und habe, als meine Kinder drei und vier Jahre alt waren, begonnen, Märchen frei zu erzählen. Ich habe sie aus der Erinnerung übersetzt und dabei die Umgangssprache benutzt und noch einige schwäbische Brocken einfließen lassen. Dann bin ich aber doch dazu übergegangen, die Märchen vorzulesen. Die Kinder waren hingerissen und konnten die Märchen in Nullkommanichts in dieser schönen Sprache auswendig. Sie haben mit mir zusammen dabei noch Hochdeutsch gelernt. Ich habe nie wieder versucht, Märchen in der Umgangssprache zu erzählen. Kinder genießen diese ungewöhnliche Sprache. Ein Patenkind von mir bekam Erdbeeren mit Schlagsahne zum Nachtisch und seine Mutter fragte: "Na, wie schmeckt das?" Der Junge stutzte einen Moment und sagte: "Über die Maßen wohl." Ich glaube, daß wir den Kindern die Grimmsche Sprache, die Märchensprache, nicht wegnehmen dürfen, auch wenn sie noch so komisch für uns klingen mag.

A.K.: Damit haben Sie jetzt die Erzählsituation zwischen Mutter und Kind oder aber in einer kleinen Gruppe umrissen, wo man vorlesen und trotzdem den Kontakt zu den Zuhörern halten kann. Wie ist es nun in einer größeren Gruppe, kommt man dort auch mit dem Vorlesen aus?

A. Esterl: Da muß man sehr üben. Man kann, aber es ist recht schwierig. Man kann dann wohl auch frei erzählen, aber dazu muß man lange üben und genau sehen, in welcher Landschaft sich das Märchen abspielt. Die Landschaft in dem Märchen wird nicht wegen der schönen Landschaft, sondern wegen des Geschehens geschildert. Man muß diese Ebene, auf der sich das abspielt, genau vor sich sehen und dann mit den Gestalten durch diese Landschaft wandern. Denn das Märchen ist nie eine Aneinanderreihung von einzelnen Stationen, sondern ein Fluß des Geschehens.

Die Verse und die direkte Rede aber muß man auswendig lernen. Das wörtliche Erzählen ist meines Erachtens am besten. Es ist auf jeden Fall besser als das Vorlesen, wo das Buch zwischen Zuhörer und Leser steht.

A.K.: Kann man Grimms Märchen so in andere Sprachen übersetzen, daß sie Grimms Märchen bleiben?

A. Esterl: Man kann es, wenn man die Sprache, in die die Märchen übersetzt werden, gut beherrscht. Man muß versuchen, wieder eine gebildete Sprache zu schreiben. Es ist eine gebildete Sprache in jeder Beziehung: im Bildhaften, im Geformten und im Ausdruck. Eine Gruppe in Holland zum Beispiel hat vor 15 Jahren unter Leitung meiner Mutter die Grimmschen Märchen übersetzt. Meine Mutter konnte es nicht, denn sie ist Deutsche. Sie konnte aber jedes Wort kontrollieren, ob die Bedeutung nicht verschwunden ist. Sie hat mit acht Holländerinnen zusammengearbeitet, die die Märchen übersetzt haben. Dieses Buch wurde von der Königlichen Bibliothek als klassisches Niederländisch akzeptiert und aufgenommen, das war die zweite vollständige holländische Grimm-Ausgabe.

Man kann die Märchen übersetzen, wenn man bildhaft gestaltet. Es muß nicht wörtlich sein. Das ist mit jeder Übersetzung so. Wenn man zum Beispiel aus dem Afrikanischen übersetzt, bleibt nichts übrig, und doch kann man einen Hauch von dem afrikanischen Märchen spüren. Dazu muß man allerdings sprachbegabt und in beiden Sprachen zu Hause sein. Man muß den Rhythmus, den Klang und überhaupt das Charakteristische der Märchensprache wieder herausbekommen. Wenn Sie lesen, wie Friedel Lenz die russischen Märchen übersetzt hat, dann stellen Sie fest, daß sie gar nicht wörtlich übersetzt. Aber Frau Lenz hat versucht, den Rhythmus und den Reim, den die Russen gerne in Märchen haben, in die deutsche Sprache herüberzubringen. Das ist großartig. Es sind dann eben russische Märchen auf deutsch.

A.K.: Wie findet der Erzähler oder die Erzählerin ihre Fassung eines ausländischen Märchens?

A. Esterl: Die meisten nehmen mehrere Übersetzungen und schreiben sich dann ihre eigene Fassung selber. Denn bei den Übersetzungen kann es immer sein, daß ein intellektueller Ausdruck darinnen ist. In einer Übersetzung eines russischen Märchens heißt es zum Beispiel: "Der Morgen ist klüger als der Abend", in einer anderen: "Der Morgen ist weiser als der Abend." Was nimmt man jetzt? Es ist ein russisches Märchen. "Der Morgen ist weiser als der Abend" klingt natürlich schön tief; aber "Der Morgen ist klüger als der Abend", wenn der König am nächsten Morgen eine Burg gebaut haben will? Dann ist es vielleicht ganz gut, klug zu sein. Darüber läßt sich streiten.

Erzählen muß man lernen wie Klavierspielen

A.K.: Wie wird man Märchenerzählerin oder Märchenerzähler?

A. Esterl: Man muß es lernen wie Klavierspielen oder Rosenzüchten. Das Wort "Erzählausbildung" ist natürlich nur ein Hilfswort. Wir haben es über unsere Veranstaltungen geschrieben, weil die Menschen es wünschen. Man kann in der Technik, in der Auswahl und in der Gestaltung Hilfestellung geben. Man bildet so aus, daß die Menschen die Märchen lieben lernen. Man kann nur Märchen erzählen, wenn man sie liebt und durchschaut, wenn man den Zuhörer liebt, wenn man die Erzählsituation wirklich liebt und wenn man selber völlig davon überzeugt ist.

A.K.: Gehört nicht auch ein gewisser Genuß am Publikum dazu?

A. Esterl: Ja, das Publikum muß man auch lieben. Man muß die ganze Situation lieben, dann blüht das Märchen allmählich auf. Andererseits kann man natürlich auch lernen, mal die Stimme zu senken, die Verse im Rhythmus zu sprechen usw. Sogar Menschen, die sicher nicht Erzähler werden, kommen in diese Erzählgruppen und merken zum erstenmal, wie sie selber sprechen. Außerdem muß man natürlich lernen, auswendig zu lernen, zu büffeln. Manche möchten frei erzählen, um das zu umgehen. "Ich erzähle frei, ich kann das so gut." Aber das Zeile für Zeile zu büffeln, ist etwas anderes. Das machen wir auch in den Seminaren.

A.K.: Machen Sie die Erzählseminare zusammen mit einem Sprachgestalter?

A. Esterl: Nein. Wir sprechen, indem wir versuchen, gleich ein kleines Märchen einzuüben. Die Menschen erleben dann das Sprechen eines Satzes. Dabei gehe ich zunächst vom Bild aus und nicht vom Sprachklang. Wir haben Teilnehmer, die Sprachgestaltung machen, die holen wir wieder auf die sinnenhafte Erde zurück. Die können wunderbar sprechen, ohne daß sie wissen, was sie sagen; das sind natürlich nicht die vollendeten Sprachgestalter.

Dann üben wir zum Beispiel "Hänschen Klein" in den vier Temperamenten. Hänschen Klein ist ein Text, den jeder kennt. Jetzt sprechen Sie das mal nicht so, als ob Sie cholerisch wären, sondern als ob Hänschen cholerisch wäre. Schildern Sie mal ein cholerisches Hänschen oder ein phlegmatisches Hänschen, immer mit denselben Worten, denn das muß man nachher beim Märchenerzählen können, im Märchen von einem Temperament auf das andere umspringen. Zum Beispiel bei "Die Bremer Stadtmusikanten" muß man umspringen von dem einen auf das andere Tier.

Wir haben auch sehr stark den Dialog geübt, zum Beispiel an Rotkäppchen und dem Wolf, der im Bett liegt: Zwei Teilnehmer, einer ist Rotkäppchen, der andere der Wolf, und nun sprechen sie, der eine immer etwas bedrohlicher werdend, der andere immer etwas zaghafter, so daß sie langsam ineinanderwachsen, bis Rotkäppchen im Wolf verschwindet. Dann spricht einer alleine diese Szene. Und wenn das zunächst nicht geht, bekommt er über jede Hand ein Seidentuch, das reicht schon aus. Puppen braucht man gar nicht. Sofort ist der Mensch draußen bei Rotkäppchen und bei dem Wolf, bei seinen Händen. Nach dieser Übung ist dann die nächste Stufe, die beiden innerlich vor sich zu sehen. Das ist ein Weg von außen nach innen, kein Weg auf dem Atemstrom, das ist auch nicht mein Metier. Sprachgestaltung kann aber hilfreich sein, erst recht, wenn jemand Sprechschwierigkeiten hat.

A.K.: Welche Bedeutung hat beim Erzählen die Gestik?

A. Esterl: Eine unterstreichende. Ich meine immer, daß ich sehr viel Gestik mache und bekomme dann zu hören: "Sie sind so zurückhaltend." Die Grenze zum Schauspielern ist sehr schwer zu finden. Es gibt Menschen, die hören lieber jemandem zu, der wenig Gesten macht, und es gibt Menschen, die hören lieber jemandem zu, der viel Gesten macht. Aber das muß mit der Person des Erzählers oder der Erzählerin übereinstimmen. Die Hauptsache ist, daß es echt ist.

Wenn ich zum Beispiel das Märchen "Die Kristallkugel" erzähle - "Als der Brand gelöscht war, suchte der Jüngling nach dem Ei und fand es glücklicherweise; es war noch nicht geschmolzen, aber die Schale war von der plötzlichen Abkühlung durch das kalte Wasser zerbröckelt, und er konnte die Kristallkugel unversehrt herausnehmen." - mache ich dann bei Kindern die entsprechenden Gesten, und wenn ich das zum dritten Mal erzähle, dann machen es einige Kinder unbewußt mit. Ich schauspielere nicht, sondern ich möchte, daß die Kinder die Kugel bis in die Hand hinein finden.

A.K.: Heute wird man meistens Märchenerzähler, indem man Märchen in Büchern liest und auswendig lernt. Früher wurde man Erzähler, indem man von einem anderen Erzähler Märchen hörte und lernte, also aus einem mündlichen Erzählstrom, von Mund zu Ohr. Werden heute die Märchen ausschließlich aus der Literatur gelernt?

A. Esterl: Meistens ja, aber erstaunlicherweise werden immer noch neue Märchen aufgezeichnet. Poortinga hat in Friesland jetzt noch sieben dicke Bände voll Geschichten und Märchen gesammelt. Er hat dort einen Mann gefunden, der viele Geschichten wußte, die er mündlich gehört hatte und die er mit gutem Gedächtnis weitererzählte. Das gibt es immer noch.

Die Erzählerinnen heute, die die Märchen der Welt in der Literatur zur Verfügung haben, tauchen in ein Märchengebiet richtig ein. Sie sagen dann: "Jetzt habe ich die und die Märchen entdeckt." Meistens tauchen sie in einen bestimmten Kulturkreis ein und erzählen ein bis zwei Jahre nur Märchen aus diesem Kulturkreis. Dann ist das Lernen nicht mehr so schwer, weil man sich diese Märchen wirklich einverleibt. Man kann dann einige Zeit Indianermärchen erzählen, dann russische Märchen, dann chinesische; so kann man verschiedene Gebiete entdecken. Man kann sich dadurch sogar eine neue Art von Weltverständnis erwerben.

A.K.: Können die Märchen ein Verständnis für die Kultur fremder Völker wecken?

A. Esterl: Ja, man weiß dann mit der Zeit, daß ein germanischer Held in einen großen Wald gehen muß, wenn er etwas leisten muß; während der Held in einem japanischen Märchen auf einen Berg steigt und einen Karpfenteich anlegt. Das würde ein germanischer Held nicht tun. Damit kann man diesen Unterschied noch nicht erklären, aber es ist ungeheuer faszinierend, ihn zunächst wahrzunehmen. Die chinesischen Märchen haben zum Teil eine merkwürdige Melancholie. Manche sagen dann einfach, daß das Christentum fehlt, die Erlösung; trotzdem werden manche chinesische Märchenhelden auch erlöst, nur auf völlig andere Art.

Illustration und Puppenspiel

A.K.: Reicht für die Kinder heute das Märchenerzählen? Können die Kinder die inneren Bilder schaffen, oder schieben sich Fernsehbilder vor die Märchenbilder?

A. Esterl: Es ist für die Kinder ein Labsal, Märchen ohne Medien zu hören. Ich erlebe, daß auch die Kinder, die zunächst sagen: "Das kenn' ich schon von der Kassette", im Laufe des Erzählens einsteigen, weil sie beim lebendigen Erzählen ihre eigenen Bilder wachrufen können. Das können sie immer noch.

A.K.: Wie ist es beim Betrachten von Märchenbilderbüchern und Puppenspielen?

A. Esterl: Mit Puppenspielen habe ich dieselben Schwierigkeiten wie mit Illustrationen. Es ist ja gerade das Interessante am Erzählen, daß jeder Mensch bei einem gut erzählten Märchen seine eigenen Bilder hat. Ich habe sogar den Eindruck, daß die Menschen heutzutage künstlerisch beweglicher sind als früher. Heute wirken die Bilder so stark, daß jeder, der ein bißchen sensibel ist, denkt: "Das sehe ich so, das muß der andere auch sehen." Natürlich sehen alle Menschen es unterschiedlich, und man möchte es ausdrücken, um es dem anderen mitzuteilen. Dann malt zum Beispiel jeder sein Rotkäppchen und meint seltsamerweise, daß der andere es genauso sehen müßte, weil es das einzig richtige sei. Es ist das einzig richtige Rotkäppchen-Bild für diesen einen Menschen, aber nicht für die anderen.

Die Flut von Bilderbüchern ist für mich faszinierend. Ich bin gerade dabei, eine Bilderbuchsammlung über Märchen aufzubauen. Dabei sammle ich zu einem bestimmten Märchen die verschiedenen Illustrationen. Das ist viel interessanter, als wenn man querbeet sammelt. Wenn man die Bilder dann einmal nebeneinanderlegt und vergleicht, läßt man sie beim Erzählen lieber weg. Keine einzige Illustration stimmt mit meinem inneren Märchenbild überein. Bei Frau Holle stimmt sogar so gut wie keines mit der Frau Holle überein, wie sie im Märchen geschildert wird. Das puppengespielte "Frau Holle" ist genauso problematisch wie jedes Bilderbuch. Es nimmt dem Kind wieder seine eigenen Bilder.

A.K.: Nun gibt es eine Reihe von Puppenbühnen, die sich bemühen, das Märchen so zu gestalten, daß Raum für die Phantasie des Kindes bleibt.

A. Esterl: Warum gestalten sie das Märchen dann überhaupt als Puppenspiel, weil sie nicht gut erzählen können? Sie haben das Bild vor sich, wollen dem Kind etwas Gutes tun und glauben nicht, daß das Kind es selber tun kann? Das ist aber nicht wahr! Wenn wirklich bildhaft erzählt wird, hat das Kind vollständige Bilder vor sich. Dann gibt es Handpuppen, die nichts sagen, was für mich ein innerer Widerspruch ist, oder Marionetten, die kleine Kinder nicht sehen sollten.

Das einzige, was ich eventuell gelten lasse, sind die Reiche, die im Kindergarten aufgebaut werden mit den kleinen Wollpüppchen, und die jedesmal etwas anders sind. Das legt die Kinder relativ wenig fest. Wenn sie später die größeren Märchen hören, schiebt sich das nicht mehr dazwischen. Wenn ich zum Beispiel Rotkäppchen als kleines Fingerpüppchen habe, dann stellen sich die Kinder nicht Rotkäppchen als Fingerpüppchen vor, sondern sehen nur die Gesten und Bewegungen.

A.K.: Dann gibt es auch noch Bilderbühnen mit Transparentbildern.

A. Esterl: Transparentbilder sind zweidimensional. Sie wahren die Flächigkeit des Märchens. Das ist so, als wenn man Märchen ohne Musik hat. Sie werden nicht dramatisch. Das ist etwas anderes als eine Marionette, die sich im Raum bewegt. Wenn ich aber 40 oder 50 Viertklässler vor mir habe, dann brauche ich keine Puppen oder Transparentbilder, um sie in das Märchenland zu führen, das Erzählen reicht.

A.K.: Haben Sie die Erfahrung gemacht, daß alle Kinder in der Lage sind, in diese Bilderwelt einzusteigen?

A. Esterl: Ja, ich war einmal dabei, wie Frau Früh in der Grund- und Hauptschule in Witzenhausen erzählt hat. Sie ist durch alle Klassen gegangen, bis zur neunten, dort wird es schwierig. Die Pubertät ist eine Zeit, in der diese Märchen kaum noch ausreichen. In der Waldorfschule ist dann ja auch ein anderer Erzählstoff. Es müssen nicht immer Märchen sein. Ich wünsche mir Menschen, die wieder Parzival frei erzählen, die die Edda frei erzählen. Es wäre auch nötig, Balladen für die Schüler der höheren Klassen zu rezitieren. Da fehlt es in den Staatsschulen. In der Abiturklasse kann man dann problemlos wieder mit Märchen anfangen.

A.K.: Wie ist es mit Kindern, die sehr viel fernsehen und Videos gucken? Können diese Kinder die Bilder so aufbauen, daß sich kein bluttriefender Wolf dazwischenschiebt, sondern daß sie bei Rotkäppchen wirklich gespannt sind, was aus dem Bauch des Wolfes herauskommt?

A. Esterl: Das können sie, weil vom Blut im Märchen nicht gesprochen wird. Man muß nur wirklich erzählen, was da steht.

Märchen zu den Jahresfesten

A.K.: Gibt es Märchen, die zu den Jahresfesten passen?

A. Esterl: Man wird immer wieder gefragt: Gibt es Märchen für Weihnachten? Wenn dann zwei Schneeflocken fliegen, sagt man, das sei ein Weihnachtsmärchen; aber das hat mit Weihnachten doch noch nichts zu tun. Man muß sich zunächst mit Weihnachten auseinandersetzen und dann das Märchen suchen, das das entsprechende Geschehen ausdrückt, nicht die äußeren Bedingungen.

"König Drosselbart" ist für mich ein Weihnachtsmärchen. König Drosselbart geht mit diesem unausstehlichen Weibsstück durch die Weltgeschichte bis in das elende winzige Häuschen hinein. Bis sie sich endlich gewandelt hat und ihr die Augen aufgegangen sind, so daß sie nicht mehr wie am Anfang lauter Karikaturen sieht, sondern schöne Hierarchien. Der König Drosselbart ist immer dabei, und das ist Weihnachten. Er ist in dem Häuschen: "Das ist mein und dein Haus, wo wir zusammen wohnen." - "Fürchte dich nicht, ich und der Spielmann, der mit dir in dem elenden Häuschen gewohnt hat, sind eins: dir zuliebe habe ich mich so verstellt, und der Husar, der dir die Töpfe entzweigeritten hat, bin ich auch gewesen."

A.K.: Dazu fällt mir aus einem Weihnachtslied die Zeile ein: "Geht auf allen Wegen mit dir ein und aus".- Wie ist es mit dem Michaelsfest?

A. Esterl: Zu dem Michaelsfest muß man nicht immer Drachenmärchen erzählen. "Der Königssohn, der sich vor nichts fürchtet" kämpft zuerst mit einem fürchterlichen Riesen und unterliegt, dumm wie er ist. Das eigentliche, was er schafft, ist, drei Nächte lang von den Teufelchen zu Tode gepiesackt zu werden, ohne einen Ton zu sagen. Von wegen Kämpfen! Er befreit die Königstochter, indem er die Teufelchen überwindet, indem er nichts sagt. Das ist viel tapferer als mit dem Schwert draufloszuhauen. Es geht in diesem Märchen darum, den richtigen Moment abzuwarten.

Der Königssohn in "Dornröschen" wird in einem Reigen immer falsch beschrieben: "Und schlug die Hecke ganz entzwei, ganz entzwei, ganz entzwei." Dann wird er mit einem großen Schwert dargestellt. Das ist im Märchen ganz anders. Die ganze Hecke blüht, muß das duften! Die ganze Hecke blüht und schließt sich auf. Er geht hindurch, und die Hecke schließt sich hinter ihm wieder zusammen, er gehört jetzt in den Bereich Dornröschens. Ist das Sommer? Nein, nicht mehr. Das ist Herbst. Es ist das Erwachen des Ich aus dem Sommer. Er steigt bis in das höchste Kämmerlein hinauf, und dann erwacht sie aus dem Sommer.

ndem man immer im Bild bleibt, kommt man zu einer Beantwortung der Frage, welches Märchen in welche Jahreszeit paßt. Man muß die Hecke riechen. Man muß sich diese Dornenhecke vorstellen können, man muß erleben, wie die Dornen wie Hände zusammenhielten. Darin blieben die armen unzeitgemäßen Gestalten hängen, "und starben eines jämmerlichen Todes". Das lassen viele Mütter weg, aber es sind unzeitgemäße Gestalten. Zum rechten Zeitpunkt blüht, strahlt, leuchtet und duftet die Hecke, und der einzig richtige kann hindurchgehen.

Märchenbilderbücher

A.K.: Ist jede Darstellung, zum Beispiel dieser Dornenhecke, in einem Bilderbuch auch eine Deutung des Märchens?

A. Esterl: Ja. Auch von "Dornröschen" habe ich mehrere Bilderbücher. Die humoristischen sind mir immer noch am liebsten. Es gefällt mir, wenn der Küchenjunge zum Schluß dem Koch noch die Zunge herausstreckt.

A.K.: Das beinhaltet dann wieder den Genuß am Sinnlichen.

A. Esterl: Ja, das ist das Heitere, was die Kinder auch lieben. Dieses Sinnenfällige ist mir lieber, als wenn jemand einen ganzen Kosmos aufbaut.

A.K.: Die Märchen spielen eben auf der Erde, obwohl sie andererseits gar nicht auf der Erde spielen.

A. Esterl: Ja, obwohl die Tiere reden und Wunder geschehen, ist es trotzdem von der Erde aus erzählt. Ich würde bei kleinen Kindern aber immer mit Märchensammlungen anfangen, in denen keine Bilder sind. Später, wenn die Kinder ihre eigenen Bilder bereits haben, dann kann man auch Bilderbücher betrachten. Wenn man in einem Elternkurs nach den Märchenbildern fragt, dann kommt oft die Antwort: "Wir hatten früher ..."

A.K.: Rotkäppchen ist zum Beispiel bei vielen Menschen das Camenbert-Rotkäppchen.

A. Esterl: Rotkäppchen gibt es nun so viele, daß es gar nicht mal ganz festgelegt ist.

Die ersten Märchen sollten nicht illustriert sein, das brauchen Kinder nicht. Wenn ein Kind ein Bilderbuch hat und dann sagt: "Das ist die Katze, das ist der Hund", dann ist das etwas anderes. Wenn man aber sagt: "Das ist Rotkäppchen, das ist der Wolf", dann ist das falsch. Die Katze und der Hund sind nach der Natur gemalt. Rotkäppchen und der Wolf werden aber nicht nach der Natur gemalt, sondern nach der Natur des Künstlers. Ein Kind weiß ohne dieses Bild, wer Rotkäppchen ist. Es ist es selbst.

Märchen in Marionettenspiel und Bilderbühne

INTERVIEW MIT ANNELIESE METZIG-BRUSBERG

von Annegret Kühl

Anneliese Metzig-Brusberg, *geboren 1939 in Hamburg. Nach der Gesellenprüfung in der Handweberei Ausbildung zur Textilmusterentwerferin in Sindelfingen, anschließend Arbeit in diesem Beruf. 1964/65 Kurse über Puppenbau bei Fritz Herbert Bron besucht. 1973 bis 1983 Arbeit an der Marionettenbühne Metzig-Brusberg. Seit 1988 arbeitet sie an der Bilderbühne, für die sie transparente Märchenbilder aus farbigem Japanpapier schichtet. 1986 baute sie die Violette Marionette (siehe oben auf der Abbildung).*

Die Darstellung von Märchenbildern in Illustrationen und Inszenierungen ist umstritten. Wird die Phantasie des Betrachters angeregt oder festgelegt? Wie findet man Darstellungen, die dem Märchen gerecht werden? Zu der Inszenierung des Märchens "Frau Holle" schreibt Anneliese Metzig-Brusberg:

"In diesem Jahr arbeite ich für unsere Bilderbühne an dem Märchen 'Frau Holle'. Das Märchen habe ich in 26 Bilder aufgeteilt, die ich aus farbigem Japanpapier schichte.

Von zwei verschiedenen Welten berichtet uns dieses Märchen: die Welt um die Mutter herum (10 Bilder) und die Welt, in die die Mädchen kommen, nachdem sie in den Brunnen gesprungen sind (16 Bilder). Sie erwachen auf einer Wiese voll schöner Blumen, gehen weiter und kommen zu einem Backofen und zu einem Apfelbaum. Endlich führt der Weg zu einem Haus, auf deren Schwelle Frau Holle steht. Mir ist es wichtig, daß es an der Bildgestaltung sichtbar wird, daß Frau Holle in der 'anderen Welt', in der geistigen Welt, wohnt.

Die goldene Jungfrau wird nach ihrer Rückkehr aus der anderen Welt von Mutter und Schwester gut aufgenommen. Wie ergeht es der schmutzigen Jungfrau? Auf dem letzten Bild zeige ich beide Schwestern: die, welche das Weisheitsgold als Lohn aus der anderen Welt mitbringt und sich zu ihrer mit Pech bedeckten Schwester liebevoll neigt. Sie reicht ihr hilfreich die Hand. Zu diesem Bild gibt es keinen Text, Musik erklingt. Die Zuschauer können frei dieses Bild aufnehmen."

Annegret Kühl: Sie haben Märchen im Marionettenspiel und neuerdings mit Transparentbildern dargestellt. Was ist der Unterschied zwischen diesen beiden Möglichkeiten, Märchen darzustellen?

Anneliese Metzig-Brusberg: Erstmal vom Äußeren her gesehen: Mit der Marionettenbühne konnten wir in einer Vorstellung viel mehr Menschen erreichen. Da hatten wir bis zu dreihundert Zuschauer, manchmal auch noch mehr, während die kleine neue Bilderbühne viel intimer ist. Das Ideale sind fünfzig bis achtzig Zuschauer. Der persönliche Kontakt ist eigentlich das Wesentliche und das Schöne bei der Bilderbühne, außerdem können wir damit in kleinere Einrichtungen gehen, für die die Marionettenbühne viel zu groß war. Das Marionettenspiel spricht eine andere Schicht in den Zuschauern an, sie können die Bewegungen der Marionetten betrachten, während bei den feststehenden Bildern der Zuschauer die Bewegung innerlich vollziehen muß.

A.K.: Kann man sagen, daß die Zuschauer das schaffen müssen, was zwischen den einzelnen Bildern stattfindet?

A. Metzig-Brusberg: Ja, aber nicht nur das, was zwischen den Bildern stattfindet, sondern auch die Bewegung zum einzelnen Bild. Es sind ja meistens mehrere Sätze, die man zu einem Bild erzählt, so daß es wie eine geronnene Geste für mehrere Sätze ist. Auf der Marionettenbühne hingegen konnte man alle Wege gehen, so daß es für manche Zuschauer einfacher war, als sich dem Betrachten der feststehenden Bilder wirklich hinzugeben. Die Bilder sind 48 x 37 cm groß, der Bühnenausschnitt der Marionettenbühne dagegen war 3 m breit und 70 cm hoch.

A.K.: Erlebten Sie bei Aufführungen, daß es für Kinder einfacher ist, den Marionetten zu folgen als der Bilderbühne?

A. Metzig-Brusberg: Ja, durch die Bewegung. Manche Kinder haben große Schwierigkeiten, wenn auf dem Bild "nichts passiert", und die Aktivität von innen kommen muß. Für uns kommt eine weitere Schwierigkeit hinzu: viele kennen unseren Namen und sagen: "Das ist ein Puppenspiel", dann sitzen die Zuschauer ganz gespannt davor und erwarten die Marionetten.

A.K.: Sind die Zuschauer dann zunächst enttäuscht?

A. Metzig-Brusberg: Manche schon. Einige Zuschauer jedoch hatten nach der Vorführung den Eindruck, die Bilder hätten sich bewegt. Die Bilder waren in ihnen so lebendig geworden, daß sie wirklich im Zweifel waren. Wenn man diese Bilder anschaut, erlebt man, daß sie bewegt sind.

Die farbige, durchleuchtete Bilderbühne

A.K.: Mit Transparentpapier gestalten Sie Bilder, die von hinten durchleuchtet werden. Dadurch entstehen durchscheinende farbige Bilder. Eine Bilderbühne könnte auch mit Scherenschnitten arbeiten. Warum haben Sie sich für diese viel aufwendigere Methode entschieden?

A. Metzig-Brusberg: Mir war das Farbige wichtig. Ich wollte nie die Bilder nur in Schwarz-Weiß gestalten. Mir ist es wichtig, daß alles durchleuchtet wird. Gerade im Märchen, wo es sich um eine andere Ebene als die Alltagsrealität handelt; deshalb mache ich die Bilder ganz farbig. Der Aufwand diese Bilder herzustellen, ist zwar groß; aber doch nur ein Bruchteil von der Arbeit, die die Marionettenbühne erforderte. Da habe ich wesentlich länger an einer Inszenierung gearbeitet, so daß ich mit der Bilderbühne öfter mal ein neues Märchen dazugestalten kann. Jetzt habe ich drei Märchen: Rumpelstilzchen, Das Waldhaus und Rapunzel. Es ist ganz interessant, die Wandlung in den Darstellungsmöglichkeiten von dem ersten Märchen bis zum dritten zu sehen. Ich freue mich schon darauf, das nächste Märchen, Frau Holle, zu gestalten und auch darauf, das aus der Arbeit an den drei vorherigen Märchen Gelernte mit einbringen zu können und dem Märchen so mit der Zeit immer gerechter werden zu können.

Rapunzel

Alle Abbildungen: Bilderbühne bzw. Marionettenbühne Metzig-Brusberg (siehe auch Titelblatt)

Frau Holle (Programm ab November 1990)

A.K.: Wie entscheiden Sie, wie lange ein Bild bei der Bilderbühne stehen soll?

A. Metzig-Brusberg: Wenn ich ein Märchen ausgesucht habe, dann teile ich es in Abschnitte für die einzelnen Bilder ein, so daß meistens mehrere Sätze für ein Bild gesprochen werden; aber manchmal auch nur ein Satz. Bei Rapunzel gibt es z.B. ein Bild für den Satz: "Rapunzel ward das schönste Kind unter der Sonne." Es wäre natürlich viel zu schade für die Kinder, wenn das Bild nur so kurz steht, deshalb mache ich Musik mit der Leier dazu. Die anderen Bilder stehen dadurch länger, daß mehrere Sätze dazugehören. Manche Erwachsene meinen, daß die Bilder viel länger stehen sollten, damit man sie in Ruhe betrachten kann, aber das halten nicht alle Kinder aus. In einem Kindergarten haben wir einmal erlebt, daß zwei Jungen nur den Bilderwechsel interessant gefunden haben, die einzelnen Bilder haben sie gar nicht richtig gesehen.

A.K.: Wie wechseln Sie die Bilder aus?

A. Metzig-Brusberg: Beim Wechseln schiebt mein Mann zusammen mit dem nächsten Bild ein blaues Bild davor, und dann wird das vorherige Bild zusammen mit dem blauen Bild herausgezogen, so daß sich für die Zuschauer die Figuren nicht durchdringen. Wenn er das neue Bild ohne das blaue Bild einschieben würde, dann könnte es zum Beispiel sein, daß Rumpelstilzchen durch die Königin hindurchscheint. Weil ich das nicht wollte, habe ich das blaue Bild gemacht. Man ahnt dann zwar was kommt; aber man sieht es nicht genau.

Auch der Erzähler prägt die Bilder

A.K.: Beim Märchenerzählen ohne Bilder oder Puppen schaffen die Zuhörer die Bilder innerlich selber, während Sie mit der Marionettenbühne oder mit der Bilderbühne die Bilder in gewisser Weise vorformen. Erleben Sie das als problematisch?

A. Metzig-Brusberg: Daß alle Kinder die Bilder innerlich selbst schaffen, wenn man erzählt, das sehe ich nicht ganz so. In manchen kommen von außen festgelegte Bilder, zum Beispiel vom Fernsehen oder von Comic-Heften, hoch. Ich habe in den letzten Jahren verschiedene Märchenerzähler gehört. Bei einigen sind in mir viele Märchenbilder entstanden und bei anderen überhaupt keine. Auch der Märchenerzähler ist prägend, er prägt sein Märchen nur auf eine andere Weise. Bei den Marionettenmärchen, bei denen man zunächst denken könnte, daß sie bereits so in Form gebracht sind, daß für die Phantasie nichts bleibt, haben wir etwas Erstaunliches erlebt: Wenn wir irgendwo gespielt, und die Kinder nach der Aufführung Bilder gemalt haben, dann bekamen wir manchmal ganze Stapel geschenkt, und was auf diesen Bildern zu sehen war, das war nie auf der Bühne. Ich kann Ihnen Bilder zeigen, die viel vielfältiger sind, als das, was auf der Bühne war. Daran sieht man, daß die Aufführung wie ein Antippen der Phantasie ist. Die Phantasie entfaltet sich dann so, wie es ohne dieses Märchenspiel nicht möglich wäre. Die Zuschauer wären ohne diese Anregung nicht zu diesen Bildern gekommen.

A.K.: Dann ist die Bühne also praktisch ein Anfang für die Phantasie der Zuschauer!?

A. Metzig-Brusberg: Die Aufführungen waren eine Anregung, die in den Kindern webt und lebt. Neulich traf ich eine Lehrerin, die an einer Schule war, an der wir ein paar Mal mit den Marionetten gespielt haben, und die anschließend mit den Kindern gemalt hat. Sie sagte mir, daß die Lehrer der Schule immer gekommen sind und die Bilder der Kinder angesehen haben. Mit der Bilderbühne haben wir in dieser Beziehung noch nicht so viel Erfahrung. Die gibt es ja erst seit zwei Jahren. Einige Lehrer haben uns gesagt, daß die Kinder nach den Aufführungen auffallend ruhig sind.

A.K.: Nach welchen Gesichtspunkten gestalten Sie die Bilder?

A. Metzig-Brusberg: Ich gestalte die Bilder in keiner Weise abstrakt oder als Karikaturen, sondern versuche, sie einerseits offen für die Phantasie und andererseits eindeutig zu gestalten. Es ist immer eine Geste, die aus dem Bild spricht und diese Geste ist eindeutig vom Märchen vorgegeben.

A.K.: Wenn ich mir diese Bilder anschaue, fällt mir zweierlei auf: einmal die Farbigkeit, die Farbwahl bei den Personen und beim Hintergrund und dann die Gesten, die sprechend sind. Warum gestalten Sie die Bilder so schlicht?

A. Metzig-Brusberg: Die Zuschauer sollen nicht vom Wesentlichen abgelenkt werden. Neulich habe ich in einer Buchhandlung einen Stapel von größeren Bildern zu Märchen durchgesehen und fand sie ziemlich unruhig. Da waren Schränke mit Schnörkeln in den verschiedensten Stilrichtungen und alles Mögliche abgebildet. Alles Dinge, wie sie in der alltäglichen Umgebung sind, und die sehen Sie auf meinen Bildern nicht. Wenn irgendwo ein Schrank notwendig wäre, würde ich einen gestalten, aber ich würde nicht unseren Kleiderschrank, wie er in der Wohnung steht, aufzeichnen.

A.K.: Auf Ihren Bildern ist nichts Überflüssiges.

A. Metzig-Brusberg: Ich beschränke mich auf das Wesentliche, ohne schmückendes Beiwerk. Das fügen dann wahrscheinlich die Zuschauer selber hinzu.

A.K.: Können Sie ein Beispiel sagen, wie die Zuschauer auf die Bilder reagieren?

A. Metzig-Brusberg: Im letzten Jahr haben wir z.B. in einem Krankenhaus mit der Bilderbühne gespielt. Es waren zwei Vorstellungen. Einmal für die krebskranken Kinder und anschließend für die Kinder im ganzen Krankenhaus, die in den entsprechenden Raum gehen konnten. Es war alles sehr eng. Ich saß neben der Bühne. Etwa 1 m entfernt saßen die Zuschauer der ersten Reihe. Direkt vor mir waren drei Stühle frei. Wir zeigten Rumpelstilzchen. Gerade als wir anfangen wollten, ging die Tür auf, und drei Knaben kamen herein, etwa 12 Jahre alt. Schon wie sie hereinkamen dachte ich: "Wie das wohl gehen wird?", nun setzten sie sich ganz breit auf die Stühle vor mich hin und machten sich sofort über alles lustig, was nur irgend möglich war. Nachdem ein Weihnachtslied gesungen worden war, haben wir angefangen. Die Jungen saßen von Anfang bis Ende ganz still. Als es fertig war, da sagte der eine mit einem Seufzer: "Das war aber stark!" Dann ging das Licht an und sofort benahmen sich die Jungen wieder unmöglich. Da habe ich gedacht, daß wir auch zu älteren Kindern gehen müßten, die mit diesen Bildern anders umgehen und sie anders aufnehmen, als die jüngeren. Von den durchleuchteten Farben sind die Kinder wirklich angesprochen. Gut wäre es, wenn wir wiederholt mit der Bilderbühne zu den gleichen Kindern kämen. Mit der Marionettenbühne war es ähnlich, kamen wir im folgenden Jahr wieder, waren die Kinder schon vorbereitet, freuten sich auf das Wiedersehen und waren offener dafür. Gerade bei der Bilderbühne fällt uns auf, daß es Kinder gibt, die beim ersten Mal nichts mit den Bildern anfangen können, weil sich nichts bewegt. Das darf man nicht verallgemeinern, aber meist sind etwa 2 - 3 Kinder in einer größeren Gruppe, denen es so geht und man möchte ja gerade auch diese erreichen.

A.K.: Könnte man diese Kinder durch Märchenerzählen ohne Bilderbühne erreichen?

A. Metzig-Brusberg: Das Erzählen ist für viele wunderschön; aber ich weiß auch, daß viele Kinder dann Bilder in sich formen, die sie irgendwo anders her haben und die man nicht will. Das ist mir ganz deutlich geworden: z.B. hatten wir verschiedene Bären in den Marionettenmärchen und dann wurde gefragt: "Ist das der Samson aus der Sesamstraße?" obwohl die beiden keine Ähnlichkeit miteinander hatten. Die Kinder machen in sich die Bilder und die Farben, die sie kennen.

A.K.: Kann man die Bilder der Bilderbühne als Wegweiser im Märchenland bezeichnen?

A. Metzig-Brusberg: Das ist ein guter Ausdruck dafür. Die Kinder werden durch die Bilder nicht festgelegt, sondern ins Märchenland geführt.

Warum Märchen?

A.K.: Wie kamen sie darauf, ausgerechnet Märchen als Stoffe für Ihre Marionettenspiele auszuwählen?

A. Metzig-Brusberg: Märchen bedeuten mir soviel, daß etwas Anderes für mich gar nicht in Frage kam, obwohl, als wir 1973 mit der Bühne anfingen, die Märchen nicht aktuell waren. In einem Jugendhaus hatten wir die Kristallkugel gespielt. Nach der Aufführung kam der Leiter zu uns und sagte, er müsse noch mit uns reden, es sei ja wunderschön mit den Marionetten und den Kulissen, aber unsere Inhalte seien nicht zu vertreten. Er könnte uns leider nicht wieder nehmen, es sei denn wir machten andere In-

Rumpelstilzchen

Das Waldhaus

halte. Daraufhin habe ich gedacht, daß ich wissen muß, was hinter den Märchen steckt. Für mich selber stimmte es so wie es war, aber für die anderen Menschen, die nicht mit Märchen umgehen, mußte ich es erklären können. Also habe ich angefangen, mich zu informieren, was verschiedene Menschen über Märchen sagen. Zuerst war ich ganz verwirrt und wußte gar nichts mehr, erst recht nicht, was ich sagen sollte, wenn mich jemand nach der Bedeutung der Märchen fragte. Dann lernten wir Rudolf Geiger kennen, und damit kam die Märchenbetrachtung in eine Bahn, zu der ich "Ja" sagen konnte. Wenn ich mir jetzt ein Märchen aussuche, trage ich es erst einmal selber eine Weile in mir, und dann lese ich, was andere dazu sagen. Dann frage ich mich immer wieder, kann ich das als wahr empfinden oder nicht. Es ist mir ganz wichtig, daß ich nur das ausdrücke, was ich selber als wahr empfinde. Als wir mit der Marionettenbühne anfingen, kamen nach der Aufführung immer wieder Menschen und sagten zum Beispiel: "Der Baum da ist zu weit links, der müßte weiter nach rechts, und das ist zu grün und das andere zu rot.", da habe ich gedacht: "Naja, wenn die das so sicher vertreten, dann muß es ja stimmen." Zu Hause habe ich dann versucht, das zu ändern. Nach der nächsten Vorstellung kamen andere Menschen und sagten nun genau das Gegenteil. Schließlich kam ich zu dem Schluß: Ich muß das machen, was ich, soweit wie ich jetzt bin, für richtig halte. Damit bin ich dann recht gut gefahren. Nach einer Aufführung kamen einmal zwei Frauen zu mir; von jeder Seite eine, und die eine fand etwas gut, die andere das gleiche schlecht. Ich stand dazwischen und hinten an meinem Rock zupfte ein kleines Mädchen. Auf meine Frage: "Was möchtest Du denn?" strahlte es mich an und sagte: "Das war aber schön." Da habe ich die beiden Frauen stehengelassen. Als ich anfing, über die Hintergründe zu lernen, habe ich gemerkt, daß man leicht den Blick für das Ganze verlieren kann. Man ist ja über jeden Zipfel, den man erreicht, froh und denkt: " Ja, so ist es richtig!" Und ist dann versucht, alles andere auch danach zu beurteilen.

Man wird dann der Vielschichtigkeit der Märchen nicht mehr gerecht. Auch finde ich es wichtig, nicht den Blick für das Ganze zu verlieren. Das gestaltete Märchen muß in sich stimmen in Farbe und Form. Ändert man nachträglich z.B. eine Farbe, so kann sie leicht störend wirken.

A.K.: Waren Sie bei den Inszenierungen ganz auf sich gestellt oder gab es Kritiker, die Ihnen wichtig waren?

A. Metzig-Brusberg: Bei allen Aufführungen ist mir das wesentlich, was die Kinder sagen. Beim Spielen hörte ich, was die Kinder geflüstert haben. Damit konnte ich immer etwas anfangen, das war die beste Kritik. Ich weiß noch genau: das persische Märchen hat eine Fee, die von Kopf bis Fuß ganz weiß sein sollte. Es war für mich gar keine Frage, sie wurde weiß gestaltet. Als die Fee in einer Schule auf die Bühne kam, flüsterten die Kinder: "Die sieht ja aus wie ein Gespenst." Da wußte ich, daß ich die Fee anders gestalten mußte.

In dem Märchen "Die Kristallkugel" z.B. wollte ich die Kristallkugel sehr strahlend haben und dachte, daß es etwas aus Seide sein müßte. Innen hatte ich Zellophanpapier geknüllt, das glitzerte, und darüber hatte ich ganz dünne Schleierseide gezogen. Ich war davon überzeugt, daß die Kinder "Ah" sagen würden, wenn diese Kristallkugel aus dem Haus gehoben wird. Es kam aber nichts. Bei der zweiten Aufführung kam auch nichts, und da sagte ich zu meinem Mann: "Du mußt jetzt die Kugel halten, ich gehe hinten in den Saal und schau zu, wenn Du sie heraushebst." Das hat er getan, und die Kugel sah ganz grau aus. Dann habe ich gesucht, was ich nehmen könnte, und habe erfahren, daß es in

Hamburg an der Reeperbahn einen Laden für Revuebedarf gibt. In diesem Laden fand ich alles, was ich brauchte. Ich nahm eine Styroporkugel und klebte geschliffene Glassteine darauf. Wenn diese Kugel gehoben wurde, dann sagten die Kinder "Ah" und freuten sich. Dieses beglückende Staunen, die Freude an dem ganz Besonderen gehört zum Marionettenspiel für mich dazu.

Die Gebärden der Marionetten

A.K.: Ich möchte jetzt noch einmal auf die Gebärde zu sprechen kommen. Kommt es auch daher, daß Sie vorher mit Marionetten gearbeitet haben, daß in Ihrer Bilderbühne die Gebärde so entscheidend ist?

A. Metzig-Brusberg: Die Gebärde war mir immer, auch schon vor den Marionetten entscheidend. Als Kind habe ich nie behalten, was Menschen anhatten, sondern wie sie sich bewegt haben. Es gibt Marionettenbühnen, die von den Kulissen ausgehen und erst zum Schluß die Marionetten sozusagen als Belebung hineinstellen. Ich habe mit den Marionetten angefangen und wollte bestimmte Gesten haben. Von den ersten Marionetten bis zu der letzten habe ich immer wieder daran gearbeitet, die deutliche Geste zu erreichen, die Geste, die alle verstehen, auch die Menschen, die den Text nicht hören können. Bei der Bilderbühne ist es jetzt in konzentrierter Form so.

A.K.: Sie sagten, daß die Märchen aus der Abfolge der Gebärden wirksam seien. Warum legen Sie so großen Wert auf die Gebärde, kann die Gebärde auch therapeutisch wirksam sein?

A. Metzig-Brusberg: Das ist die Gebärde für mich ohne Frage. Bei der Marionette und auch bei den Bildern vollzieht man die Gebärden innerlich nach, und sind sie gut, ist man davon belebt. Stimmt eine Gebärde nicht, verkrampft man sich, wenn man empfindlich ist. Das läuft allerdings recht unbewußt ab.

A.K.: Heinrich von Kleist hat in seinem Aufsatz "Über das Marionettentheater" gesagt, daß die Marionette sich nicht ziert, weil sie nicht eitel ist. Kann man sagen, daß die Marionette die Gebärde selbstloser ausspielt als der Mensch?

A. Metzig-Brusberg: Die Marionette ist selbstlos. Der Ausdruck ihrer Gebärden hängt vom Bau ab und von der Führung. Wenn die Puppenspieler die Gebärden in sich tragen, können sie sie auch durch die Marionette heraussetzen. Manche Puppenspieler haben eine gewisse Scheu, eine ruhige Gebärde, die eine gewisse Zeit braucht, wirklich auszuspielen. Ich habe oft Puppen anderer Spieler ausprobiert. Die meisten können, wenn sie in Ruhe geführt werden, ruhige Gebärden machen, nur denkt man oft, daß die Kinder die Ruhe nicht aushalten. Bei der Kristallkugel ist uns folgendes passiert: Die Riesen winkten dem Jüngling, und ich führte ihn langsam heraus. Einige Kinder riefen: "Lauf doch schneller!" Ich habe ihn nicht schneller laufen lassen, denn dann hätte es lächerlich ausgesehen. Die Kinder hätten gelacht und die Stimmung wäre weg gewesen. Es ist aber nicht immer leicht diese Ruhe zu bewahren.

A.K.: Kann man sagen, daß man in den ruhig ausgespielten Gebärden einen Zipfel Ewigkeit erwischt?

A. Metzig-Brusberg: Ich hatte oft das Gefühl, sehr lange für ein kleines Stück Weg zu brauchen. Ich verlor überhaupt das Gefühl für die Zeit beim Spielen. Manchmal hatte ich das Gefühl, ich hätte ein paar Stunden lang gespielt, besonders bei dem Märchen "Östlich der Sonne und westlich vom Mond", in dem die Wege, die das Mädchen zu gehen hat, sehr weit sind.

A.K.: Können die Zuschauer sich darauf einlassen und z.B. diese Wege innerlich gehen?

A. Metzig-Brusberg: Am Anfang müssen sich die Zuschauer erstmal orientieren, was da passiert. Sie sind solche Ruhe oft nicht gewohnt, und dann müssen sie sich erstmal öffnen, um das aufzunehmen. Ist dieser Schritt getan, haben wir es immer wieder gehabt, daß die Zuschauer am Ende einfach sitzengeblieben sind. Dies erleben wir noch häufiger bei der Bilderbühne.

A.K.: Warum haben Sie Marionetten für die Märchendarstellung ausgewählt und keine Handpuppen?

A. Metzig-Brusberg: Das hört sich so an, als wenn ich irgendwann vor der Entscheidung gestanden hätte, das habe ich nie. Ich fand zwar Handpuppenspiele auch sehr schön. Aber für mich konnten es nur Marionetten sein, wegen ihrer Ruhe. Es liegt mir nicht, so spontan zu sein, wie das Kaspertheater es braucht. Als Kind habe ich einmal Marionettentheater auf dem Dom in Hamburg gesehen. Da war ein Zelt mit einem Wagen, auf dem die Bühne stand, und die Zuschauer saßen auf Bänken davor. Der Vorhang ging auf, und es trat eine Sängerin auf, bei der der Hals immer länger wurde und die Augen auf und zu klappten und der Busen sich hob und senkte. Ich fand es entsetzlich, und die Leute bogen sich vor Lachen. Die Frau neben mir fragte: "Aber Kindchen, warum lachst Du denn nicht?" Und ich sagte: "Das gefällt mir nicht." Aber trotzdem blieb das Marionettentheater etwas Besonderes für mich. Später bekam ich ein Buch geschenkt: "Liebenswerte Puppenwelt" von Herrn Purschke, wo von allen möglichen Marionettenbühnen Figuren abgebildet waren, und da sah ich, daß die Marionettenart, die mir vorschwebte, möglich war.

Die Marionettenbühne

A.K.: Bei der Handpuppe geht man von unten hinein und bewegt sie von innen, während man die Marionette von außen von oben führt. Kann man sagen, daß sich darin etwas Himmlischeres, Märchenhafteres ausdrückt?

A. Metzig-Brusberg: Mir erzählte einmal eine Puppenspielerin, daß sie auf einer Puppenspielertagung eine Bühne aus Rußland gesehen hat, bei der die Puppenspieler Flügel trugen. Das drückt dieses Von-oben-Führen aus.

A.K.: Wie ist Ihre Marionettenbühne entstanden?

A. Metzig-Brusberg: Als ich Kind war, hatten unsere Eltern keine Zeit, Märchen zu erzählen. Als nun unsere Tochter geboren war, wollte ich etwas machen, wonach ich als Kind Sehnsucht gehabt hatte. So habe ich angefangen, mit Stehpüppchen Tischtheater zu spielen. Später hatten wir ganz einfache Marionetten mit einem Stoffpuppenkopf. Aber mir waren deren Gesten nicht tragend genug, es war noch nicht das, was mir vorschwebte. Als ich etwas mehr Zeit hatte, habe ich "Das Schneemädchen" angefangen und mit Hilfe meines Mannes dafür aufwendigere Marionetten gebaut. Zunächst habe ich hier auf den Tischen gespielt und nicht daran gedacht, damit woanders hinzugehen. Andere träumen davon, Puppenspieler zu werden, so ist das bei mir nicht gewesen. Aber dann haben

Östlich der Sonne und westlich vom Mond (norwegisch)

Die Kleider der Unsterblichen (persisch)

Menschen uns gesehen, und sie wollten eine öffentliche Aufführung. Das haben wir dann auch nach einigen Überlegungen gemacht, ohne daß wir ahnten, was uns bevorstand. So ist die Bühne ganz langsam gewachsen. Das erste Märchen war "Das Schneemädchen", das zweite "Allerleirauh", das wollte ich gestalten, weil ich es als Kind besonders geliebt habe. Bei den Aufführungen sagten die Kinder allerdings oft: "Das habe ich auf Cassette." Daraufhin sollte das nächste ein unbekannteres Märchen sein und ich habe das persische Märchen "Die Kleider der Unsterblichen" ausgewählt. Es ist ein wunderschönes Märchen für Erwachsene und für ältere Kinder; aber die jüngeren Kinder blieben am Schluß immer sitzen, denn es war für sie kein Schluß, weil keine Hochzeit stattfand. Dieses Märchen war also für kleinere Kinder nicht so geeignet. Dann kam "Östlich der Sonne und westlich vom Mond", das war der Durchbruch. Mit diesem Märchen waren wir auch auf Tourneen in Norwegen, Schweden und der Schweiz, das haben wir am häufigsten gespielt. Dann kam "Die Kristallkugel", wo einige Szenen viel Überlegungen verlangten, weil ich alles alleine spielte; zum Beispiel der Jüngling mußte mit dem Auerochsen kämpfen, dazu brauchte er ein Schwert. Letztendlich machte ich ein kleines Schwert, das ich durch Fadenzüge aus der Hand zog. Es war zwar nur sehr klein, aber mit glitzernden Glasstückchen an der Spitze. Nun mußte auch noch der Auerochse geführt werden, für den ich nur eine Hand frei hatte. Er bekam ein besonderes Kreuz, Körper und Kopf aus Holz und darüber dunkelrote Seide und dunkelblaue Schleierseide, aber keine Beine. Der Kampf zwischen dem Auerochsen und dem Jüngling war sehr bewegt, und kein Kind hat jemals über diesen Auerochsen ohne Beine gelacht. Damit der Jüngling zurückweichen konnte, habe ich an der einen Ferse noch einen Faden angebracht, so daß man die Illusion haben konnte, er ginge zurück. Unser letztes Stück für die Marionettenbühne war das russische Märchen "Die Froschzarin". Es war von der Gestaltung her unser prächtigstes und vom Aufwand her unser umfangreichstes Märchen.

A.K.: Wie lange haben Sie an so einer Märcheninszenierung gearbeitet?

A. Metzig-Brusberg: Das ist verschieden gewesen; ein bis drei Jahre.

"Die Violette"

A.K.: Nun haben Sie viele Erfahrungen mit Bühnentricks und mit Marionetten gesammelt. Daraus ist letztendlich eine neue Marionette "Die Violette" entstanden. Worin unterscheidet sie sich von den anderen Marionetten?

A. Metzig-Brusberg: Bei der Marionettenbühne mußte ich immer darauf achten, daß ich die Marionetten so baute, daß jede mit einer Hand gespielt werden konnte. Wenn eine Marionette noch etwas ganz Besonderes tun mußte, wozu ich die zweite Hand brauchte, mußte sie irgendwann alleine auf der Bühne sein.

Die Violette ist nun von vornherein so vorgesehen, daß ich sie allein spiele und beide Hände für sie frei habe. Das Besondere bei ihr ist, daß sie die Hände drehen und dadurch ganz besonders schöne Gesten machen kann. Sie hat keine Beine, so daß ich mich beim Spielen ganz auf die Arme und Hände konzentrieren kann.

A.K.: Haben sie mit der Violetten Pläne?

A. Metzig-Brusberg: Ja, im Rahmen des ökumenischen Pfingstfestes hier in Lübeck habe ich die Violette zu Gedichten von Morgenstern, Börnsen, Brecht und zu Musik bewegt. Das kleine Programm hat die Zuschauer so beeindruckt, daß ich daran weiter arbeiten werde. Auch denke ich daran, mit einzelnen Marionetten aus verschiedenen Märchen ein kleines Szenenprogramm zusammenzustellen.

Gerechtigkeit im Märchen

INTERVIEW MIT DR. ERNST-MARTIN KRAUSS

von Annegret Kühl

Dr. Ernst-Martin Krauss, *geboren 1935, verheiratet, drei Kinder; Strafrichter am Schleswig-Holsteinischen Oberlandesgericht in Schleswig; Fortbildungsreferent für Richter in Schleswig-Holstein. Zahlreiche, insbesondere juristische Vorträge mit geisteswissenschaftlichem Hintergrund; seit langem beschäftigt mit Malen, Arbeit an Märchen und psychoanalytischen Fragen.*

In den Märchen der Brüder Grimm kommen selten Gerichte oder Richter vor, aber es geht fast immer darum, die richtige Handlung zu finden. Die Märchenheldin, der Märchenheld bedarf einer gut ausgebildeten Urteilskraft, um Gut und Böse, gerecht und ungerecht zu unterscheiden. Die Frage nach Gerechtigkeit ist heute für viele Menschen eine Lebensfrage. Sie entsteht, weil es Gut und Böse gibt. Ohne diesen Gegensatz gäbe es keine Gerechtigkeit. Erstaunlicherweise beschäftigen sich die alten Märchen mit diesen aktuellen Fragen, sie erzählen vielfältig von Gerechtigkeitsgeschehen. Auf welche Gerechtigkeit zielen die Märchen? Wo kann der Mensch Gerechtigkeit finden? Gibt es sie überhaupt? Diese Fragen stehen im Mittelpunkt des folgenden Interviews. Dabei zeigt sich exemplarisch, daß die Märchen, ohne philosophische Abhandlungen zu sein, Anregungen für die Beantwortung von Lebensfragen geben.

Annegret Kühl: Märchen schildern innere Entwicklungen oder auch Entwicklungen, die sich zwischen Menschen ereignen. Man könnte auch sagen, daß Prozesse geschildert werden, die während eines nicht näher bestimmten Zeitraumes ablaufen. Welche Rolle spielt die Gerechtigkeit bei diesen Prozessen?

Dr. Ernst-Martin Krauss In den Märchen, jedenfalls in den Grimmschen, mit denen ich mich hauptsächlich beschäftigt habe, werden durchweg Gerechtigkeitsfragen behandelt. Es wird ein prozeßhaftes Geschehen geschildert, in dem die Gerechtigkeitsidee nicht nur mitschwingt, sondern unausgesprochenermaßen eine zentrale Rolle spielt. Die Grimmschen Märchen bringen zwar das Wort 'Gerechtigkeit' so gut wie gar nicht, wie überhaupt alle juristischen Begriffe wie etwa Anklage, Verhaftung, Urteil, Richter, Gesetz nicht erwähnt werden.

A.K.: Ist das auf den abstrakten Stil der Märchen zurückzuführen? Lüthi bezeichnet es so und sagt, daß die Märchen nicht benennen, sondern beschreiben.

E.-M. Krauss: Ja! Die Märchen betreiben keine Begriffsakrobatik. Das ist in unserer Zeit, die so sehr zur Begriffsakrobatik neigt, eine Wohltat. Die Märchen sprechen in Bildern. Bilder sind vieldeutig, nicht eindeutig wie unsere vorgestellten Begriffe. Sie lassen daher Spielraum, Freiheiten. Sie eröffnen Möglichkeiten, so daß man sich nicht in eine Zwangsjacke gesteckt fühlt, wenn man sich mit dem jeweiligen Bild beschäftigt. Und so kann man sich ja auch in dem jeweiligen Bild in einleuchtenden und weiterhelfenden Zusammenhängen ohne Druck wiederfinden.

A.K.: Sie sagten, daß im Märchen zwar keine juristischen Begriffe benutzt werden, aber doch Gerechtigkeitsgeschehen beschrieben werden. Inwiefern?

E.-M. Krauss: Die meisten Grimmschen Märchen, vielleicht alle, behandeln die Gerechtigkeitsfrage auf unterschiedlichen Stufen. Sie behandeln sie jeweils als ein prozeßhaftes Geschehen. Es sind bildhafte Wegbeschreibungen, die in sehr dynamischer Weise Lebensfragen als eine Entwicklungsangelegenheit darstellen. Diese Lebensfragen werden beantwortet, so daß man bei vielen Märchen von einer 'Moral von der Geschichte' sprechen kann, auch wenn diese Moral nicht ausdrücklich genannt wird. Moral hat ja viel mit Gerechtigkeit zu tun.

A.K.: "Die Moral von der Geschichte" wird in den Grimmschen Märchen - im Gegensatz zur Fabel - so gut wie nie gesagt. Als bekanntestes Gegenbeispiel fällt mir "Der Hase und der Igel" ein, wo es am Schluß heißt: "Die Lehre aver uut disser Geschicht is erstens, datt keener, un wenn he sick ook noch so vörnehm dücht, sick sall bikommen laten, övern geringen Mann sick lustig to maken, un wöört ook man 'n Swinegel. Un tweetens, dat et gerahden is, wenn eener freet, datt he sick ne Fro uut sienem Stande nimmt un de güst so uutsüht as he sülwst. Wer also en Swinegel is, de mutt tosehn, datt siene Fro ook en Swinegel is, un so wieder."

E.-M. Krauss: Ja, richtig, von der Moral wird in den Grimmschen Märchen kaum gesprochen. Um sie, um Gerechtigkeit geht es ihnen jedoch trotzdem. Das nun aber nicht im konventionellen, festgelegten Sinne. Die Märchen veranschaulichen, wie jeweils eine richtige Handlung aus einem prozeßhaften Geschehen heraus gebildet werden kann. Und vielleicht sollte ich schon jetzt etwas zu dem Begriff *Prozeß* sagen, um das zu veranschaulichen, was mit dem Ausdruck *prozeßhaftes Geschehen* gemeint ist. In diesem Wort ist das lateinische Wort *"procedere"* enthalten, und das bedeutet "voranschreiten". Wenn man sich aus der engen juristischen Vorstellung löst, in der wir normalerweise zu leben gewohnt sind, dann kann man einen Prozeß als ein lebensvolles Voranschreiten mit *Eigendynamik*, mit Eigengesetzlichkeit begreifen, bei dem äußere Gesetze einen anderen als den gewohnten konventionellen Stellenwert erhalten. Grimmsche Märchen behandeln - wie gesagt, auf unterschiedlichen Stufen - solche prozeßhaften Entwicklungsfragen.

A.K.: Was hat denn Entwicklung, menschliche Entwicklung, mit Gerechtigkeit zu tun?

E.-M. Krauss: Diese Frage kann man vielleicht anfänglich so angehen, daß man sich klarmacht, daß es in jedem Leben doch um die Frage geht: Wie handle ich richtig? Wie finde ich die richtige Handlung, die richtige Tat? Wie finde ich eine richtige Beziehung zu mir und zur Welt, d.h. wie entwickle ich mich richtig? Dieses *richtige* Handeln, dieses richtige Sich-Entwickeln hat etwas mit dem Rechten, mit dem Gerechten zu tun, also mit Gerechtigkeit.

Wie werde ich ein gerechter Mensch?

A.K.: Dann ginge es bei der Gerechtigkeit in erster Linie um die Frage: Werde ich meinem eigenen Leben gerecht?

E.-M. Krauss: Ja, letzten Endes steht hinter jeder Frage nach Gerechtigkeit auch insbesondere die Frage: Wie werde ich ein gerechter Mensch? Wenn man das sieht, so muß man sich von dem Banalverständnis, wie man also Gerechtigkeit üblicherweise versteht, trennen. Man muß sich dann nämlich klarmachen, daß hinter den alltäglichen Vorstellungen von Gerechtigkeit noch eine viel tiefere Dimension liegt, die wir nur meistens gerne übergehen, überhören und nicht sprechen lassen. Gerade wenn es um Gerechtigkeitsfragen geht, überhört man tiefste, existentiellste Dimensionen des Menschsein nur zu gerne. Trotz der tief in uns liegenden Suche nach Gerechtigkeit folgen wir häufig nicht der Gerechtigkeitssuche, sondern der Rachsucht. Im Grunde genommen schreiben wir gerecht oftmals mit *ä* und nicht mit *e* und sind damit zufrieden. In der Geschäftswelt zum Beispiel, in der Berufswelt, in der Welt der Politiker, in der sehr häufig nur in der Banalkategorie von Gerechtigkeit gedacht wird, müßte man gerecht oftmals *gerechterweise* mit *ä* schreiben.

A.K.: Dieses *gerächt*, von dem Sie gerade sprechen, wäre dann doch als ein Zustand zu beschreiben und nicht, wie Sie es vorhin ausführten, als ein Prozeß, als ein Weg!?

E.-M. Krauss: So ist es. Man denkt in diesen Fällen ganz statisch, in Entitäten, die festliegen, die - so meint man - unveränderbar sind. Daher rührt ja auch die Aggressivität, die so häufig in uns auftaucht, wenn es um Gerechtigkeitsfragen geht. Auch das so häßliche Berechnen zeigt sich gerade auch dann vielfach, wenn es gerecht zugehen sollte. Der *gerechte Preis* ist eine Begrifflichkeit, die in der Geschäftswelt Usus ist, als ob es beim Preis etwas Gerechtes geben könnte! Was ist das für eine Gerechtigkeit? - In Fortsetzung dieses Gedankens kann man sogar zu der Frage kommen, inwieweit unsere Justizurteile etwas mit Gerechtigkeit zu tun haben. Gibt es unterschiedliche Gerechtigkeiten, etwa irdische und kosmische Gerechtigkeiten? Oder gibt es nur eine wirkliche, eine objektive Gerechtigkeit? Und falls es eine solche objektive Gerechtigkeit gibt: Wie ist sie zu verstehen? Wie steht sie insbesondere zu anderen, mehr vorläufigen Gerechtigkeitsformen?

Kommt man so ins Fragen, so kann einem deutlich werden, daß wir in unserem Alltagsdenken und -empfinden doch in der Regel ziemlich weit entfernt sind von dem, was das Wort "objektive Gerechtigkeit" einem als Ausblick anbieten kann; denn unser gewöhnliches Denken ist doch allzu oft in Subjektivistischem, Vordergründig-Irdischem, auch mehr Statischem festgelegt.

A.K.: Gerechtigkeit als Zustand kann im Märchen eigentlich nicht gemeint sein, weil jedes Märchen eine Entwicklung beschreibt. Das Märchen vermittelt keine Zustandsethik, sondern wie Verena Kast es ausdrückt, eine Wegethik.

E.-M. Krauss: Ja. Das ist das Schöne, die herrliche Ästhetik gerade der Grimmschen Märchen. Da geht es nicht um statische menschliche Angelegenheiten, sondern immer um ein Mehr an Entwicklung. Und im Verlauf der Entwicklung zeigt sich Gerechtigkeit, ohne daß man sie festnageln könnte.

Banalgerechtigkeit und wirkliche Gerechtigkeit

A.K.: Welche Gerechtigkeit?

E.-M. Krauss: Um eine Annäherung an diese Frage zu ermöglichen, möchte ich auf das Johannes-Evangelium zu sprechen kommen. Im Neuen Testament finden sich viele Stellen, in denen von Gerechtigkeit die Rede ist, aber diese hier ist vielleicht besonders hilfreich zur Beantwortung Ihrer Frage. In Johannes 16, 8-11, heißt es: "Und wenn derselbe [der Tröster, A.K.] kommt, wird er der Welt die Augen auftun über die Sünde und über die Gerechtigkeit und über das Gericht. Über die Sünde, daß sie nicht glauben an mich. Über die Gerechtigkeit, daß ich zum Vater gehe und ihr mich hinfort nicht sehet. Über das Gericht, daß der Fürst dieser Welt gerichtet ist." Das ist die Übersetzung, die in der Württembergischen Bibel-Anstalt in Stuttgart erschienen ist und die mir diese Passage am glückhaftesten auszudrücken scheint. In einer anderen Übersetzung wird an dieser Stelle von der *wirklichen* Gerechtigkeit gesprochen. Es gibt eben Banalgerechtigkeiten, es gibt irdische Gerechtigkeiten - zum Beispiel das gerechte Urteil -, die weitgehend menschengeschaffen, auf menschliche Konventionen zurückzuführen sind. Und dann gibt es die eigentliche, die wirkliche Gerechtigkeit. Das ist die Gerechtigkeit, die tatsächlich *wirk*-liche Gültigkeit hat.

Zu Ihrer Frage: Was ist die Gerechtigkeit? Da wissen wir ja schon von Sokrates, daß er seine Dialoge über die Gerechtigkeit mit dem lapidaren Satz abschloß: "Wir haben also nicht gefunden, was die Gerechtigkeit ist." Hier im Johannes-Evangelium wird nun allerdings ganz dezidiert gesagt, was Sünde, was Gerechtigkeit und was Gericht ist. Aber auch nicht so, daß man es begrifflich festnageln könnte, so daß eine statische Größe herauskäme und man etwa sagen könnte: Das ist das Gericht, das ist die Gerechtigkeit. Es wird lediglich charakterisiert, und zwar in bildhafter Manier, so daß es nicht mit scharfen Kanten wie ein Kodex fixiert werden kann. Das, was hier als Gerechtigkeit, Gericht, Sünde beschrieben wird, muß man sich erst - in Jungscher Sprache würde man sagen - amplifizieren, also neu entwickeln, verlebendigen. Man muß das, was gesagt ist, vielfältig anreichern, um aus dem vielen heraus im Lebendig-Machen eine Ahnung davon zu bekommen, was eigentlich gemeint ist.

A.K.: In dieser Bibelstelle wird in einem Dreischritt von Sünde, Gerechtigkeit und Gericht gesprochen. Könnte man das mit dem Märchenverlauf, etwa in "Aschenputtel", vergleichen? Zuerst ist da die ungerechte sündhafte Anfangssituation: das Verhalten des Vaters, der Stiefmutter und der Stiefschwestern, das dazu führt, daß Aschenputtel die Erbsen aus der Asche lesen muß. Dann folgt die Gerechtigkeit, die in einem langen Prozeß hergestellt wird, indem schließlich Aschenputtel immer wieder zum Fest des Königs geht und schließlich als Braut erkannt wird. Und am Ende des Märchens erfolgt dann das Gericht.

E.-M. Krauss: Ein schöner Gedanke! - Das Gericht, das im Aschenputtel-Märchen - und auch in manchen anderen Märchen - am Ende steht, betrifft nun allerdings nur bestimmte Partien des ganzen prozeßhaften Geschehens. Das eigentliche Gerichts- und Gerechtigkeitsgeschehen vollzieht sich im Grunde fortlaufend; es beginnt schon beim Hinausgehen zum Grabe der Mutter und findet einen gewissen Höhepunkt und auch eine Gültigkeit in dem "Und sie erkannten sich". In diesem Bild des Sich-Erkennens ist in eminenter Weise Gerechtes anwesend. Daß zum Schluß noch die Schattenaspekte, die Stiefschwestern, schadlos gemacht werden, ist eigentlich nur eine Folge der schon vorher sich vollziehenden Gerechtigkeit. Das Schattenhafte, das Dunkle, das Verneinende fällt ab, wenn das wirklich gerechte Geschehen sich vollzieht. Und nebenbei bemerkt: An diesem Aschenputtelmärchen kann man besonders schön erleben, daß Gerechtigkeit *gebildet* werden muß und daß dabei die Erkenntnis eine entscheidende Rolle spielt.

Der Dreischritt, von dem Sie eben sprachen, ist auch mir bei der näheren Beschäftigung mit diesem Meditationsstoff aus dem Johannes-Evangelium aufgefallen. Ich sehe diesen Dreischritt so, daß er nicht in der üblichen Reihenfolge dargestellt wird. Er beginnt mit dem Sohn, geht dann zum Vater über und endet mit dem Geist. Denn es heißt zuerst: "über die Sünde, daß sie nicht glauben an mich". Da ist also zu Anfang vom großem Ich, vom Christus die Rede. Dann heißt es weiter als nächstes über die Gerechtigkeit: "... daß ich zum Vater gehe". Und schließlich, wenn vom Gericht die Rede ist, heißt es: "... daß der Fürst dieser Welt gerichtet ist". Da würde ich insbesondere aus dem Wort *gerichtet* ableiten wollen, daß an dieser Stelle die Sphäre des Heiligen Geistes berührt ist. Richten, urteilen sind Qualitäten des Geistes.

Alle Fragen des Sündhaften, des Bösen, sind - schaut man tief genug - im Grunde genommen Fragen, die unser Ich, unser höheres Ich, Christus, betreffen. So könnte man die Evangelienstelle verstehen. Als solche sind sie zugleich Fragen unserer göttlichen Herkunft und Entwicklung. Und endlich sind sie Fragen des Erkennens, des in kosmische Dimensionen und Verhältnisse reichenden Geistigen.

A.K.: Wobei in dieser Stelle - wie gesagt - die Sünde an erster Stelle genannt wird; Gerechtigkeit und Gericht folgen. Während in der heutigen Soziologie oft gesagt wird, daß eine Straftat dadurch beschrieben wird, daß ein Gesetz da ist. Also erst ein Gesetz macht eine Tat zu einer Sünde, während hier die Sünde am Anfang steht.

"Mit Christus ist die Tyrannis des Gesetzes aufgehoben"

E.-M. Krauss: Das ist das Schöne. Man kann sagen, daß das mosaische Gesetz mit dem Auftreten von Christus aufhört, seine dominierende und einstmals berechtigte Stellung zu haben. Mit dem Auftreten des Christus ist - ich möchte nicht sagen die gesetzlose Zeit - die königliche Zeit, die souveräne Zeit angebrochen. Auf diesen Begriff des

Souveräns kommen wir ja vielleicht nachher noch näher zu sprechen. Bei Moses galt das Gesetz; mit Christus ist die Knechtschaft unter das Gesetz, die Tyrannis des Gesetzes, für uns Menschen zumindest anfänglich aufgehoben. Jetzt geht es darum, in Unabhängigkeit von diesen äußeren Gesetzen, von äußeren oder inneren Autoritäten, die richtige Handlung zu finden. Deshalb geht Christus hier von dem neu zu erringenden Sohnschaftlichen aus und stellt es damit incidenter in Gegensatz zu dem Knechtischen. "Daß sie nicht glauben an mich", damit deutet er an, daß von jetzt ab die Sünde darin besteht, weiterhin gesetzeshörig zu sein, d.h. sich nicht mit dem Ich, mit dem Christus, mit dem Sohnhaften, dem eigentlich Mitschaffenden zu verbinden. Das ist *die* Sünde von heute und von morgen!

A.K.: Ausgehend von den Märchen sind wir jetzt im Neuen Testament gelandet. Daraus ergibt sich für mich die Frage, ob Märchen christlich sind.

E.-M. Krauss: Die Grimmschen Märchen sind für meine Begriffe in außerordentlichem Maße christlich, exemplarisch sogar, weil sie - ohne ausdrücklich darüber zu reden - alles Definitorische, Gesetzeshörige, Knechtische, man könnte auch sagen Luziferische, am Vergangenen Haftende weglassen und in unglaublich beeindruckender Weise das christliche, bauende, schöpferische, zeugende Element zur Darstellung bringen. Also die Sohnschaft, die Entwicklung des Ich, darum geht es in den Märchen, und darum geht es auch im Christentum. Ohne es jetzt zu sehr einengen zu wollen, könnte man doch sagen, daß es im Christentum einmal um das allgemein Menschliche geht, daß man sich als Bruder findet. Rudolf Steiner drückt das folgendermaßen aus: "Dadurch wird in der äußeren Welt für den Menschen dasjenige zu einer wichtigen Angelegenheit, was gerade durch das Christentum verbreitet werden soll: die Allgerechtigkeit ausgießende menschliche Bruderliebe." (GA 110, 1981/14.04.1909/S.89)

Das ist das eine, und das andere ist das, was ich eben in Anlehnung an die Ausführungen meines verstorbenen Freundes Johannes Werner Klein als das Sohnschaftliche umschrieben habe, das Zukunft Bauende, das Mitschöpferische. Beides können wir in den Grimmschen Märchen wiederfinden: einmal dieses Allgemeinmenschliche - nämlich in die Dimension hineinzukommen, in der die Sonderung vom anderen aufhört -, und dann das Sohnschaftliche.

"Wer kann denn König sein?"

A.K.: Können Sie dafür ein Märchenbeispiel sagen?

E.-M. Krauss: Da möchte ich als Beispiel das Märchen "Die Sterntaler" nennen, obwohl am Ende nur noch das Sterntaler-Mädchen und die Sterne da sind. Vorher ist aber schon alles mögliche passiert. Ich neige zwar dazu, gerade dieses Märchen mehr subjektstufig zu interpretieren, d.h. so, daß alle Figuren und Geschehnisse als innerpsychische Phänomene angesehen werden, aber man kann dieses Märchen in diesem Zusammenhang auch einmal anders sehen, und zwar objektstufig, so daß alles, was da an Menschen auftritt, wirkliche Menschen sind, mit denen sich das Sterntaler-Mädchen in irgendeiner Weise auseinandersetzt. Was tut das Sterntaler-Mädchen? Es gibt unaufhörlich ab, es teilt, es teilt mit, es verurteilt nicht, sondern es stellt sich jeweils auf die Stufe seines Gegenübers und lebt allgemeine Menschenliebe. Auch wenn man das Märchen subjektstufig deutet, übt das Sterntaler-Mädchen allgemeine Menschenliebe, indem es Stufe für Stufe mit sich in eine immer gesunder werdende Beziehung tritt, sich wärmt, sich ernährt usw.

Viele andere Märchen betreffen auch diese Frage der allgemein menschlichen Bruder- oder Schwesternliebe. Ich würde dazu alle Märchen zählen wollen, bei denen am Schluß ein König oder eine Königin steht. Wer kann denn König sein? Er muß schließlich für ein Reich sorgen! Und das kann er nur ordentlich - und so enden ja die Märchen, daß es ordentlich geschieht -, wenn er wirklich selbstlos für andere da ist. Es gibt sogar Märchen, bei denen am Anfang ein Diener steht, ein Knecht könnte man in der Sprache des Neuen Testamentes vielleicht sagen. Da ist zum Beispiel das Märchen "Die weiße Schlange". Es beginnt mit einem Diener, der nun aber am Ende tatsächlich König geworden ist. Dieses Märchen drückt für mich in besonders beeindruckender Weise aus, daß ein "König" zunächst einmal die Fähigkeit zu dienen in sich entwickelt haben muß. Er muß für die anderen da sein können, darf gegebenenfalls keinen Unterschied zwischen sich und den anderen machen, trotz aller Unterschiedlichkeit. Ein solcher Mensch kann dann schließlich "König" sein. Das ist nun zwar etwas Unterscheidendes, etwas Hierarchisches; aber in welchem Sinne? In dem Sinne, daß er sich kraft Besitzstandes über andere erheben kann? Oder in dem Sinne, daß er nur dann *König* ist, wenn er souverän, innerlich frei, unabhängig von allen inneren und äußeren Autoritäten ist?

Ich verstehe die Grimmschen Märchen im letzteren Sinne. Man ist *König* in dem Maße, als es einem gelingt, frei zu sein, zum Beispiel nicht in ein widerwärtiges hierarchisches Denken hineinzukommen, wie wir es heute so häufig noch tun, indem wir die Unterschiede noch als feststehende, ein für alle Mal gültige Entitäten ansehen. Dieser König aus dem Märchen "Die weiße Schlange" ist Diener gewesen und wird auch in Zukunft, so dürfen wir das Märchen verstehen, seinem Volk, den Menschen, dienen.

A.K.: Sie sprachen soeben von Unterscheidungen. Wie ist es mit dem Unterscheidungsvermögen? Einerseits muß der Märchenheld sehr genau unterscheiden, wem er gehorcht und wem er widersteht. Andererseits sagten Sie, daß er keinen Unterschied zwischen sich und den anderen macht. Er stellt sich nicht über die anderen Menschen.

E.-M. Krauss: Ja, das gehört zu den Paradoxien des wirklichen Lebens, daß man messerscharf unterscheiden können muß, ohne zu unterscheiden. Dabei muß man nun aber diesen einen Begriff in unterschiedlicher Weise verstehen. Ich muß ganz klar unterscheiden können, was meine Aufgabe als *König* ist. Was meine Aufgabe ist, die *nur ich* tun muß, die an diesem Ort, in dieser Situation, in dieser Funktion kein anderer tun kann. Wenn es wirklich meine Aufgabe ist, darf ich sie mir auch nicht wegnehmen lassen, weil ich mich sonst unter Umständen aus der Verantwortung ziehen würde. Ich muß also unterscheiden können, und zwar gerade auch, was innerpsychische Fragen angeht. Als Richter zum Beispiel muß ich urteilen, verurteilen. Wenn ich mich aber persönlich über den Verurteilten stelle, dann wird es schlimm. Das darf ein wahrer *König* nicht. Er darf sich rein menschlich gesehen nicht persönlich erheben und besser dünken als jeder andere in seinem *Volk*.

A.K.: Häufig brauchen die Märchenhelden ein ganz klares Unterscheidungsvermögen zwischen Gut und Böse. Zum Beispiel wird in dem Märchen "Die zwei Brüder" der eine Bruder in Stein verwandelt, weil er der Hexe gehorcht, während der andere die Boshaftigkeit der Hexe erkennt, ihr nicht folgt und dann sogar den Bruder erlösen kann.

"Der Dummling hat eine außerordentliche Geisteskraft"

E.-M. Krauss: Ja, auf dieses Unterscheidungsvermögen sollten wir noch etwas näher eingehen. Das Unterscheidungsvermögen, das Urteilsvermögen, das in der Gerechtigkeitsfrage impliziert ist, spielt gerade in den Grimmschen Märchen eine große Rolle, wiederum ohne daß es als solches ausdrücklich benannt wird. Nehmen wir da zum Beispiel den Dummling in dem Märchen "Die drei Federn". Er ist nicht einfach dämlich. Es ist etwas ganz anderes gemeint. Der Dummling ist doch der stille Protestierer in uns, der nein sagt zum Gewohnten, zu dem bloß nach vordergründigen Schemata Lebenwollenden. Er läßt sich nicht fixieren von dem bloß sinnlich Wahrnehmbaren, vom bloß Verstandesmäßigen. Er sieht mehr, er hört mehr. Er ist fähig, Imaginationen in sich zu entwickeln, und ist geöffnet für Inspirationen. Der jeweilige Dummling im Märchen hat also eine außerordentliche Geisteskraft in sich entwickelt, so daß er fähig geworden ist, sich vom Alltagsdenken zu trennen.

A.K.: Damit sind wir wieder bei dem Unterschied zwischen dem mosaischen Gesetz und dem christlichen Wegcharakter. Der Dummling kann seinen Weg nach dem selbsterkannten Gesetz gehen, während die älteren Brüder sich an das mosaische Gesetz halten.

E.-M. Krauss: Richtig. Die Älteren, die in der Außenwelt als die Macher, als die Perfektionisten, als die Könner erscheinen, und die sicherlich in der Gesellschaft bestes Renommé haben, die sind im Grunde genommen die Knechte. Das ist das Paradoxe. Der Dummling, der Tumbige hat sich insgeheim ausgebildet, was die Außenwelt oft gar nicht wahrnehmen kann, weil sie dafür keine Wahrnehmungsorgane entwickelt hat. Er hat sich instandgesetzt, über das Alltagsdenken hinaus etwas anderes wahrzunehmen. Er ist der eigentliche potentielle Souverän, der eigentliche Ich-Träger, jedenfalls derjenige, der dabei ist, sein Ich zu entwickeln und zu stärken.

"In einer Nacht gar dunkel"

In diesem Märchenhelden kommt etwas zum Ausdruck, was auch in der Mystik eine große Rolle spielt, und was auch Rudolf Steiner erwähnt, wenn er davon spricht, daß es "dunkel werden" muß (GA 123, 1979/04.09.1910/S.74). Dieser Aspekt kommt auch ganz besonders deutlich am Schluß des Sterntaler-Märchens zur Anschauung: "Endlich gelangte es in einen Wald, und es war schon dunkel geworden, da kam noch eins und bat um ein Hemdlein, und das fromme Mädchen dachte: 'Es ist dunkle Nacht, da sieht dich niemand, du kannst wohl dein Hemd weggeben', und zog das Hemd ab und gab es auch noch hin. Und wie es so stand und gar nichts mehr hatte, fielen auf einmal die Sterne vom Himmel und waren lauter harte blanke Taler; und ob es gleich sein Hemdlein weggegeben, so hatte es ein neues an, und das war vom allerfeinsten Linnen. Da sammelte es sich die Taler hinein und war reich für sein Lebtag."

Dieses Erlebnis der dunklen Nacht, ganz wunderbar auch in einem der Meditationsgedichte von Johannes vom Kreuz dargestellt, ist der Zustand, der eintritt, wenn man das Tagesdenken suspendiert, wenn man von seinen persönlichen Vorlieben und Abneigungen absehen kann. Wenn das zum Schweigen kommt, dann ist es zunächst einmal dunkel, Sendepause. Dann entsteht die Möglichkeit, daß zum ersten Mal Neues, ganz anderes sehbar oder hörbar wird. Dann kann das, was zunächst unendlich fern erschien, ohne daß man es direkt angepeilt hat, plötzlich "von selbst" einem in den Schoß fallen. Im Bild dieses Märchens sind das die Sterne. Die Sterne, die natürlich für einen ganzen Kosmos stehen. Dazu vielleicht noch ein schönes Zitat von Rudolf Steiner.

Er sagt: "Die höhere Selbsterkenntnis beginnt erst dann, wenn wir anfangen zu sagen: In dem, was unser alltägliches Ich ist, liegt gar nicht unser höheres Selbst. In der ganzen Welt draußen ist es, oben bei den Sternen, bei der Sonne und dem Mond, im Stein, im Tier: überall ist dasselbe Wesen, das in uns ist." (GA 95, 1979/04.09.1906/S.134)

A.K.: In dem Sterntaler-Märchen sind in diesem Zusammenhang ja verschiedene Aspekte wichtig: einmal die Dunkelheit, dann der Wald und auch das "Es sieht mich keiner". Das Sterntaler-Mädchen gibt also gerade nicht weg, um Ansehen zu gewinnen, sondern es ist eine im höchsten Grade einsame und wohl auch von den Mitmenschen unbemerkte Entscheidung.

E.-M. Krauss: Ja, so ist es: Einsam, unbemerkt, stützenlos. Da möchte ich nun doch noch die Worte von Johannes vom Kreuz hinzufügen, die aus dem Geist christlicher Liebes-Mystik stammen und einen vielleicht zunächst etwas befremden können. Ich liebe diesen "Gesang der Seele" aber ganz besonders.

In einer Nacht gar dunkel,
Da ganz mein liebend Herz vor Inbrunst glühte,
O hochbeglückte Stunde!
Entschlich mit leisem Tritte
Ich meiner tief in Ruh versunknen Hütte.

Im sichern Schutz des Dunkels
War die geheime Leiter bald erstiegen;
O hochbeglückte Stunde!
Verhüllt und tiefverschwiegen
Ging ich und ließ in Ruh die Hütte liegen.

O seligste der Nächte,
Da ich beherzt den dunklen Pfad erklimmte,
Da mich kein Blick erspähte,
Kein Licht den Tritt bestimmte,
Als das, das in der innern Brust mir glimmte.

In dieses Lichtes Glanze
Fand sicherer ich als bei des Mittags Helle
Den Ort, wo meiner harrte
Der Liebste meiner Seele,
Dort in der Öd' an unbetret'ner Stelle.

(St. Johannes vom Kreuz: Dunkle Nacht. München 1956)

A.K.: In diesem Gedicht finden sich sehr viele Märchenmotive.

E.-M. Krauss: Ja, aber in unserem Gesprächszusammenhang ist die Sonderung das Entscheidende, die Sünde. Man muß in die dunkle Nacht eintreten, wo die Sonderung aufhört, wo also nicht der taghelle Verstand regiert, wo man scheinbar ein Dummling ist. Das erfordert, das sagen uns die Märchen, einen ungeheuren Energieeinsatz, eben Schulung, Disziplin, Bereitschaft, jederzeit zu hören, wahrhaben zu können, das ganz andere, was man sich nicht vorstellen kann; d.h. man muß sich vom gewohnten Alltagsdenken freimachen und immer wieder in dieses zunächst Dunkle eintauchen, wo es keinen äußeren Halt mehr gibt; aber wo sich etwas zeigt - Johannes vom Kreuz sagt: "Fand sichrer ich" -, wenn man die Kraft aufbringt und die Geduld, in dieser Öde zunächst auszuharren, zu warten, daß sich etwas entwickelt, daß man erwürdigt wird. Dann kann sich die Wandlung hin zum Souverän vollziehen. Zum Souverän, wie gesagt nicht im Sinne eines Besitzstandes, den man sicher *hat*.

"Das Böse muß dienen"

A.K.: Das Märchen "Die Bienenkönigin" erzählt von einem Dummling, der zwei ältere Brüder hat, die sich auf Abenteuer begeben und in ein wildes wüstes Leben geraten. Der Jüngste, welcher der Dummling hieß, machte sich auf und suchte seine Brüder. Als er sie gefunden hatte, zogen alle drei miteinander fort und kamen an einen Ameisenhaufen. Die zwei Ältesten wollten ihn aufwühlen und sehen, wie die kleinen Ameisen in der Angst herumkröchen und ihre Eier forttrügen. Aber der Dummling hielt sie davon ab. Ein ähnliches Geschehen wiederholt sich noch zweimal an einem See, auf dem Enten schwimmen, und an einem Bienennest, das die älteren Brüder ausräuchern wollen. Am Ende vermählt sich der Dummling mit der jüngsten und liebsten Königstochter. - In diesem Märchen wird sehr deutlich, daß der Dummling, wenn die beiden älteren Brüder nicht gewesen wären, zu Hause geblieben wäre und die Königstochter nicht erlangt hätte.

E.-M. Krauss: In dem, was Sie jetzt berührt haben, taucht für mich die Frage des Umgangs mit dem Bösen auf, dem Bösen - und ich möchte das jetzt einmal ausdrücklich hervorheben -, ohne das wir von Gerechtigkeit gar nicht sprechen könnten. Gäbe es kein Böses, gäbe es auch keine Gerechtigkeit! Ja, es gäbe dann auch keine Entwicklung, keinen Fortschritt. Das macht das von Ihnen erwähnte Märchen auch deutlich: Ohne die beiden bösen Buben hätte sich der Dummling gar nicht auf seinen königlichen Weg begeben.

In einem anderen vielsagenden Märchen, "Der Bärenhäuter", wird dieser Gedanke vielleicht noch aufregender zur Darstellung gebracht! In diesem Märchen geht es nämlich sogar so weit, daß der Bärenhäuter, bevor der Teufel schließlich gehen darf, zu diesem sagt: "Erst sollst du mich reinigen." Das Böse muß hier also dienen! Es muß reinigen! Das Dunkle macht licht. Ohne dieses In-Gegensätzen-Leben, ohne diese kolossalen Zerreißproben in der Auseinandersetzung mit dem Bösen, könnten wir keine ichhaften Bewußtseinsseelenkräfte entwickeln (siehe zum Beispiel GA 168, 1984/10.10.1916/S.96).

A.K.: Das wird auch in dem Märchen "Frau Holle" deutlich, wo die Stiefmutter das Mädchen auffordert, in den Brunnen zu springen. Diese Aufforderung ist böse, aber sie schickt das Mädchen auf den Weg und ermöglicht somit Entwicklung.

E.-M. Krauss: Ja, das Böse spielt in den Grimmschen Märchen eine zentrale Rolle. Wenn man bedenkt, daß es die große Aufgabe unseres Zeitalters ist, uns mit dem Bösen auseinanderzusetzen, es nicht wegzudichten und ihm nicht zu verfallen, so verwundert das auch nicht. Unsere Aufgabe, das Böse als daseiend, notwendig und lichtbringend zu erkennen: die Märchen veranschaulichen sie uns äußerst lebhaft und eindringlich.

Wir möchten ja das Böse allzugerne möglichst schnell verschwinden lassen. Nun ist aber das Böse häufig gar nicht von vornherein eindeutig als solches zu erkennen. Das ist das Vertrackte. Das begegnet uns im alltäglichen Leben, wird aber auch in den Grimmschen Märchen dargestellt. Wer sagt denn, was die richtige Entscheidung ist? Soll der Held im Märchen dem Fuchs den Kopf abschlagen oder soll er es lieber nicht tun, weil der ihm geholfen hat. Wer sagt es ihm?

A.K.: Dies ist aber eine Situation, die erst am Ende des Märchens auftritt, wo die Frage ist, ob die hilfreichen Tiere erlöst werden können. Am Anfang des Märchens ist die Situation doch meistens sehr eindeutig.

Die richtige Handlung

E.-M. Krauss: Aber: Wer sagt denn, ob es tatsächlich böse ist, der Großmutter einen Blumenstrauß zu pflücken? Die Viertelstunde habe ich doch noch Zeit. Dagegen steht der gerade Weg, aber ist es wirklich ein krummer Weg, wenn ich auf die schöne Wiese gehe und der Großmutter noch einen Blumenstrauß pflücke, um ihr eine Freude zu machen?

Man könnte sicherlich noch eine ganze Reihe anderer Märchenstellen bringen, in denen deutlich wird, daß in den Märchen dieses christliche Moment zur Anschauung gebracht wird, daß kein äußeres Gesetz mir sagt, was gut und was böse ist. Das ist eine Gewissensfrage, eine Frage der Urteilskraft, also eine Ich-Frage: Nur ich kann mir sagen, was richtig ist. Diesen Vorgang schildern die Märchen natürlich auch wiederum bildlich, indem es zum Beispiel Tiere sind, die dem Märchenhelden sagen, was die richtige Handlung ist.

A.K.: Oder das graue Männchen ...

E.-M. Krauss: Auch Zwerge spielen eine Rolle und können einem sagen, was richtig ist. Zum Beispiel in dem Märchen "Schneewittchen" geben die Zwerge Hilfe und sagen: "Hüte dich vor deiner Stiefmutter". In dem Märchen "Die weiße Schlange" sind es wieder Tiere. Dort wird dieser Aspekt besonders schön in einer Art Dreischritt dargestellt. Es geht in diesem Märchen darum, daß man in sich die Fähigkeit entwickeln muß, etwas vom Seelischen, vom Physischen und auch vom Geistigen zu verstehen: vom Seelischen, indem man wahrnehmen können muß, was die *Fische* einem bringen, also die Inhalte des *Wassers*, des Unbewußten, des Seelisch-Bewegten. Dann muß man auch ein wirkliches Verständnis entwickeln von dem, was das Materiehafte ist, das Irdische, das Erdhafte, wie es sich baut und auflöst und in welcher Verbindung es zur Welt, zu uns Menschen steht. Das wird in diesem Märchen dadurch angedeutet, daß der Ameisenkönig mit seiner Schar dem späteren König etwas vermittelt. Und schließlich muß man auch etwas vom Geistigen verstehen, nicht nur vom vorgestellten Geistigen, sondern vom wirklich Geistigen. Man muß wirk-liche Geistesflüge ausführen können. Das wird in diesem Märchen bildhaft zum Ausdruck gebracht, indem letztendlich von den Raben aus den Lüften das gebracht wird, um was es hier vor allem geht: um die Frucht vom Baum des Lebens. Das Märchen schildert sehr eindrücklich, daß es keine einfache Sache ist, herauszufinden, was das Richtige ist. Es ist nicht nur durch eine Fähigkeit alleine zu erreichen, sondern es müssen komplexe Fähigkeiten in einem zur Entwicklung gebracht werden, so daß man nachher wirklich etwas vom Physischen, Seelischen und Geistigen versteht. Man muß also mehr hören können als das, was unsere physischen Ohren uns vermitteln, zum Beispiel das *Klagen des Ameisenkönigs*. Man muß auch mehr sehen können als das, was sinnlich wahrnehmbar ist. Und man muß zur rechten Zeit den rechten Einfall haben. Das alles setzt voraus - das Märchen sagt uns das natürlich nicht so direkt, wie ich das jetzt formuliere -, daß man untergetaucht, durch den Nullpunkt, durch die Dunkelheit gegangen ist.

A.K.: Oder durch den Wald, der in vielen Märchen als der Bereich vorkommt, in dem völlig neue Wege gefunden werden können. Dante drückt es in der "Göttlichen Komödie" folgendermaßen aus:

"Als unseres Lebens Mitte ich erklommen,
befand ich mich in einem dunklen Wald,
da ich vom rechten Wege abgekommen.

Wie schwer ist's, zu beschreiben die Gestalt
der dichten, wilden, dornigen Waldeshallen,
die, denk ich dran, erneuen der Furcht Gewalt!

Kaum bitt'rer ist es in den Todes Krallen;
des Guten wegen, das er mir erwies,
bericht ich, was im Wald sonst vorgefallen.

Ich weiß nicht recht mehr, wie auf ihn ich stieß;
war ich doch zu der Zeit so schlafbenommen,
zu der die wahre Straße ich verließ.

Als ich zu eines Hügels Fuß gekommen,
der als ein Abschluß aus dem Boden trat,
des Tales, drinnen die Angst mich mitgenommen,

schaut ich empor und sah des Berges Grad
bereits in des Planeten Strahlenkleide,
der recht uns führt auf einem jeden Pfad."

Gerechtigkeit ist eine ästhetische Frage

E.-M. Krauss: Ja, wie schön. Der Wald ist ein recht komplexes Bild. Die Bäume reichen in das Erdreich hinein, haben eine Zwischenstufe, wo der Stamm ist, und dann kommt das Geäst mit dem Laub, das in die himmlischen Regionen hineinreicht. Die Bäume, die einem zunächst jeweils nur als Einheit erscheinen, erweisen sich also als dreigliedrig. Der Wald ist daher, so könnte man sagen, ein Ort, wo die Dreiheit so vorhanden ist, daß man von ihr etwas lernen kann, wenn man sich nicht in ihr verliert, verirrt. Durch den Wald muß man erst einmal hindurch. Dort, an diesem wesentlichen Ort der Dreiheit, findet der wirkliche Selbstfindungsprozeß seinen Anfang.

Um zu unserer Anfangsfrage zurückzukehren: Hat das etwas mit Gerechtigkeit zu tun? Ja, sind diese Bilder von der Dreiheit des Waldes nicht schön? Klingt das nicht gut, sozusagen als musikalisches Element? Sie wundern sich vielleicht, daß ich - noch dazu als Jurist - jetzt solche Begriffe bringe. Aber: Man kann sich klar machen, daß die Gerechtigkeit eine Tugend ist, sogar eine Kardinaltugend. Ein tugendhaftes Leben zu führen, ist etwas Schönes, eine tugendhafte Handlung als solche erscheint uns ästhetisch schön.

A.K.: In diesem Zusammenhang wird auch oft der Ausdruck harmonisch gebraucht.

E.-M. Krauss: Ja, diese vom Denken scheinbar so weit abliegenden, zum Teil eher musikalischen Aspekte spielen eigenartigerweise in die Gerechtigkeitsfrage mit hinein. Die Gerechtigkeit ist eine ästhetische Frage, eine musikalische, eine poetische Frage, eine Frage des Umsetzens, des Ver-dichtens. Wenn man an den Ort der Gerechtigkeit herankommt, kann man - so scheint mir - die sphärenmusikalischen Klänge hören.

A.K.: Warum beginnen dann die Märchen so häufig mit einer zunächst völlig ungerechten Ausgangssituation? Warum muß Aschenputtel in der Asche die Erbsen zusammenlesen?

E.-M. Krauss: Warum gerade ich? Warum bin gerade ich der als Idiot Erscheinende? Warum bin ich das Aschenputtel, der Trottel? - Ist das denn wirklich so ungerecht? Das muß man sich doch fragen. Wenn ich der ausgemachte Trottel bin, dann hat das ja wohl eine Vorgeschichte oder eine Zukunft, entweder in diesem Leben oder in einem anderen. Da war doch wohl irgendetwas, was mich zu diesem Trottel macht, oder da soll doch etwas werden. Ganz abgesehen davon ist es noch die Frage, ob das, was am Anfang als das Minderwertige erscheint, letztendlich auch als minderwertig zu betrachten ist. Der Diener zum Beispiel in dem Märchen "Die weiße Schlange" ist am Ende König. Man könnte nun zwar sagen: "Wunderbar! Er hat endlich die Spitze der Karriere erreicht und das Dienerhafte ist von ihm abgefallen". Wenn es aber so wäre, müßte er als König wieder abgesetzt werden! Wenn Aschenputtel als Königin nichts mehr von ihrem Aschenputtelhaften wahrhaben will, ist sie nicht Königin. Das muß man mit hinzunehmen, daß das Minderwertige eine Berechtigung für sich hat. Es muß in gewisser Hinsicht bleiben. Ein Mensch ohne Schatten hat keine Wirklichkeitsdimension. Den Schatten wegradieren zu wollen, ist eine der großen Gefahren auf dem Wege. Ihn zu ertragen, bringt Größe, die dieses Etikett als Etikett allerdings nicht leidet.

Das Königtum kann man nicht besitzen

A.K.: Nun hören die Märchen meistens so auf, daß einer König bzw. ein Paar König und Königin geworden ist und daß sie dann lange glücklich und in Frieden lebten.

E.-M. Krauss: Am Schluß steht, daß sie glücklich und zufrieden lebten und ihrem Volk dienten. Das muß man wohl so verstehen, daß das Märchen mit diesem Schlußakkord sagen will: Hier ist etwas zu einem gewissen Ende gebracht. Aber das kann natürlich nicht bedeuten, besonders wenn man die Märchen als Wegbeschreibungen verstehen will, daß jetzt ein statischer Zustand erreicht ist. Dieses Königspaar muß sich, wenn es wirklich glücklich leben und seinem Volk wirklich dienen will - wir sagten es schon -, weiterhin als Diener verstehen. Auch dann, wenn man diese Etappe erreicht hat, das Königtum in sich errichtet hat, den Souverän in sich gefunden hat, hat man das nicht ein für allemal erworben. In dieser Dimension läßt einen jedes Besitzdenken wieder aus dieser Dimension herausfallen. Dieses Besitzdenken wäre römisch-rechtlich gedacht und das ist - wie Rudolf Steiner sagt - antichristlich. In "Bausteine zu einer Erkenntnis des Mysteriums von Golgatha" sagt er: "... wie die Rechtsbegriffe, die später aufgetaucht sind, alle auf das römische Recht zurückführen, wie das römische Recht, dieses antichristliche im Christus-Sinne, sich überall hineingeflochten hat." (GA 175, 1982/14.04.1917/S.272). Im Geistigen etwas haben, besitzen zu wollen, ist im Grunde genommen antichristlich, weil es den Weg beendet - im kleinen Ich!

A.K.: Das wird in dem Märchen "Schneewittchen" besonders deutlich, in welchem die Stiefmutter am Anfang Königin ist, dann abtreten muß, aber sich dem widersetzt.

E.-M. Krauss: Ja, sie hält an einem einmal Erworbenen fest, pocht auf ihren Status, auf ihr Recht, hat sich im Grunde genommen vom Leben absentiert, will nicht teilen, schon gar nicht abgeben.

A.K.: Sie erwartet die Antwort nicht einmal mehr von einem anderen Menschen, sondern vom Spiegel.

E.-M. Krauss: Sie ist - wie Krishnamurti sagen würde - nur noch mit ihrem "shoddy little life" beschäftigt. Sie ist also der luziferischen Versuchung der Selbstbespiegelung total erlegen. Sie ist eine Selbstgerechte geworden und keine Gerechte mehr. Auch Schneewittchen, nachdem sie in den Königsstand erhoben worden ist, wird sich mit ihrer Stiefmutter in sich weiterhin auseinandersetzen und sie im Auge behalten müssen, wenn sie nicht das Spiegelbild ihrer Stiefmutter werden will.

A.K.: Im Märchen wird das Gute und das Böse sozusagen in verschiedene Personen auseinandergefaltet. Gut und Böse begegnen sich vielfältig im Märchen. Gibt es charakteristische Züge dieser Begegnungen?

E.-M. Krauss: Die Grimmschen Märchen stellen symptomatische Phänomene unserer seelischen Entwicklung und unseres menschlichen Zusammenseins dar. Sie stellen sie - wie gesagt - bildhaft dar und nicht begrifflich festgelegt, so daß es immer wieder Nuancierungen und Überlappungen geben kann. Sie stellen verschiedene Konstellationen dar, die in unserem menschlichen Leben in der Begegnung mit dem Bösen beobachtbar sind, in einem selbst oder auch in anderen Menschen. Durch ihre bildhafte Sprache geben sie heilende, wohltuende Hilfen. Als eine der besonderen Wohltaten der Grimmschen Märchen empfinde ich in diesem Zusammenhang immer, daß nicht gesagt wird: "Du sollst!" und: "Du mußt!", sondern daß das offengelassen wird. Es wird sogar am Ende des Märchens, wenn die Lösung gefunden worden ist, nicht einmal gesagt: Das war der einzig mögliche Weg. Von daher gesehen, ist es sogar denkbar, daß der Held die Erlösung auch noch auf andere Art und Weise hätte erreichen können.

A.K.: Wobei die Märchen in sich ja doch so stimmig sind, daß man den Eindruck hat, es hätte gar nicht anders gehen können. Die Märchen zeigen ja gerade, daß der Märchenheld einem Weg folgt, den er zunächst nicht überblickt, der aber in sich als Schicksalsweg schlüssig ist.

E.-M. Krauss: Ja, sie sind stimmig. Die Wege, die in den Grimmschen Märchen glückhaft geschildert werden, stimmen zusammen mit dem Weltganzen. Es gelingt den Helden, sich einzustimmen in die Weltenharmonie, so daß sie selbst gesunden und an der Gesundung ihrer Umwelt mitschaffen können.

Ich empfinde es immer wieder beglückend, wie in den Grimmschen Märchen vermieden wird zu sagen: "Du sollst dies oder das", wie also keine Fremdgerechtigkeit gepredigt wird. Es geht in ihnen eben um die wirklich gerechte Handlung, die das jeweilige Individuum in der Auseinandersetzung mit sich selbst, dem anderen, dem Bösen aus sich selbst heraus erst gebären muß.

Die Begegnung mit dem Bösen - der Schatten

A.K.: Dem Bösen wird im Märchen häufig erduldend begegnet. Aschenputtel erleidet zunächst still die Ungerechtigkeit der bösen Stiefmutter. Gegen das Böse wird im Märchen eigentlich nur da gekämpft, wo ein Drache auftritt.

E.-M. Krauss: Die Märchen bringen sicherlich als eine Möglichkeit, sich mit dem Bösen auseinanderzusetzen, das Bild des Duldens, des Abwartens. Aber es gibt auch andere, listenreiche Möglichkeiten, dem Bösen zu begegnen. Es gibt sogar die Möglichkeit, sich auf das Böse einzulassen und mit ihm einen faustischen Pakt zu schließen, wie zum Beispiel in "Der Bärenhäuter". Die Märchen schildern ganz unterschiedliche Weisen, sich mit dem Bösen auseinanderzusetzen. Die Begegnung mit dem Bösen ist ein ganz zentrales Anliegen der Märchen. Es ist ja auch - wie bereits gesagt - gerade im Zeitalter der Bewußtseinsseele eine Menschheitsaufgabe, mit dem Bösen als einer Realität in angemessener Weise umzugehen. Darauf weist Rudolf Steiner wiederholt hin. Aber nicht nur er.

Es ist nun aber sehr interessant zu sehen, daß viele Richtungen von der Bedeutung des Bösen reden, an dem Thema aber nicht wirklich arbeiten. Zu den Richtungen, die wirklich an die Auseinandersetzung mit dem Bösen gehen, zähle ich die Jungsche Schule mit ihrer Arbeit am Schatten. Jeder, der eine Jungsche Analyse durchmacht, wird nolens volens mit seinem Schatten konfrontiert, muß sich mit ihm ganz konkret schon dadurch auseinandersetzen, daß die Träume, die in der Jungschen Schule eine große Rolle spielen, den Schatten dem Analysanden als ihm zugehörig erlebbar machen.

A.K.: Ist der Schatten das, was in der Anthroposophie Doppelgänger genannt wird?

E.-M. Krauss: Das mit einem simplen Ja zu beantworten, kann ich mich nicht entschließen. Aber ganz maßgebliche Partien dessen, was C.G. Jung mit Schatten meint, sind mit dem Doppelgängeraspekt Rudolf Steiners identisch (siehe dazu zum Beispiel Gerhard Wehr: C.G. Jung und Rudolf Steiner, Stuttgart 1972, S.226 f.).

Aber vielleicht noch folgende Bemerkung: In der Jungschen Richtung wird dem Schatten bzw. dem Doppelgängeraspekt eine viel bedeutendere Rolle im alltäglichen praktischen Leben beigemessen - cum grano salis gesprochen - als unter Anthroposophen. Und ich habe oft den Eindruck, daß gerade die Anthroposophen, die auf die Psychoanalyse schimpfen und über sie die Nase rümpfen, von dem Schattenaspekt bzw. dem Doppelgängeraspekt am wenigsten Ahnung haben, ihren eigenen Doppelgänger oft kaum wahrnehmen. Der Doppelgänger- oder der Schattenaspekt ist dann bei dieser Art Anthroposophen in der Regel das Problem des anderen. Man tut so, als habe man selbst keinen eigenen. Man redet entweder abstrakt über dieses Thema oder beschäftigt sich konkret mit dem Schatten des anderen. Ich erlebe es jedenfalls öfter - und da unterscheiden sich offenbar Anthroposophen nicht wesentlich von anderen Menschen -, daß man entweder theoretisiert oder über den anderen redet.

Carl Gustav Jung (1960)
Foto: Monsted, Zürich

A.K.: Ist es nicht sogar so, daß man in dem Moment, wo man sich über die Schattenaspekte oder die Doppelgängeraspekte nicht bewußt wird, immer weniger die Möglichkeit hat, zum Ich des anderen vorzudringen, zum Souverän des anderen. Man bleibt praktisch in den Doppelgängeraspekten unbewußt stecken.

E.-M. Krauss: Ja, man vermeidet eine wirkliche Auseinandersetzung mit diesen Fragen. Daß das so ist, das hängt auch damit zusammen, daß man sich vielfach der Welt nicht offenen Sinnes zuwendet, ihr nicht *wirklich* Interesse entgegenbringt, obwohl man gerade davon spricht. Nach meinem Eindruck steht man zum Beispiel der Jungschen Psychoanalyse vielfach reserviert gegenüber, hegt ihr gegenüber Vorurteile, ohne sie wirklich zu kennen. Das zeigt sich auch in der literarischen Behandlung solcher Größen wie C.G. Jung: Entweder werden sie verschwiegen, oder man urteilt sie ziemlich schnell ab. - Nun muß ich natürlich sagen, daß es eine ganze Reihe wichtigster anthroposophischer Aspekte gibt, die man bei Jung nicht findet, und daß es manches gibt, in dem ganz eindeutig Unterschiede bestehen. Das ist aber nicht das Wesentliche. Die wesentliche Frage wäre doch wohl: Wo kann ich von dem anderen lernen, wo ergänzen wir uns, wo kämpfen wir zusammen etc.? - Übrigens: Jungianer verhalten sich, was das Beurteilen von Anthroposophie und Anthroposophen angeht, oft auch nicht gerade offenen Sinnes. Schade!

Traum und Märchen bei C.G. Jung

A.K.: In dem Aufsatz "Zur Phänomenologie des Geistes im Märchen" sagt C.G. Jung über das Märchen: "Ich möchte meinem Leser gerne mehr vom modernen Traummaterial vorlegen. Aber ich fürchte, daß der Individualismus der Träume viel zu hohe Anforderungen an die Darstellung erhebt und einen Raum beansprucht, der uns hier nicht zur Verfügung steht. Wir wenden uns darum lieber der Folklore zu, wo wir den Konfrontationen und Wirrnissen der individuellen Kasuistik enthoben sind und die Variationen des Geistmotives betrachten können, ohne Rücksicht auf mehr oder weniger einmalige individuelle Bedingungen nehmen zu müssen. In Mythen und Märchen wie im Traume sagt die Seele über sich selber aus, und die Archetypen offenbaren sich in ihrem natürlichen Zusammenspiel, als 'Gestaltung, Umgestaltung des ewigen Sinnes, ewige Unterhaltung'." (C.G. Jung: Bewußtes und Unbewußtes, S.102). An diese Ausführungen schließt sich für mich die Frage, ob die Märchen aus der selben Ebene kommen wie die Träume?

E.-M. Krauss: Das möchte ich bejahen, aber mit der Ergänzung, daß von Ebenen, also im Plural gesprochen werden müßte. "... in dem Traum lebt das Weben der organischen Gesetze, in die der Mensch eingeschaltet ist", sagt Rudolf Steiner (GA 228, 1985/16.09.1923/S.136). Und man kann sagen, daß von nichts anderem auch die Märchen handeln. Was die Träume anbelangt, so sind manche von ihnen wohl noch schwieriger als Märchen zu verstehen. Denn bedenken wir, daß nach Rudolf Steiner "... der Traum eigentlich durchaus nicht in seiner wahren Gestalt vor das gewöhnliche Bewußtsein tritt", sondern eine Maske trägt (GA 230, 1985/03.11.1923/S.130), und daß das Wahrnehmen des unmaskierten Traumes von der geistigen Entwicklung des jeweiligen Menschen abhängt (siehe dazu auch das Kapitel "Veränderungen im Traumleben des Geheimschülers" in GA 10).

Aber weil wir gerade von Träumen sprechen, kann ich es nicht unterlassen zu betonen: Jungianer nehmen ihr Traumleben sehr ernst, beachten ihre Träume sehr genau! Im Hinblick auf Anthroposophen läßt sich Vergleichbares leider nicht sagen, obwohl Rudolf Steiner auf die außerordentliche Tiefe des Traumlebens wiederholt hingewiesen und gesagt hat: "... das Traumesleben gehört zu dem, was genau studiert werden muß." (GA 228, 1985/16.09.1923/S.135)

Ja, man kann auf mancherlei Weise seinem Schatten ausweichen. Nur dann weicht man damit auch den Engeln aus.

"Die Bildsprache des Märchens ist noch nicht abgeschlossen"

A.K.: Marie Luise von Franz, die gerade im Bereich der Märchen sehr eng mit C.G. Jung zusammengearbeitet hat, hat ein Buch geschrieben: "Der Schatten und das Böse im Märchen". In diesem Buch beschreibt sie, wie das Böse im Märchen dargestellt wird, wie es in seelischen Konflikten auftritt, und führt aus, daß es ganz real zu nehmen sei. Sie beschreibt, inwiefern Märchenbilder Bilder von Vorgängen in der Seele eines Menschen sein können und wie sie in der Therapie eingesetzt werden können. Wenn man ihre Deutung zum Beispiel mit der Deutung von Rudolf Meyer in dem Buch "Die Weisheit der deutschen Volksmärchen" vergleicht, so fällt auf, daß sie mehr auf innerseelische Vorgänge abhebt, während Rudolf Meyer die Märchen eher in bezug auf kosmische Gesetzmäßigkeiten deutet.

E.-M. Krauss: Daran kann man die Vorlieben der jeweiligen Richtungen sehen. Die Jungsche Richtung interpretiert Märchen vor allem als Vorgänge des Seelisch-Geistigen des Individuums. Von anthroposophischen Interpreten werden kosmische Zusammenhänge mit einbezogen. Letzteres können Jungianer übrigens auch gar nicht. Das, was aus anthroposophischer Sicht zu dem Märchen "Frau Holle" zum Beispiel zum nachtodlichen Erleben gesagt werden kann, ist einem Jungianer nicht möglich. Ich meine, daß beide Deutungsmodalitäten ihre Berechtigung haben und daß man nur herausfinden muß, wo die jeweilige Deutungsart hingehört, ob vielleicht erst beide Deutungen zusammen den richtigen Klang ergeben, oder ob die eine oder die andere zu bevorzugen ist.

A.K.: Wie kann es sein, daß so verschiedene Deutungen für ein und dasselbe Märchen möglich sind?

E.-M. Krauss: Weil das Märchen nicht begrifflich fixiert ist, sondern nur als Bild erscheint. Bilder lassen frei. Was man in ihnen sieht, hängt von einem selbst ab. Die Bildsprache des Märchens ist, selbst wenn sie seit Jahren auf dem Papier steht, ja auch noch nicht abgeschlossen. Wir müssen die Märchen weiterdichten. Jeder, der sich mit einem Märchen beschäftigt, dichtet es weiter und setzt ihm etwas hinzu, so daß es weiterleben kann.

A.K.: Was meinen Sie mit: das Märchen weiterdichten?

E.-M. Krauss: Jeder gibt von seiner Person und von dem, was hinter seiner Person lebt, etwas hinzu. In dem Maße, in dem er sich mit dem jeweiligen Märchen wirklich verbindet, kommt etwas Neues zustande. Das wird zwar meistens nicht aufgeschrieben, aber das Märchen wird doch im Grunde genommen weitergedichtet. Das ist das Schöne und sogar das Entscheidende.

Können wir sicher sein, daß am Ende jeweils Gerechtigkeit waltet?

A.K.: Noch einmal zurück zum Schatten, zum Bösen. In dem Buch "Der Mensch und das Böse" schreibt Hans-Werner Schroeder über das Böse im Märchen. Zunächst spricht er über die goldenen Haare des Teufels, daß es ja schon ein Paradoxon sei, daß der Teufel goldene Haare habe. Dann schreibt er sozusagen als Zusammenfassung: "Unser kurzer Blick auf die Märchenweisheit hat sieben Grundmotive ergeben:

- das Böse wird akzeptiert, nicht beklagt;
- ohne es kommt nichts in Gang;
- das Gute entwickelt sich am Bösen;
- an ihm wird Wandlung möglich durch mutvolles Handeln;
- durch Ertragen des Leidens;
- durch Erlösungskräfte;
- im Bösen kann Kostbares verborgen sein." (Stuttgart 1984, S.94)

Der letzte Punkt wird zum Beispiel in dem Märchen deutlich, in dem der Teufel eine Tochter hat, die zu guter Letzt den wandernden Märchenhelden heiratet. An dieser Zusammenfassung wird deutlich, daß das Böse sogar eine Funktion hat, damit Gerechtigkeit sichtbar werden kann.

E.-M. Krauss: Ja, und das könnte fast so verstanden werden, als ob das Böse doch gar nicht so übel ist. Das könnten einem auch die Märchen insinuieren; denn sie enden - von wenigen Ausnahmen abgesehen - eigentlich immer glücklich. "Von dem Fischer un siner Fru" kann man das nicht sagen. Sie landen "wieder im Pisspott".

A.K.: Aber das ist doch auch gerecht?

E.-M. Krauss: Es endet gerecht, und es wird hoffentlich ja auch wieder eine Möglichkeit geben, da herauszukommen.

A.K.: Ähnlich ist es bei "Frau Holle", wo die Pechmarie am Ende dasteht und es heißt: "Und das Pech blieb fest an ihr hängen und wollte, so lange sie lebte, nicht abgehen."

E.-M. Krauss: Ja, für die Stiefschwestern, für die Hexen und für die Stiefköniginnen gilt ja Gott sei Dank auch immer, daß sie dran glauben müssen. Aber was die Heldenfigur des jeweiligen Märchens anbetrifft, so enden die Grimmschen Märchen durchgängig glücklich. Das kann einen ja auf den Gedanken bringen, daß das Böse doch nicht so böse ist. Man schafft es ja, sagen die Märchen, und es endet glücklich. Nun, diese Märchen, die die Mission haben, heilend zu wirken, enden zwar immer glücklich, aber das eigene Leben ist dabei häufig aufs Spiel gesetzt worden, und es hätte auch schiefgehen können. Bei den Stiefgeschwistern läuft es ja auch falsch. Der Wegcharakter, das prozeßhafte Geschehen der Märchen machen deutlich: Es ist durchaus möglich, den Weg, den Prozeß zu verlieren. Wir halten uns als Vorbild an den Sieger, an den glückhaften Märchenhelden.

A.K.: Kann man vielleicht statt "glücklich enden" besser "gerecht enden" sagen? Am Ende ist ja das Gerechtigkeitsgefühl, das in jedem Menschen verankert ist, befriedigt.

E.-M. Krauss: Ja, das ist sicherlich befriedigt. Das soll auch befriedigt werden. Diese Sehnsucht nach Gerechtigkeit wird durch das Märchen befriedigt. Damit wird das Böse aber nicht aus der Welt geschafft, und es gibt auch keinen endgültigen Sieg, das deuten die Märchen immer wieder an; denn der Teufel selbst, zum Beispiel in dem Märchen "Der Teufel mit den drei goldenen Haaren", wird nicht eleminiert. Das macht deutlich, daß die Auseinandersetzung mit dem Bösen für uns noch lange nicht zu Ende ist. Auch wenn es in einigen Lebensläufen so läuft wie bei den glücklichen Ausgängen der Grimmschen Märchen.

"Urteilen ist ein königliches Geschäft"

A.K.: Der glückliche Ausgang ist meist damit verbunden, daß am Ende der König eingesetzt wird. Sie hatten gesagt, daß das Märchen als das auseinandergefaltete Seelenleben eines Menschen gesehen werden kann, daß alle Gestalten des Märchens Aspekte eines Menschen sind. Was ist der königliche Aspekt?

E.-M. Krauss: Gehen wir wieder aus von unserem Begriff *"Gerechtigkeit"*. Die Idee der Gerechtigkeit verbinden wir im allgemeinen mit der vom Gericht. Das Gerichtswesen lag in früherer Zeit beim König. Der König hielt einen Gerichtstag ab, nur er durfte urteilen. Im weiteren Verlauf der Entwicklung ist es dazu gekommen, daß er diese Aufgabe delegiert hat; aber im Grunde genommen war und ist es ein königliches Geschäft. Es gibt ja auch heute noch den "königlichen Amtsrichter". Zumindest von der Idee her ist es ein königliches Geschäft, und das bedeutet, daß man nur dann über andere urteilen darf, wenn man selbst in sich den König, den Souverän, gefunden hat, wenn man also souverän und über den Dingen zu stehen in der Lage ist. Das ist eigentlich immer noch unser juristisches Ideal. Es drückt sich darin aus, daß eine unserer berufsethischen Leitlinien lautet: "sine ira et studio" zu urteilen, also ohne Zorn und ohne Eifer. Das ist jetzt im Hinblick auf das Gerichtswesen gesagt; aber wie ich bereits eingangs erwähnte, haben die Märchen natürlich nicht Strafprozessuales im Auge, sondern das Prozessuale der inneren Entwicklung des einzelnen Menschen. Dabei bedienen sie sich solcher bildhaften Begriffe wie dem des Königs, d.h. es geht ihnen letzten Endes immer darum, diesen Souverän im Menschen zu stärken, zu bestätigen, zu beleben und voranzubringen. Dieser Souverän in jedem Menschen ist das Ich. Es ist das Ich, das aus seinem ganz eigenen Gewissen finden kann, was gut und was böse ist, das entscheiden und unterscheiden kann. Letzten Endes ist es auch die Instanz, die überhaupt beziehungsfähig macht. Es ist ganz besonders schön, daß viele der Grimmschen Märchen damit enden, daß jemand König geworden ist. Das bezieht sich ja nicht nur darauf, daß er in sich souverän geworden ist.

A.K.: Es endet ja nicht nur mit dem Königtum, sondern mit der Hochzeit.

E.-M. Krauss: Das ist für mich einmal die Vereinigung der Gegensätze, wo Alpha und Omega, anfänglich - denn die Ehe beginnt ja erst! - und zumindest auf einer das gewöhnliche Bewußtsein hinter sich lassenden Stufe schon in einen Zusammenklang gebracht werden. Das erfordert eine unglaubliche Kraft, eine Machtfülle, die ein König eben hat. Dazu benötigt er Fähigkeiten, die zunächst ganz unköniglich zu sein scheinen, zum Beispiel muß er "drei Sprachen" können.

Günther Lange führt das in Anlehnung an das Märchen "Die drei Sprachen" kongenial aus in seinem Gedicht in dem Band "Fundevogel, das bin ich selbst" (Stuttgart 1983, S.54 f.). Das, was man sich als König erworben haben muß, erscheint also vielleicht gar nicht sehr königlich. Es ist vielleicht in den Augen der Menschen zunächst sogar etwas Lächerliches. Denn ist es nicht lächerlich und ganz unbedeutend, "das Wiedewau der Hunde", "das Breckedikeck der Frösche" und "das Ruckediguck der Tauben" (Günther Lange) zu verstehen? Wer will denn damit etwas zu tun haben, mit dem "Wiedewau der

Hunde", mit dem "Breckedikeck der Frösche", mit dem "Ruckediguck der Tauben"? Günther Lange aber sagt uns in Fortdichtung des Märchens:

"Ich bin Papst geworden!
Weil ich
Drei Sprachen
Zu sprechen
Wirklich gelernt habe."

Damit ist ausgedrückt, daß, wenn man diese lächerlichen verachtungswürdigen Sprachen von Fröschen, die sowieso nur am Boden herumkrauchen und glibschig sind, von Höllenhunden und von den nicht gerade imposanten Tauben, die jeden Dreck aufpicken, zu lernen bereit ist, wenn man sich dazu herabläßt, daß das etwas ist, was nicht nur den eigenen Souverän in einem errichtet. Dieses Lernen von Sprachen, die keiner kennt, die nichts gelten und die einem auch nichts einbringen können, das kann dazu führen, daß man, weil man in solche Tiefen hinabgestiegen ist und sich da auch halten kann, endlich frei geworden ist, jedenfalls für Augenblicke oder für glückliche Stunden. Und: Was folgt aus diesem Freigewordensein unausweichlich? Man wird in diesem Moment Papst, König. Die Märchen wollen einem damit sagen, daß dieses Sein sofort wohltätige Wirkung auf das mitmenschliche Umfeld hat.

Fundevogel
Scherenschnitt von Eva-Maria Engler

“Das Märchen blühet ohne Warum”

A.K.: Sie sagten vorhin, daß die Märchen auch Erziehungsmittel sein können; daß sie nicht nur *schildern*, daß das Ich einen Weg gehen kann, sondern daß sie dem Ich auch *helfen* können, diesen Weg zu gehen. Können Sie das noch etwas näher erläutern?

E.-M. Krauss: Die Märchen sind sicherlich nicht in einer vordergründig pädagogisch zweckhaften Absicht geschrieben worden, sondern - so könnte man in Abwandlung eines mystischen Spruchs von Angelus Silesius (“Die Ros ist ohn Warum, sie blühet, weil sie blühet”) sagen: Auch die Märchen blühen ohne Warum. Die Märchenerzähler, aus denen die Märchen ursprünglich hervorgegangen sind, haben die Welt geliebt. Das war eigentlich alles. Aus den Grimmschen Märchen jedenfalls tönt Liebe. Eine Liebe, die die Welt auch mit dem Bösen bejaht. Und die Märchen leben Hoffnung dar.

A.K.: Um noch einmal auf die Bibel zu kommen, kann man demnach sogar sagen, daß die Märchen Glaube, Liebe und Hoffnung beinhalten.

E.-M. Krauss: So empfinde ich es. Jemand, der liebt, wirkt selbstverständlich - gleichgültig, ob es ihm bewußt ist oder nicht - pädagogisch. Diese liebende Erziehung vollzieht sich aber nicht im dualistischen Sinne, sondern, weil geliebt wird, ist der liebend Erziehende in diese Erziehung immer auch mit einbezogen. Indem er am anderen wirkt, wirkt er ebenso an sich selbst, er wirkt am Menschheitsganzen. Das verstehen wir oft nicht, weil beim einen oder beim anderen oder bei beiden dann die Liebe fehlt.

A.K.: Und damit auch die Absichtslosigkeit!?

E.-M. Krauss: Ja, das ist es wohl. So lange man in den Dualismen, den Gegensätzen steckenbleibt, ist man nicht absichtslos, da kann man nicht ohne Warum lieben und da erscheint einem unter Umständen zum Beispiel auch das, was einem wirklich aus Liebe geboten wird, als etwas Abzuwehrendes, als etwas Einengendes, Aggressives. - Nun, die Märchen wirken also erziehend, und zwar mit Hilfe der Sprache, einer dichterischen, einer Eros herbeirufenden Sprache. Wenn man damit unsere so fern von jeglichem Eros dahinsiechende Umgangssprache vergleicht, kann man das Frösteln bekommen.

A.K.: Die Sprache im Märchen hat häufig die Aufgabe, Verbindungen herzustellen, zum Beispiel in den Geschwistermärchen, wenn die Schwester jahrelang nicht reden darf, um ihre Brüder zu erlösen. Dann kann sie die rechte Beziehung zu ihrer Umwelt erst wieder herstellen, nachdem sie reden darf und ihr Verhalten erklären kann.

E.-M. Krauss: Ja, mit solchen Stellen geben uns die Märchen deutliche Hinweise, welch’ menschheitliche und Menschen verbindende Bedeutung die Sprache hat. Die Märchen bringen ja überhaupt ganz beachtliche Aspekte zum Thema Sprache. Etwas davon hatten wir ja schon bei der Erörterung des Märchens “Die drei Sprachen” erwähnt.

Übrigens, Gerechtigkeit, besonders aber die irdische Gerechtigkeit im gerichtlichen Bereich, hat auch sehr viel mit Sprache zu tun: Es muß ein Urteil gesprochen werden. Es wird schuldig gesprochen. Es erfolgt ein Strafausspruch. Und: Ist da Eros dabei? Kommt da Verbindendes zum Tragen?

Wo ist der Richter?

A.K.: In der Sprache drückt sich immer ein Ich, ein Souverän aus. Wer spricht im Märchen den Spruch, das Urteil?

E.-M. Krauss: Am Anfang unseres Gespräches habe ich gesagt, daß die Grimmschen Märchen unterschwellig die Gerechtigkeitsfrage behandeln, ohne das Wort Gerechtigkeit zu bringen. Jetzt will ich noch einmal den Versuch unternehmen, das etwas näher zu veranschaulichen. Man könnte doch sagen, daß alles das, was wir in der Rechtssprache mit Begriffen wie Verhaftung, Anklage, Richter, Verurteilung benennen, in den Märchen auch vorkommt, ohne daß diese Worte benutzt werden. All die Verbannungen, die durch Stiefmütter oder Hexen ausgesprochen werden, könnte man als Anklage gegen die eigene Person verstehen. Es ist etwas da, was in meinem Leben schiefgegangen ist, und das klagt mich an. Und dann bin ich verhaftet wie im Roman "Der Prozeß" von Kafka der Josef K. Ich bin diesem prozeßhaften Geschehen, diesen Anklagen verhaftet. Der Roman "Der Prozeß" von Franz Kafka beginnt: "Jemand mußte Josef K. verleumdet haben, denn ohne daß er etwas Böses getan hätte, wurde er eines Morgens verhaftet." Mit diesem Bild will Franz Kafka sagen, daß Josef K. seiner Schuld, seinen Ungeklärtheiten, gleichsam seinen Stiefschwestern, Stiefmüttern, Stiefbrüdern verhaftet war. Die Sünde, die Tat, heftet sich an den Menschen, wie Andreas Binder so zutreffend in seinem sehr lesenswerten Buch "Wie christlich ist die Anthroposophie?" ausspricht (Stuttgart 1989, S.162). Josef K. kam einfach nicht davon los, seine Schulden kletteten sich an ihn. Ein entsprechendes Bild, das an drastischer Deutlichkeit nichts zu wünschen übrig läßt, finden wir besonders in dem Märchen "Die Gänsehirtin am Brunnen". Dort heißt es:

"Es kam dem jungen Grafen doch ein wenig bedenklich vor, als er von einer Stunde Wegs hörte, aber die Alte ließ ihn nicht wieder los, packte ihm das Tragtuch auf den Rücken und hing ihm die beiden Körbe an den Arm. 'Seht Ihr, es geht ganz leicht', sagte sie. 'Nein, es geht nicht leicht', antwortete der Graf und machte ein schmerzliches Gesicht, 'der Bündel drückt ja so schwer, als wären lauter Wackersteine darin, und die Äpfel und Birnen haben ein Gewicht, als wären sie von Blei; ich kann kaum atmen.' Er hatte Lust, alles wieder abzulegen, aber die Alte ließ es nicht zu. 'Seht einmal', sprach sie spöttisch, 'der junge Herr will nicht tragen, was ich alte Frau schon so oft fortgeschleppt habe. Mit schönen Worten sind sie bei der Hand, aber wenns Ernst wird, so wollen sie sich aus dem Staub machen. Was steht Ihr da', fuhr sie fort, 'und zaudert, hebt die Beine auf. Es nimmt Euch niemand den Bündel wieder ab.' Solange er auf ebener Erde ging, wars noch auszuhalten, aber als sie an den Berg kamen und steigen mußten und die Steine hinter seinen Füßen hinabrollten, als wären sie lebendig, da gings über seine Kräfte. Die Schweißtropfen standen ihm auf der Stirne und liefen ihm bald heiß, bald kalt über den Rücken hinab. 'Mütterchen', sagte er, 'ich kann nicht weiter, ich will ein wenig ruhen.' 'Nichts da', antwortete die Alte, 'wenn wir angelangt sind, so könnt Ihr ausruhen, aber jetzt müßt Ihr vorwärts. Wer weiß, wozu Euch das gut ist.' 'Alte, du wirst unverschämt', sagte der Graf und wollte das Tragtuch abwerfen, aber er bemühte sich vergeblich: es hing so fest an seinem Rücken, als wenn es angewachsen wäre. Er drehte und wendete sich, aber er konnte es nicht wieder loswerden. Die Alte lachte dazu und sprang ganz vergnügt auf ihrer Krücke herum. 'Erzürnt Euch nicht, lieber Herr', sprach sie, 'Ihr werdet ja so rot im Gesicht wie ein Zinshahn. Tragt Euern Bündel mit Geduld, wenn wir zu Hause angelangt sind, so will ich Euch schon ein gutes Trinkgeld geben.' Was wollte er machen? Er mußte sich in sein Schicksal fügen und geduldig hinter der Alten herschleichen. Sie schien immer flinker zu werden und ihm seine Last immer schwerer. Auf einmal tat sie einen Satz, sprang auf das Tragtuch und setzte sich oben darauf; wie zaundürre sie war, so hatte sie doch mehr Gewicht als die dickste Bauerndirne. Dem Jünglinge zitterten die Knie, aber wenn er nicht fortging, so schlug ihn die Alte mit einer Gerte und mit Brennesseln auf die Beine. Unter beständigem Ächzen stieg er den Berg hinauf und langte endlich bei dem Haus der Alten an, als er eben niedersinken wollte."

Nun, der junge Graf versteht - wie es auch uns meistens ergeht, wenn uns das Schicksal ereilt - natürlich überhaupt nicht, weshalb er so belastet ist. Auch Josef K. in dem Kafkaschen Roman kapiert lange Zeit gar nichts. Weil er gar nichts kapiert, ein Bewußtwerdungsprozeß zunächst kaum zustande kommt - aber andererseits doch zustande kommt, denn er leidet -, ist er verhaftet. Am Schluß ist er dahin gelangt, daß er sich selbst das Not-wendige sagen kann. - Zwischendurch ist in dem Roman fortlaufend zwar von Richtern und vom Gericht die Rede, aber Josef K. sieht nie einen Richter oder ein Gericht. So heißt es am Schluß des Romans: "Wo war der Richter, den er nie gesehen hatte? Wo war das Hohe Gericht, zu dem er nie gekommen war?" Auch in den Märchen sind Richter kaum vorhanden. Ein förmliches Gericht wird sehr selten abgehalten.

A.K.: Und wenn es abgehalten wird, spricht es häufig ein falsches Urteil.

E.-M. Krauss: Ja, dann hat es oftmals das falsche Urteil gefällt und muß korrigiert werden, wie zum Beispiel in "Die sechs Schwäne". Es ist eben ganz bezeichnend, daß unsere irdische Gerechtigkeit häufig unter den Aspekten der wirklichen Gerechtigkeit - und mit der haben es die Grimmschen Märchen ja zu tun - irrt. Die irdischen Gerichte fällen häufig Fehlurteile.

Märchen beschreiben ein prozeßhaftes Geschehen, in dem es um die Gerechtigkeit, um die richtige Handlung geht, ohne daß sie sich juristischer Begriffe bedienen. Es werden nicht einmal juristische Bilder benutzt, und doch ist alles das in den Märchen vorhanden: Verhaftung, Anklage, Urteil. Das Urteil ist ganz deutlich in den Märchen vorhanden: Es gibt entweder eine Konjunktion, eine Hochzeit oder nicht. Es kommt eben vor, daß die Sterne vom Himmel fallen und lauter harte blanke Taler sind; es geschieht eben, daß man im totalen äußeren Mißerfolg das Auferstehungserlebnis eines Hans im Glück hat und Gott dankt, daß er einem auch noch diese Last abgenommen hat. *Das* sind Urteile. Was heißt denn Urteil? Es wird etwas erkannt, und zwar im Grundsätzlichen, im Ur-teil. Es ist also eine Erkenntnistat. Und die steht am Ende des Märchens mit der ganzen Entwicklung des Märchens als ein Bild da. Das ist ein Urteil, das nicht formuliert wird, aber faktisch dasteht. Wenn in den Märchen zwischendurch expressis verbis Urteile gefällt werden, so bedeutet das nicht unbedingt, daß diese schon für sich das ausmachen, was ich am Anfang unseres Gesprächs als "objektive Gerechtigkeit" andeutete. Sie sind nur Teile in dem Gesamten des Gerechtigkeitsgeschehens.

A.K.: Und wer ist dann der Richter, den auch Josef K. nie gesehen hat?

E.-M. Krauss: Ich denke, es ist nicht zu gewagt zu sagen, daß es die Instanz ist, in der wir voll involviert sind, die aber über unser kleines Ich weit hinausreicht. Ich denke, der Ort der wirklichen Gerechtigkeit ist allein da zu finden, wo man dann sagen kann: Es war weltgerecht (siehe GA 223a/S.85 f.) - dieser schicksalsmäßige Gesamtzusammenhang, in dem jedes Individuum sowieso lebt, in dem es in Beziehung steht, und wo auch alles Vergangene, Zukünftige und Gegenwärtige von einem selbst und vom Ganzen karmaausgleichend zusammenkommt. In diesem Sinne etwa verstehe ich Rudolf Steiner, wenn er vom "Karma als objektive Gerechtigkeit" spricht (siehe GA 155, 1982/15.07.1914/ S.182).

Und es ginge nun darum, daß wir uns in diesen Ort der Gerechtigkeit immer bewußter, immer gewollter hineinstellen, "das 'Ich' in die Gesetzmäßigkeit der Dinge selbst" verlegen (GA 35/S.138 f.). Dann können wir König, Souverän werden. Den Begriff der Gerechtigkeit muß man also aus einem nur statischen Verständnis herauslösen. In ihn muß Bewegung kommen, und zwar so, daß man schließlich einen Prozeß, eine längere Entwicklung als Ganzes als gerechtes Geschehen begreifen kann. So kann man ein Grimmsches Märchen als Ganzes als Ausdruck von Gerechtigkeit verstehen, als Bild, in dem vieles zu sehen ist, was insgesamt in dem zusammenklingt, was man als gerecht empfindet.

Dann gelangt unser Banalverständnis von Gerechtigkeit an sein Ende, und wir sind in der Lage zu verstehen, daß es gerecht ist, daß Aschenputtel in der Asche sitzen muß, von ihren Stiefschwestern gezwiebelt wird, daß es gerecht ist, daß der Königssohn, der sich vor nichts fürchtet, seine kolossalen Verlassenheits- und Einsamkeitserlebnisse hat, daß er von *seinen* - so möchte ich sagen - Teufeln gequält wird. Denn unter dem Blickwinkel einer umfassenden Schau ist es eben gerecht, richtig, für den Lauf der Dinge, daß zum Beispiel die Märchenhelden diese Feuerproben etc. bestehen. Bei einer solchen Schau gibt es eine felix culpa (eine glückliche Schuld) etc. Aber da stoßen wir auch schon an die Grenzen des Sagbaren.

Wir müssen uns immer mehr abgewöhnen, nur Segmente zu betrachten und an sie Gerechtigkeitsmaßstäbe anzulegen. Die Art und Weise, nur Segmente zu betrachten und zu meinen, sie seien schon das Ganze, ist die des Verstandes. Und der greift in Gerechtigkeitsfragen immer zu kurz, weil er aufgrund seiner Beschränktheit nicht fähig ist, Gesamtzusammenhänge der Welt zu erfassen (siehe dazu zum Beispiel GA 134, 1990/ 01.01.1912/S.110, S.112). Unser vorstellendes Denken ist eben "zunächst gegenüber der Wirklichkeit absolut inkompetent, ... kein richtiger Richter." (GA 134, 1990/27.12.1911/ S.18). Und das bedeutet, daß man mit Gerechtigkeitsfragen im Grunde nur zurechtkommt, wenn man aus dem in Teilen denkenden Verstandesdenken herauskommt und sich mindestens in die umfängliche Welt der Imaginationen und Inspirationen erhebt, aus der ja die Märchen auch stammen und auf die sie hinweisen.

Gerechtigkeit bedarf der Erkenntnis

A.K.: Die Gerechtigkeitsfrage beinhaltet also eine Erkenntnisfrage und erfordert Urteilskraft.

E.-M. Krauss: Ja, denn wie soll Gerechtigkeit überhaupt in die Erscheinung treten, offenbar werden, wenn sie nicht erkannt wird, wenn das rechte Tun in Abgrenzung zum falschen Tun nicht unterschieden wird? Bei den Märchenhelden kommt es ja immer wieder gerade auf diese Unterscheidungskraft an. Sie müssen eine Kraft in sich entwickeln, daß sie erkennen können, was richtigerweise zu tun ist. Das ist ein menschheitliches Problem. Und - das müssen wir uns klarmachen - der Kampf um die Gerechtigkeit trägt sich auf dem zwischenmenschlichen Felde aus! Damit ist die Gerechtigkeitsfrage auch eine soziale Frage, eine Frage des Erwachens am Seelisch-Geistigen des anderen Menschen!

Wir können nun diese Frage des Erwachens am Seelisch-Geistigen des anderen auch in den Märchen behandelt sehen. Wir finden sie überall dort bearbeitet, wo es um das

"Und sie erkannten sich" geht. Denken Sie an "Aschenputtel", an den "König Drosselbart", besonders auch an "Die wahre Braut" und so viele andere Märchen. Und wie schwer uns dieses Erwachen fällt, das machen die Märchen ja mit der Schilderung der Entwicklungsprozesse der Märchenhelden deutlich. Ja, dieses Problem des Erwachens am Seelisch-Geistigen des anderen ist ja heute mehr denn je eine Menschheitsaufgabe. Gerade auch die Grimmschen Märchen legen uns die Bearbeitung dieses Problems sehr ans Herz. Und wir müssen wirklich sagen: Wenn es uns immer öfter gelingt, am Seelisch-Geistigen des anderen wirklich zu erwachen, dann ist jeweils ein wichtiger Beitrag für die Menschheitsentwicklung hin zum gerechten Menschwerden geleistet worden.

Rudolf Steiner hat immer wieder auf diese schwierige Frage hingewiesen und uns - man kann fast sagen - angefleht, uns auf diesen Weg zu begeben, der einen aus dem nur Sympathischen und Antipathischen herausführt. "Ehe nicht diese Art des Sympathisch- oder Antipathisch-Findens aus Vorurteilen, aus besonderen Liebhabereien heraus aufhört, und ehe sich nicht verbreitet die Gesinnung, den Menschen zu nehmen wie er ist, kann nicht vorwärtsgeschritten werden in wirklicher praktischer Menschenkenntnis." (GA 168, 1984/10.10.1916/S.100)

In dem Vortragszyklus "Anthroposophische Gemeinschaftsbildung" (GA 257) hat Rudolf Steiner sogar darauf hingewiesen, daß ein wirkliches Verständnis für Anthroposophie erst dann zustande kommt, wenn der Mensch sich in den Stand gesetzt hat, aus diesem Sympathischen und Antipathischen herauszukommen, und wenn er fähig geworden ist, am Geistig-Seelischen des anderen aufzuwachen. Wir müssen uns dieses schwierige Problem, das ja mit dem Doppelgängerproblem unlöslich verknüpft ist, immer wieder klarmachen, um uns wie die Märchenhelden zu entwickeln, denn: "Solange es auf mein niederes Selbst ankommt, solange bin ich von anderen Menschen getrennt, dann aber, wenn es sich um mein höheres Selbst handelt, *und nur dieses kann in die übersinnliche Welt hinaufsteigen,* dann bin ich nicht mehr von den Mitmenschen getrennt, dann bin ich ein einheitliches Wesen mit meinen Mitmenschen." (GA 54, 1966/07.12.1905/S.200 f.)

Und geht es den Grimmschen Märchen nicht auch gerade um dieses Gerechtigkeitsproblem der Aufhebung der Sonderung, der Sünde? Was heißt denn "Erwachen am Seelisch-Geistigen des anderen Menschen"? Vollzieht es sich nicht vor allem erst da, wo das Rechten aufhört (und das Urteilen beginnt)? Und wann endet das Rechten? Hört es nicht erst dann auf, wenn wir uns in die Dimensionen erheben, wo Geistgespräche möglich werden, d.h. wo "eignen Sinnes störend Sprechen" (GA 14, 1981/S.419) verbannt ist, wo die Tatsachen selber urteilen, wo wir uns reif gemacht haben, daß "das Urteil uns zuspringt" (GA 134, 1990/27.12.1911/S.25)? Und müssen wir uns nicht sagen, daß in dieser Dimension der Ort zu finden ist, wo Gerechtigkeit urständet? In den Grimmschen Märchen habe ich kein Rechten gefunden, aber die Tatsachen sprechen sich in ihnen aus, so daß es zu unausgesprochenen Urteilen kommt, die mit der Wirklichkeit in Einklang stehen.

Wenn man das alles bedenkt, so kann man schließlich auch bemerken, daß ein wirkliches Verständnis für Anthroposophie in intimer Weise mit dem Verstehen dessen zusammenhängt, was mit dem Begriff "Gerechtigkeit" alles impliziert ist.

A.K.: In dem ersten Zitat, das Sie eben brachten, war die Rede davon, daß man den Menschen nehmen müsse wie er ist. In dem zweiten Zitat sprach Rudolf Steiner davon, daß es ein allgemein Menschliches gibt und daß man sich in diesem allgemein Menschlichen mit allen Menschen verwandt fühlen kann. Finden sich diese beiden Aspekte auch in den Märchen?

E.-M. Krauss: Ja, das ist vielleicht aus dem, was ich bisher gesagt habe, schon deutlich geworden. Alle die König gewordenen Helden in den Märchen haben - wenn man letztere objektstufig deutet - den anderen so anerkannt wie er ist, oder so wie er in Prozessen geworden ist. Wenn Sie zum Beispiel an den "König Drosselbart" denken, so ist er zunächst von der Königstochter verachtet worden. Trotzdem hat er sich nicht gescheut, dieses arrogante grüne Ding in ihre Niederungen zu begleiten. Was steckt denn da drin? Er hat sie genommen wie sie ist, hat sie auch in ihrem Schäbigsein anerkannt. Er wollte natürlich nicht, daß sie so hochnäsig bliebe, wie sie war. - Dann kommt übrigens hier in dem Märchen "König Drosselbart" noch etwas anderes, spezifisch Christliches hinzu: die Glaubenskraft. Wenn man das Märchen "König Drosselbart" objektstufig deutet, hat er an das potentiell Gute seiner geliebten Prinzessin geglaubt. Mit Hilfe seiner Glaubenskraft hat sie dann auch dieses potentiell Gute in sich verwirklicht.

Zu dem zweiten Aspekt, daß wir alle *ein* Mensch sind: der findet sich auch in den Märchen, wenn man sie daraufhin anschaut. Die Märchen drücken doch im Großen eine allgemein menschliche Angelegenheit aus, allgemein menschliche Fragen, die jeden einzelnen von uns betreffen. Die Bilder, die die Märchen schildern, betreffen uns alle, zumindest potentiell. Jeder von uns ist potentiell Aschenputtel, aber auch der König, jeder von uns kann sich auf die tierische Ebene zurückverzaubern, in die Verbannung begeben, sich vielleicht auch wieder daraus befreien. Das ist allgemein menschheitlich. Wie sagt Günther Lange in seinem so schönen Gedichtband? "Fundevogel - das bin ich selbst".

A.K.: Die Märchen, sich selbst und die anderen so zu verstehen, verlangt doch immer - wie Sie sagten - ein Sich-Versetzen in die Dimension, wo Geistgespräche möglich werden und wo eigenen Sinnes Sprechen aufhören muß.

E.-M. Krauss: Ja, und da sind wir interessanterweise wieder beim Sprechen angelangt. - Zu diesem Thema des Verbannens eignen Sinnes Sprechen sagen die Grimmschen Märchen ja wirklich Bedeutendes, so zum Beispiel sehr eindrücklich in dem Märchen vom "Königssohn, der sich vor nichts fürchtet". Da muß sich nämlich dieser Märchenheld drei Nächte den Teufeln aussetzen, ohne zu klagen! Oder denken Sie an die Märchen, in denen Schweigen not-wendig ist, um verwünschte Geschwister zu erlösen. Schweigen gehört zum Sprechen dazu. Man kann im Grunde gar nicht wirklich sprechen, wenn man nicht etwas vom Schweigen versteht. Und wir wissen ja alle: Schweigen kann sprechender sein als Sprechen. - Daß dieses sprechende Schweigen allerdings heute so oft nicht gehört wird, kann nun wiederum als eine besondere Seite des Erwachens am Seelisch-Geistigen des anderen Menschen erlebt werden. Man könnte auch sagen: als ein besonderer Aspekt der Gerechtigkeit. Es erfordert einiges, um in dieser Hinsicht im Falle eines Falles der Forderung des Erwachens gerecht zu werden. Man könnte sagen: Es verlangt oftmals etwa so viel, wie von dem Königssohn in den drei Nächten gefordert wurde ...

Vielleicht sollte ich an dieser Stelle noch sagen: Wenn man bedenkt, welche Haupt- und Nebenwege wir in unserem Gespräch über die Frage der Gerechtigkeit im Märchen gegangen sind, hat dieses procedere hoffentlich sachgemäß anschaulich gemacht, wie komplex die Gerechtigkeitsfrage ist. Sie ist eben immer alles andere als einfach zu beantworten. In gewisser Hinsicht bleibt sie wohl auch heute noch unbeantwortbar. Die

Alten wußten schon, weshalb sie die Gerechtigkeit als Kardinaltugend bezeichneten. Und - auch das sollte noch gesagt werden: Die Gerechtigkeit, die als Kardinaltugend das harmonische Zusammenstimmen der anderen Tugenden bewirkt, steht nach Rudolf Steiner "als Ideal fernster Zukunft vor den Augen des Menschen". (GA 155, 1982/ 30.05.1912/S.128)

Auf den Spuren der Völker

INTERVIEW MIT DR. DR. h.c. LUDWIG DENECKE

von Thomas Höfer

Dr. Dr. h.c. Ludwig Denecke, *geboren 1905 in Hameln, durchlief das von seinem Vater geleitete Friedrichs-Gymnasium zu Herford. Studierte Deutsche und Klassische Philologie sowie Geschichte, ergänzt durch Klassische Archäologie, Urgeschichte und Leibesübungen. Promotion mit einer Arbeit über Spuren klassischer Mythologie in der mittelhochdeutschen Dichtung. Staatsexamen mit einer Arbeit über Hrotsvit von Gandersheim.*

Einer dreijährigen Mitarbeit am Deutschen Wörterbuch der Brüder Grimm bei der Preuß. Akademie der Wissenschaft folgte der Übergang in den höheren Dienst an wissenschaftlichen Bibliotheken, zunächst in der Universitätsbibliothek und der Preuß. Staatsbibliothek in Berlin, nach dem Krieg in der Staats- und Universitätsbibliothek Göttingen sowie zuletzt als Direktor der Murhardschen Bibliothek der Stadt Kassel und Landesbibliothek. In Kassel leitete er auch das Brüder Grimm-Museum in zehn Jahren von dessen Begründung bis zur eigenen Emeritierung.

Der "Ruhestand" in Hannoversch Münden brachte seit 1969 eine lebhafte literarische Tätigkeit auf den Gebieten der Grimm-Forschung, der Alt-Germanistik und Handschriftenkunde sowie der Heimatgeschichte und Studentengeschichte.

Veröffentlichungen: *Die Brüder Grimm in Bildern ihrer Zeit (mit K. Schulte Kemminghausen). Kassel 1963, 2. Aufl. 1980. - Die Nachlässe in den Bibliotheken der Bundesrepublik Deutschland. Boppard 1969, 2. Aufl., neu bearb. von T. Brandis, 1981. - Jacob*

Grimm und sein Bruder Wilhelm. Stuttgart 1971. - Handschriften-Ausstellung in der Dombibliothek zu Fritzlar. Fritzlar 1976. - Leben und Werk der Brüder Grimm von Göttingen aus gesehen. Göttingen 1985. - Münden im Blickpunkt der Brüder Grimm. Hann. Münden 1987. - Die Bibliothek der Brüder Grimm. Annotiertes Verzeichnis des festgestellten Bestandes (mit I. Teitge). Weimar und Stuttgart 1989. Dazu sehr zahlreiche Zeitschriftenaufsätze, Rezensionen und Beiträge zu Enzyklopädien. Herausgeber u.a. des "Brüder Grimm Gedenken" von 1963 bis 1990.

Anerkennungen: *Kulturpreis des Landes Hessen, Dr. h.c. der Universität Kassel, Großer Preis der Deutschen Akademie für Kinder- und Jugendschrifttum, Brüder Grimm-Medaille der Akademie der Wissenschaften zu Göttingen, Ehrenring der Stadt Hannoversch Münden, Orden der jugoslawischen Fahne mit goldenem Kranz; mehrere Ehrenmitgliedschaften.*

Wer kennt sie nicht, die Brüder Grimm? Generationen haben ihre Märchen gehört, gelesen und studiert, aber auch kritisiert und parodiert. Es ist tatsächlich fraglich, ob ein Mensch in westlichen Kulturen aufwachsen kann, ohne den Brüdern (nicht etwa "Gebrüder") und ihren Märchen begegnet zu sein. Weniger bekannt ist aber, daß sie auch auf anderen Gebieten Bedeutendes geleistet haben, was nicht nur bis heute Bestand hat, sondern sogar der Wissenschaft zum Vorbild gereicht. Das Grimmsche Wörterbuch der Deutschen Sprache etwa, ein 33bändiges Lexikon, führt nicht nur die Wörter der deutschen Sprache auf, sondern verzeichnet darüber hinaus, welcher Autor ein Wort in welchem Zusammenhang gebraucht hat, und spiegelt so ein gutes Stück Sprachgeschichte wieder.

Jacob und Wilhelm Grimm ist jedoch nicht gerecht zu werden, schaut man nur auf ihre großartigen Arbeiten. Ihr Sosein als Menschen, ihr ständiges Bemühen um die Kulturautonomie aller Völker muß hinzugenommen werden. Nur so kann verständlich werden, was die Grimms letztlich auch mit ihrer Märchensammlung gewollt haben.

Thomas Höfer: Wie sind Sie dazu gekommen, sich mit den Brüdern Grimm zu beschäftigen?

Dr. Dr. h.c. Ludwig Denecke: Auf die Grimms bin ich nicht während meines Studiums gestoßen, denn damals war an den Universitäten über sie noch nicht viel die Rede, woran sich übrigens bis heute kaum etwas geändert hat. Nach meiner Promotion bin ich dann noch ein Semester nach Leipzig zu Professor Frings gegangen, der zu den großen Meistern seines Faches zählte. Professor Frings erzählte mir eines Tages, daß in Berlin eine Arbeitsstelle für das Deutsche Wörterbuch eröffnet werden sollte. Die Professoren, die mit der Weiterführung des Wörterbuchs betraut waren, hatten zu viele andere Verpflichtungen, so daß ihre Arbeit am Wörterbuch, die sie ja nur nebenamtlich leisteten, sich zu sehr in die Länge zog. Daher sollten nun junge Germanisten gleichsam wie in einer Fabrik täglich acht Stunden am Wörterbuch arbeiten, was durch die Einrichtung besagter Arbeitsstelle ermöglicht werden sollte. An mich ging die Frage von Professor Frings, ob ich nicht bereit wäre, solche Tätigkeit zu übernehmen. Ich habe mich daraufhin gemeldet, wurde angenommen und gehörte so zu den ersten acht Mitarbeitern dieser Arbeitsstelle in Berlin, die nach dem Krieg durch eine weitere in Göttingen ergänzt wurde, so daß eine Arbeitsstelle in der DDR und eine in der Bundesrepublik an der gemeinsamen Aufgabe wirkten. Somit bin ich nicht über die Märchen, sondern durch die Arbeit am Deutschen Wörterbuch zu den Brüdern Grimm gekommen.

T.H.: Nun haben Sie sich ja nicht nur durch die Wörterbucharbeit profiliert, sondern haben sich umfassende Kenntnisse zu allen Aspekten des Lebens und Werkes der Brüder Grimm erworben. Wie kamen Sie dazu?

L. Denecke: Bei der Wörterbucharbeit standen uns Belegzettel zur Verfügung, die bereits von anderen Mitarbeitern angefertigt worden waren, darunter auch solche, die die Brüder Grimm zu Lebzeiten selbst geschrieben hatten. Man muß wissen, daß die Brüder nicht nur Belege für die Buchstaben, die sie selbst bearbeitet haben - A bis F -, verzettelt haben, sondern auch für die weiteren Buchstaben des Alphabets. Die Belegzettel der Brüder Grimm haben allerdings nur sehr knappe Quellenangaben, die uns zunächst keine Rückschlüsse auf die tatsächlich benutzten Bücher erlaubten. Schließlich kamen wir darauf, daß sich die Angaben auf Bücher der Berliner Universitätsbibliothek bezogen, die den eingedruckten Hinweis trugen "aus der Bibliothek der Brüder Grimm". Nach dem Tode Jacob Grimms war also die Bibliothek der Grimms in die Bibliothek der Berliner Universität übergegangen. Ich beschloß daraufhin, die Bibliothek der Brüder zu rekonstruieren, zu welchem Zweck ich zunächst die Accessionsjournale der Universitätsbibliothek, die jedes eingegangene Buch mit Angabe seiner Herkunft verzeichnen, studierte und die Bücher aus dem Besitz der Grimms verzettelte. In der Preußischen Staatsbibliothek und an anderen Stelle wurde in ähnlicher Weise gesucht und gefunden. Der Zweite Weltkrieg unterbrach diese Arbeit, ich konnte sie aber nach dem Krieg fortführen, was entscheidend durch ein großzügiges Angebot zur Zusammenarbeit aus Ost-Berlin ermöglicht wurde, denn die Universitätsbibliothek stand ja nun auf dem Gebiet der DDR.

1989 konnte schließlich ein Katalog veröffentlicht werden, der mit über 7.000 Titeln den Bestand der Bibliothek der Brüder Grimm verzeichnet. Allein diese Arbeit hat mich also seit der Zeit vor dem Zweiten Weltkrieg bis zum Jahre 1989 intensiv beschäftigt und mehr an die beiden Brüder, Jacob und Wilhelm, herangeführt.

Hinzu kam noch ein zweites. Nachdem ich aus der Kriegsgefangenschaft zurückgekehrt war, kam ich an die Universitätsbibliothek Göttingen und von dort aus als Direktor der Landesbibliothek nach Kassel. Als ich meinen Dienst antrat, wurde mir von der Stadtverwaltung erklärt, daß ich den größten Raum der Bibliothek, der die Kataloge beherbergt hatte, zur Verfügung stellen müßte, weil man hier ein Brüder Grimm-Museum einrichten wollte. Mir war natürlich nichts lieber als dies. Schließlich wurde mir auch die Leitung des Museums übertragen. So habe ich das Brüder Grimm-Museum vom Punkte Null an aufgebaut, wodurch ich mich der Grimm-Forschung vollends verschrieben hatte, zumal ich das Museum nicht als eine reine Schausammlung, sondern als Forschungsstätte zu begründen bemüht war. Eine Sammlung zum Beispiel, die ich für das Museum angelegt habe, ist die von Übersetzungen der Grimmschen Märchen in fremde Sprachen, die zu der größten Sammlung auf deutschem Boden geworden ist.

Ich begann auch, Aufsätze aus der Arbeit des Museums zu veröffentlichen, was sich nach meinem Eintritt in den Ruhestand ausdehnte. Schließlich wurde ich vom Metzler-Verlag angesprochen, ich möge einen Band über die Brüder Grimm für die Sammlung der "Realien-Bücher für Germanisten" anfertigen. Dieser Band sollte etwa als 95. der Sammlung erscheinen, wurde aber vom Verleger so eingeschätzt, daß er zum Jubiläumsband 100 der Reihe gemacht wurde.

T.H.: Dieses Buch, das inzwischen leider vergriffen ist, gehört ja auch nach wie vor zu den besten über die Brüder Grimm.

L. Denecke: Tatsächlich hat es, wie mir die Äußerung vieler Benutzer in aller Welt versichert hat, sehr zur Hebung des Ansehens der Brüder in aller Welt beigetragen. Es sieht die Brüder Grimm eben nicht nur als "Märchenonkel", sondern zeigt, daß sie auf nahezu allen kulturellen Gebieten Großartiges geleistet haben.

Von Katastrophe zu Katastrophe

T.H.: Jacob Grimm lebte von 1785 bis 1863, Wilhelm von 1786 bis 1859, also in einem Zeitraum, den man kulturell-epochal grob als romantisch-biedermeierlich bezeichnen könnte. Mir fallen bei diesen Begriffen immer die Bilder von Carl Spitzweg ein, und wenn ich an die Märchen denke, mit denen die meisten Menschen die Brüder Grimm identifizieren, so passen sie recht gut in diesen Rahmen. War das Leben der Brüder Grimm biedermeierlich?

L. Denecke: Diese Vorstellung haben tatsächlich breite Kreise der Öffentlichkeit. Das ist wohl darauf zurückzuführen, daß der Name Grimm wie selbstverständlich den Kinder- und Hausmärchen zugeordnet wird. In Wirklichkeit macht man sich nur dann ein zutreffendes Bild vom Leben der Brüder, wenn man es sich sowohl im Inneren wie im Äußeren als eine Kette schwerster Katastrophen vor Augen stellt.

In Stichworten: In ihre Kinderzeit dröhnte der Kanonendonner der Revolutionskriege. Sie lebten damals in Hanau, und Mainz war in französischer Hand. Das neutrale Hessen wurde französisch besetzt, das "Königreich Westphalen" unter Jérôme Bonaparte gegründet. Es folgten die Befreiungskriege, der Vormärz, die Revolution von 1848. In Berlin lebten sie in unmittelbarer Nähe der Kämpfe; Jacob war Mitglied der Paulskirche.

Neben den äußeren Katastrophen standen die innerlich-persönlichen: Der Vater starb früh, die sechs Geschwister wuchsen bei der Mutter heran, und Jacob und Wilhelm mußten auch diese im Alter von zwölf und dreizehn Jahren zum Besuch der Höheren Schule in Kassel verlassen. Aus ihrer späteren Stellung als Bibliothekare wurden sie durch die Verständnislosigkeit des Kasseler Kurfürsten herausgedrängt, so daß sie 1829 von Kassel nach Göttingen übersiedeln mußten. Nach dem sogenannten "Protest der Göttinger Sieben" im Jahre 1837 mußten sie Göttingen verlassen, wurden des Amtes enthoben und des Landes verwiesen.

Ich glaube, diese wenigen Hinweise machen zur Genüge deutlich, daß das Leben der Brüder nicht in romantisch-biedermeierlicher Gemütlichkeit verlief, sondern Tapferkeit und Ausdauer in einem Maße erforderte, das uns nur Staunen und Bewunderung abnötigen kann.

Jacob und Wilhelm

T.H.: Jacob und Wilhelm Grimm sind den größten Teil ihres Lebensweges gemeinsam gegangen, und so kommt man schnell dazu, die beiden als Einheit zu sehen, und verliert aus dem Blick, daß man es mit zwei eigenständigen Persönlichkeiten zu tun hat. Können Sie die Brüder in ihren Eigenheiten näher charakterisieren?

L. Denecke: Obwohl die beiden Brüder im Alter nur ein Jahr auseinander waren, waren sie äußerlich und innerlich so verschieden, wie es nur denkbar ist. Schon rein äußerlich fällt auf, daß Wilhelm sichtlich größer war als sein Bruder. Jacob hatte ein scharf geschnittenes Gesicht und leicht gelocktes helles Haar, Wilhelm dagegen über einem weichen Gesichtsausdruck glattes dunkles Haar und dunkle Augen. Jacob war in der Arbeit rasch und zugreifend, Wilhelm ruhig suchend und erwägend und zu ausführlicher Darstellung neigend. Auch ein Vergleich der Schriftzüge offenbart die Gegensätze. Jacob schrieb groß, Wilhelm klein; Jacob senkrecht, Wilhelm schräg; Jacob rund, Wilhelm spitz. Selbst jemandem, der in der Handschriftenkunde nicht beschlagen ist, wird auffallen, wie verschieden die Schriftzüge der Brüder sind, und kann ahnen, daß sich in den verschiedenen Schriften zwei Menschen sehr unterschiedlichen Wesens ausdrücken.

In Kassel gab es ein reines Mädchengymnasium, das den Namen "Jacob Grimm-Schule" trägt. Von dieser Schule hat einmal ein kluger Mann gesagt, daß für sie gar kein besserer Name zu finden gewesen wäre, denn Jacob Grimm sei der einzige berühmte Deutsche, dem auch nicht das geringste Verhältnis zu einer Frau nachzuweisen sei. Zwar hatte Jacob einen großen Freundeskreis in aller Welt, so weit sie damals eben erreichbar war, aber seine Freunde suchte er ganz gezielt: sie standen immer in direkter Verbindung zu seiner Arbeit; er nannte seine Freunde daher auch "Mitschaffende".

Wilhelm hingegen liebte die Geselligkeit, er pflegte die Familienfreundschaften und schrieb die Familienbriefe. Er war glücklich verheiratet und hatte vier Kinder, von denen das erste, das auf den Namen Jacob getauft wurde, leider früh verstarb. Darüber hinaus pflegte Wilhelm eine Reihe von Freundschaften zu Frauen, etwa zu Clara Schumann, die im Hause Grimm Hauskonzerte gegeben hat. Er hatte eine selbstlose Freude an der Musik und versuchte sich gerne in Versen.

Jacob konzentrierte sich ganz auf seine umfangreichen Arbeiten, Wilhelm - nicht weniger fleißig - war auch für seine Familie da und widmete sich seit der zweiten Auflage der Kinder- und Hausmärchen ganz der Arbeit an diesen. Er war es, der die vorzugsweise für Kinder gedachte "Kleine Ausgabe" schuf und der die Märchen insgesamt sprachlich so gestaltete, daß sie uns auch heute noch leicht zugänglich sind, denn als Vater wußte er, wie man Kindern erzählt.

Wichtig festzustellen ist, daß beide Brüder ihre Verschiedenheit nicht dazu genutzt haben, sich voneinander abzusetzen, sondern daß sie sie zur gegenseitigen Ergänzung nutzten. Erst im Zusammenwirken ihrer Unterschiede konnte die Gemeinsamkeit entstehen, die das Schaffen der Brüder kennzeichnet. Damit eignen sich die Brüder wahrlich als Vorbild für Ehe, Gemeinde und Völker: Erkennen und Geltenlassen von Gegensätzen und Schaffung eines Höheren durch das Zusammenwirken der Unterschiede.

T.H.: Trotz - oder gerade wegen - ihrer Unterschiedlichkeit haben die Brüder viel gemeinsam gearbeitet. Können Sie diese Zusammenarbeit näher schildern?

L. Denecke: Betrachtet man das Schaffen der Brüder Grimm einmal nach den Titeln ihrer Bücher, so stellt man fest, daß seit 1812 zuerst die Ausgabe des Hildebrandliedes, dann die Kinder- und Hausmärchen, die Deutschen Sagen, die Ausgabe von Hartmann von der Aues "Armen Heinrich", die Edda und schließlich noch die Irischen Elfenmärchen als Verfassernamen die Formel "durch die Brüder Grimm" tragen. Dann hört das auf, und erst bei ihrem letzten Werk, dem Deutschen Wörterbuch, erscheinen sie wieder

Jacob und Wilhelm Grimm
(Staatsbibliothek Berlin)

zusammen auf dem Titelblatt, jetzt aber nicht mehr als "Brüder Grimm", sondern als "Jacob Grimm und Wilhelm Grimm", als zwei eigenständige Persönlichkeiten, die gleichberechtigt nebeneinander stehen.

Das Selbständigwerden der beiden Brüder in bezug auf ihre Werke hat in aller Deutlichkeit mit der Übersiedlung nach Göttingen eingesetzt. Jacob arbeitete zu dieser Zeit energisch am dritten und vierten Band seiner Grammatik, Wilhelm erneuerte seine Kinder- und Hausmärchen und gab seinen "Roland" heraus. Die Unterschiedlichkeit im Wesen der beiden machte sich jetzt auch in ihrer Arbeitsweise bemerkbar. Während Jacob gern weit ausgreifend Materialien sammelte, wählte sich Wilhelm lieber ein kleines Gebiet, das er dann lange und sehr intensiv bis in die kleinsten Verästelungen ausarbeitete. Dies läßt sich an seinen Studien zur Heldensage und zum Althochdeutschen sehen, um nur einiges zu nennen.

Jacob war der Sammler und Kritiker, der Verfasser der Grammatik, der Deutschen Mythologie, der Deutschen Rechtsaltertümer. Wilhelm war mehr der Literatur zugewandt, den Märchen, den Sagen, dem Rolandlied, dem Freidank. Seine Ausgaben waren über Jahrzehnte die einzigen, die für Lehre und Forschung zur Verfügung standen. Die beiden Brüder gelten als Mitbegründer der Deutschen Philologie. Hätte es nur einen von beiden gegeben, so wäre auch die Deutsche Philologie in ihrem Ursprung wohl um einen Teil ärmer geworden.

Die Familie

T.H.: Wie läßt sich die Familie beschreiben, in die die Brüder hineingeboren wurden?

L. Denecke: Die Familie Grimm war seit dem 16. Jahrhundert im Hanauer Raum ansässig. Der Urgroßvater und der Großvater waren Theologen reformierten Bekenntnisses, der Vater, der jüngste Sohn des Großvaters, studierte die Rechtswissenschaften und wurde zunächst Beamter der Stadt Hanau, dann Amtmann in dem Städtchen Steinau. Ein Amtmann vereinigte in sich die Funktionen eines Landrates und des höchsten Richters seines Bezirkes. Damals waren Verwaltung und Rechtsprechung noch nicht voneinander getrennt.

Eine reizende Anekdote schildert, wie die Ehe der Eltern der Brüder Grimm zustande kam. Philipp Wilhelm Grimm, der Vater, hatte ein Auge auf ein ihm lieb gewordenes Mädchen geworfen, Dorothea Zimmer. Ihm kam nun zu Ohren, daß ein anderer Mann sich um Dorothea bemühen wollte. Augenblicklich machte er sich auf die Suche nach der Familie Zimmer, die gerade auf einem Spaziergang war, und hielt, nachdem er sie eingeholt hatte, sofort um die Hand der Tochter an, so daß er sein Dortchen heimführen konnte. Diese kleine Geschichte wirft ein Licht auf die Herzlichkeit, von der die Beziehung der Eltern der Brüder zueinander bestimmt war, es war eine sehr glückliche Ehe.

In elfjähriger Ehe wurden neun Kinder geboren, von denen drei früh verstarben. Der frühe Tod des Vaters, er wurde nur etwas über vierzig Jahre alt, war ein schwerer Schlag für die Familie. Das älteste Kind, Jacob, war gerade elf Jahre alt, das jüngste, die von den Brüdern so genannte "liebe Lotte" eineinhalb Jahre alt. Es gibt eine Überlieferung, die erzählt, daß Jacob nach dem Tode des Vaters einen Blick in das Zimmer tat, in dem ein

Tischlermeister dabei war, Maß für den Sarg zu nehmen. Als der Tischler den Knaben bemerkte, sagte er: "Dieser Mann verdient einen Sarg von Silber." Eine solche Überlieferung gibt ein schönes Zeugnis für das Ansehen, das der Vater in seinem Lebensbereich genossen hat.

Nach dem Tod des Vaters erforderte es die unermüdliche Tapferkeit der Mutter, sechs Kinder allein durchs Leben zu bringen. Die beiden ältesten Söhne, Jacob und Wilhelm, ließ sie studieren, in dem Gedanken und Wunsch, daß sie in die Fußstapfen des Vaters treten möchten. Dazu mußte sie die Kinder zunächst aufs Gymnasium nach Kassel schicken, denn eine höhere Schule gab es in Steinau nicht. In Kassel wurden sie, untergebracht bei einem kurfürstlichen Hofkoch, von einer älteren Schwester der Mutter betreut, die als Kammerfrau im Dienst der Kurfürstin stand, bis sie nach Marburg gingen, um dort die Rechtswissenschaften zu studieren. Die Mutter zog dann ebenfalls nach Kassel, wo sie selbst geboren war und bald nach ihrer Rückkehr verstarb. Da auch ihre ältere Schwester kurz darauf starb, mußte Jacob im Alter von 23 Jahren die Verantwortung für seine fünf Geschwister übernehmen. Er stand dem Haushalt vor, hatte für die Ausbildung der jüngeren Brüder zu sorgen, die Familiengelder zu verwalten. Das letztere wurde dann bald von Wilhelm übernommen.

Unter dem Vorstand des ältesten Bruders haben sich die Geschwister durchs Leben gebissen, was verständlicherweise nicht immer ohne Schwierigkeiten abging, zumal die Kinder im Alter dicht beieinander waren und so die führende Rolle Jacobs nicht immer unangefochten blieb. Dennoch sind sich die Geschwister bis an ihr Lebensende herzlich verbunden geblieben; Jacob, der älteste, starb als letzter von ihnen.

T.H.: Das klang jetzt beinah wie das Ende eines Grimmschen Märchens! Ich möchte noch etwas eingehender auf die Kinder- und Jugendzeit der Brüder Grimm zu sprechen kommen, also auf die Zeit, die sie in Hanau und Steinau verlebt haben. Welche Einflüsse wirkten hier prägend auf die Brüder?

L. Denecke: Wie es in der damaligen Zeit üblich war, wirkte auf die Kinder in erster Linie die Gesinnung, die Fürsorge und das Vorbild der Eltern. Jacob Grimm hat diese Zeit in seiner Selbstbiographie sehr genau und liebevoll geschildert. Bemerkenswert ist eine Entdeckung, die die Studienzeit des Vaters betrifft.

Damals führte jeder Student ein Stammbuch, das wir heute eher mit dem Ausdruck "Poesiealbum" bezeichnen würden. Dahinein ließ er sich von seinen Kameraden und Freunden Sprüche und gute Wünsche eintragen. In dem Stammbuch des Vaters finden sich Zeichen, die darauf schließen lassen, daß Philipp Wilhelm Grimm einem studentischen Orden angehört hat, der sich freimaurerischen Gedanken verschrieben hatte. Die in diesen Kreisen geforderten und gepflegten Tugenden lassen auf die Gesinnung des Vaters schließen: Vernunft, Rechtschaffenheit, Weltoffenheit. Der Vater besaß eine nicht unbedeutende Bibliothek, für die er sich ein Exlibris stechen ließ, eben ein Zeichen, das ihn als Eigner der Bücher auswies. Unter diesem Exlibris stand ein Spruch in lateinischer Sprache, der übersetzt lautet: Rechtschaffenheit ist deines Lebens Sicherheit. Auch dieser Spruch deutet auf die der Freimaurerei zugewandte Gesinnung des Vaters, die natürlich auch auf den Geist der Kinder prägend wirkte.

Die genannte Bibliothek spielte eine nicht zu unterschätzende Rolle im Leben der beiden Brüder. Uns sind Briefe von Jacob Grimm an seinen Klassenkameraden und späteren Studienfreund Paul Wiegand überliefert, in denen Jacob ausführlich darüber berichtet, welche Bücher aus der Bibliothek des Vaters er gelesen hat. Sie umfassen ein breites Bildungsspektrum und kennzeichnen ein schon frühes lebhaftes Interesse an literarischen Dingen.

Von der Mutter wissen wir, daß sie viel und gerne las. Ihr Lieblingsautor war Gellert, der in seinen Gedichten und Fabeln ebenfalls eine feine weltliche Rechtschaffenheit vertreten hat.

All dies läßt den Geist erkennen, der die Kinder im Elternhaus umgab. Wilhelm berichtet, daß er mit seinem Bruder zusammen bereits in der Hanauer Zeit zu einem französischen Sprachlehrer gegangen ist. Damals waren die beiden höchstens fünf und sechs Jahre alt. Dieses Detail wirft ein Licht auf die Tatsache, daß die Eltern schon früh darauf achteten, den Kindern eine umfassende Bildung zuteil werden zu lassen. Es fand seine Fortsetzung im Besuch des Kasseler Gymnasiums durch alle fünf Brüder.

T.H.: Was lernten Jacob und Wilhelm Grimm auf dem Kasseler Gymnasium, welche Bildungsgüter wurden ihnen dort nahegebracht?

L. Denecke: Der Fächerkanon war der eines Humanistischen Gymnasiums: Latein, Griechisch, Französisch, Deutsch, Geographie, Geschichte, Zeichnen. Über die Schulzeit der Brüder Grimm hat sich die Forschung lange zu wenig gekümmert. Es gibt ausführliche Lehrpläne, die allerdings aus dem Jahre 1812 stammen; aber mit Sicherheit waren sie zur Schulzeit der Grimms ebenso gültig. Klassische Philologie bildete den überwiegenden Schwerpunkt, in den oberen Klassen wurde der Lateinunterricht in lateinischer Sprache erteilt, so daß Jacob Grimm in der Lage war, seine Abschiedsrede am Gymnasium in lateinischer Sprache zu halten.

Insgesamt haben die Brüder vieles auf dem Gymnasium gelernt, was ihnen zum Grundstock für ihre spätere Arbeit wurde und sie ein Leben lang begleitet hat, so daß sie dankbar auf ihre Schulzeit zurückschauten. Jacob allerdings hatte auch eine Erinnerung, die ihn lange nicht losgelassen hat, und die er in seiner Akademierede "Über Schule, Universität und Akademie" ansprach; ein Zeichen dafür, wie sehr ihn diese Erinnerung beschäftigt hat. Er wurde auf dem Gymnasium von einem Lehrer als einziger mit "Er" angeredet, alle anderen Schüler hingegen mit "Sie". Dies bedeutete eine soziale Zurückstufung gegenüber seinen Klassenkameraden, die ihm lange nachgegangen ist.

Auf der Universität

T.H.: Im Jahre 1802 bzw. 1803, also jeweils im Alter von 17 Jahren, gingen die Brüder auf die Universität nach Marburg, wo sie Rechtswissenschaft studierten. Was haben sie während ihrer Studienzeit erlebt, was war wichtig für sie?

L. Denecke: Lassen Sie mich vorausschicken, daß Jacob das Gymnasium ohne einen Abschluß verließ, der damals für ein Studium auch nicht erforderlich war. Wollte man studieren und war nicht hoher Herkunft, so mußte man beim Kurfürsten um die Zulassung einkommen, was die Mutter für ihre Söhne getan hat. Jacob ging zuerst allein, da Wilhelm schwer erkrankt war und erst ein Jahr später nachfolgen konnte. Durch seinen immensen Fleiß gelang es Jacob bald, bei seinen Lehrern Aufmerksamkeit zu erwecken, insbesondere bei Professor Weiß und bei dem nur wenige Jahre älteren Professor Karl-Friedrich von Savigny. Savigny wurde der eigentliche Lehrer der Brüder.

Was sie als Juristen lernten, war eine direkte Vorbereitung auf den späteren Beruf des Richters oder des Verwaltungsmannes. Man lernte zwar Römisches und Kanonisches Recht, aber immer auf die Praxis zugeschnitten. In juristischen Lehrbüchern der damaligen Zeit wurden juristische Fälle vorgeführt und deren Lösung erörtert, so daß das Studium eine regelrechte Berufsschulung war. Bei Karl-Friedrich von Savigny hingegen lernten die Brüder Grimm etwas ganz anderes. Er war der erste, der die Rechtswissenschaft auch als eine historische Wissenschaft erkannte und darstellte. So hat er sich eingehend mit der Entwicklungsgeschichte des Römischen und des modernen Rechtes befaßt, wobei er zudem die Grundlagen des Deutschen Rechtes aufgriff und mitverarbeitete.

Jacob Grimm konnte bald die besondere Aufmerksamkeit und Fürsorge Savignys erwerben. Ein schöner Beleg hierfür ist eine Platzkarte, die Jacob aufbewahrt hat und die eingeklebt in einem Buch aus seiner Bibliothek gefunden wurde. Diese Platzkarte hatte Professor Savigny ausgefüllt mit den Worten: "In meinem Kolleg erhält der Studiosus Jacob Grimm den Platz Nr. 1". Diese Karte hat Jacob in der Schrift aufbewahrt, die er seinem Lehrer zu dessen 50jährigen Doktorjubiläum gewidmet hat.

Aber die Beziehung zu Savigny erstreckte sich nicht nur auf das reine Studium, die Brüder verkehrten auch privat im Hause ihres Lehrers. In diesem Zusammenhang wird immer wieder eine Episode erwähnt, die Jacob Grimm erzählt hat, die ich aber gerne als "Dichterlegende" bezeichne, weil ich vermute, daß er sie so dargestellt hat, um seinem Lehrer eine Freude zu machen. Die Brüder durften nämlich die Bibliothek Savignys benutzen, in der Jacob auch ein Werk in mittelhochdeutscher Sprache fand und mit einiger Verwunderung zur Kenntnis nahm. Durch dieses Erlebnis, so wird gern gefolgert, soll der Übergang der Brüder von der Juristerei zur Sprachwissenschaft initiiert worden sein.

Beachtenswert ist vielmehr, daß die Brüder auch während ihres Jurastudiums bei Professor Ludwig Wachler Literaturgeschichte gehört haben; ein Beleg dafür, daß sie sich schon früh für dieses Gebiet interessiert haben. Hinzu kommt, daß sie im Hause Savigny Clemens Brentano kennenlernten, der sich schon damals mit Plänen zu "Des Knaben Wunderhorn" trug. Jedenfalls leitete sich der Wechsel der Brüder zur Literatur- und Sprachwissenschaft aus ihrem frühen Interesse und der intensiven Mitarbeit an "Des Knaben Wunderhorn" her - die man erst kürzlich in vollem Umfang erkannt hat - und ist nicht durch die zwei altdeutschen Bücher Savignys zu erklären.

T.H.: Wann haben Jacob und Wilhelm ihr Studium abgeschlossen?

L. Denecke: Jacob hat sein Studium im Jahre 1805 ohne Abschlußprüfung beendet, als ihn sein Lehrer und Förderer Savigny nach Paris einlud, wo er ihm bei seinen rechtshistorischen Arbeiten zu helfen und so gleichsam sein Studium fortzusetzen hatte. Übrigens hat Jacob in seinem Werdegang niemals eine Prüfung abgelegt. Wilhelm studierte noch ein Jahr länger in Marburg und bestand das Abschlußexamen.

Andere Wege

T.H.: Was haben die Brüder unmittelbar nach ihrem Studium getan?

L. Denecke: Sie kehrten zunächst beide nach Kassel zurück, Jacob aus Paris, Wilhelm aus Marburg. Jacob bekam eine Anstellung in der Kurfürstlichen Verwaltung. Er war damit der einzige in der Familie, der Geld verdiente. Wilhelm litt immer noch an einer Krankheit, so daß er kein Amt antreten konnte. In diese Zeit fiel der Einmarsch der Franzosen. Jacob blieb zunächst in der Verwaltung, doch mit der Zeit wurde es ihm lästig, als Beamter des Kurfürstentums Hessen für die französische Regierung zu arbeiten, so daß er im Jahre 1807 kündigte. Beide Brüder versuchten dann eine Anstellung als Zeitungsredakteure und als Archivare zu bekommen, doch gelang ihnen das zu ihrem Leidwesen nicht. Durch die Vermittlung Johannes von Müllers, der damals im Königreich Westphalen gleichsam die Stellung eines Kultusministers hatte, erhielt Jacob dann aber eine Anstellung als Privatbibliothekar des Königs Jérôme. Erstaunlicherweise wurde Jacob einige Zeit später auch Beisitzer im Staatsrat, der sonst nur aus Franzosen bestand, so daß er der einzige Deutsche im Staatsrat des Königreiches Westphalen unter König Jérôme war.

Jacobs geringfügige Tätigkeit als Privatbibliothekar eröffnete ihm die Möglichkeit, sich seinen eigenen Studien zu widmen, da der König an Büchern nur geringes Interesse hatte. Seit einem Abschiedsbrief von seinem Lehrer Savigny aus dem Jahre 1807 beschäftigte sich Jacob mit dem, was wir heute Deutsche Philologie nennen. Man muß bedenken, daß es wohl die Absicht Savignys gewesen war, Jacob so weit zu fördern, daß dieser eine Professur der Rechtswissenschaft ausfüllen konnte. Bedenkt man zusätzlich, daß es der Wunsch der inzwischen verstorbenen Mutter gewesen war, Jacob in die Fußstapfen des Vaters treten zu sehen, kann man ermessen, was die Entscheidung Jacobs bedeutete, sich von der Rechtswissenschaft abzuwenden und einem Forschungsgebiet zuzuwenden, das als Studienfach noch gar nicht bestand, sondern erst von den Brüdern begründet werden sollte.

Jacob hatte hier einen Beschluß gefaßt, den man nicht genug bewundern kann. Ohne finanziellen Hintergrund, ohne Befürworter auf dem neuen Gebiet, nur auf die eigenen Fähigkeiten fest vertrauend! Und Wilhelm, dem Bruder folgend, ging mit ihm den gleichen Weg.

1813 kam es nach der Schlacht von Leipzig zur Flucht des Königs Jérôme, der Auflösung des Königreiches Westphalen und der Rückkehr des Kurfürsten.

Jacob wurde wieder in den hessischen Staatsdienst übernommen, und zwar - ich gebrauche jetzt den modernen Begriff - ins Auswärtige Amt. Hier erhielt er den besonderen Auftrag, die Kulturgüter - Bilder, Bücher, alte Handschriften usw. -, die unter Jérôme entfremdet worden waren, aus Paris zurückzuholen, was ihm zu einem großen Teil auch gelang. Er erhielt weiter einen entsprechenden Auftrag des preußischen Königreiches, und auch die Rückführung des preußischen Kulturgutes gelang ihm weitgehend.

Inzwischen bekam Wilhelm in der Bibliothek in Kassel eine Anstellung. Zwei Jahre später kam auch Jacob als stellvertretender Bibliothekar nach Kassel, nachdem er wiederum eine Karriere, diesmal im Staatsdienst, ausgeschlagen hatte - er sollte nämlich Gesandter bei der Bundesversammlung in Frankfurt werden. Mit der Aufnahme des Bibliothekardienstes begann die eigentliche berufliche Laufbahn der Brüder: Von 1814 bzw. 1816 bis 1829 waren sie Bibliothekare in Kassel, von 1829 bis 1837 in Göttingen; danach suchte man sie in anderen Orten als Bibliothekare zu gewinnen.

T.H.: Im Jahre 1806 begannen die Brüder mit ihrer Märchensammlertätigkeit. Wie kam es dazu?

Die Märchen

L. Denecke: Ich erwähnte bereits, daß die Brüder durch ihre Bekanntschaft mit Clemens Brentano und dessen Freund Achim von Arnim dazu angeregt wurden, Volkslieder für "Des Knaben Wunderhorn" zu sammeln. Professor Rölleke hat festgestellt, daß Jacob und Wilhelm zu den wichtigsten Zuträgern dieser Sammlung gehörten. Das Handexemplar der Brüder, mit mancherlei Randbemerkungen versehen, fand sich in ihrer Bibliothek. Ein Gedicht, das Clemens Brentano in die Sammlung eingebracht hat, trägt den gedruckten Hinweis "mündlich", das heißt, es sei Brentano mündlich zugetragen worden. Jacob hat handschriftlich hinzugesetzt "durch uns".

Nirgendwo ist in der Ausgabe von "Des Knaben Wunderhorn" die Mitarbeit der Brüder Grimm genannt. Erst auf Umwegen konnte diese rekonstruiert werden. Jedenfalls kamen sie durch diese Arbeit zu dem, was man damals "Volkspoesie" nannte.

Brentano und Arnim hatten dann den Wunsch, ihre dreibändige Sammlung von Volksliedern durch eine solche von Volkserzählungen zu ergänzen und forderten die Brüder auf, auch Volkserzählungen zu sammeln, also das, was wir heute Märchen und Sagen nennen. Das taten sie, sammelten aber auch weiterhin Volkslieder, die jedoch nie von ihnen veröffentlicht wurden. Erst im Jahre 1985 kam diese Sammlung in einem über 600 Seiten starken Band mit nachfolgenden Kommentaren erstmals ans Licht. Die von ihnen gesammelten Erzählungen schickten sie dagegen an Brentano, damit er sie zur Veröffentlichung bringe. Brentano legte sie aber zur Seite, da sie ihm nicht "literarisch" genug waren. Diese Handschriften der von den Grimms gesammelten Erzählungen sind erst im Nachlaß von Brentano in einem elsässischen Kloster 1924 wieder aufgefunden worden.

Glücklicherweise hatten die Brüder Abschriften angefertigt, die sie Achim von Arnim zeigten, der sie ermutigte, die Herausgabe selbst zu besorgen. Diese Ursammlung ist übrigens von Professor Rölleke in einer einmalig ergiebigen Weise herausgegeben worden. Im Jahre 1812 erschien dann die inzwischen erweiterte und bearbeitete Sammlung als "Kinder- und Hausmärchen" mit etwa 80 Texten. Bemerkenswert ist, daß die Brüder bereits einige Anmerkungen über die Herkunft, über ähnliche Stoffe aus anderen Ländern usw. hinzugefügt hatten, woran sich zeigt, daß sie ihre Sammlung mit wissenschaftlichem Anspruch konzipiert hatten.

Die Sammlung wurde mit Hilfe von Freundinnen und Freunden lebhaft fortgesetzt, so daß zu Weihnachten 1814 ein zweiter Band erscheinen konnte. Wilhelm, der ab der zweiten Auflage von 1819 die Märchen allein betreute, hat laufend neue Texte eingefügt, auch alte herausgenommen, so daß die Auflage letzter Hand von 1857 zweihundert Märchen und zehn Legenden enthält. Ausgeschiedenes ist in die Anmerkungen verwiesen worden, einiges ist auch durch Professor Rölleke aus dem Nachlaß ans Licht gebracht worden. Die vollständige Sammlung umfaßt also etwa 250 bis 300 Texte.

T.H.: Haben die Brüder Grimm die Märchen nicht stark verändert?

L. Denecke: Sie waren bestrebt, die Texte möglichst so zu veröffentlichen, wie sie ihnen erzählt wurden, doch war das nicht uneingeschränkt möglich. Vieles, was Jacob mündlich erfuhr, notierte er in Stichworten, aus denen er erst wieder eine Erzählung rekonstruieren mußte, so daß eine wortgetreue Wiedergabe ausgeschlossen blieb. Wilhelm setzte diese Arbeit fort, was ihm die Philologen heute zum Teil übelnehmen, denn schließlich sei der Urtext verfremdet, gestaltet und literarisch überformt. Diese Kritiker vergessen aber, daß ein Erzähler, der vor einem Publikum ein Märchen erzählt, nicht nur über das einfache Wort verfügt, sondern auch mit Betonung, Mimik und Gestik arbeitet. All dies läßt sich naturgemäß im Druck nicht wiedergeben, während Wilhelm diese Dinge durch Worte eingefangen hat. Da, wo ein Erzähler Ton oder Gebärde einsetzt, fügte er drei Worte zum nackten Urtext hinzu, um die Atmosphäre wiederzugeben. Anders wäre es gar nicht möglich gewesen, die Erzählungen am Leben zu erhalten.

T.H.: Sie sagten, daß Wilhelm seit der zweiten Auflage allein an den Märchen gearbeitet hat. Wie ist das zu erklären?

L. Denecke: Ja, es ist auffallend, daß Jacob seit der zweiten Auflage der Kinder- und Hausmärchen nicht mehr an der Herausgabe mitgewirkt hat, trotzdem die Auflagen weiter mit dem Titel "durch die Brüder Grimm" erschienen. Man hat die Vermutung geäußert, daß Jacob darauf aus war, die Märchen wortgetreu so zu veröffentlichen, wie sie erzählt worden waren, während Wilhelm der Auffassung gewesen ist, daß die Märchen als Erzählgut von einem Erzähler seinem Publikum entsprechend gestaltet werden könnten, wobei allerdings am Kern der Geschichte nichts geändert werden dürfe, allenfalls eben an der Erscheinungsform. Die Vorstellung, es habe diesen Dissens der Brüder gegeben, der schließlich dazu geführt hätte, daß Jacob sich von der Arbeit an den Märchen zurückzog, ist falsch. Die inzwischen leider verstorbene Berliner Wissenschaftlerin Gunhild Ginschel hat festgestellt, daß Jacob Texte in Einzelveröffentlichungen vor der Gesamtausgabe in der gleichen Weise bearbeitet hat wie sein Bruder. Außerdem hat er seinem Bruder in den insgesamt sieben Auflagen der großen Ausgabe und den zehn der kleinen nie hineingeredet und etwa ein anderes Bearbeitungsprinzip geltend gemacht. Vielmehr hat er ihn arbeiten lassen. In seiner Gedenkrede sagte Jacob so schön: "Seine Arbeiten waren durchschlungen von Silberblicken, die mir nicht zustanden."

Das Märchen lebt

T.H.: Unbestreitbar ist, daß die Urtexte stark überformt wurden, wenn auch aus gutem Grund. Es stellt sich mir aber dennoch die Frage, was von den Urformen heute erhalten ist.

L. Denecke: Eine Ahnung dieser Urformen vermitteln die von Professor Rölleke herausgegebenen Texte aus Brentanos und ihrem eigenen Nachlaß, wenngleich auch diese nur auf handschriftlichen Notizen beruhen und nicht auf wortgetreuen Diktaten. Von einer Erzählung der berühmten Märchenerzählerin Dorothea Viehmann ist allerdings ein wortgetreues Diktat erhalten. Da diese Erzählung den Sagen zugeordnet wurde und für den dritten Band der Sagensammlung vorgesehen war, der nie zustande kam, ist sie damals ungedruckt geblieben und erst 1971 an den Tag gekommen. Der Diktattext läßt deutlich die hessische Mundart erkennen. Auch die Eigenart der Viehmännin, daß sie ihre Erzählung stets wortgetreu wiederholte und Fehler selbst korrigierte, ist aus der Handschrift ablesbar.

Von vielen Märchen sind die Urhandschriften aber auch gar nicht erhalten. Wilhelm hat sie offenbar bei einem Umzug zusammen mit anderen, ihm nicht mehr nützlichen Aufzeichnungen vernichtet. Man hat unterstellt, Wilhelm habe die Urfassungen vernichtet, damit man ihm nicht auf die Schliche kommen könne. Dies ist jedoch mit Sicherheit eine unzutreffende Unterstellung. Bedenkt man, daß die Tradition des Märchenerzählens schon im Niedergang begriffen war - die Kinder gingen schon zur Schule und konnten lesen, es wurde also kaum noch erzählt -, kann man sich vorstellen, in welchem ruinösen Zustand die bei Wilhelm ankommenden, zum Teil ja von Freunden aufgezeichneten Texte waren. Von einem fehlte der Anfang, von einem anderen das Ende. Der dritte mischte Elemente aus einer ganz anderen Erzählung ein. So mußte Wilhelm aus den Trümmern erst die vollständigen und in sich zusammengehörigen Erzählungen rekonstruieren. Er war der Meinung, ein Erzähler habe dieses Recht und diese Freiheit.

Mit der Frage nach den Urfassungen wird man meiner Ansicht nach der Leistung Wilhelm Grimms überhaupt nicht gerecht. Es ging nicht darum, der Philologie einen Gefallen zu tun, sondern darum, die im Sterben begriffene Volkserzählung am Leben zu erhalten. Heute gehen die Volkskundler mit Tonbändern und Videogeräten um, um die letzten Reste echter Erzählkunst aufzuzeichnen. Damals war man auf handschriftliche Aufzeichnung angewiesen, und dabei ging selbstverständlich vieles verloren. Was aber wäre aus der Volkserzählung geworden, hätten Wilhelm oder seine zahlreichen Helfer und Helferinnen die Menschen nicht zum Erzählen gebracht? Die Menschen erzählten sonst nur in vertrautem Kreise und sollten jetzt plötzlich vor einem gelehrten Herren, wie sie Wilhelm nannten, reden. Das war nicht leicht, kostete Überwindung. Das Verdienst und die Leistung Wilhelms um die Volkserzählung kann gar nicht hoch genug gewürdigt werden.

T.H.: Der Begriff Volkserzählung legt nahe, daß derartige Erzählungen im Volk entstanden sind. Ist diese Vorstellung zutreffend oder gehen die Texte auf literarische Quellen zurück, die durch ihre Verbreitung im Volk verfremdet wurden?

L. Denecke: Innerhalb der gesamten Volkspoesie konnte kein einziger Verfasser ausfindig gemacht werden. Für die Brüder Grimm war genau dies das Charakteristikum der Volkspoesie, was sie in den Worten ausdrückten: "Das Märchen dichtet sich selbst." Lange Zeit war das Erzählen eine selbstverständliche Fähigkeit, und der Stoff wurde aus einer gemeinsamen Lebensanschauung und den gemeinsamen Lebensformen geschöpft. Die so entstandenen Erzählungen wurden dann von Generation zu Generation weitergegeben.

T.H.: Wer hat denn den Brüdern Grimm bzw. ihren Mitarbeitern die Märchen erzählt? Der Name Dorothea Viehmann ist ja schon gefallen.

L. Denecke: Die Sammlung der Brüder hatte drei Quellen. Die erste und ihnen liebste Quelle war die mündliche Erzählung. Hier ist vor allem besagte Dorothea Viehmann zu nennen. Zweitens gab es handschriftliche, von anderen Beiträgern an die Brüder weitergeleitete Aufzeichnungen. Von Wichtigkeit waren hier vor allem die Geschwister von Haxhausen aus Bökendorf, die sehr viel Material lieferten. Die Brüder forderten aber alle Freunde, von denen sie sich Hilfe versprachen, zum Sammeln auf, so daß viele Quellen zu nennen wären. Schließlich griffen Jacob und Wilhelm auf gedruckte Quellen zurück, auf die alten Erzählungssammlungen des 16. und 17. Jahrhunderts. Aus all dem holten sie das heraus, was ihnen Volkserzählung zu sein schien.

In dem überaus wichtigen und umfangreichen Anmerkungsband zu den Kinder- und Hausmärchen von 1822 finden sich unter der Abteilung "Zeugnisse" Hinweise, die bis in die Antike zurückreichen. Die Vorstellung der Brüder Grimm war eben, daß in der Urge-

Dorothea Viehmann
Radierung von L.E. Grimm (Hessisches Staatsarchiv, Marburg)

sellschaft, in der es noch keine Schrift gab, jeder auf seine Weise erzählen konnte und erzählt hat, wobei die Motive der Erzählungen sich erhalten haben. Die bekannte Geschichte von dem Wettlauf zwischen dem Hasen und dem Igel zum Beispiel gibt es in drei Fassungen. Die Grundsituation ist immer die gleiche: Der Schnelle und der Langsame wollen einen Wettlauf machen und der Kleinere und Langsame gewinnt. Die Art und Weise des Gewinnens ist jeweils unterschiedlich. In der ersten Fassung legt sich der Schnelle schlafen, da er sich seines Sieges gewiß ist, schläft aber zu lange, so daß der Langsame, der sich ordentlich angestrengt hat, gewinnt. In der zweiten Fassung hält sich der Langsame an dem Schnellen fest, dieser dreht sich im Ziel um und jener ruft von hinten: "Ich bin schon da." Es ist das Motiv, das wir auch vom "Zaunkönig" kennen. Die letzte Fassung ist die uns bekannteste, in der Mann und Frau sich die Rolle des Langsamen teilen. Auf einer mykenischen Vasenscherbe aus der Zeit um 1400 v.Chr. findet sich die Darstellung eines Hirsches mit einem Igel auf dem Hinterteil; der Hirsch schaut sich wie erschrocken nach dem Igel um. Hier findet sich also schon unser Motiv, das es in allen Ländern mit den verschiedensten Tieren gibt.

Von Unken, Elfen und Zwergen

Ein anderes Beispiel für ein solches Urmotiv ist der Fetischismus, also der Glaube, daß die Seele des Menschen gleichzeitig in einem anderen Wesen existiert. So etwa in dem "Märchen von der Unke". Die Unke war in früherer Bedeutung nicht eine Kröte, sondern eine Schlange. Die Unke ist die Hausschlange, das heilige Tier. In dem Märchen wird erzählt, wie ein kleines Kind von seiner Mutter sein Milchsüppchen bekommt, und es kommt die Schlange und trinkt auch davon. Das Kind wünscht, daß die Schlange auch von seinem Brot ißt; weil aber Geistwesen nur Flüssiges zu sich nehmen können, wird das Kind ungehalten, nimmt sein Löffelchen und schlägt der Schlange auf den Kopf. Die Mutter, die dies sieht, denkt, die Schlange wolle dem Kinde etwas tun und tötet sie. Kurz darauf stirbt auch das Kind. Dieses Motiv ist mehrere tausend Jahre alt und kommt in dem Märchen zum letzten Mal vor.

Ein Forschungsfeld der Philologie ist, festzustellen, wann die einzelnen Märchen entstanden sind. Dabei hat sich gezeigt, daß einige Märchen durchaus jüngeren Datums sind; eines etwa ist deutlich erst in der Gegenreformation entstanden. Dadurch wird aber letztlich nur bewiesen, daß die Volkserzählung auch im 17. Jahrhundert noch lebendig war und nicht nur in einer antiken Urzeit.

Die meisterhafte Umarbeitung der Märchen vom Erzählgut zum Buchmärchen, die Wilhelm geleistet hat, darf man - ich betone das ausdrücklich - nicht als ein Abtöten der Volkspoesie interpretieren, sondern als ein Am-Leben-Erhalten. Ohne eine solche Arbeit würden diese Märchen heute mit Sicherheit nicht mehr am Leben sein.

T.H.: Sie sprachen vorhin von der Schlange bzw. der Unke als einem Geistwesen. In den Irischen Elfenmärchen, die ja auch von den Brüdern Grimm übersetzt wurden, sind die Elfen im Vorwort ganz exakt nach Art, Gestalt, Kleidung, Wesen usw. beschrieben. Kann man davon ausgehen, daß es sich hierbei um real existierende Naturgeister handelt?

L. Denecke: Ich kann Ihnen auf diese Frage nur eine zwiespältige Antwort geben. Sammler dieser irischen Volksmärchen haben ihre Beiträger öfter gefragt, ob sie das, was sie erzählten, für wirklich hielten. Und selbstverständlich glaubten diese Menschen zweifelsfrei an die Existenz von Elfen und Kobolden. Für sie waren diese Wesen Realitäten, die sie auch detailliert und übereinstimmend beschreiben konnten. Wir heute sehen die Dinge anders, bedienen uns unseres aufgeklärten Verstandes, für den es solche Realitäten nicht geben kann. Offenbar hängt von der Sichtweise ab, wie die Existenz von Elfen beurteilt wird. Erklären kann ich dieses Phänomen nicht, das muß ich Theologen oder Psychologen überlassen.

T.H.: Vielleicht ist den Menschen im Laufe ihrer Entwicklung einfach ein Sinn verlorengegangen, so daß Kobolde, Elfen und andere Elementargeister nicht mehr wahrgenommen werden können. Daß Elementargeister naturwissenschaftlich nicht beweisbar sind, besagt ja nicht, daß diese Wesen nicht existieren, sondern nur, daß die Methoden der Naturwissenschaft nicht mit ihnen rechnen.

L. Denecke: Genau dies sagt Schiller in seinem Gedicht "Die Götter Griechenlands" aus. Da heißt es:

> Wo jetzt nur, wie unsere Weisen sagen,
> Seelenlos ein Feuerball sich dreht,

Lenkte damals seinen goldnen Wagen
Helios in stiller Majestät.

Müßig kehrten zu dem Dichterlande
Heim die Götter, unnütz einer Welt,
Die, entwachsen ihrem Gängelbande,
Sich durch eigenes Schweben hält.

Ja, sie kehrten heim, und alles Schöne,
Alles Hohe nahmen sie mit fort,
Alle Farben, alle Lebenstöne,
Und uns blieb nur das entseelte Wort.

Der moderne Mensch glaubt nicht an Elfen und Fetischismen. Wir sollen uns aber durch das innerliche Nacherleben der auf solchem Glauben sich gründenden Erzählungen einen Raum des Seelenlebens erhalten, der früheren Menschen selbstverständlich eigen war.

Volkspoesie

T.H.: Die Brüder Grimm waren ja nicht die einzigen, die Märchen gesammelt haben; das taten ja auch Musäus und Bechstein. Was unterscheidet den Sammlergeist der Brüder beispielsweise von dem eines Musäus?

L. Denecke: Tatsächlich waren zur gleichen Zeit andere Märchensammler tätig, etwa Musäus, Albert Ludwig Grimm - der süddeutsche Namensvetter der Brüder - oder Büsching. Ältere Sammlungen waren den Brüdern auch bekannt und wurden von ihnen genutzt. - Der entscheidende Unterschied zwischen der Intention der Sammlertätigkeit der Brüder und der von Musäus oder Bechstein macht sich an dem Begriff Volkspoesie fest. Während Musäus, Bechstein und andere ihre Märchen pädagogisch aufbereiteten, wollten die Brüder sie so überliefern, wie sie im Volk lebten. Natürlich hat auch Wilhelm die Märchen bearbeitet, aber nur sprachlich-erzählerisch, nicht inhaltlich.

Einerseits hat man Wilhelm vorgeworfen, daß er die Märchen verbiedermeierlicht habe, andererseits hat man sich beklagt, daß die "Grausamkeiten" stehengeblieben sind. Schon Arnim schrieb in einem Brief an Wilhelm, daß einige Märchen wegen der darin enthaltenen Grausamkeiten nicht für Kinder geeignet seien, woraufhin Jacob entgegnete, die Märchen würden eben so im Volk erzählt; und es war die Intention der Grimms, die Märchen so wiederzugeben, wie sie im Volk lebten.

In bezug auf diese Motive war Jacob übrigens der Meinung, daß Kinder die Märchen einfach ablehnen würden, wenn sie ihnen nicht gefielen. Welches Kind hätte sich jemals an den sogenannten Grausamkeiten gestört? Sie empfinden es als gerecht und richtig, daß etwa die böse Hexe verbrannt wird. Wahrscheinlich wäre es viel belastender für sie, bliebe die Hexe am Leben.

T.H.: Der Begriff der "Volkspoesie" scheint mir so etwas wie ein Schlüssel zum Verständnis der Tätigkeit der Grimms zu sein.

L. Denecke: Tatsächlich war "Volkspoesie" der reale Leitgedanke im Schaffen von Jacob und Wilhelm Grimm, das verbindende Element in der Vielzahl ihrer Arbeiten. Das

Hildebrandlied, das von den Brüdern 1812 kurz vor dem ersten Band der Kinder- und Hausmärchen herausgegeben wurde, wird heute innerhalb der Germanistik der altsprachlichen Abteilung zugeordnet, während die Märchen zur Volkskunde gerechnet werden, also in der Germanistik gar keinen Platz haben. Für die Brüder lag beides auf einer Linie, gehörte für sie zur Volkspoesie und war nach ihrer Vorstellung vom Volk geschaffene Dichtung. Die Ritterepen Wolframs und Hartmanns und ihrer Nachfolger hingegen zählten für sie nicht zur zeit- und namenlosen Volkspoesie, denn hier war ja eine deutliche Autorenschaft vorhanden. Es waren keine im Volk entstandenen Dichtungen, sondern die Standesdichtung einer begrenzten Zeit.

Die Brüder bemühten sich aber nicht nur um deutsche Volkspoesie, sondern auch um serbische, italienische, französische irische und viele andere. Für sie war das, was als Volkspoesie im Volk lebte, das gemeinsame, verbindende, auf ein Urvolk zurückweisende Element im Leben aller Völker. Vor diesem Hintergrund war für sie nicht nur die Poesie, sondern auch der Glaube, das Recht und die Sitte eines Volkes Gegenstand ihrer Forschungen.

Deutsche Rechtsaltertümer

T.H.: In diesem Zusammenhang sind die deutschen Rechtsaltertümer zu nennen. Was verbirgt sich hinter diesem merkwürdigen Begriff?

L. Denecke: Die deutschen Rechtsaltertümer wurden im Jahre 1828 von Jacob Grimm herausgegeben und hatten eine Auswirkung, wie sie die Wissenschaft selten erlebt hat. Jacob Grimm hatte ja die Rechtswissenschaften studiert und war während seines Studiums dem Römischen und dem Kanonischen Recht begegnet. Im Zusammenhang mit seinen Vorstellungen von der "Volkspoesie" entstand in ihm die Frage, was in dieser Hinsicht aus dem alten deutschen Recht zu gewinnen sei.

Er machte sich daran, alte Rechtsaufzeichnungen aufzuspüren, alte Rechtsbräuche ausfindig zu machen und zu fragen, von welchen Gesichtspunkten das Recht früher ausgegangen war. Dies alles ist in den "Deutschen Rechtsaltertümern" mit einer Unzahl von Quellen zusammenfassend dargestellt und ist bis heute nicht überholt. Andere Länder haben diesen Gedanken Jacob Grimms aufgegriffen und ihrerseits nach ihren alten Rechtsbräuchen gespürt. Jacob war der Meinung, daß dieses alte Recht für Juristen nicht unmittelbar von Interesse sei, weil diese sich selbstverständlich nach dem jeweils geltenden Recht zu richten haben; aber er hielt es für wichtig, die Grundlagen des eigenen Rechtes zu kennen und auszuwerten.

Gleiches leistete Jacob dann mit seiner in der Göttinger Zeit erschienenen "Deutschen Mythologie" für die alten Glaubensvorstellungen. Auf dem Gymnasium wurde römische und griechische Mythologie gelehrt, die Götter- und Glaubensvorstellungen der Antike waren jedem bekannt. Wie stand es aber mit denen des eigenen Volkes? Was wußten sie von Zwergen, Geistern und all dem, was wir heute Aberglauben nennen?

T.H.: Ähnlich war ja wohl auch die Beschäftigung mit der deutschen Sprache motiviert.

L. Denecke: Ja, Jacob war der Auffassung, daß die Geschichte der Sprache eines Volkes eine Dokumentation seiner inneren und äußeren Geschichte enthalte. Das, was Jacob in seiner vierbändigen "Deutschen Grammatik" vorlegte, war allerdings keine rein deutsche Grammatik, sondern eine der indogermanischen Sprachen. In ihr weist er die Verwandtschaft der indogermanischen Sprachen nach und entwickelt das erste Lautverschiebungsgesetz, das im englischen Raum heute noch Grimms Law heißt. Eine Fortführung seiner Grundgedanken bietet dann das "Deutsche Wörterbuch".

Volk

T.H.: Im Zentrum der Grimmschen Überlegungen steht der Begriff "Volk"; er zieht sich wie ein roter Faden durch alle Arbeiten der Brüder. Was bedeutet für die Brüder Grimm der Begriff "Volk"?

L. Denecke: Diese Frage ist nicht ganz einfach zu beantworten, da die Brüder Grimm den Begriff nie selbst ausdrücklich definiert haben. Jacob Grimm hat einmal gesagt, ein Volk sei eine Gruppe von Menschen, die die gleiche Sprache sprechen. Wilhelm spricht einmal von dem "Volk in seinem edelsten Sinne" und meint damit, daß es etwas ein Volk Verbindendes gibt, das über Glaubens- und Standesunterschiede hinausgeht.

Der Begriff "Volk" wird auch im Sinne von "das niedere Volk" gebraucht und zielt dann auf den einfachen, schlichten Menschen. Jacob und Wilhelm dachten sich ein Urvolk, ein homogenes Volk, das nicht in Klassen, Stände oder Schichten gegliedert war. Nicht gemeint war, daß es etwa keine Edlen oder Fürsten gegeben haben solle; aber diese dachten sie sich als im Grunde Gleiche unter Gleichen, nur mit einer besonderen Aufgabe bedacht.

Auf dieses Urvolk wirkten nach der Vorstellung der Brüder zivilisatorische Kräfte, so daß sich ein Adelsstand, ein Ritterstand, ein Kaufmannsstand usw. herausbildete, die auch jeweils eigene Anschauungen, Sitten und Gebräuche entwickelten. Neben der Volkspoesie entstand dabei eine "Kunstpoesie", die an die Zeit, in der sie entstand, gebunden war, um dann wieder unterzugehen, während die Volkspoesie aus dem schlicht Menschlichen ensteht, das zu jeder Zeit in jedem Menschen vorhanden ist.

Dieses Grimmsche Verständnis des "niederen Volkes" korrespondiert übrigens mit Äußerungen Goethes, die er in Briefen an Frau von Stein über seine Harzreise machte. Goethe habe im Harz Menschen kennengelernt, die man das niedere Volk nenne, und er sei der Meinung, daß sie äußerlich zwar das niedere, vor Gott aber das höchste Volk seien.

T.H.: Wenn man bösartig argumentiert, könnte man den Brüdern Grimm eine nationalistisch-völkische Gesinnung vorwerfen, schließlich stellen sie immer wieder das Volk in den Mittelpunkt ihrer Betrachtungen. Waren die Grimms Vorreiter einer Deutschtümelei?

L. Denecke: Überhaupt nicht! Schon eine wenig eingehende Kenntnisnahme des Schaffens der Brüder würde zeigen, daß sie von Anfang an mit ihrem Denken nicht an äußeren Grenzen Halt machten, also nicht nationalistisch gesinnt waren. Wilhelms erstes Buch hat dänische Heldenlieder und Balladen zum Inhalt. Gleichzeitig arbeitete Jacob an einer Ausgabe spanischer Volkslieder.

Die Grimms sprachen von einem geschwisterlichen Verhältnis der Völker untereinander mit gleichen Rechten für jedes Volk. Man führe sich einmal vor Augen, daß es zu Lebzeiten der Grimms kein Deutschland gab. Das Deutsche Reich war seit 1806 nicht mehr existent, es war die Zeit der deutschen Klein- und Kleinststaaten. In der Vorrede zum

Deutschen Wörterbuch von 1852, als es immer noch kein einheitliches Deutschland gab, nachdem die Verfassung von 1848, an der Jacob ja mitwirkte, gescheitert war, schrieb Jacob: "Deutsche geliebte Landsleute, welches Reichs, welches Glaubens ihr seid, tretet ein in die euch allen aufgetane Halle eurer uralten deutschen Sprache." Er sieht das Verbindende eines Volkes also in der Zugehörigkeit zu einer Sprache und nicht in der zu einem Staatsgebiet.

Gleiches gilt auch für Dänemark, Irland, Spanien, Italien, Rußland, Serbien usw. Die Grimms haben alle Völker als gleichwertig und gleichberechtigt anerkannt, und ihr Einsatz für Deutschland zielte stets nur auf den Erhalt der Eigentümlichkeit des deutschen Volkes, was sie ebenso jedem anderen Volk zugestanden. Als etwa die Polen 1831 von den Russen niedergeworfen wurden, vertrat Jacob die Auffassung, daß den Polen Gerechtigkeit widerfahren müsse, auch wenn dies auf Kosten von Preußen geschehe - es ging um die Grenzziehung zwischen Polen und "Neuostpreußen" -, "denn Bestand hat nur, was gerecht ist".

Die Grimms traten für ein geschwisterliches Verhältnis der Völker zueinander ein. Nehmen Sie die Geschwister Grimm; jedes einzelne war von dem anderen völlig verschieden, aber sie haben sich dennoch bestens verstanden. Geschwisterliches Verhältnis der Völker zueinander meint also gegenseitiges Anerkennen und Achten, trotz bzw. gerade wegen der jeweiligen Unterschiede.

Göttingen

T.H.: 1830 gehen die Brüder von Kassel nach Göttingen. Was war der Anlaß für diesen Wechsel?

L. Denecke: Jacob war in Kassel zweiter Bibliothekar, und als der erste Bibliothekar verstarb, rechnete Jacob damit, daß er nun aufrücken würde. Das geschah aber nicht. Statt dessen setzte der Kurfürst einen Historiker namens Rommel als Leiter der Bibliothek ein, der im gleichen Alter wie Jacob war, so daß letzterer damit rechnen mußte, zeitlebens einen Vorgesetzten zu haben, der weniger von der Bibliothek verstand als er selbst.

Der Grund für die Entscheidung des Kurfürstens ist darin zu sehen, daß dieser die Bibliothek als Hofbibliothek ansah, die den Landesinteressen zu dienen hatte, also Landesrecht und Landesgeschichte zu verarbeiten hätte. Für die weitgreifenden Arbeiten der Grimms hatte der Kurfürst keinen Sinn. Jacob seinerseits hatte schon viele Angebote bekommen, Kassel zu verlassen, sie aber immer abgelehnt, weil er der Meinung war, als Hesse gehöre er nach Hessen. In dieser Situation aber, als er sich um die Bibliotheksleitung betrogen sah, nahm er das Angebot an, nach Göttingen zu gehen, stellte aber dort die Bedingung, daß sein Bruder Wilhelm mit nach Göttingen kommen könne, was ihm auch gewährleistet wurde.

So wurden die beiden an die Göttinger Universitätsbibliothek als Bibliothekare berufen, Jacob mit einer Anwartschaft auf die Leitung der Bibliothek. Allerdings ist er auch hier nie zum Leiter aufgestiegen, da sein über 80jähriger Vorgänger erst 14 Tage nach dem Göttinger Protest starb, als Jacob Göttingen schon wieder verlassen hatte. In Göttingen wurden die Brüder übrigens gleichzeitig in den Rang von Professoren erhoben, da nur ein Professor als Bibliothekar arbeiten durfte - die Arbeit in der Bibliothek war eben eine ausgesprochen wissenschaftliche.

Es ist mir wichtig zu betonen, daß die Grimms in erster Linie Bibliothekare und in erst in zweiter Professoren waren; das wird immer noch gern falsch dargestellt, da nach heutigen Wertmaßstäben der Professor höherrangig ist. Auch nach Berlin sind sie nicht als Professoren berufen worden, sondern sie wurden vom König aufgefordert, als Mitglieder der Akademie der Wissenschaften ihren Wohnsitz in Berlin zu nehmen, um dort an ihrem Wörterbuch weiterarbeiten zu können. Nebenbei hatten sie auch das Recht, Vorlesungen zu halten.

T.H.: Ich möchte nochmals auf Göttingen zurückkommen. Welche wichtigen Arbeiten sind in der Göttinger Zeit entstanden?

L. Denecke: Zunächst hat Jacob in der Göttinger Zeit eine Arbeit vollendet, die er ursprünglich mit dem Bruder gemeinsam herausbringen wollte: den "Reinhart Fuchs". Jacob hatte die Vorstellung, daß es sich bei dieser Erzählung um eine Urerzählung handele - weil Tiere anstelle von Menschen figurieren -, was sich aber als Irrtum herausgestellt hat. Da er aber lateinische, französische, holländische und andere Fassungen dieser Geschichte mitverarbeitet hat, eignet sich die Grimmsche Ausgabe nach wie vor für wissenschaftliche Studien. Eine weitere Arbeit Jacobs war der dritte Band der Grammatik, den vierten bereitete er vor, die Ausgabe der "Weistümer", die bis heute gültig ist, bereitete er ebenfalls in Göttingen vor. Wilhelm gab in dieser Zeit seine neu bearbeitete dritte Ausgabe der Märchen und das Rolandlied heraus.

Der Protest der Göttinger Sieben

T.H.: Die Göttinger Zeit nahm auch wieder ein jähes Ende, herbeigeführt durch den Protest der Göttinger Sieben. Was hatte es damit auf sich?

L. Denecke: Der deutsche Einzelstaat Hannover und England wurden in Personalunion vom englischen König Wilhelm IV. regiert. Als im Juni 1837 der König starb, endete die Personalunion; den englischen Thron bestieg König Wilhelms Nichte Victoria, den von Hannover des Königs Bruder Ernst-August, ein stark anti-liberal eingestellter Mann. Eine der ersten Taten des neuen hannoverschen Königs war es, die geltende Staatsverfassung, die seit 1833 in Kraft war, aufzuheben. Die Aufhebung der Staatsverfassung löste heftige Reaktionen aus, aber niemand entwickelte den Mut, praktisch etwas dagegen zu unternehmen. Eine Ausnahme bildete der Professor Friedrich Christoph Dahlmann von der Georgia Augusta, der Universität in Göttingen, der sich bereits 1831 in Verfassungsfragen gegen den damaligen Landesminister Graf Münster soweit durchgesetzt hatte, daß der Minister gehen mußte. Dieser Professor Dahlmann setzte einen Text auf, den er nicht als Protest titulierte, sondern als "untertänigste Vorstellung einiger Mitglieder der Landesuniversität". In dieser "Vorstellung" brachte Dahlmann zum Ausdruck, daß man die Aufhebung der Verfassung durch den König nicht als rechtmäßig ansehen könne - mit dem offenbaren Ziel, Verhandlungen zu erreichen. Unterschrieben wurde der Text nicht, wie Dahlmann es sich wohl vorgestellt hatte, von der gesamten Professorenschaft der Landesuniversität, sondern außer von Dahlmann von sechs weiteren Professoren, die allerdings alles Männer von höchstem wissenschaftlichen Rang waren, Jacob und Wilhelm Grimm, Heinrich Ewald, Wilhelm Weber, Wilhelm Albrecht und Georg Gottfried Gervinius.

Die Göttinger Sieben
Lithographie von Carl Rohde, 1837/38 (Städtisches Museum Göttingen)

Der König, der zuerst zu Verhandlungen bereit gewesen sein soll, antwortete, wohl von seinen Ministern beeinflußt, mit der Amtsenthebung der Göttinger Sieben. Dahlmann, Gervinius und Jacob Grimm als die eigentlichen Urheber mußten innerhalb von drei Tagen das Land verlassen. Dieses harte Durchgreifen war dem König nur deshalb möglich, weil er es mit sieben Professoren zu tun hatte und nicht mit der gesamten Professorenschaft. Hätte sich diese vollständig an dem Protest beteiligt, man weiß nicht, was geworden wäre.

Der Protest der Göttinger Sieben, der aus Gewissensgründen, nicht aus politischen Erwägungen heraus erfolgte, hatte immense Folgen. Es brach eine Welle des Protestes gegen das Vorgehen des Königs los, und zwar nicht nur in den deutschen Staaten, sondern auch im benachbarten Ausland. Die liberale Bewegung erhielt einen mächtigen Auftrieb, und der deutschen Professorenschaft wurde allgemein politische Autorität zuerkannt; beides wichtige Voraussetzungen für die Ereignisse von 1848.

T.H.: Was machten die Grimms nach dem Protest der Göttinger Sieben?

L. Denecke: Wilhelm blieb zunächst noch in Göttingen, wo er einen Prozeß gegen den König um die den Sieben entzogenen Kolleggelder führte, der allerdings im Sande verlaufen ist. Jacob ging nach Kassel zu seinem Maler-Bruder Ludwig, wo er sofort weiterarbeitete und den ersten Band seiner "Weistümer" sowie mit Andreas Schmeller die "Lateinischen Gedichte des X. und XI. Jahrhunderts" veröffentlichte. Trotz internationaler Anerkennung der Göttinger Sieben und insbesondere der Einladung an die Brüder Grimm aus den Niederlanden, aus Frankreich und der Schweiz ergab sich für diese zunächst keine Gelegenheit, eine ihnen genehme Stelle zu erhalten. Allerdings erhielten Sie vom Hirzel-Verlag das Angebot, ein deutsches Wörterbuch zu verfassen, und diese Arbeit sollte so honoriert werden, daß die Brüder ein festes Auskommen hätten. Dieses Angebot haben die Brüder dann auch angenommen.

Erst der preußische König Friedrich Wilhelm IV. hat die Grimms nach Berlin geholt, nur eben nicht als Beamte; das konnte er seinem Vetter, dem König von Hannover, nicht antun. Ihre Bezahlung übernahm der König aus eigenem Bestand. Die preußische Staatsbürgerschaft wurde den Brüdern auf schlichte Weise zuteil. Man umging den bürokratischen Apparat und teilte ihnen schriftlich mit, daß sie preußische Staatsbürger seien. Es mußten eben seltsame Mittel und Wege gefunden werden, den "politisch Verfolgten" zu helfen.

Das Deutsche Wörterbuch

T.H.: Welche bedeutenden Arbeiten entstanden in der Berliner Zeit?

L. Denecke: Da ist zunächst einmal das Deutsche Wörterbuch als größte, umfangreichste Arbeit. Dieses Wörterbuch haben die Grimms selbst auch nur bis zum Worte "Frucht" fertigstellen können. Von größerer Bedeutung sind aber die Akademiereden von Jacob Grimm. Hier hat er eine Vielzahl von Themen aufgegriffen, zum Beispiel "Über das finnische Epos", "Über Schule, Universität, Akademie", "Über den Ursprung der Sprache", die Gedenkreden auf Karl Lachmann und auf den Bruder Wilhelm, die Rede zum Schillergedenken. Dazu 1848 die großartige "Geschichte der deutschen Sprache", die eigentlich eine Volksgeschichte aufgrund der Sprache ist. Wilhelm setzte unter vielem anderen seine Tätigkeit als Herausgeber altdeutscher Texte fort.

T.H.: Lassen Sie uns noch einmal auf das Wörterbuch zu sprechen kommen. Wie ist eigentlich der Plan, ein solches Wörterbuch zu erstellen, entstanden?

L. Denecke: In Italien und in Frankreich gab es bereits umfassende Wörterbücher der Landessprache, von den jeweiligen Akademien herausgegeben. Diese Wörterbücher waren ähnlich strukturiert wie der heutige Duden; sie verzeichneten den gültigen Wortschatz der französischen bzw. der italienischen Sprache. Für die deutsche Sprache gab es die Wörterbücher von Adelung und von Campe, die jedoch eine grundlegende Erneuerung erforderten. Der Verleger Hirzel machte zusammen mit dem Professor Moriz Haupt Jacob Grimm das Angebot, ein Wörterbuch nach den von den Grimms entwickelten Prinzipien zu schreiben, d.h. man zielte auf ein historisches Wörterbuch der deutschen Sprache.

T.H.: Wie war die Konzeption des Wörterbuches von Jacob und Wilhelm gedacht?

L. Denecke: Über diese Frage hat Jacob in seiner Vorrede zum Deutschen Wörterbuch genaue Auskunft gegeben. Es sollte ein Wörterbuch der neuhochdeutschen Schriftsprache von Luther bis Goethe sein - worin sich noch die Auffassung spiegelt, daß die neuhochdeutsche Gemeinsprache durch Luther geprägt worden sei. Durch Belege aus der deutschen Literatur sollte die Entwicklung der äußeren Gestalt der einzelnen Worte sowie ihrer Bedeutungen und ihres Gebrauchs aufgezeigt werden.

T.H.: Für dieses Vorhaben war ja eine Unmenge an Literatur auszuwerten. Wie haben Jacob und Wilhelm diese Arbeit bewältigen können?

L. Denecke: Sie hatten außer der eigenen umfangreichen Tätigkeit eine ganze Anzahl von Helfern, die ihnen Belege geliefert haben. Wer sich zur Mitarbeit bereiterklärte, bekam einen Autor oder bestimmte Werke zugewiesen, aus denen Belege zu ziehen waren. Außerdem gab Jacob genaue Anweisungen, wie solch ein Beleg anzufertigen sei, sogar Beispielzettel, die erhalten sind, hat er vorgegeben. Diese Zettel wurden im Verlag gesammelt und alphabetisch geordnet. Auf diese Weise verfügten die Grimms schon zu Lebzeiten über 500.000 Belege, die von ihnen auszuwerten waren. Vor dieser Aufgabe standen sie aber allein. Jacob übernahm zunächst die Buchstaben A bis C, Wilhelm das D, das er auch bis zu seinem Tode fertiggestellt hat. Nach Wilhelms Tod bearbeitete Jacob dann noch die Buchstaben E und F bis zum Worte Frucht.

T.H.: Wie setzte sich die Arbeit am Wörterbuch nach dem Tode der Grimms fort?

L. Denecke: Jacob hat sich zu Lebzeiten immer gegen Mitarbeiter gewährt. Zuliefern und Korrektur lesen durften - und mußten - auch andere, ausarbeiten und schreiben durften nur er und sein Bruder. Rudolf Hildebrand in Berlin und Karl Weigand in Gießen haben geliefert und Korrektur gelesen, und diese beiden haben nach Jacobs Tod die Arbeit am Wörterbuch zunächst fortgeführt. Darüber hinaus hat der Verleger andere Professoren zur Mitarbeit bewegt - denn das Wörterbuch war ja immer noch ein Verlagsunternehmen -, darunter Moriz Heyne und Matthias Lexer, die nur nebenamtlich am Wörterbuch wirken konnten. Um die Fortführung zu erleichtern, haben die einzelnen Mitarbeiter an unterschiedlichen Stellen des Alphabets angefangen. Um die Materialbeschaffung zu zentralisieren und damit effektiver zu machen, hat schließlich die Akademie der Wissenschaften in Berlin eine Zentralsammelstelle in Göttingen eingerichtet. Hier hatten Studenten die Aufgabe, Belege auszufertigen, was zu einer riesigen Materialsammlung führte. Weil aber die Wörterbuchschreiber, also die angeworbenen Professoren, auch andere Aufgaben hatten, kam das Wörterbuch trotz des von der Zentralsammelstelle gelieferten Materials nicht zügig voran. Im Jahre 1930 kam Professor Alfred Hübner zu dem Plan, eine Arbeitsstelle einzurichten mit der Aufgabe, die noch fehlenden Teile im Alphabet des Wörterbuchs in gleichgerichteter Arbeitsweise zu füllen. Nach Unterbrechung der Arbeit durch den Krieg wurde die Arbeit in Berlin (Ost) und Göttingen fortgesetzt. Die letzte Lieferung konnte im Januar 1961 dem Hauptherausgeber, Professor Frings, zum Geburtstag überreicht werden.

T.H.: Das Wörterbuch umfaßt insgesamt 33 Bände, geplant war es ja wohl für sechs Bände; für jedes Wort finden sich unzählige Belege. Meine ganz unschuldige Frage ist, welchen Wert und Nutzen dieses Werk außerhalb der Wissenschaft hat.

L. Denecke: Zunächst einmal wird niemand, der sich für die Geschichte der neuhochdeutschen Sprache interessiert, um das Grimmsche Wörterbuch herumkommen. Wer dieses Interesse nicht aufbringt, braucht tatsächlich nicht hineinzuschauen. Für die Rechtschreibung ist ohnehin der Duden maßgeblich.

Wer aber nach der Bedeutung und dem Sinn eines Wortes, seinem Gebrauch im Verlauf der deutschen Geschichte fragt, hat im Grimmschen Wörterbuch eine Fundgrube, wie er sie sich besser nicht wünschen kann. Es sind sogar schon Gerichtsurteile auf der Grundlage des Grimmschen Wörterbuches gefällt worden, weil mit seiner Hilfe nachgewiesen werden konnte, daß ein bestimmtes Wort zu einer bestimmten Zeit eine bestimmte Bedeutung hatte.

Ich habe schon öfters beklagt, daß Sprachwissenschaftler sich zu selten um Geschichte und Historiker zu selten um Sprache kümmern. Wo beide Richtungen aber zusammenkommen, spielt das Wörterbuch eine entscheidende Rolle.

In der Kasseler Bibliothek habe ich es erlebt, wie der Lehrer einer Grundschule seinen Schülerinnen und Schülern aus dem Grimmschen Wörterbuch den Artikel "Kaufmann" vorlas, um ihnen zu zeigen, was so ein Wort eigentlich bedeutet, wo es herkommt, wie es zu verschiedenen Zeiten verwendet wurde.

Als die dtv-Ausgabe des Wörterbuchs erschien, erwarb sie ein vielseitig interessierter Architekt. "Ich habe die Bände mit freudiger Erwartung ausgepackt", so erzählte er mir, "und sogleich ein paar Stunden *darin gelesen!"*

Ich glaube, diese Beispiele zeigen, was man mit dem Wörterbuch anfangen soll. Man soll darin lesen, dann wird sich sein Nutzen einem selbst offenbaren. Der Forscher, der das Werk zu benutzen versteht, findet ohnehin meist mehr, als er erwarten konnte.

Deutscher Boden duldet keine Knechtschaft

T.H.: Ich möchte nochmals auf den Lebenslauf der Brüder Grimm zu sprechen kommen. Ein bedeutendes Ereignis, das in ihre Lebenszeit fällt, ist die Revolution von 1848. Welche Verbindungen gibt es zwischen diesem Zeitereignis und dem Lebensweg der Brüder?

L. Denecke: Als Folge der Märzrevolution trat im Mai 1848 in der Paulskirche die erste gesamtdeutsche, freigewählte Volksvertretung zusammen, die die Aufgabe hatte, einem noch zu schaffenden deutschen Nationalstaat eine Verfassung zu geben. Die Schwierigkeiten im Vorwege dieser Nationalversammlung waren übrigens ähnlich wie sie in der DDR in der jüngsten Vergangenheit auftraten: Es mußten erst einmal Menschen gefunden werden, die in der Lage waren, in solch einem demokratischen Organ sinnvoll zu wirken. Jacob Grimm wurde zunächst nicht für die Wahl zur Nationalversammlung nominiert, bis eine Kölner Zeitung auf dieses Versäumnis an einem "Stern erster Größe" aufmerksam machte. Daraufhin setzte der Kreis Mülheim an der Ruhr ihn auf die Wahlliste. Jacob Grimm wurde gewählt und kam - etwas verspätet - in die Nationalversammlung.

Einem Sitzplan zufolge nahm Jacob Grimm in der Paulskirche einen besonderen Platz ein. Er saß im Mittelgang in der ersten Reihe auf einem Einzelsessel gegenüber dem Präsidium und der Rednerbühne, also auf dem höchstgeehrten Platz der gesamten

Versammlung. Dieser besondere Platz muß wohl als ein Zeichen der Anerkennung gewertet werden, die ihm entgegengebracht wurde und die er sich durch die Teilnahme am Protest der Göttinger Sieben sowie bei den Germanistenversammlungen in Frankfurt und Lübeck, die unter seinem Vorsitz stattfanden, erworben hatte. Zu den Germanistenversammlungen ist zu sagen, daß der Name "Germanisten" damals - im Gegensatz zu heute - zunächst die Vertreter des Deutschen Rechts bezeichnete.

Jacob Grimms bedeutendster Beitrag in der Paulskirche war der Antrag zum Paragraphen 1 der zu schaffenden deutschen Verfassung. Der zuständige Ausschuß hatte als Paragraph 1 vorgeschlagen: "Deutscher ist jeder, der in einem deutschen Lande wohnt. Er übt sein Wahlrecht dort aus, wo er sich befindet." Jacob war der Ansicht, daß der erste Paragraph eine grundlegendere Aussage machen müsse, die den ihm wichtigen und heiligen Begriff der Freiheit aufgreifen sollte, und schlug deshalb vor, vor den genannten einen anderen zu setzen, der da lauten sollte: "Das deutsche Volk ist ein Volk von Freien, und deutscher Boden duldet keine Knechtschaft. Fremde Unfreie, die auf ihm verweilen, macht er frei."

Als dieser Antrag, zuerst von allen bejubelt, wieder zusammen mit vielen anderen an die Ausschüsse verwiesen worden war und danach zur Abstimmung gestellt wurde, fehlten ihm 13 Stimmen zur Gültigkeit. Die ganze Verfassung ist dann ja nicht zum Tragen gekommen. Es dürfte aber der Welt mancher Kummer erspart geblieben sein, wäre die Verfassung von 1848 in Kraft getreten und es hätte jedes Kind in der Schule den Artikel 1, den Jacob Grimm so großartig vorausgedacht hatte, auswendig gelernt. Die in ihm geäußerten Gedanken sind doch bis heute gegenwärtig und gültig.

Bestand hat, was gerecht ist

T.H.: Welche Bedeutung hatte das Scheitern der 48er Revolution für Jacob Grimm?

L. Denecke: Man könnte vermuten, daß er sich nach dem Schiffbruch der liberaldemokratischen Kräfte aus der Politik zurückgezogen hätte. Tatsächlich hat er sich vorzeitig aus der Nationalversammlung zurückgezogen. Anlaß war die Zustimmung der Nationalversammlung zum Rückzug der Preußen aus dem schleswig-holsteinischen Befreiungskrieg. Daß die Nationalversammlung es billigte, daß Preußen Schleswig-Holstein seinem eigenen Schicksal überließ, war für Jacob nicht mit seinen freiheitlichen Ideen vereinbar, also ging er. Dieser Schritt wird oftmals als Rückzug aus der Politik gewertet, doch das ist falsch. Obwohl er die Lage als schwierig und beinahe aussichtslos einschätzte, gab er nicht auf. Er hat für Hessen und Schleswig-Holstein seine Stimme erhoben, nannte seine Geschichte der deutschen Sprache, die 1848 erschien, ein politisches Buch und gab seine Überzeugung nie auf, daß nur das Bestand haben würde, was gerecht sei. Und er sollte recht behalten. Sowohl die Schleswig-Holstein-Frage als auch die Polen-Frage wurde nach seinem Tode so gelöst, wie er es sich gedacht hatte. Politik wird nicht nur von der Regierungskanzel aus gemacht, sondern auch durch Geistesarbeit, und die gab Jacob nie auf.

T.H.: Ich habe noch eine abschließende Frage, auch wenn noch viele Details zu beleuchten wären. Was können Menschen, die sich heute mit den Brüdern Grimm beschäftigen, durch diese Beschäftigung lernen?

Lernen aus der Biographie

L. Denecke: Eine wichtige Frage! An erster Stelle sollte das Bemühen stehen, Jacob und Wilhelm nicht als Märchenonkel, als Sprachforscher oder überhaupt als Wissenschaftler, sondern als Menschen zu sehen, die ein vorbildliches Leben gelebt und bestanden haben. Das Verhältnis der Brüder zueinander, das zu den Eltern und Geschwistern, ihr Verhältnis zur Arbeit, das Hinnehmen und Überwinden all der Katastrophen, von denen ihr Leben begleitet war, die Beziehung zu Freunden im In- und Ausland, ihre tapfere, ehrliche und absolut gegenwartszugewandte Stellung zu Zeitgeschehen und Politik - aus diesen Dingen, d.h. dem Nachvollzug der Biographie der beiden Brüder, läßt sich für uns sehr vieles lernen.

Sie haben sich nie von Parteiinteressen leiten lassen, sondern sind immer an der Sache, an ihrem eigenen Gewissen orientiert gewesen, nie sind sie von einem Feindbild ausgegangen. Sie haben sich von anderen Meinungen und Gruppierungen abgesetzt, aber sie haben das andere nicht verteufelt, sondern versucht, das Gute darin zu sehen, und das Eigene dem anderen im ehrlichen Selbstvertrauen entgegengesetzt. Wilhelm hat einmal bildhaft gesagt, daß das Korn nicht davon gut wachse, daß das Unkraut ausgerissen werde, sondern das Korn müsse so gut gedüngt werden, daß es stärker werde als das Unkraut und gedeihe. Das Gute muß so stark gemacht werden, daß es nicht zu zerstören ist.

Auch politisch kann von den Brüdern heute Entscheidendes gelernt werden. Zwei Beispiele mögen das verdeutlichen. In Göttingen studierte ein Schwarz-Afrikaner von der Elfenbeinküste. Er kam eines Tages zu mir und wollte etwas über die Arbeit der Grimms erfahren. In seinem Land sei man die Kolonisatoren losgeworden und sei jetzt endlich selbständig. Die landeseigene Regierung aber fahre alle 14 Tage nach Paris, um sich sagen zu lassen, was zu tun sei und wie es zu tun sei. Der größte Stolz der Regierung sei, daß sie den größten Poloplatz der Welt habe. Das eigene Land in seiner Eigenart aber gehe unter; eine Staatsform mit einer Volksverfassung, die diese Eigenheiten berücksichtigt, sei auf das Dringendste notwendig. Dieser Afrikaner wollte nun wissen, wie es den Brüdern Grimm gelungen sei, die Deutschen zu sich selbst zu führen. Er kam von einem kleinen Dorf, und seinem Vater waren noch die Volksüberlieferungen ganz gegenwärtig. Die wollte er in weitem Umfang sammeln, weil sich in ihnen das Eigene seines Volkes zeigte, worauf weiter aufzubauen sei.

Das zweite Beispiel stammt aus Japan. In Tokio wird eine Brüder Grimm-Gesellschaft gegründet, um der Amerikanisierung Japans entgegenzuwirken, die die Volkseigenheit zu zerstören droht. Auch hier zeigt sich die Suche nach der Volksidentität. Die Wirkung der Brüder Grimm ist also eine immanent politische, aber ohne Regierung, Soldaten, Geschütze und Bomben; nicht in Feindschaft, sondern in ehrlichem Geltenlassen und Zusammenwirken.

T.H.: Hier könnte genau das wieder hochkommen, was wir schon besprachen: der Vorwurf des Nationalismus. Wenn jede Nation auf ihre Eigenständigkeit pocht, ist es bis zu einem nationalistischen Egoismus oft nicht mehr weit.

L. Denecke: Aus allem Gesagten sollte deutlich geworden sein, daß "Nationalismus" nichts mit dem Geiste der Grimms zu tun hat. Schaut man die Dinge von ihrer Seite an, so erweisen sie sich nicht als Nationalismus, sondern als Suche nach einer friedlichen Kulturautonomie: Jeder nach seiner Art, aber geschwisterlich miteinander. Wenn jedes

Volk seine eigene Art bewahrt, können sich die Völker untereinander in freundschaftlichem Gespräch gegenseitig ergänzen. Es ist das dynamische Konzept für unsere Zeit, zu dem wir aufgerufen sind.

Die Aktualität des Volksmärchens in der neueren Literatur

Dr. Ursula Heindrichs

Das Volksmärchen wird seit den achtziger Jahren neu wahrgenommen. Der wachsende Einfluß des Märchens auf die Literatur verlangt eine Besinnung auf die Frage, was denn ein Märchen sei. Das Märchen ist Dichtung; es ist ursprünglich nicht Literatur, nicht aufgeschriebenes Wort, denn das Märchen wird erzählt, es ist auf mündliche Tradition angewiesen. Im Märchen werden uralte Erfahrungen der Menschheit verdichtet und in Bildern gestaltet. Die Forschung vermutet heute mit ziemlicher Sicherheit, daß die Märchen entstanden sein müssen, als die Menschen die uns bekannt gewordenen großartigen Bilder an die Wände ihrer Höhlen gemalt haben und glaubten, mit dem abgebildeten Tier Macht zu gewinnen über das wirkliche Tier, das sie draußen jagen und erlegen wollten, also in der Jungsteinzeit. Diese bildlichen Zeugnisse einer magischen Frühzeit sind nachweisbar, das nur erzählte Märchen, welches sich ähnlichen Ursprüngen verdankt, kennen wir nur aus seiner Spätform aufgrund seiner schriftlichen Festlegung als Literatur; beispielhaft dafür ist die berühmte Sammlung der Kinder- und Hausmärchen von Jacob und Wilhelm Grimm.

Die Frage, was denn ein Märchen sei, kann schwerlich im Sinne einer Definition beantwortet werden. Es ist indessen möglich, einige Stilmerkmale zu benennen, die die Gattung kennzeichnen und sie gegen Sage, Legende, Schwank und Spruchdichtung abgrenzen. Die Forschungsergebnisse von Max Lüthi sind hier richtungsweisend.

1. Der Ablauf des Märchens ist variantenreich, Anfang und Ende dagegen sind merkwürdig stereotyp. Der Anfang ist immer gekennzeichnet durch eine Konfliktsituation, das Ende bringt ihre Auflösung zur Zufriedenheit der im Märchen Handelnden und der Zuhörenden: “Sie lebten glücklich und zufrieden bis an ihr Ende.” Der gute, weil gerechte Ausgang ist vor allem bezeichnend für das europäische Volksmärchen.

2. Das Märchen zeichnet seine Welt mit Schärfe, Sicherheit, Bestimmtheit. Das Erzähltempo ist ruhig, was berichtet wird, tritt mit dem Anspruch der Wahrheit auf, mit einem genauen Sinn für das Reale. Die so oft erwähnte Märchenumständlichkeit besteht nicht in langatmiger, wortreicher Schilderung, sondern in Wiederholungen und Variationen: Dreimal finden “Brüderchen und Schwesterchen” eine Quelle, dreimal springt im gleichnamigen Märchen das Reh hinaus zur Jagd, dreimal kommt die Königin, um Kind und Reh zu versorgen; was die Fleißige im Märchen von der “Frau Holle” erlebt, das erfährt die Faule ebenso, wenn auch variiert, mit umgekehrten Vorzeichen.

3. Typisch für das Volksmärchen ist sein deutliches Bedürfnis nach Präzision: Haarscharf werden gestellte Fristen ausgenutzt, die Zeit wird genau eingehalten, im letzten Augenblick gelingt die Rettung. So heißt es im Märchen vom “Wasser des Lebens” zum Beispiel: “Wie er eben zum Tor hinausging, da schlug's Zwölf, und das Tor schlug so heftig zu, daß es ihm noch ein Stück von der Ferse wegnahm.”[1)]

4. Das Märchen zeigt eine auffällige Freude an formelhaften Zahlen: drei Söhne, sieben oder auch hundert Jahre, zwölf Uhr.

5. Das Märchen vereinfacht, es steigert die Verhältnisse zu Grenzfällen: Es gibt den König und den Schweinehirten, den Dümmsten und den Besten, es gibt Gold und Pech, gut und böse, schön und häßlich.

6. Aus dem Bedürfnis, alles klar und scharf auszuformen, ergibt sich die Vorliebe für das Grausame, überhaupt für das Extreme, und diese Steigerung zum Extremen führt stilistisch zum sogenannten Achtergewicht: Das letzte Abenteuer ist das gefährlichste, die jüngste Prinzessin ist die schönste, der dritte Versuch glückt.

7. Das Märchen isoliert die Elemente; es zerlegt in der Regel das Komplexe in seine Bestandteile. Der Mensch ist Held oder Versager, gut oder böse, es gibt keine sogenannten gemischten Charaktere; die Handelnden werden weder als Individuen beschrieben, noch kennen sie die Reflexion: Sie staunen nicht über das sprechende Brot, den rufenden Apfelbaum, den verwandelten Frosch.

8. Der Mensch, den das Märchen zeichnet, ist ein Wanderer. Er geht "bis an der Welt Ende" und zu den Sternen; ohne zu wissen, wie er das Abenteuer bestehen soll, zieht er zu seiner Jenseits- oder Inseitswanderung aus; unterwegs wachsen ihm die wunderbaren Hilfen zu, die er wie selbstverständlich annimmt; ganz leicht löst er sich aus allen Bindungen, wie im Spiel geht er neue ein.

9. Der Märchenmensch ist der Isolierte, und darum ist er der allseitig Beziehungsfähige: Der sogenannte Außensitz kennzeichnet seine Situation. Er ist nicht nur der Schönste, Jüngste oder Dümmste, ihn trifft das Ereignis draußen, im Wald, am Brunnen, allein, außerhalb gesellschaftlicher Bindungen.

10. Diesem Menschen begegnet das Wunder. Es gibt im Märchen keine magische Anstrengung, kein langsames Werden, sondern nur die schlagartige Veränderung, die Verwandlung, das Wunder; dieses Wunder gehört zur Lebensluft des Helden, es wird nicht angestaunt, es ist nur eine Situation auf dem Weg.

11. Das Märchen projiziert das Innere nach außen, es macht das Innere als Äußeres sichtbar. Schönheit ist Ausdruck des Guten, Häßlichkeit ist Zeichen des Bösen; wenn die Fleißige mit Gold überschüttet heimkommt, die Faule aber von Pech starrend, dann macht das den inneren Wert oder Unwert dieser Gestalten sichtbar; Schneewittchen ist eben "tausendmal schöner" als seine böse, vor dem Spiegel stehende, eitle Stiefmutter; die Hexe kann im Märchen von "Brüderchen und Schwesterchen" ihrer Tochter zwar Gestalt und Aussehen des Schwesterchens geben, das verlorene Auge aber kann sie ihr nicht anhexen; die Böse bleibt also eigentlich häßlich.

12. Wenn "Aschenputtel" in Wahrheit die Schönste ist und Königin wird, dann geht es dem Märchen dabei nicht in erster Linie um das Wunschdenken armer Leute, sondern König-Werden oder König-Sein ist Bild für die höchste Selbstverwirklichung des Menschen; der soziale Aufstieg ist durchaus Glück, er ist aber nicht sozialkritischer Mittelpunkt der Erzählung, sondern Sinnbild für die Erlösung des Menschen zu seinem eigentlichen Dasein; alle Märchen von Tierprinzessinnen oder Tierprinzen versinnbildlichen diese Erlösung zum vollen Menschsein.

Über diese Stilmerkmale hinaus zeichnet sich das Märchen durch scheinbare Alogik aus. Ein Beispiel aus "Frau Holle": Das fleißige Mädchen, als ihm die Spule in den Brunnen gefallen war, "wußte nicht, was es anfangen sollte, und in seiner Herzensangst sprang es in den Brunnen hinein, um die Spule zu holen. Es verlor die Besinnung, und als es erwachte und wieder zu sich selber kam, war es auf einer schönen Wiese."[2)] Es kommt zu Frau Holle, indem es auf dieser Wiese weitergeht, schüttelt ihr dort drunten die Betten, und es schneit oben auf der Welt. Nach Jahr und Tag verlangt das Mädchen "hinauf zu den Seinigen", Frau Holle führt es zu einem Tor, und der Goldregen fällt herunter. "Darauf ward das Tor verschlossen, und das Mädchen befand sich oben auf der Welt, nicht weit von seiner Mutter Haus: und als es in den Hof kam, saß der Hahn auf dem Brunnen und rief: Kikeriki, unsere goldene Jungfrau ist wieder hie!"[3)]

Die Fleißige ertrinkt nicht bei dem Sturz in den Brunnen, sie verliert nur ihr Bewußtsein; das ist falsch, wenn wir es realistisch verstehen, das Mädchen müßte ja ertrinken. Sein Sprung ist aber der Sprung aus einer realen in eine surreale, jenseitige Welt: Indem es sein Bewußtsein verliert, 'fällt es in Schlaf' und 'erwacht' zum Traum. Das ist nur eine Deutungsmöglichkeit dieser Textstelle, aber für unseren Zusammenhang ist sie bedeutsam.

Das Surreale der Welt, in die das Mädchen fällt, ist gekennzeichnet in der Durchdringung verschiedener Raumebenen: Wenn die Fleißige der Frau Holle drunten die Federn schüttelt, dann schneit es auf der Welt. Ebenso widerspricht der vertikalen Bewegung des Sprunges in den Brunnen die horizontale Bewegung bei der Heimkehr. Solche Vorgänge sind jedoch nur scheinbar alogisch, tatsächlich sind sie richtig gesetzt: Wenn das Mädchen nämlich aus Traum und Schlaf wieder erwacht, so vollzieht sich dies schlagartig, nicht durch mühevolles Hinaufsteigen aus der Tiefe, sondern durch einfaches Hinausschreiten. Der weckende Hahn begrüßt die goldene Jungfrau am Brunnen, an der Schwelle zwischen Traum und Tag, dem Zugang zur jenseitigen Welt. Der Weg, den das Mädchen macht, die Prüfungen, die es besteht, sind Symbole für einen Reifungsprozeß, an dessen Ende es mühelos aus der Tiefe zurückkommt.

Bilder und Handlung des Märchens sind unmittelbar symbolisch. Das Märchen verwandelt alles Innere in ein Äußeres, es ist Symbol, und als solches ist es Sinndeutung unseres Lebens.

Das Märchen ist eine Grundlagendichtung: Robert Petsch nennt es "die Urform der hohen, der symbolischen Erzählung, auf die die höher entwickelten Formen alle in irgendeinem Maße zurückweisen."[4)] Den Romantikern erschien das Märchen als die Poesie an sich. Novalis ordnet "Magie und Mathematik" einander zu, poetische Magie ist für ihn "Vereinigung der Phantasie und der Denkkraft", ist das "größte Gut des Geistes". Thematisch folgt das Dichten dem Zufall, methodisch den Abstraktionen der Algebra, "die sich mit den Abstraktionen des Märchens berühren". Das Märchen ist "gleichsam der Kanon der Poesie", denn ihm gelingt es, "auf angenehme Art zu befremden, einen Gegenstand fremd zu machen und doch bekannt und anziehend. Alles Poetische muß märchenhaft sein."[5)]

"Es war einmal, es wird eines Tages sein; das ist aller Märchen Anfang" - so beginnt ein bretonisches Märchen, und diese Formel spricht Entscheidendes über das Märchen und seine überzeitliche Gültigkeit aus: Das Erzählte ist dauernde Gegenwart, permanent ist es aktuell, wie selbstverständlich ist das Vergangene Zukunft als Gegenwart.

Als Dichtung trägt das Märchen seinen Wert in sich selbst. Zugleich weist es aber auch seinem Wesen nach über sich hinaus: Es kann Mittler sein für das Dichtungs- und Weltverständnis von Vergangenheit, Gegenwart und Zukunft, und darin liegt seine besondere Aktualität. - Diese Behauptung soll im folgenden mit Beispielen belegt werden, ohne daß allerdings die sich anbietende Vielzahl erfaßt werden könnte.

In Georg Büchners "Woyzeck" findet sich folgender Text: "Es war einmal ein arm Kind und hat kei Vater und kei Mutter, war alles tot, und war niemand mehr auf der Welt. Alles tot, und es ist hingegangen und hat gesucht Tag und Nacht. Und wie auf der Erd niemand mehr war, wollt's in Himmel gehn, und der Mond guckt es so freundlich an, und wie's endlich zum Mond kam, war's ein Stück faules Holz, und da ist es zur Sonn gangen, und wie es zur Sonn kam, war's ein verwelkt Sonneblum, und wie's zu den Sternen kam, waren's klei golde Mück, die waren angesteckt wie der Neuntöter sie auf die Schlehen steckt, und wie's wieder auf die Erd wollt, war die Erd ein umgestürzter Hafen, und war ganz allein und hat sich's hingesetzt und geweint, und da sitzt es noch und ist ganz allein."[6)]

Die Vorlage zu diesem Text war das Märchen "Die sieben Raben" aus den Kinder- und Hausmärchen der Brüder Grimm. Dieses Buch war in seiner ersten Gesamtausgabe 1819 aufgelegt worden; Büchners Woyzeck-Fragment stammt von 1836/37. In der Märchenvorlage kommt das Mädchen, das seine Brüder sucht, zur Sonne, "aber die war heiß und fürchterlich und fraß die kleinen Kinder. Eilig lief es weg und lief hin zum Mond, aber der war gar zu kalt und auch grausig und bös, und als er das Kind merkte, sprach er: ich rieche, rieche Menschenfleisch. Da machte es sich geschwind fort und kam zu den Sternen, die waren ihm freundlich und gut, und jeder saß auf seinem besonderen Stühlchen. Der Morgenstern aber stand auf, gab ihm ein Hinkelbeinchen und sprach, wenn du das Hinkelbeinchen nicht hast, kannst du den Glasberg nicht aufschließen, und in dem Glasberg, da sind deine Brüder."[7)]

Während dem Kind hier der Kontakt mit den Jenseitigen, die böse und hilfreich sind, wie selbstverständlich gelingt, existieren diese bei Büchner gar nicht: Hinter dem Hoffnung erweckenden Schein steckt etwas Totes, die Leere, das Nichts. Der Mensch ist physisch und metaphysisch vereinsamt. Die formalen Elemente: der sogenannte Außensitz, die Wanderung, die - wenn auch mißglückte - Kontaktnahme mit den Jenseitigen, die Dreimaligkeit der Bemühung, das Achtergewicht, all das stimmt bei Büchner mit dem Märchen überein; was aber daraus wird, ist "Anti-Märchen" genannt worden - unseliger, tragischer Ausgang statt der Erlösung nach mühevollen Proben. Es scheint bedeutungsvoll, daß mit Beginn der neueren Literatur eine Aussage von solcher Verkürzung gemacht wird, die im Gewande des Märchens auftritt.

Den merkwürdigen Begriff "Anti-Märchen" hat Clemens Heselhaus auf das Gesamtwerk Franz Kafkas angewandt. Wenn Gregor Samsa in der "Verwandlung" zum Beispiel als riesiger Käfer erwacht, liefert uns Kafka die bewußte, radikale Umkehrung des Märchens vom Tierprinzen. In der Verwandlung Samsas zum Tier erleben wir aber seine Vermenschlichung, und mit den Augen des Tieres erkennen wir die Unmenschlichkeit im Menschen. Wie im Märchen erhebt das Irreale bei Kafka den Anspruch auf Realität, während Kafka unsere sogenannte reale Welt als unwirklich und unwahr entlarvt. Ein eindringliches Beispiel dafür ist auch seine Erzählung "Der Kübelreiter".

Ein anderer Kronzeuge moderner Prosa ist James Joyce. In seinem Roman "Ulysses" begegnen wir den Intentionen des Märchens wieder. Während der neunzehn Stunden eines Tages und einer Nacht folgen wir Mr. Bloom durch die Stadt Dublin; Zeit und Ort sind genau begrenzt, aber Stunden- und Raumfixierungen werden relativiert: Aktuelles, Geschehenes und Geplantes sind gleichzeitig im Spiel, um die Eindeutigkeit von Ort und Gegenwart zu sprengen. Indem "räumliche und zeitliche Folge aufgehoben und nur noch eine weit ausgreifende Simultaneität wirksam ist, scheint alle gewohnheitsmäßige Ratio ausgeschaltet, um einer dominierenden Irratio Platz zu machen" - jener Logik, die wir zum Beispiel aus "Frau Holle" kennen; "die erzählende Methode ist hier, wie T.S. Elliot schreibt, durchgehend von der mythischen abgelöst worden, und jenem phantasieentsprungenem Denken, das ... die Grundquelle aller Kultur war, hat Joyce neue Macht erteilt. Daher die mythische Verwandlungsvielfalt seiner Gestalten."[8)]

Seit Kafka und Joyce ist das Motiv der Verwandlung, ist die Aufhebung von Zeit, Raum und Identität ein Zentralthema der Dichtung geworden. In unserer deutschsprachigen Literatur reichen die Beispiele dafür von Alfred Döblin über Max Frisch bis zu Siegfried Lenz und Günter Grass. Bei der globalen Form seiner Romane ist Günter Grass ein typisches Beispiel für das episodenhafte Erzählen, wie es das Märchen kennt. Hier sei ein Auszug aus einem Interview der Wochenzeitschrift "Die Zeit" mit Grass wiedergegeben, der die Aktualität des Volksmärchens deutlich belegt:

"*Die Zeit:* Eigentlich ist doch Ihr Buch 'Der Butt' ein Märchen ... Warum haben Sie es nicht ein 'Märchen' genannt?

Grass: Das ist eine Konzession, die ich gemacht habe. Nicht nur der Verlag, unsere literarische Öffentlichkeit und der wissenschaftliche Teil der Literaturverarbeitung wie -vermarktung ...

Die Zeit: ... also auch der Literaturkritik.

Grass: ... ja, auch die Literaturkritik ist meiner Meinung nach nicht in der Lage, ein Buch von diesem Umfang außerhalb der gängigen Kategorien einzuordnen. Ich hatte schon Schwierigkeiten, 'Katz und Maus' eine Novelle zu nennen. Das führt zu einem von der Sache ablenkenden Genrestreit. Der Begriff 'Märchen' ist bei uns mit soviel ... Vorgefaßtem besetzt, daß ich diese Formbezeichnung nicht benutzen konnte, es sei denn, ich hätte in Kauf genommen, daß man sich mehr über diese Begriffsbestimmung als über das Buch ausgelassen hätte. Ich habe die Märchenform, das 'Es-war-einmal-Erzählen' von Anfang an benutzt, von der 'Blechtrommel' angefangen, und halte auch diese spezifisch deutsche Form des Erzählens für eine der Grundlagen unserer Literatur.

Die Zeit: Würden Sie deutsch gegen barock austauschen?

Grass: Mit deutsch meine ich, daß so etwas wie die Grimmsche Märchensammlung in anderen Ländern nicht vorhanden ist, nicht von solchem Gewicht ist. Ich meine, daß man erst jetzt das Märchen als eine Wirklichkeit mehr zu entdecken beginnt. Keine Verstellung von Wirklichkeit, keine Denunzierung des Märchenerzählers als eines Menschen, der - 'na, der erzählt nur Märchen' - vor der Realität flüchtet, sondern die um sich greifende Erkenntnis, daß im Märchen in bündiger Form oft mehr Realität eingefangen ist als zum Beispiel im angeblich so tief schürfenden psychologischen Roman."[9)]

Die Wiederentdeckung des uralten Motivs der Verwandlung, der Aufhebung von Zeit, Raum und Identität führte zur Entwicklung neuer Romantechniken, die folgerichtig vieles mit den Märchen gemeinsam haben. Im "Nouveau Roman" der Franzosen etwa vermischten sich Phantasie und Wirklichkeit bis zur Relativierung und Aufhebung des tatsächlichen und genau berichteten Geschehens. Ein gutes Beispiel ist Alain Robbe-Grillet, einer der Wortführer dieser Bewegung, mit "La Jalousie". Bei Robbe-Grillet wird diese Technik auch in Verbindung gebracht mit einer kriminellen Handlung. In dem Bemühen, einen Mord präzise aufzuklären, gerät das Geschehen wieder und wieder in den Bereich des Unerklärlichen, etwa in seinen Romanen "Der Augenzeuge" und "Ein Tag zuviel". Offenkundig treffen hier die literarischen Erfahrungen seit Joyce mit einer anderen Bewegung zusammen, die von Edgar Allan Poe ihren Ausgang genommen hatte: mit der Entwicklung des Kriminalromans. Das Verbrechen, seit alters her ein Motiv der Dichtung, entwickelt im Märchen wie im Kriminalroman die gleichen Stilelemente: die an das Extreme gebundene Schwarz-Weiß-Malerei, das Thema der Schuld und ihrer Sühne, den guten, weil gerechten Ausgang.

Wir beobachten also in der Literatur unseres Jahrhunderts Motive, die wir aus den Märchen kennen. Diese Erscheinung hängt zusammen mit den Erkenntnissen der Naturwissenschaften und der neuen Physik, sie haben unser Weltbild entscheidend umgestaltet. Was der Physiker in seiner Formel errechnet, versucht der Dichter durch Sprache erfahrbar zu machen. Dabei greift er oftmals zurück auf den Motivkreis der Märchen, in welchen Ergebnisse der neuen Physik vorweggenommen scheinen. In der aktuellen Ausdeutung uralter Bilder versucht er, aus der Vergangenheit Brücken zu schlagen in unsere technische, nicht mehr überschaubare Welt.

Die Kunst verdankt der Physik direkt neue Ausdrucksbereiche, neue Formen: die elektronische Musik, den Film, das Hörspiel. Das Phänomen, durch das Mittel technisch-elektrischer Produktion eine unkörperliche, bloß spirituelle Anschauung im Innern des Hörers entstehen zu lassen, hat die Schriftsteller unseres Jahrhunderts fast ausnahmslos fasziniert. "Ein Hörspiel kann überall spielen", sagt Heinz Schwitzke, selbst in "Räumen, die nirgends existieren und nicht einmal existieren können ..., sein 'Zuschauerraum' ist so ohne jede reale Ausdehnung, so innerlich, daß er jede Anschauung 'spielend' als Bild in sich aufnehmen kann, - mag sie auch unendlich groß sein oder gar paradox."[10)] Die Erfahrung, daß man im Hörspiel Identität wie Zeitfolge schrankenlos aufheben, auswechseln, umkehren kann, führte zu einer spezifischen Hörspielform, die beispielsweise mit folgenden Namen verbunden ist: Günter Eich ("Träume" - "Der Tiger Jussuff" - vor allem: "Sabeth"), Ilse Aichinger ("Knöpfe" - "Besuch im Pfarrhaus") und Wolfgang Hildesheimer ("Herrn Walsers Raben"). Wenn Arnold Gehlen bereits 1956 in seinem Buch "Urmensch und Spätkultur" feststellt, daß die zivilisierte Welt seit Jahrtausenden eine zunehmende Entmagisierung der Sprach- und Vorstellungswelt erlebt, so hat dieser Prozeß sich verstärkt, seitdem Bücher nur noch leise - mit den Augen - entziffert werden. Könnte nicht, wie Heinz Schwitzke fragt, "ein interessanter Teil der Leistung des Hörspiels auch darin" liegen, "daß es - eine rund fünfhundertjährige Entwicklung überspringend - die Sprache wieder de-literiert und Methoden erprobt, die galten, als die Homeriden ihre Gesänge mündlich von Haus zu Haus trugen,"[11)] als die Großmutter den Kindern noch Märchen erzählte? - Der Amerikaner Marshall McLuhan sagt in seinem Buch "Das Medium ist Massage" folgendes: "Die neue elektronische Interdependenz formt die Welt zu einem globalen Dorf um ... Wir leben in einer brandneuen Welt der Gleichzeitigkeit. Die 'Zeit' hat aufgehört, der 'Raum' ist dahingeschwunden. Wir leben heute in einem globalen Dorf ... Wir leben wieder im Hörraum. Wir haben wiederum damit begonnen, Urahnungen, Stammesgefühlen Gestalt zu geben, von denen uns einige Jahrhunderte des Alphabetismus getrennt hatten."[12)]

Wie das Hörspiel ist auch der Film kraft seiner Technik imstande, die Grenzen unserer realen Erfahrung zu überschreiten. Daß im Film selten die Imaginationskraft des Hörspiels erreicht wird, mag in der Tatsache begründet sein, daß unser Auge weniger fähig ist als unser Ohr, Wirklichkeit zu abstrahieren: Durch das mitgelieferte Bild wird Phantasie nicht mehr freigesetzt, sondern befriedigt. Kommerzielle Gründe haben überdies dazu geführt, den Film lange vor allem um der bloßen Unterhaltung willen zu produzieren: Die Traumfabrik bedient sich häufig verkitschter Märchenrudimente - vom sogenannten Dienstmädchenfilm als Aschenputtelversion bis zu Fantasy- und Science-fiction-Produkten. Jean Cocteau hat sich indessen als erster ernsthaft bemüht, mit der Kamera die Wirklichkeit im von uns gemeinten Sinne umzuformen. Seine Filme "La belle et la bète" und "Orphée" sind bereits klassische Beispiele für eine künstlerische Umsetzung des Märchens auf der Leinwand. In Tarkowskys Film "Nostalghia" ist - wie in "Frau Holle" - eine der häufigsten Bildchiffren das Wasser, Zeichen für den Urgrund, den Traum, das Urelement des Menschen.

Die Errungenschaften des Hörspiels und des Films haben natürlich ihre Rückwirkungen auf die alte Dialogform des Theaters gehabt. Unter dem Begriff "Poetisches Theater" zum Beispiel wird eine Richtung verstanden, die elementaren Märchen- und Naturzauber mit den Mitteln des Surrealen auf der Schaubühne darzustellen versucht. Ihre Hauptvertreter in Frankreich: Giraudoux mit "Siegfried", "Undine", "Intermezzoo" und "Die Irre von Chaillot"; in England Christopher Fry mit "Ein Phoenix zuviel", "Venus im Licht", "Die Dame ist nicht fürs Feuer"; in Deutschland Dieter Waldmann mit dem bezeichnenden - Zeit und Raum relativierenden - Titel "Von Bergamo bis morgen früh".

Beim "Absurden Theater", beim "Musikalischen Theater" und im sogenannten "Happening" wird der Versuch gemacht, durch Einbeziehung des Zufalls irreale Elemente ins Spiel zu bringen. Eugène Ionesco, der in diesem Sinne die Grenze des Theatermöglichen überschreitet, nennt seine Stücke "Antitheater": Menschen werden zu Nashörnern, Fußgänger gehen durch die Luft. Hier wird auf der Bühne sichtbar, was Kafka in seinem Anti-Märchen erfand: das absurde Spiel mit der Wirklichkeit. Nachdem die sechziger und beginnenden siebziger Jahre von realistischen Tendenzen geprägt waren - und zwar in allen Kunstgattungen -, zeigt sich seit den frühen achtziger Jahren eine deutliche Hinwendung zu Mythen- und Märchenstoffen auf der Bühne, so bei Tankred Dorst, Botho Strauß, Peter Handke, Robert Wilson. Sein "Civil wars"-Stück arbeitet bewußt alogisch und setzt Bilder einer Märchenwelt außer Zusammenhang; Handkes "Über die Dörfer" setzt im Alltag mythische Bilder frei (sein letztes Prosawerk, "Die Abwesenheit", nennt Handke im Untertitel sogar "Ein Märchen"). All dies sind Versuche mit dem gleichen Anliegen, die Bewußtseinsschicht aufzubrechen und im Spiel und durch das Spiel eine andere Welt, eine "Märchenwelt" erfahrbar zu machen.

Was sich in der Prosa und in den Dialogformen ausgebreitet findet, begegnet in der Lyrik komprimiert; seit der Romantik durchdringen sich im Gedicht Traum- und Bewußtseinsschichten. Wenn Novalis Begriffe wie Algebra und Magie einander zuordnet, befinden wir uns bereits im Vorfeld heutiger Metaphorik. "Die Phantasie", sagt Novalis, "genießt die Freiheit, alle Bilder durcheinanderzuwerfen".[13] Beaudelaire formuliert: "Der Dichter ist die höchste Intelligenz, und die Phantasie ist die wissenschaftlichste aller Fähigkeiten."[14] "Im Labor der Träume", schreibt Johannes Poethen, und es ist ein Phänomen unserer Kunst seit Novalis, "daß eben diejenige Dichtung, die vor einer wissenschaftlich enträtselten und technisierten Welt in die Irrealität ausbricht, in der Herstellung dieses Irrealen die gleiche Genauigkeit und Intelligenz beansprucht, durch welche die Realität eng und banal geworden ist", wie Hugo Friedrich feststellt.[15]

Auf der Schwelle in unser Jahrhundert schrieb Hugo von Hofmannsthal seinen Chandosbrief, einen Brief der Krise, der Sprachnot; und dennoch leistete Hofmannsthal damit in der Sprache das, was Einstein wenig später errechnete: Erkenntnis der Relativität von Raum und Zeit. "Ich fühle ein entzückendes, schlechthin unendliches Widerspiel in mir und um mich, und es gibt unter den gegeneinander spielenden Materien keine, in die ich nicht hinüberzufließen vermöchte. Es ist mir dann, als bestünde mein Körper aus lauter Chiffren, die mir alles aufschließen."[16] Hier vollzieht sich auf hoher Bewußtseinsebene kraft der Sprache Verwandlung: Was das Märchen auf einer archaischen Stufe vermochte, erscheint in der Sublimierung wieder. Zuvor waren dem jungen Hofmannsthal Gedichte gelungen, die das Einssein mit den Geschöpfen zeigen:

"Er geht wie den kein Walten
vom Rücken her bedroht.
Er lächelt, wenn die Falten
des Lebens flüstern: Tod!
Ihm bietet jede Stelle
geheimnisvoll die Schwelle;
es gibt sich jeder Welle
der Heimatlose hin.

Der Schwarm von wilden Bienen
nimmt seine Seele mit;
das Singen von Delphinen
beflügelt seinen Schritt:
Ihn tragen alle Erden
mit mächtigen Gebärden."[17]

Bei Hans Arp findet sich folgende Stelle: "Ich wanderte durch viele Dinge, Geschöpfe, Welten, und die Welt der Erscheinungen begann zu gleiten, zu ziehen und sich zu verwandeln wie in den Märchen. Die Zimmer, Wälder, Wolken, Sterne, Hüte waren abwechselnd aus Eis, Erz, Nebel, Fleisch, Blut gebildet."[18]

In seinem Buch "Die Wahrheit des Mythos" widmet Kurt Hübner dem Maler Paul Klee ein interessantes Kapitel und sagt, "Klee habe im Bereich der Malerei das Mythische am überzeugendsten bewahrt".[19] Im Tagebuch Paul Klees finden wir folgende Aufzeichnung: "Diesseits bin ich gar nicht faßbar. Denn ich wohne grad so gut bei den Toten wie bei den Ungeborenen ... Am fernsten bin ich am frömmsten."[20] Klee scheint in der Welt der Märchen wie selbstverständlich zu leben. Was Heidegger mit seiner Wortbildung von der 'Gewesenden Zukunft' meint, ist in dieser Notiz spielend geleistet: die Aufhebung und Durchdringung von Zeit- und Raumebenen, wie sie das Märchen, zum Beispiel "Frau Holle", kennt.

Bei Walter Helmut Fritz liest sich das Motiv der Verwandlung heute so: "Und Augen - Zellen, in denen etwas aufgezeichnet ist; die atmen, sich teilen, Nervenstränge werden, Knochen, Gefäße; Formen bilden, Gelenke, Füße, Zähne - und Augen, die wahrnehmen, etwa das ganz andere Wachstum der Kristalle, die Kondensation der Gase, fliegendes Feuer, nicht meßbare, durch Messungsversuche störbare Spiegelschriften des Daseins, Bilder der Tiefsee und der Galaxien, die Leben und Tod miteinander verbindende Fessel, und die verstehen, daß den Erscheinungen unsichtbare Figuren vorangehen müssen, der Muschel, der Blüte, dem Gesicht."[21]

Aus der Fülle neuerer Gedichte, die sich anbieten, sollen einige betrachtet werden. Das Gesamtwerk Ingeborg Bachmanns durchzieht ein untergründiges Adernetz von Mythen- und Märchensymbolik, das scheu und behutsam hier und da freigelegt wird.

"Nur wer an der goldenen Brücke für die Karfunkelfee
das Wort noch weiß, hat gewonnen,"

heißt es in ihrem Gedicht "Das Spiel ist aus".[22] In einem anderen steht:

"Schon ist Mittag,
schon hebt sich unter den Scherben
des Märchenvogels geschundener Flügel,
und die vom Steinwurf entstellte Hand
sinkt ins erwachende Korn."[23]

Hans Magnus Enzensberger, der früh eine Kinderliedsammlung mit dem Märchentitel "Allerleirauh" vorgelegt hat, benutzt in seinen Gedichten mitunter die Technik von Büchners Anti-Märchen; um die verzweifelte Aussage um so provokativer erscheinen zu lassen, kleidet er ein Gedicht wie "Fund im Schnee" ins Gewand der Märchensprache:

"Eine Feder die hat mein Bruder verloren
der Rabe
drei Tropfen Blut hat mein Vater vergossen
der Räuber
ein Blatt ist in den Schnee gefallen
vom Machandelbaum
einen feinen Schuh von meiner Braut
einen Brief von Herrn Kannitverstan
einen Stein einen Ring einen Haufen Stroh
wo sie der Krieg begraben hat
das ist lang her."[24]

Hier werden Märchenmotive montiert, Verluste werden aufgezeigt, die in der Vergangenheit, im Krieg liegen; es sind offenbar die einzigen Spuren im weißen Feld. Wären wir im Märchen, so hielte es nun das Wunder bereit: Der Ring würde gedreht, das Stroh würde zu Gold gesponnen, die Verluste würden aufgewogen. Enzensbergers Gedicht aber fährt fort:

"Zerreiß den Brief
zerreiß den Schuh
schreib mit der Feder auf das Blatt:
weißer Stein
schwarzes Stroh
rote Spur
ach wie gut daß ich nicht weiß
wie meine Braut mein Land mein Haus

wie mein Bruder
wie ich heiß."[25)]

Angesichts des lyrischen Werkes von Paul Celan erscheint das Wissen um die Märchen vollends unerläßlich.[26)] Celan, ein Nachfahre der Surrealisten, spricht eine von der Logik her nicht mehr erschließbare Sprache. "Seine Einsichten sind nicht gewußt", sagt Karl Schwedhelm, "sie sind geträumt - wie in den Bildern Chagalls. Seine Sprache weiß mit intuitiver Sicherheit Wort und Bild zur vollkommenen Deckung zu bringen."[27)] Aus dem uralten Bestand mythischer Grundschichten erwachsen dem Dichter neue Symbole. In der Paradoxie seiner Metaphern erscheinen geheime Zusammenhänge ausgesprochen und zugleich verschwiegen. Das Gedicht "Kristall" steht in der Sammlung "Mohn und Gedächtnis" von 1952:

"Nicht an meinen Lippen suche deinen Mund,
nicht vorm Tor den Fremdling,
nicht im Aug die Träne.
Sieben Nächte höher wandert Rot zu Rot,
sieben Herzen tiefer pocht die Hand ans Tor,
sieben Rosen später rauscht der Brunnen."[28)]

Die dreiteilige Zauberformel des Märchens zeigt sich in der Anordnung der Zeilen. Die drei Bilder, die in der ersten Verseinheit in der Verneinung erscheinen, finden sich in der zweiten wieder - in der gleichsam siebenfach facettierenden Brechung durch einen Kristall: Was im dreimaligen "Nicht" in der Wirklichkeit verweigert wird, wird kraft der beschwörenden Siebenzahl auf anderer Ebene gewährt - höher, tiefer, später. Die sinnlos erscheinende Diesseitigkeit ist wie durch ein Wunder aufgehoben in einer sinnvoll erscheinenden Jenseitigkeit. Eine höhere Logik, etwas Translogisches übergreift die scheinbare Alogik der Bilder.

In dem Gedichtband "Die Niemandsrose" greift Celan 1963 diese Vision wieder auf; das Gedicht "... rauscht der Brunnen" liest sich wie eine Fortschreibung:

"Ihr gebet-, ihr lästerungs-, ihr
gebetscharfen Messer
meines
Schweigens.
Ihr meine mit mir ver-
krüppelnden Worte,
ihr meine geraden.
Und du:
du, du, du
mein täglich wahr- und wahrer-
geschundenes Später
der Rosen -:
Wieviel, o wieviel
Welt. Wieviel
Wege.

Krücke du, Schwinge. Wir -
Wir werden das Kinderlied singen, das,
hörst du, das
mit den Men, mit den Schen, mit den Menschen, ja das
mit dem Gestrüpp und mit
dem Augenpaar, das dort bereitlag als
Träne - und -
Träne."[29)]

In diesem Gedicht stehen verkrüppelte, ja zerstückelte Worte. Die "verkrüppelten Worte" sind indessen auch die "geraden". Das "Später der Rosen" wird "wahr- und wahrer-"geschunden, es ist "Krücke" und zugleich "Schwinge". Der Dichter wagt es, mit der Armseligkeit seiner Worte selbst in einen Dialog zu treten: "du, du, du". Aus dem leidvollen, fast verzweifelten Gespräch ersteht sogar die Möglichkeit des Singens im "Wir", das sich in die Vergangenheit der Kindheit zurücksehnt und zugleich hoffend in die Zukunft vorgreift: "Wir werden das Kinderlied singen." Die Erinnerung an ein bestimmtes Kinderlied taucht auf:

"Meine Mi-, meine Ma-, meine Mutter schickt mich her,
ob der Ki-, ob der Ka-, ob der Kuchen fertig wär.
Wenn er ni-, wenn er na-, wenn er noch nicht fertig wär,
käm ich mi-, käm ich ma-, käm ich morgen wieder her."

Im Singen soll das Zwei-felhafte, die Zerstückelung des Wortes und damit des Menschen überwunden werden: das Wort "Menschen" wird in seine zwei Teile zerlegt: "Men" bedeutet im Englischen "Männer" (und damit auch Menschen) und "Schen" im Chinesischen "junge Frau" (und damit auch Menschen). "Der Nonsens zweier substantivierter deutscher Silben und der Tiefsinn ihrer aus fremden Sprachen ihnen zuwachsenden, mit dem Wort ihrer Herkunft identischen Bedeutung durchdringen sich in diesem Vers. Vom Dichter gewollt oder nicht: Was hier geschieht, ist einer der ganz seltenen Glücksmomente der Sprache. 'Verkrüppelt' und 'gerade', zerstört und unzerstört - Paradoxie der Entfremdung! - sind eins und dasselbe."[30)] Das sagt Peter Horst Neumann zu diesem Gedicht; und Hermann Burger formuliert: "In den scheinbar sinnlosen Trümmern wird das Preisgegebene doppelt zurückgewonnen. Dies ist die Paradoxie der Vernichtung und Erneuerung auf engstem Raum."[31)]

In der Lyrik Celans bekundet sich der Wille, entschwundene Einheit durch fiktive Symbolik zurückzugewinnen, der Wille, die Einheit von Wort und Bild durch einen visionären Akt als Simultaneität neu zu erschaffen. Damit hat er auf der Höhe des modernen Bewußtseins geleistet, was das Märchen auf anderer Ebene vor Jahrtausenden vermochte.

Ähnlich ist es mit dem Werk von Ernst Meister: Der 1979 verstorbene und posthum mit dem Büchnerpreis ausgezeichnete Lyriker reflektiert das Märchen auf neuer Bewußtseinsebene. In seiner Gedichtsammlung "Flut und Stein" heißt es:

"Der Traum
nahm ein Messer

und schnitt,
haben er und die Nacht
doch Sinn für Orakel.
Sagt, was hat euch
geweissagt dies eine
Leben, das
wie Märchen nicht schrie
zwischen
dem Doppelpunkt seiner Weile?"[32]

Traum und Nacht haben Sinn für Orakel; nur durch den Schnitt entbirgt sich die Kunde von dem einen Leben; "dies eine Leben" wird dem Märchen gleichgeordnet: Beide weissagen, aber sie tun es nicht schreiend, nicht mit Affekt; das Märchen ist Orakel, es weissagt, es existiert, wie Meister sagt, "zwischen dem Doppelpunkt seiner Weile", zwischen Geburt und Tod in Sprache. "Alles Gesagte ist Sage", heißt es in der Sammlung "Zeichen um Zeichen".[33]

Ein anderes Gedicht aus "Flut und Stein" heißt "Irdisch":

"Am Rande des Tellers
sitzen die Könige
tot.
Sagt mir ein Märchen!
Sie schweigen.
Sagt mir Gewalt!
Sie schweigen.
Sagt mir,
wer mich regiert!
Sie schweigen.
Der Teller dreht sich."[34]

Hier wird der Ruf, ja die Forderung nach dem Märchen formuliert; eine Alptraum-Situation wird verlebendigt: Um das Zentrum des Lebens, den Nahrung bietenden Teller, um die Erde (lat. tellus) "sitzen die Könige tot"! Das ist der Bestand des Irdischen: Sie sind tot, jene Wesen, die das Märchen als höchste Möglichkeit menschlicher Existenzweise kennt; die Nahrung, die sie geben sollen, die der Teller enthalten sollte, ist das Märchen; aber die toten Könige geben, sagen nichts; dreimal heißt es knapp: "Sie schweigen". Sie können das Lebensnotwendige, das Märchen, nicht vermitteln: Ist es als Nahrung im "Teller" nicht mehr enthalten? Weil es fehlt, wird es aber in seiner Kostbarkeit erst vollends bewußt. "In der Tat ist das Leere unerschöpflich, nicht das Volle; aus dem Luftmeer ist länger zu schöpfen als aus dem Wassermeer; und dies ist eben die rechte schriftstellerische Schöpfung aus dem Nichts."[35] Diesen Satz aus Jean Pauls "Kleiner Nachschule zur ästhetischen Vorschule" hatte Ernst Meister bereits 1932 seinem ersten Gedichtband "Ausstellung" als Motto vorangesetzt.

Meisters lyrisches Werk ist vom Tode her bestimmt: Der Verlust erst macht die Kostbarkeit des Verlorenen bewußt, und damit macht er es lebendig. Das Leben erblüht aus dem Tode; indem das Verlorene als Verlorenes ins Bewußtsein tritt, gewinnt es eine höhere Existenz, gewinnt es neues Leben, "creatio ex nihilo" im Sinne Jean Pauls. Antwort auf den märchengemäßen dreimaligen Anruf gibt es nicht - oder doch nur, indem die Bewegung, das "panta rhei", der Wechsel angesichts des Todes akzeptiert wird: "Der Teller dreht sich".

Komprimiert zeigt ein anderes Gedicht Meisters Denk- und Erlebensweise:

> "Das Denken,
> die Rose,
> tödlich blühend
> weilt es.
> Und es ist
> Traum
> in den Stacheln,
> und es
> liebt dich."[36)]

In diesem Gedicht werden "Denken" und "Rose" in eins benannt, gleichsam als Apposition, sie fallen zusammen. Denken ist Rose, Rose ist Denken, Geist ist Natur, Natur ist Geist, "tödlich blühend", und als solches dauernd, "weilt es". Wenn Meister sagt: "Und es ist Traum in den Stacheln", dann ist der Zusammenfall von Geist und Natur erneut geleistet: In den Stacheln der Rose, des Denkens, ist Traum, aufgehoben ist der Mensch in der Totale von Geist und Natur: "Es" liebt dich. Denken und Rose werden nicht als Gegensatz erfahren, sondern in der vom Dichter erlebten und im Gedicht geleisteten Einheit von Ratio und Irratio ist "Märchen" neu anwesend, verlebendigt.

"So, wie sich der Durchschnitt zweier Linien auf der einen Seite eines Punktes, nach dem Durchgang durch das Unendliche, plötzlich wieder auf der anderen Seite einfindet oder das Bild des Hohlspiegels, nachdem es sich in das Unendliche entfernt hat, plötzlich wieder dicht vor uns tritt: so findet sich auch, wenn die Erkenntnis gleichsam durch ein Unendliches gegangen ist, die Grazie wieder ein."[37)] Dieser Weg, den Heinrich von Kleist in seinem Aufsatz "Über das Marionettentheater" postuliert, führt um die "ringförmige Welt" herum ins "Paradies", aus dem wir stammen; auf diesem Weg ist heute die Dichtung. Ernst Meister benennt ihn in seinem Gedicht "Fermate" so:

> "Früheste Zeit und die fernste
> gleichen sich sehr.
> Komm, was sich Tod heißt,
> über den funkelnden Strand!
> Komm, hagebuttenrot,
> komm, dornenbraun,
> zeige dich, komm!
> Scherzend mit dir,
> bin ich den ältesten
> Engeln verwandt."[38)]

Anmerkungen:

1) Das Wasser des Lebens. Kinder- und Hausmärchen, gesammelt durch die Brüder Grimm. Stuttgart, Bd. 2, S.71, im folgenden: KHM
2) Frau Holle, KHM, Bd. 1, S.150 f.
3) ebd., S.152
4) Robert Petsch: Wesen und Form der Erzählkunst. 1942, S.45 f.
5) Novalis, zitiert nach Hugo Friedrich: Die Struktur der modernen Lyrik. Hamburg 1956, S.20 f., im folgenden: Friedrich
6) Georg Büchner: Woyzeck. Kritische Lese- und Arbeitsausgabe. Stuttgart 1972, S.39 ff.
7) Die sieben Raben, KHM, Bd. 1, S.155
8) C. Giedion-Welcker, in: James Joyce: Ulysses. Zürich 1956, S.836
9) "Die Zeit", Nr. 34, 12. August 1977
10) Heinz Schwitzke: Sprich, damit ich dich sehe. München 1961, S.18
11) ebd., S.28
12) Marshall McLuhan: Das Medium ist Massage. Frankfurt/Berlin/Wien, o.J., S.63 und S.67
13) Novalis, a.a.O., Friedrich, S.20
14) ebd., S.42
15) ebd.
16) Hugo von Hofmannsthal: Gesammelte Werke, Prosa II. Frankfurt 1951, S.10
17) Hugo von Hofmannsthal: Lebenslied. In: lyrische signaturen. Bamberg 1981, S.204 f.
18) Hans Arp, zit. nach: Widerspiel. Deutsche Lyrik seit 1945. S.212
19) Kurt Hübner: Die Wahrheit des Mythos. München 1985, S.322
20) Felix Klee: Paul Klee, Leben und Werk. Ausgewählt aus den nachgelassenen Aufzeichnungen und den unveröffentlichten Briefen. Zürich 1960, S.164
21) Walter Helmut Fritz: Immer einfacher immer schwieriger. Hamburg 1987, S.20
22) Ingeborg Bachmann: Werke. Hg. C. Koschel u.a., 4 Bde., München 1978, Bd. 1, S.83
23) ebd., S.44
24) Hans Magnus Enzensberger: Gedichte. Frankfurt 1963, S.24
25) ebd.
26) Vgl. hierzu: Ursula Heindrichs, in: Symbol, Mythos, Sprache. Annweiler 1988, S. 201 ff.
27) Karl Schwedhelm, in: Deutsche Zeitung und Wirtschaftszeitung, zit. nach: Klappentext zur 3. Aufl. von "Mohn und Gedächtnis". Stuttgart 1958
28) Paul Celan: Gesammelte Werke. Hg. B. Allemann u.a., 4 Bde., Frankfurt 1983, Bd. 1, S.52
29) ebd., S.237
30) Peter Horst Neumann: Zur Lyrik Paul Celans. Göttingen 1968, S.21
31) Hermann Burger: Paul Celan. Auf der Suche nach der verlorenen Sprache. München 1974, S.20
32) Ernst Meister: Flut und Stein. Neuwied 1962, S.50
33) Ernst Meister: Zeichen um Zeichen. Neuwied 1968, S.51
34) Ernst Meister: Flut und Stein, a.a.O., S.65
35) Jean Paul: Kleine Nachschule zur ästhetischen Vorschule. Zit. nach B. Allemann, in: Ernst Meister: Ausgewählte Gedichte, 1932-1979. Neuwied 1979, S.129
36) Ernst Meister: Es kam die Nachricht. Neuwied 1970, S.25
37) Heinrich von Kleist, in: Sämtliche Werke und Briefe. Hg. H. Sembdner, München 1977, Bd. 2, S.345
38) Ernst Meister: Ausgewählte Gedichte, 1932-1979. A.a.O., S.24

Die Europäische Märchengesellschaft

Die Europäische Märchengesellschaft e.V. widmet sich der Aufgabe, die Volksmärchen zu bewahren und neu ins Bewußtsein des heutigen Menschen zu heben. 1956 in Schloß Bentlage bei Rheine in Westfalen als "Gesellschaft zur Pflege des Märchengutes der europäischen Völker e.V." gegründet, hat sie das frühe Anliegen der Völkerverständigung auf ein weitgespanntes internationales Engagement ausgeweitet, denn die Märchen aller Menschen auf der Erde zeigen ähnliche Motive. Die uralten und immer wieder gemachten Erfahrungen der Menschheit sind in den Märchen aller Völker verdichtet, Dichtung geworden, und aus dem Bestand ihrer Bilder wachsen uns Sinndeutungen unseres Lebens zu. Im Märchen kommt Welt zur Sprache; es deutet auf uns und gibt uns Antworten auf unsere Fragen nach dem Woher und Wohin; es zeigt den Menschen auf dem Weg.

"Es war einmal, es wird eines Tages sein, das ist aller Märchen Anfang." Diese Formel, mit der ein bretonisches Märchen beginnt, betont die überzeitliche, immer aktuelle Gültigkeit aller Märchen. Erzähler, Liebhaber, Feldforscher und Gelehrte aus allen Fakultäten, wie auch Künstler finden sich darum in der Gesellschaft zusammen; sie setzen sich mit modernen Strömungen kritisch auseinander und tauschen Forschungsergebnisse und Erfahrungen mit dem Märchen aus. Das geschieht während des Jahres in intensiven Seminaren, die der Förderung der Erzählkunst gelten, der Märchen-Sachkunde und der Aktualität des Märchens in der heutigen Welt. Alljährlich widmen sich Tagungen und Internationale Kongresse von hohem Niveau im In- und Ausland einem speziellen zeitnahen Thema. Namhafte Märchenkenner, Erzähler und Forscher aus aller Welt wirken dabei mit.

Die Mitglieder der Europäischen Märchengesellschaft fördern mit ihrem finanziellen Beitrag die Arbeit der Gesellschaft; sie erhalten als kostenlose Jahresgabe die Buchveröffentlichungen, in denen die Ergebnisse der Internationalen Kongresse in deutscher Sprache zusammengefaßt sind, außerdem alle Seminar- und Tagungsankündigungen, Besprechungen empfehlenswerter Bücher und Rundbriefe, die über das Wirken der Gesellschaft berichten. Die Gesellschaft zählt zur Zeit in und außerhalb Europas etwa 1.900 Mitglieder.

1985 hat Walter Kahn die "Märchenstiftung Walter Kahn" gegründet. Als Stiftung begleitet sie die freie wissenschaftliche und künstlerische Arbeit der Europäischen Märchengesellschaft mit kontinuierlicher Förderung. Sie verleiht aber auch - in Zusammenarbeit mit der Europäischen Märchengesellschaft - jedes Jahr einen mit 10.000 DM dotierten Märchenpreis.

Die Europäische Märchengesellschaft gibt eigene Buchreihen heraus; bisher sind über 35 zum Teil zweisprachige Bände erschienen. Sie dokumentiert auf Kassetten namhafte Erzählerinnen und Erzähler. Sie unterhält eine eigene Bibliothek mit Primär- und

Sekundärliteratur im Torhaus von Schloß Bentlage. Dort befindet sich auch die Geschäftsstelle; sie hat folgende Anschrift:

Europäische Märchengesellschaft e.V., Schloß Bentlage, Postfach 13 22, D-4440 Rheine, Telefon: 05971 / 1 21 17. Leitung der Geschäftsstelle: Thomas Bücksteeg. Öffnungszeiten: Mo.-Do. 09.30 bis 16.00 Uhr, Fr. 09.30 bis 13.00 Uhr.

Jeden, der die Märchen liebt, tiefer oder überhaupt erst kennenlernen will, weil er ihnen bislang vielleicht mit Vorbehalten begegnet ist, laden wir ein, Mitglied der Europäischen Märchengesellschaft zu werden; er wird bereichernde Einsichten aus der Weisheit der Märchen schöpfen, vertiefende menschliche Begegnungen haben und gewiß Freunde finden.

Dr. Ursula Heindrichs

Einige Aspekte zu den Farben im Märchen

Gudrun Hofrichter

Bei dem Versuch, ein Märchen der Brüder Grimm auswendig zu lernen, um es Kindern oder Erwachsenen zu erzählen, kann man bemerken, daß sich die Märchensprache außerordentlich reduziert und knapp auf das Wesentliche beschränkt. Wenn man sonst beim Geschichtenerzählen vielleicht gewohnt ist, für eine spannende Stelle möglichst weit auszuholen, um mit vielen ausschmückenden Worten eine Dramatik zu erzeugen, so wird man hier erkennen, daß auf malerische Umschreibungen weitgehend verzichtet wird.

Achtet man in diesem Zusammenhang auf das Auftauchen der Farben im Märchen, so ist es ganz offensichtlich, daß diese meist nicht willkürlich oder zufällig eingefügt werden, sondern sehr sparsam an ganz bestimmten Stellen gebraucht werden. Die Farbe dient nicht der bloßen Beschreibung, sie weist auf etwas Spezielles hin und verdient von daher, besonders beachtet zu werden.

Ich möchte an dieser Stelle allerdings die Einschränkung machen, daß diese Ansicht nicht dogmatisch aufgefaßt werden sollte. Natürlich haben die Brüder Grimm in dem einen oder anderen Fall zu der ursprünglichen Fassung etwas hinzugefügt oder auch weggelassen, was sicherlich auch auf die Farben zutrifft. Daher kann es hier nicht darum gehen, bestimmte Dinge nur auf *eine einzige* mögliche Interpretation festlegen zu wollen. Mehr als um die Deutung geht es mir vielmehr um das genaue Wahrnehmen, welche Farben wann und wo auftauchen und in welchen Zusammenhängen sie stehen.

Ich habe mich ganz auf die Märchen der Brüder Grimm beschränkt. Hierbei ist allerdings kein Anspruch auf Vollständigkeit erhoben, es kann sich lediglich um eine Anregung handeln, mehr auf die Farbigkeit der Märchen zu achten.

"Wenig kann mehr sein"

Es gibt Märchen, in denen kein einziger farbiger Begriff auftaucht, wie zum Beispiel in dem doch recht langen Märchen "Das tapfere Schneiderlein" bzw. in "Die drei Spinnerinnen". Dies bedeutet natürlich nicht, daß solche Märchen farblos sein müssen, da die Bildsprache auch ohne Begriffe wie *Rot* oder *Schwarz* in der Lage ist, dem Leser kräftige Farbeindrücke zu verschaffen. So muß, wenn beispielsweise vom Ruß oder vom Pech die Rede ist, nicht unbedingt der Begriff *Schwarz* davorstehen, um die Vorstellung des Schwarzen hervorzurufen.

Hier habe ich mich allerdings auf diejenigen Märchen konzentriert, in denen diese Begriffe eine Rolle spielen, und es gibt einige Märchen, die in dieser Hinsicht besonders farbig sind. Oft weist schon der Titel auf die Betonung der Farbe hin, wie zum Beispiel bei "Sneewittchen" (Schneeweißchen) oder "Schneeweißchen und Rosenrot".

Aber auch in diesen *farbigen* Märchen gibt es eine ganz bestimmte Auswahl an Farben, die häufig vorkommen, andere Farben treten dagegen überhaupt nicht auf. Die Farben, die sehr oft vorkommen, sind: Schwarz und Weiß; dann Rot, Grün, Grau; seltener tauchen Blau, Gelb und Braun auf. Farben wie Orange, Violett oder auch andere Mischtöne habe ich nicht gefunden. - Die Begriffe *Kupfer*, *Silber* und *Gold* habe ich in diese Betrachtung nicht mit einbezogen, weil diese über den rein farbigen Aspekt, den sie zweifellos haben, noch hinausgehen.

In welchen Zusammenhängen kann Farbe auftreten?

Im folgenden möchte ich einige allgemeine Gesichtspunkte darstellen, die im speziellen Fall alle zusammen auftreten können, bevor ich einen mir wesentlich erscheinenden Punkt genauer ins Auge fasse:

1. Auffällig ist, daß die Farben, die die bedeutendste Rolle in den Märchen spielen, nämlich Schwarz, Weiß und Rot, meist in Kombinationen vorkommen. Entweder erscheinen alle drei in einem Zusammenhang ("Sneewittchen", "Eisenhans") oder in der Kombination Schwarz und Weiß ("Aschenputtel", "Vom klugen Schneiderlein" etc.) und Weiß und Rot ("Die Gänsemagd").

2. Ein weiterer Aspekt ist, daß die Farbe bekräftigend oder charakterisierend und in einem engen Zusammenhang mit einem Gegenstand oder einer materiellen Erscheinung verwendet wird. Dieser Hinweis scheint fast nicht erwähnenswert, weil der Zusammenhang meistens ganz offensichtlich ist, da die Sache selbst die Farbigkeit aufweist. So ist es eigentlich nicht verwunderlich, daß das Blut rot, die Raben kohlschwarz, der Wald dunkelgrün, der Schnee weiß und der Himmel blau ist. Aber gerade dieses selbstverständliche Miteinander von Farbe und materieller Erscheinung findet durch die Erwähnung seine besondere Beachtung im Märchen. Das Grün gehört in anderer Weise zu der pflanzlichen Welt als zum Beispiel das Rot-Orange, das die Blätter im Herbst annehmen können. In manchen Gegenden ist der Himmel in den seltensten Fällen einmal blau, aber auch dort wird man wahrscheinlich nicht abstreiten, daß die Blauheit in gewisser Weise elementarer zum Himmel gehört als beispielsweise das Grau. Auf beliebige Beleuchtungsverhältnisse oder jahreszeitlich bedingte Stimmungen wird im Märchen wenig Rücksicht genommen.

In diesen Zusammenhang gehört auch die Hexe, die noch keiner gesehen hat, aber von der alle wissen, daß sie rote Augen hat und keine strahlend blauen.

3. Seltener als die eben erwähnten Bezüge tritt die Farbe im Zusammenhang mit einer seelischen Regung auf. Die böse Königin wird gelb und grün vor Neid, als sie hört, daß Schneewittchen tausendmal schöner ist als sie selbst. Würde sie braun vor Neid werden, so würde man an dieser Textstelle wahrscheinlich stutzen, gelb und grün scheint dem Neid irgendwie angemessen zu sein.

Eine andere ausdrückliche Stelle fand ich im "Schneeweißchen und Rosenrot": Das aschgraue Gesicht des Zwerges wird zinnoberrot vor Zorn. Zinnoberrot ist ein eindeutig festgelegtes Rot, das mehr zum Gelb als zum Blau tendiert. Es ist interessant, sich anstelle des Zinnoberrots ein Purpurrot vorzustellen, das den Zorn erheblich verändern würde.

4. Ein weiterer Aspekt, der mir besonders auffiel, ist, daß die Farbe oft in Verbindung mit Tieren gebraucht wird. Es gibt rote, weiße und schwarze Pferde, die bunte Katze, den schwarzen Bären, den weißen Hirsch und sehr häufig das weiße Vögelein, das auch eine Taube oder eine Ente sein kann.

Schwarz, Weiß und Rot

"Es war einmal mitten im Winter, und die Schneeflocken fielen wie Federn vom Himmel herab, da saß eine schöne Königin an einem Fenster, das einen Rahmen von schwarzem Ebenholz hatte, und nähte. Und wie sie so nähte und nach dem Schnee aufblickte, stach sie sich mit der Nadel in den Finger, und es fielen drei Tropfen Blut in den Schnee. Und weil das Rot in dem weißen Schnee so schön aussah, dachte sie bei sich: 'Hätt ich ein Kind so weiß wie Schnee, so rot wie Blut und so schwarz wie das Holz an dem Rahmen.' Bald darauf bekam sie ein Töchterlein, das war so weiß wie Schnee, so rot wie Blut und so schwarzhaarig wie Ebenholz, und ward darum Sneewittchen (Schneeweißchen) genannt."

Noch zweimal taucht diese Formulierung "weiß wie Schnee, rot wie Blut, schwarz wie Ebenholz" im Märchen auf, was auf eine besondere Bedeutung schließen läßt.

Über diese Stelle gibt es sehr viele Deutungen, die aus unterschiedlichen Blickwinkeln angestellt wurden. Friedel Lenz bringt in ihrem Buch "Die Bildsprache der Märchen" das "weiß wie Schnee" mit den Denkkräften in Verbindung, "rot wie Blut" mit den Herzenskräften und das "schwarz wie Ebenholz" mit dem Willen. Paul Paede ("Krankheit, Heilung und Entwicklung im Spiegel der Märchen") betrachtet das Märchen mehr aus der Sicht des Arztes und sieht eine Entsprechung von Weiß und Rot in den Funktionssystemen von Nerv und Blut.

Ich möchte dieses hier nicht weiter ausführen, sondern nun den Versuch unternehmen, bei den Farben selbst stehenzubleiben. Jede Deutung, vielleicht auch die folgende kurze Farbbetrachtung, hat den Nachteil, daß man von dem Bild selber ein wenig Abstand nimmt, womit ich nicht sagen will, daß man nicht deuten und interpretieren soll. Ich möchte nur dazu anregen, daß man sich dieses Bild genauso wie es dort beschrieben ist, einmal vorstellt und den Farbeindruck auf sich wirken läßt, ohne sofort eine Erklärung dafür haben zu wollen.

Dies ist nicht ganz einfach, zumal wir in der heutigen Zeit in wesentlich stärkerem Ausmaß von Farben und Bildern überflutet werden, als das früher der Fall gewesen ist. So ist man es einfach nicht gewohnt, den Farben eine besondere Aufmerksamkeit zu schenken und eine längere Zeit bei ihnen zu verweilen.

Weiß und Schwarz sind die beiden Farben, wenn man sie überhaupt zu den Farben rechnet, die am weitesten voneinander entfernt sind, die sich polar gegenüberstehen. Wo Weiß ist, kann nicht Schwarz sein und umgekehrt. Sie stehen beide an Grenzen, an den Grenzen der materiell erscheinenden Welt.

Was ist das weißeste Weiß?

Schaut man sich mit dieser Frage einmal in der unmittelbaren Umgebung um, so kann man viele weiße Gegenstände erblicken, vielleicht weiße Wände, weißes Papier usw. Es wird jedoch immer weißer und heller, je näher der Blick zur Lichtquelle rückt, und eine Wand, die sich im Halbschatten befindet und die man vorher als weiß empfunden hat, wird gräulich gegenüber einer weißen, direkt beleuchteten Fläche. Das Weiß führt einen auf diese Weise zum Licht, das als solches nicht mehr sinnlich wahrnehmbar ist, sondern nur in seinen Wirkungen. Das Weiß steht an dieser Grenze zum Licht; ein von der Sonne beschienenes Schneefeld, auf dem das Weiß so gleißend hell wird, daß man die Augen schließen muß, um nicht geblendet zu werden, mag das verdeutlichen. Im Augenblick der

Blendung verschwindet das Weiß der sinnlich wahrnehmbaren Welt. Es ist auch nicht ratsam, das weißeste Weiß direkt in der Sonne erblicken zu wollen.

Und das schwärzeste Schwarz?

Hier ist es gerade entgegengesetzt. Wir müssen eine Stelle aufsuchen, in die möglichst kein Lichtschein dringt. Es wird ein schwarzes Papier grau gegen die Schwärze, die einem aus einer Öffnung eines schwarz gekleideten Hohlraumes entgegenkommt. Das Schwarze verweist auf die Finsternis, und auch hier stellt sich die Frage, ob diese eigentlich sinnlich wahrnehmbar ist.

Das Rot bringt in das Weiß und das Schwarz einen ganz neuen Einschlag herein. Es braucht nur ein paar Tropfen und doch ist die Wirkung voll da. Man stelle sich daneben weiße oder schwarze Tropfen vor. Das Rot leuchtet einem sofort entgegen, es scheint zu leben. Es ist weder der schwarzen noch der weißen Seite zugewandt, sondern steht in der Mitte, wie ein Ausgleich, aber kein neutraler Ausgleich, das wäre ein Grau, sondern eine Mitte mit eigener Kraft und Aktivität.

So haben wir also mit diesen drei Farben zwei Grenzbereiche, die in entgegengesetzte Richtungen weisen, und eine aktive Mitte. Konzentriert man sich länger auf diese drei Farben, so kann man bemerken, daß sie eine ganz eigene Dynamik haben und kein starres, festes Bild ergeben. Rudolf Steiner gibt in seinen Vorträgen über "Das Wesen der Farben" den Hinweis, daß diese drei Farben, wenn sie miteinander in Bewegung kommen, die Inkarnatsfarbe, auch Pfirsichblüt genannt, ergeben. Diese Farbe hat in der Farbenwelt eine ganz besondere Stellung, schon insofern sie eine ganz enge Beziehung zum Menschsein hat.

Inwieweit diese Überlegungen etwas mit dem Märchen "Schneewittchen" zu tun haben, möchte ich gerne als Frage stehen lassen.

Wichtig war mir, mit diesen anfänglichen Betrachtungen, die man sicher noch ausführlicher anstellen könnte, einen Ansatzpunkt zu geben, auf welche Weise man sich den Farben in den Märchen nähern könnte: nämlich der Versuch, beim Bild selbst stehenzubleiben, bevor man dahinter etwas sucht. Dadurch wird besonders der Zusammenhang, in den die Farben hineingestellt sind, wichtig und interessant, und Pauschalurteile, wie zum Beispiel: Rot bedeutet immer ..., vermieden.

Literatur:

Brüder Grimm: Kinder- und Hausmärchen. Bd. 1 und 2, Reclam-Ausgabe, Stuttgart 1980
Friedel Lenz: Die Bildsprache der Märchen. Stuttgart 1971
Paul Paede: Krankheit, Heilung und Entwicklung im Spiegel der Märchen. Frankfurt 1986
Rudolf Steiner: Das Wesen der Farben. GA 291, Tb., Dornach 1986

Hans im Glück

INTERVIEW MIT JOHANNES STÜTTGEN

von Klaus-Dieter Neumann

Foto: Wolfgang Weirauch

Johannes Stüttgen, *geboren1945 in Freiwaldau, Kindheit in Lank-Latum und Süchteln, Niederrhein. 1966-1971 Studium Kunstakademie Düsseldorf bei Joseph Beuys, 1971 Meisterschüler, 1967 Deutsche Studentenpartei, 1968 FLUXUS ZONE WEST, 1970 Organisation für direkte Demokratie durch Volksabstimmung, 1971-1980 Kunsterzieher in Gelsenkirchen, 1977 Free International University (FIU), 1979 DIE GRÜNEN. 1980-1986 Leitung des Ateliers Beuys Staatl. Kunstakademie Düsseldorf Raum 3 als Geschäftsstelle der FIU und Forschungsinstitut Erweiterter Kunstbegriff, Aktionen, Vorträge, Seminare "Soziale Skulptur". 1987 Initiative zur Rettung des Beuys-Blocks-Hess. Landesmuseum Darmstadt. Prozeß gegen das Land Nordrhein-Westfalen wegen zerstörter Fettecke, Omnibus für direkte Demokratie in Deutschland, 1988 Zeitstau, 1989 Fetteckensieg, seit 1977 Arbeit an DER GANZE RIEMEN. Lebt in Düsseldorf-Oberkassel.*

Zu dem folgenden Gespräch mit Johannes Stüttgen empfiehlt es sich, vorher das Märchen "Hans im Glück" zu lesen und sich ein wenig darauf zu besinnen. Das Vergnügen und die Überraschungen beim Lesen des Interviews werden noch größer sein, wenn Sie sich zunächst selbst zu dem Märchen befragen.

Klaus-Dieter Neumann: Nehmen wir als Ausgangspunkt, daß ich mich frage, inwiefern Märchen für den Erwachsenen eine Bedeutung haben können, und zwar nicht unter speziellen, wie zum Beispiel therapeutischen Gesichtspunkten, sondern gewissermaßen unter alltäglichen, daß man sich also als Erwachsener aus Eigeninteresse den Märchen zuwendet. Stellen wir ruhig einmal voran, daß ich in dieser Beziehung, ob die Märchen für den heutigen Erwachsenen eine große Bedeutung haben oder auch haben sollten, ein wenig skeptisch bin.

Johannes Stüttgen: Die ganz naheliegende Bedeutung der Märchen für Erwachsene liegt darin, daß sie für sie als Kinder eine Bedeutung gehabt haben. Die Bedeutung der Märchen für Erwachsene ist also die Bedeutung der Märchen für Kinder. Denn jeder Erwachsene war einmal ein Kind, und da hat er die Bedeutung der Märchen mitbekommen, und zwar nicht so sehr im Sinne einer Deutung, sondern im Sinne einer wirklichen Zufuhr von Substanz, die für Kinder ja sehr wichtig ist. Deshalb ist es auch ein großes Mißverständnis, wenn bestimmte Erziehungsmethoden den Kindern die Märchen vorenthalten wollen, sie davor behüten wollen.

K.D.N.: ... vor den sogenannten Grausamkeiten.

J. Stüttgen: Ja, zum Beispiel. Ich glaube aber sogar, daß die wahre Bedeutung der Märchen so tief liegt, daß man sie so ohne weiteres gar nicht entschlüsseln kann. Diese eigentliche Bedeutung, dieses nicht ohne weiteres Interpretierbare, ist eine Art Kraftdepot, das wirkt. Und in dem Moment, wo man etwas interpretiert, besteht immer die Gefahr, daß man der Sache auch etwas von der Kraft nimmt, es sei denn, es gelingt, diese Kraft auf eine höhere Ebene zu transformieren. Das aber gelingt den wenigsten. Denn bei den meisten ist in dem Moment, wo die Interpretation ansetzt, die Kraftzufuhr beendet. Deswegen ist es wichtig, daß die Märchen zunächst nicht verstanden werden.

K.D.N.: Trotzdem wollen wir es versuchen!

J. Stüttgen: *(lacht)* Genau! Aber noch einmal zurück zu Deinem Ausgangspunkt: Wie kann man gegenüber Märchen skeptisch sein?

K.D.N.: Skeptisch bin ich eigentlich nicht gegenüber den Märchen, sondern gegenüber der auch in anderen Bereichen zu beobachtenden Tendenz, etwas, was zum Beispiel in der Kindheit gut und richtig ist, *in gleicher Weise* auszudehnen auf das ganze Leben. Zum Beispiel muß doch der pädagogische Wert eines Märchens für ein Kind ganz anders ins Auge gefaßt werden als für einen Erwachsenen. Die Märchen können nicht einfach den gleichen zentralen Stellenwert behalten.

J. Stüttgen: Da sind wir uns einig. Mit den Märchen verhält es sich bei mir so, wie mit vielen Dingen meiner Kindheit, für die ich ausgesprochen dankbar bin, die ich aber deswegen nicht ständig ins Bewußtsein rücke, sondern sie vielmehr mitnehme wie eine Gabe meiner Kindheit. Das ist eine unerschöpfliche Fundgrube, die sich vor allen Dingen dann öffnet, wenn man sich nicht ständig um sie kümmert. Das gilt in der Regel für mich auch in bezug auf die Märchen: Sie sind mir vertraut, sie sind da, und ich würde sie sehr missen, wenn sie nicht da wären. Aber ich glaube auch nicht, daß man besonders gezielt ständig mit ihnen arbeiten sollte. Die Märchen wirken als Substanz durch das Leben fort, ohne daß ich mich ihnen ständig bewußt zuwenden muß. Es ist vielmehr so, daß ich sie liebe, weil sie mir vertraut sind.

Nebenbei bemerkt: Mein Bruder ist Puppenspieler und schreibt selber Märchen. Also es gibt sogar Menschen, die heute noch Märchen schreiben. Das ist doch eigentlich eine merkwürdige Tatsache. Ich mache zum Beispiel heute nachmittag mit meinem Bruder, wie jedes Jahr, die Generalprobe seines Programms, das er jährlich wechselt und mit dem er mit seiner Mitarbeiterin über Land zieht. Er schreibt die Stücke, entwirft sie selbst usw. Es ist sein Beruf, den er mittlerweile bestimmt schon seit 15/16 Jahren ausübt. Er findet damit Zuspruch, spielt in Kindergärten, Schulen usw. Natürlich ist es auch ein hartes Brot, weil diese Kultureinrichtungen einfach zu wenig Geld bekommen.

K.D.N.: Du sprachst von der Substanz der Märchen. Wie wirkt sie fort?

J. Stüttgen: Wenn ich einmal meinen Bruder als Beispiel nehmen und von ihm schwärmen darf, so kann man sagen, daß er einfach eine innere Beziehung zu dem Märchenhaften hat. Er hat einen sehr starken Sinn für dieses Prinzip des Märchenhaften, obwohl er eigentlich sehr nüchtern ist und man ihn sich nicht vorstellen darf wie einen Märchenonkel. Er hat eben eine bestimmte Begabung - ich weiß nicht, wie ich sie nennen soll: es ist etwas Inspiratives. Es ist auch eine sehr starke Begabung, sich in Bildern zu bewegen und einen starken Sinn für das Geheimnis und das Sich-weiter-Entwickeln des Bildes zu haben.

Das Märchenvermögen wohnt den Menschen selbst inne

K.D.N.: Könntest Du vielleicht etwas dazu sagen, wie ein Bild durch das Leben weiterwirkt, das zum Beispiel ein Kind durch ein Märchen aufnimmt?

J. Stüttgen: Ich will da jetzt nicht zu weit gehen, aber ich glaube schon, daß die Märchen mit zur Identitätsfindung beitragen. Indem das Kind sich durch das Märchen mit vielerlei Dingen verbindet oder sich auch dagegen wehrt, bildet das Kind bestimmte Regeln in sich aus, die später auch für das Denken wichtig sind. In den Märchen ist für den Menschen ganz früh schon die Möglichkeit gegeben, sich zu orientieren, und zwar auf eine noch nicht distanzierte Art und Weise, sondern auf dem Wege des Mythischen, des Miteinander-Verbundenseins und der Identifikation. Die Kräfte wirken, weil noch keine Distanz da ist und weil sie ganz elementar mit den Kräften im Kind, zum Beispiel den Wachstumskräften, zusammenwirken.

Daher kommt noch ein anderer Gesichtspunkt hinzu, den man nicht außer acht lassen darf: Selbst wenn Kinder keine Märchen hören, neigen sie dazu, das Märchenhafte selbst ins Spiel zu bringen, d.h. hier kommt eine Korrespondenz ins Spiel, die häufig nicht beachtet wird. Das Märchenvermögen wohnt den Menschen selbst inne, also der Sinn, Dinge und Zusammenhänge überhaupt in einer märchenhaften Form zu erleben. Selbst in einer Zeit, in der keine Märchen mehr erzählt würden, hätten sie und das Märchenhafte dennoch eine Bedeutung. Davon bin ich überzeugt. Demgegenüber klingt es vielleicht paradox - weil ich gerade von der Gegenwärtigkeit der Märchen gesprochen habe -, daß die Zeit der Märchen eigentlich vorbei war, als man anfing, sie in der Romantik aufzuschreiben, in der ja das Interesse für die Märchen besonders stark wurde. Wenn man unter dem Aspekt der Bewußtseinsentwicklung der Menschheit auf die Märchen sieht, muß man eigentlich sagen, daß mit der Romantik auch die Zeit der Märchen vorbei ist. Denn die schriftliche Form ist nicht die Form des Märchens, sondern diese ist die erzählende, die mündliche. Trotzdem muß man festhalten, daß gerade in der Romantik ein besonderer Bewußtseinssinn für die Märchen entsteht, man erlebt da also einen Sprung zu einer nächsten Bewußtseinsstufe im Umgang mit den Märchen.

Die soziale Substanz der Märchen

K.D.N.: Da Du von der Gegenwärtigkeit der Märchen sprachst, könntest Du auch etwas zu Ihrer Entstehung sagen?

J. Stüttgen: Ich kann dazu allerhöchstens Vermutungen oder innere Gewißheiten äußern, jedoch keine wissenschaftlichen Aussagen treffen. Die Märchen sind meines Erachtens volkstümliche Formen von sehr viel differenzierter zu denkenden Offenbarungen, die in ihrer ursprünglichen Form natürlich auch nur kleineren Kreisen von Menschen zugänglich waren. Die Märchen sind dann gewissermaßen das Überquellende, das in dieser Form den Menschen weitergegeben wurde, damit sie es verdauen, verkraften können. Zur Aufnahme der Märchen sind keine besonderen Prozesse der Entwicklung oder gar der Einweihung erforderlich, sondern die Märchen haben ja den Charakter, daß sie ganz unmittelbar von jedermann empfangen werden können. Da spielt also auch die soziale Idee, ein Gemeinschaftliches, ein Ganzheitliches, eine sehr große Rolle. Die Märchen haben etwas, was den Menschen unmittelbar in seinen Gefühlen anspricht. Etwas ähnliches haben wir ja auch in den Evangelien, die auch nicht nur für die großen Theologen geschrieben sind - für die vielleicht am allerwenigsten -, sondern es sind Formen, über die sich der einfache Mensch - der einfachste, vielleicht sogar der Dümmste - verständigen kann. Es ist ja interessant, daß dieser Dümmste auch in den Märchen selber immer auftritt. Die Märchen haben also auch eine soziale Substanz, die sehr, sehr wichtig ist für eine Zeit, in der die Menschheit im Großen und Ganzen von Offenbarungen abgeschnitten wurde.

K.D.N.: Früher haben Menschen, wenn sie zusammensaßen, Sagen, Legenden, Märchen usw. erzählt. Es ist für mich eine Frage, was heute an die Stelle dieses sozialen Elementes treten könnte, was sich heute Menschen in ähnlicher Weise erzählen könnten, wenn sie beieinander sitzen. Solche Erzählungen kommen doch heute unter Erwachsenen so gut wie gar nicht vor, sondern allerhöchstens, wenn Kinder dabei sind, so daß ihnen erzählt wird.

J. Stüttgen: Ja, das ist klar. Heute sollten sich die Erwachsenen mal gemeinsam Gedanken über die Form einer zukünftigen Gesellschaft machen und sie sich gegenseitig erzählen. In dieser Beziehung dürfen wir keine Zeit mehr verlieren. Wenn wir nicht allmählich an unsere Küchentische die Gespräche über die soziale Form der zukünftigen Gesellschaft bekommen, dann brauchen wir uns auch keine Märchen mehr zu erzählen. Das moderne Märchen fängt für mich eigentlich da an, wo drei Menschen zusammensitzen und in ganz märchenhafter Weise plötzlich auf die Idee kommen, sich zu fragen: "Wie soll denn eigentlich die zukünftige Wirtschaftsform aussehen?" Auch wenn dann jemand durch die Tür käme und sagen würde: "Mensch, was sind das denn für Märchenonkels?", so müßte doch eine Gesinnung entstehen, die sich auch an zunächst einmal undenkbare

Möglichkeiten herantraut, d.h. das Märchenprinzip muß in ein Zukünftiges umgestülpt werden. Wir müssen uns heute "Märchen" - ich sage jetzt "Märchen" in Anführungsstrichen, denn eigentlich sind es keine Märchen - der Zukunft erzählen. Dazu müssen wir uns klar werden, daß wir eigentlich keine Märchen*erzähler* sind, sondern tatsächlich *Teilnehmer* eines Märchens. Wir müssen endlich diese unrealistische Ernüchterung ablegen, die davon ausgeht, daß überhaupt nichts mehr funktioniert und wir nichts ausrichten können. Statt dessen sollten wir die Rolle der Zauberer, Zwerge usw. übernehmen und dafür sorgen, daß wir vernünftige Zustände bekommen. So sehe ich die Möglichkeit des Märchens in der Gegenwart und in der Zukunft, und so verstehe ich auch meine eigene Rolle.

K.D.N.: Das wäre noch ein umfassenderer Aspekt zu den in diesem Heft bereits getroffenen Aussagen, daß man Märchen eigentlich nicht deuten, sondern erleben sollte, und daß auch das Märchenerzählen erst dann wirklich sinnvoll sei, wenn es aus dem gegenwärtigen Miterleben der Bilderwelt des Märchens, also aus dem Märchen heraus, erfolge. Überträgt man das auf die soziale Küchentischsituation - im Kleinen wie im Großen -, dann müßte man sich also als Handelnder in einer Märchenwelt begreifen.

J. Stüttgen: Wobei aber der Begriff "Märchenwelt" präziser gefaßt werden müßte, damit Märchen nicht sofort im Sinne eines Unrealistischen aufgefaßt wird, sondern so, daß es auf die Geheimnisse hinweist, die in der Welt sind und die wirklich darauf warten, wie es ja auch im Märchen immer geschildert wird, daß sie erkannt und erlöst werden. Solche Geheimnisse gibt es, und der Mensch ist aufgerufen, sich wie der Dritte, der Dümmste oder auch der Jüngste auf den Weg zu machen, um gleichsam das Schloß zu öffnen, um die Königstochter zu erlösen, um das Dornröschen wachzuküssen, das ja in uns selber schlummert. Das ist ja der Punkt, um den es geht.

"Der Nachteil ist der Vorteil" - Das Denken wachküssen!

Dann muß man natürlich heute schon einen weiteren Schritt machen, der über das bloß Märchenhafte hinausreicht und den Nachweis liefert, daß das ganze durchaus auch sehr stark mit dem Denken und mit den Begriffen zusammenhängt. Wir dürfen heute nicht mehr in bloß Märchenhaftem steckenbleiben, sondern darüber hinaus dieses Wachküssen unseres Denkens so leisten, daß auch klare Begriffe in Erscheinung treten. Und solche klaren Begriffe ergeben sich zum Beispiel aus den Fragen nach einer neuen Wirtschaftsform, einer neuen Weltwirtschaft, einer neuen Demokratie, der Basisdemokratie, der direkten Demokratie, einer neuen Form von Freiheitsvermögen, von Kapitalbildung. Die entschlüsseln sich zunächst einmal in märchenhafter Form. Da braucht man ein Grundvertrauen zu den Kräften, d.h. das Kindliche im Menschen darf nicht sterben bzw. muß wieder erweckt werden. Ich möchte ganz bewußt in eine märchenhafte Form der Aussage übergehen, weil ich glaube, daß sie auch zu verstehen ist. Der Erwachsene muß wieder an die Kindheitskräfte herankommen, muß in sich das Kind wieder wachrufen: "Wenn Ihr nicht werdet wie die Kindlein". Und wenn ich die Märchen anführe, sollte der Erwachsene in ihren Figuren auch ein Prinzip erkennen. So sind zum Beispiel der Dümmste, der Jüngste, der dritte Sohn usw., also alle diejenigen, die vom äußeren Bild her die Benachteiligten sind, im Märchen häufig die Bevorteilten, oder wie der Beuys mal so schön sagte: "Der Vorteil ist der Nachteil", oder: "Der Nachteil ist der Vorteil". Das sind Motive, die in den Märchen sehr stark enthalten sind und die aber auch ungeheuer wichtig sind für unsere eigene Kreativitätsverfassung, d.h. hier werden Stichworte für eine Art von Geist oder von Sinn geliefert, den wir überhaupt erst neu entwickeln müssen und der dringend erforderlich ist für die Zukunft.

Wer keinen Sinn für die Märchen hat, ist auch kein Realist!

K.D.N.: Wie kann man zukunftsgerichtete Ideen entwickeln, so daß sie auch zu Fähigkeiten werden und etwas bewirken? Wie schafft man es, diesen neuen Sinn in sich zu entwickeln und zu stärken? Wenn man drauf sieht, wie der deutsche Einigungsprozeß in den letzten Monaten abgelaufen ist, dann ist es ganz offenkundig, daß es nur sehr schwer möglich ist, neue Ideen und Zukünftiges in die Wirklichkeit einzuführen. Alles, was diesbezüglich in den Bürgerbewegungen der DDR und am Runden Tisch lebte, ist doch faktisch über den Tisch gezogen worden.

J. Stüttgen: Das ist zweifellos der Fall. Aber man sollte solche Vorgänge auch nicht überbewerten und den Kopf gleich in den Sand stecken. Natürlich wird vieles Neue erst einmal über den Tisch gezogen, aber nun kommt es darauf an, daß man weitermacht und auch Rückschläge verkraften kann, bis man schließlich nicht mehr über den Tisch gezogen wird. Zweimal muß man sich mindestens über den Tisch ziehen lassen! Das steht ja schon im Märchen. Das sind wichtige Erfahrungen, die vor allen Dingen auch darauf hinweisen, daß bestimmte Ideen noch tiefer angesetzt werden müssen als wir es gewohnt sind.

Das Bild des Runden Tisches ist natürlich trotzdem ein Zukunftsbild, denn anders kann die Menschheit in Zukunft gar nicht existieren, wenn nicht der Weg über Runde Tische gegangen wird. Wenn es uns nicht gelingt, permanente Konferenzen an Runden Tischen zu veranstalten, deren Form auch noch entwickelt werden muß, dann brauchen wir gar nicht mehr weiterzureden. Der Runde Tisch ist ein Urbild für die Demokratie, für das freiheitliche Zusammentreffen der Informationen als Grundlage für demokratische Vorgänge. Was sich in zwei, drei Monaten in der DDR als Runder Tisch etabliert hat, ist dafür ein wunderbares Bild, das in Zukunft weiter wirken wird. Es ist sinnlos zu sagen, das mit dem Runden Tisch habe nicht funktioniert. Der Runde Tisch hat ja eine Zeitlang funktioniert und zur Vereinigung beigetragen. Nun haben wir zwar die Vereinigung, die wäre aber nur dann sinnvoll, wenn man eine Idee dazu hätte. Die aber fehlt, also brauchen wir wieder einen Runden Tisch!

Die richtigen Begriffe und Ideen tauchen schon zur rechten Zeit auf. Wenn man für die Realität einen tieferen Sinn entwickelt, dann entwickelt man gleichzeitig auch einen Sinn für die Märchen. Der Sinn für die Realität entspricht dem Sinn für die Märchen, oder umgekehrt: Wer keinen Sinn für die Märchen hat, ist auch kein Realist, sondern unrealistisch.

K.D.N.: Das ist ungewöhnlich zu hören.

J. Stüttgen: Aber wichtig, weil so das Ungewöhnliche bekannt wird. Das Geheimnis ist ja, daß ein Mensch, der so etwas hört, zuerst mit dem Kopf schüttelt, aber schon zwei Minuten später merkt, daß er das auch selber schon gewußt hat. Das ist wie ein

Erlösungsvorgang, durch den auch das Kindliche wieder aufgeweckt wird. Wenn ich sage: Der Sinn für die Märchen ist der Sinn für die Realität, dann ist es für das Kind im Menschen eine sehr schöne Geste. Das Kind schnappt danach und sagt: "Aha, das habe ich ja schon lange nicht mehr gehört." Dann bekommt es auch wieder Lust, sich zu melden. Wichtig ist allerdings - und das ist vielleicht das Entscheidende -, daß das nicht zu einer "Verkindschung" führt, nicht im Kindischen versackt. Unsere heutige Aufgabe ist es, dieses Ganzheitlich-Kindliche mit dem Begrifflich-Analytischen des Erwachsenen zu verbinden, um daraus ein Drittes zu entwickeln.

"So ihr nicht werdet wie die Kindlein" - Das Bild des Eurasienstabes

K.D.N.: Was wäre dieses Dritte?

J. Stüttgen: Das Dritte ist das Dritte! Es entsteht aus der Verbindung des Ganzheitlichen, des Verlorengegangenen, des Verschütteten mit dem Todesprinzip des Zerschnittenen, des Analytischen. Dieses Kindlich-Ganzheitliche muß aber aus dem Tod heraus neu geboren werden, das geht nur durch eine wirkliche Todeserfahrung hindurch.

K.D.N.: "So ihr nicht werdet wie die Kindlein", kann also nicht rückwärts gewandt erfüllt werden, indem man die Welt in Richtung der eigenen Kindheit flieht.

J. Stüttgen: Es gibt von Joseph Beuys das wunderschöne Bild des Eurasienstabes, oder um es anschaulicher zu sagen: des Spazierstockes. Dieses Bild muß man ja so sehen: *(Johannes Stüttgen zeichnet; siehe nächste Seite)* Es ist eine bestimmte Richtung gemeint, die zum Beispiel hier anfängt, sie geht immer weiter, bis sie schließlich an einen Punkt kommt, an dem es nicht mehr weitergeht. Da schlägt sie an. Ende der Fahnenstange, wenn man so will. Dann wendet sie die Richtung um und vollzieht diese Krümmung. Sie geht in der umgekehrten Richtung weiter, und Beuys hat dann an dieser Stelle den Spazierstock mit Fett verlängert. Es ist also zwar ein Zurück, aber auf einer höheren Ebene, d.h. es ist hier ein Bewußtseinsprozeß gemeint, der eine Entwicklung vollzieht. Es handelt sich also nicht um ein bloßes Zurückflutschen in den Mutterleib - diese Gefahr ist ja sehr groß -, sondern um eine Erhöhung, um ein Plus an der Schwelle, wodurch diese Richtung nach der Krümmung zugleich ein Vorwärts ist. Zugleich, denn ein bloßes Vorwärts kann in diesem Bild ja auch nicht gemeint sein. Wenn man sich die Entwicklung nur als einen Strahl vorstellt, dann gibt es nur das Drängen nach vorne und die Sehnsucht nach einem Zurück. Diese beiden Prinzipien zerreißen die Menschenseele: Je größer das Drängen nach vorne ist, desto größer ist auch die Sehnsucht zurück, weil man merkt, daß dieser Fortschrittsgedanke nicht mehr haltbar ist, denn er ist zerstörerisch. Wir stehen heute genau an diesem Punkt des Zerrissen-Werdens, und hier setzt das Bild des mit Fett verlängerten Spazierstockes ein, indem ganz klar gesagt wird: Jawohl, ein Nach-Vorne, aber im Sinne einer Bewußtseinsentwicklung.

Das Nach-Vorne ist nur möglich über die Schwelle hinweg, was von Beuys auch in diesem anderen Bild *(Johannes Stüttgen zeichnet; siehe nächste Seite)* zum Ausdruck gebracht wird. Dadurch wird das Nach-vorne-Schreiten zugleich ein immer weiteres Zurückgreifen auf einer höheren Stufe. Über diesen Schwellenpunkt muß auch das Märchen führen. In unserem heutigen eingleisigen Denken kommt er nicht zum Zuge. Wir müssen lernen, unser Denken umzuwenden.

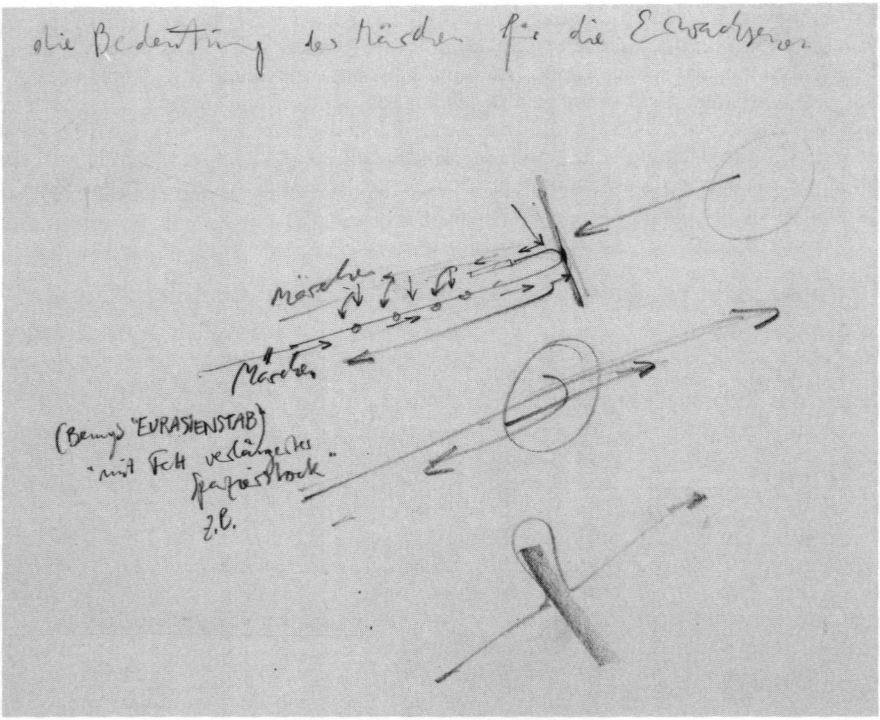

Johannes Stüttgen, Skizzenausschnitt

Aus der Zukunft muß die Idee kommen!

K.D.N.: Demnach beinhaltet dieser Bewußtseinsschritt, daß man in sein Denken Zukünftiges aufnimmt und in ihm bereits erfaßt, wohin man geht, anstatt nur aus der Vergangenheit linear weiterzudrängen? Dieser eingleisige Zug aus der Vergangenheit hat sich ja auch deutlich im deutschen Einigungsprozeß durchgesetzt und alles an sich und mitgerissen.

J. Stüttgen: Wobei man ganz klar sehen muß, daß diese eingleisige Ausrichtung nicht etwa die Reinheit der Ressourcen und die Edelsteine zutage fördert, die ja in der tiefen Vergangenheit der Menschheit schlummern und die wir so dringend brauchen, sondern einen unverdauten und vergifteten Müllhaufen. Dieser Müllhaufen hat sich da durchgesetzt, und auch hier ist dringend ein Recycling erforderlich. Aus der Zukunft muß die Idee kommen - und sie ist ja schon da, nur man guckt nicht hin -, dann wird auch der Vergangenheit gegenüber ein Recycling möglich sein. Nur aus der Zukunft heraus wird überhaupt diese Bewußtseinserhöhung und eine wirkliche Entwicklung möglich. Dazu ist ein neues Denken erforderlich, denn eine Ursache in der Zukunft zu suchen, ist ja nach altem Muster sehr ungewöhnlich. Aber in den Märchen gibt es das ja, daß zum Beispiel durch die Rolle der Tiere, etwa durch die Bienen, die dem Dummen helfen zurechtzukommen, eine höhere Vernunft ins Spiel kommt.

Ich spreche nicht im Sinne eines wissenschaftlichen Fachmanns über die Märchen, sondern mehr im Sinne des Hausgebrauchs. Für mich gilt: Märchen müssen benutzt werden.

K.D.N.: Durch den Einigungsprozeß ist wieder besonders deutlich geworden, daß neue Ideen und gesellschaftlicher Fortschritt nur dann wirksam werden können, wenn sie auch in der Lage sind, das Wirtschaftsleben zu erfassen und umzugestalten. Gerade aber im Wirtschaftsleben ist die Macht des Faktischen so stark, daß wirkliche Veränderungen nur sehr schwer durchzuführen sind.

J. Stüttgen: Gegen die Macht des Faktischen wäre nichts einzuwenden, wenn nicht eine ganze Reihe von Fakten immer einfach übersehen würde. Ich plädiere für die Macht des Faktischen, lehne es aber ab, das Faktische immer so einseitig zu sehen. Es gibt ja auch Fakten, die man endlich einmal in den Sinn nehmen sollte. Geht man vom Faktischen aus und blickt auf die Zukunft, dann ist doch klar: Wenn es so weitergeht, ist das das Ende der Menschheit. Wenn man diese Zukunft mit in Rechnung stellt, dann bleibt einem gar nichts anderes übrig, als nun auch aus der Zukunft heraus die Ideen zu holen, denn aus der Vergangenheit wird man sie nicht finden. Wir *sind* auch in der Zukunft, wir müssen uns nur dessen bewußt werden.

Eine solche zukünftige Idee ist die, daß wir endlich einmal eine klare Vorstellung vom Geld und vom Kapital bekommen müssen, wir müssen eine klare Vorstellung von der menschlichen Fähigkeit, also von der Kreativität entwickeln, von der Freiheit müssen wir einen klaren Begriff entwickeln, denn wenn wir das nicht tun, werden wir auch keine Form einer zukünftigen Kreditordnung entwickeln können. Damit sind wir bereits in einem Gespräch über eine zukünftige Wirtschaftsform. Denn eine zukünftige Wirtschaftsform muß von klaren Begriffen getragen werden, zum Beispiel muß der Begriff der Gemeinnützigkeit neu geklärt werden, wobei zu beachten ist, daß gute Fahrräder, benzinsparende Autos, überhaupt vernünftige, naturverträgliche Produkte gemeinnützig sind. Mit anderen Worten: Wir brauchen eine gemeinnützige Wirtschaftsform. Die Unterscheidung zwischen gemeinnützig und erwerbswirtschaftlich ist also in dem üblichen Sinne wie bisher, ist für die Gegenwart und noch mehr für die Zukunft untauglich. Der Begriff der Gemeinnützigkeit ist identisch mit dem des Wirtschaftens, das weiß jede Hausfrau, denn wenn sie gut wirtschaften will, meint sie nicht egoistisch, sondern nützlich.

Wenn aber eine gesamte Wirtschaft gemeinnützig orientiert sein soll, dann brauchen wir eine neue Kreditordnung. Es müssen strukturelle Voraussetzungen geschaffen werden, die eine gemeinnützige Wirtschaftsform ermöglichen. Die ist im Moment deswegen nicht möglich, weil - ich greife nur ein Beispiel heraus - die einzelnen Unternehmen, etwa die großen Konzerne, einfach über die Gelder, die zurückfließen, verfügen können. Das ist unmoralisch, da diese Gelder, die in ihren Betrieb zurückfließen, ihnen streng genommen gar nicht gehören, sondern das Ergebnis eines Kreislaufes sind und aus den Kreditinstituten entstammen, aber nicht aus den Betrieben. Außerdem ist Geld im Rückfluß ohne Wertbezug, das ergibt die phänomenologische Betrachtung. Von der Sache her betrachtet ergibt sich über das Geld im Rückfluß eine ganz andere Idee, es muß nämlich dahin zurückfließen, wo es herkommt: in die Kreditbank. Wenn sich heute die Unternehmen gewissermaßen als kleine Banken verstehen, die ihrerseits selbstherrlich mit den zurückfließenden Geldern auch wieder neu kreditieren, setzen sie sich anstelle eines demokratischen Vorganges, der endlich entwickelt werden muß, d.h. wir brauchen demokratische Geldgesetze. Wir brauchen eine demokratische Kreditordnung, eine Trennung von Geld und Arbeit, also auch eine Unterscheidung von Unternehmen und Geldflüssen. Das entspricht der Trennung von Kapital und Geld. Kapital ist Wirtschaftswert: menschliche Fähigkeit und das daraus hervorgebrachte Produkt - während Geld Rechtsregulator ist, also in die Rechtssphäre gehört.

Das könnte man im einzelnen ausführen, ich will es hier nur andeuten, um damit zum Ausdruck zu bringen, daß manches, was für viele vielleicht märchenhaft klingt, nichts anderes ist, als auf die Sachzwänge tatsächlich Rücksicht zu nehmen. Die Macht des Faktischen muß endlich einmal ernstgenommen werden, und für das Faktische muß man einen Sinn entwickeln. Der wichtigste Sinn für das Faktische ist das Denken. Nur wird dieser Sinn gegenüber der Macht des Faktischen meistens nur in der märchenhaften Gestalt des Knechtes oder der bösen Magd benutzt. Das Denken wird mit der bösen Magd verwechselt, während die Königstochter Gänse hütet. Die böse Magd, die sich an die Stelle der Königstochter setzt und so tut, als wäre sie die Königin, aber in Wirklichkeit nur dem Dunklen, Ungeklärten, Triebhaften im Menschen dient, sprich: dem Egoismus und Profithaften, also dem Unausgegorenen, Dumpfen, Zurückgebliebenen im Menschen. Das Denken ist aber in Wirklichkeit die Königstochter, die als solche endlich erkannt werden muß. Wenn sie erkannt wird, dann ist im Märchen der Knecht oder die Magd abgesetzt, wird vielleicht sogar bestraft. Im Märchen verbirgt sich da etwas, was ganz aktuell ist, nämlich daß dasjenige, was wir heute unter Denken verstehen, nichts anderes ist als eine Knechtgestalt, und daß das Denken endlich erlöst werden muß. Wenn wir mit den Märchen einmal ganz einfach umgehen, wie die Kinder das tun, dann werden wir auch die Wirklichkeit besser verstehen.

Hans im Glück? Die Rechnung geht auf

K.D.N.: Gehen wir einmal zu "Hans im Glück", diesem Märchen, das so wenigen gefällt, weil Hans doch wirklich der Inbegriff des Dummkopfes ist. Ist es eine Ironie, daß es "Hans im Glück" heißt?

J. Stüttgen: Nein, der Begriff der Ironie ist zu grob, aber ein leichter Spott schwingt in dem Märchen schon mit. Das Märchen schildert aber eigentlich mit großem Verständnis und mit großem Vergnügen diesen Dummkopf. Das Vergnügen und die Liebe zu diesem Dummkopf ist mit im Spiel. Eine Vielschichtigkeit, auch ein leiser Spott, schwingt da zusammen.

K.D.N.: Man fragt sich immer: Worin liegt denn sein Glück? Niemand wird sich mit Hans identifizieren wollen.

J. Stüttgen: Das ist es ja gerade! In Wirklichkeit ist es eine der treffendsten Schilderungen der menschlichen Seele. Man verdrängt dieses Märchen, schiebt es von sich weg, weil man ja selbst davon betroffen ist. Hans ist eine Figur, die häufiger in den Grimmschen Märchen vorkommt und immer eine so merkwürdige Rolle spielt. Der Hans ist immer irgendwo eine Kurzform - vielleicht der verkürzte Johannes -, die mit einer gewissen Leichtfertigkeit und Unbekümmertheit durch die Weltgeschichte läuft, ständig irgendwo anstößt, hinfällt und trotzdem irgendwann immer wieder aufsteht. Nun kommt in diesem Märchen noch der Begriff des Glücks dazu, was ja nie die eigene Leistung ist, und das eigenartige ist - wie wir noch sehen werden -, daß Hans ja wirklich Glück hat, auch wenn es auf den ersten Blick nicht so scheint.

K.D.N.: Inwiefern?

J. Stüttgen: Insofern zum Beispiel, als er ja wirklich glücklich nach Hause springt, d.h. die Rechnung geht auf. Hans ist glücklich und fühlt sich selbst immer im Glück, obwohl ihm, von außen betrachtet, ein Ungeschick und Blödsinn nach dem anderen widerfährt. Er benimmt sich so dumm, wie man sich nur dumm benehmen kann. Aber er selber bekommt diese Dummheit gar nicht recht mit, sondern er geht darüber hinweg, und letztendlich geht die Rechnung auf.

Gehen wir einmal die einzelnen Stationen des Märchens durch, indem ja auch einiges von dem mitschwingt, was wir bereits besprochen haben. Das Märchen läßt sich wirklich sehr schön benutzen. Und ich behaupte einmal ganz frech, daß sich in "Hans im Glück" auch das Geheimnis des Kapitalbegriffs verbirgt. Es wird jedem sofort auffallen, daß auch das Geld an einer bestimmten Stelle eine große Rolle spielt.

Ein Goldklumpen, so groß wie der Kopf

K.D.N.: Beginnen wir also von vorn: Hans hatte sieben Jahre bei seinem Herrn gearbeitet und bekommt nun als Lohn einen Klumpen Gold, so groß wie sein Kopf. Er wickelt ihn in ein Tuch, nimmt ihn auf die Schulter und macht sich auf den Heimweg zu seiner Mutter, zu der der Lohn die ganze Zeit in einer gewissen Beziehung steht.

J. Stüttgen: Lassen wir die Mutter zunächst einmal weg und stellen nur fest, daß es sich im Großen und Ganzen um einen Weg vom Herrn zur Mutter handelt, man könnte auch sagen: vom Vater zur Mutter oder vom Mann zur Frau. Das ist der Rahmen, in dem sich dieser Weg abspielt. Viele Frauen werden wahrscheinlich frohlocken, weil sie das als einen Entwicklungsweg vom Patriarchat zum Matriarchat sehen und ihnen dafür auch durch dieses Märchen wieder ein Lichtblick gegeben ist.

Aber lassen wir das mal so stehen und halten erst einmal fest, daß es sieben Jahre sind, die Hans seinem Herrn gedient hat. Über die Art seiner Arbeit ist in dem Märchen nicht die Rede, die scheint auch gar keine große Rolle zu spielen. Jedenfalls ist der Eindruck, den der Hans auf einen macht, nicht der, daß er nun irgendwie besonders als Fachmann ausgebildet ist, sondern im Gegenteil: er wird ständig mit Dingen konfrontiert, von denen er eben nichts versteht. Er hat zwar eine siebenjährige Dienstzeit hinter sich, aber was er da eigentlich getan hat, spielt in dem Märchen keine Rolle. Er kommt offenbar aus dieser Dienstzeit heraus, wie einer, der überhaupt nichts gelernt hat. Aber er bekommt einen Goldklumpen! Und den hat er sich sogar verdient, denn es heißt dazu in dem Märchen: "Wie der Dienst war, so soll der Lohn sein." Ein Goldklumpen, so groß wie der Kopf! Das ist das Zweite, was man festhalten sollte, denn der Kopf spielt im Märchen noch öfter eine wichtige Rolle. Wenn man genau liest, wird man das bemerken.

Wie nun der Hans mit dem Goldklumpen auf der Schulter seinen Weg geht, und der Reiter vorbeikommt, schildert er ihm, daß ihm der Klumpen auf die Schulter drückt und er seinen Kopf schiefhalten muß, um den Klumpen tragen zu können. Ich empfehle, sich dieses Bild wirklich einmal vorzustellen, denn dann hat der Hans nämlich zwei Köpfe: seinen eigenen, und der ist schief, und den Goldklumpen, und beide sind eine Belastung. Er hat den Goldklumpen auf der Schulter und daneben noch seinen Kopf auf dem Hals, und man muß das wirklich einmal als eine Hypothek oder eine Last betrachten. Nebenbei möchte ich nur einmal anmerken, daß dieser Goldklumpen, der in einer unmittelbaren Beziehung zu seinem Kopf steht, auch etwas mit der Sonne zu tun hat. Auf die Sonne kommen wir nachher noch zurück.

Was ist der Goldklumpen eigentlich? Ist er Geld?

K.D.N.: Wohl nicht ganz, denn das Geld kommt später noch gesondert vor.

J. Stüttgen: Eben, das ist doch merkwürdig, nicht wahr? Wenn man ganz naiv liest, daß er den Goldklumpen als Lohn erhält, würde man heutzutage ganz selbstverständlich sagen, daß er gleichbedeutend mit Geld sei. So ist es in dem Märchen aber nicht ganz, denn er bekommt eben kein Geld, sondern den Goldklumpen. Der Goldklumpen hat etwas Komplexes, und ich möchte mal vorgreifen und sagen, daß er ein Gemisch aus Geld und Kapital ist. Er ist die Materialisation der sieben Jahre, die davor lagen, was immer diese Zeit auch sei. Tatsache ist weiter, daß der Wert dieses Goldklumpens sich für Hans als eine Last erweist, als eine Mühsal, und wenn man das Märchen weiterverfolgt, wird man dann ja auch sehen, daß sich dieser Goldklumpen buchstäblich im Nichts auflöst. Und das finde ich wirklich nun sehr wichtig: die Auflösung des Goldklumpens im Nichts.

Das edle Pferd

Die zweite Station auf seinem Weg - die Übergabe des Goldes nach sieben Jahren Dienst als die erste gerechnet - ist nun die Begegnung mit dem Reiter auf seinem Pferd, und das ist das Gegenstück zu dieser Belastung durch das Gold: die in dem stolzen, edlen Pferd und dem Reiterbild ausgedrückte elementare Bewegung. Da kann man sich einen galoppierenden Reiter vorstellen, der das Gegenteil eines Goldklumpen schleppenden Menschen zu Fuß ist. Und der Hans erlebt das ja auch sofort als Kontrast und ist sehr bereitwillig, seinen Goldklumpen, also eigentlich seine sieben Jahre, die er in dieser Form erhalten und mitgenommen hat, für dieses Pferd abzugeben.

Da stellt sich schon zum ersten Mal die Frage nach der Fähigkeit. Hier klingt sie an. Bei der Aushändigung des Goldes liegt die Frage nach der Fähigkeit noch sehr im Dunkeln. Da wird nach den sieben Jahren nur gesagt: "Du hast mir treu und ehrlich gedient", und das muß wohl mit irgendwelchen Fähigkeiten zusammengehangen haben, denn sonst hätte der Herr ihn ja schon vorher rausgeschmissen. Das hat er aber nicht getan, sondern ihm sogar den Goldklumpen als Lohn gegeben. Aber die Frage nach den Fähigkeiten bleibt völlig offen. Jetzt aber, wo in der Form des Pferdes ein Freiheitsbegriff vorbeigaloppiert, stellt sich auch zum ersten Mal die Frage nach der Fähigkeit. Nur, Hans weiß es nicht, sondern er erfreut sich in fast kindlicher Weise an der Bewegung dieses Doppelwesens Pferd-Mensch.

Der Reiter läßt sich auf den Deal ein, Gold für das Pferd, Hans reitet los, und schon im nächsten Moment erlebt er den Mangel der Fähigkeit gegenüber dieser freien Bewegung. Er stürzt vom Pferd und macht die Bekanntschaft mit der Erde. Ein wichtiges

Element, das noch weiterhin in dem Märchen von Bedeutung ist. Er stürzt in einen Graben, also sogar in eine Vertiefung in der Erde. Und er sieht, das Pferd nützt ihm überhaupt nichts, sondern ist im Gegenteil eine Bedrohung für ihn.

Die gute Kuh

Aber er hat Glück - man fragt sich warum, aber er hat es -, denn es kommt just in dem Moment ein Bauer des Weges, der eine Kuh vor sich hertreibt. Und nun ist es wunderbar, sich ein Pferd gegenüber einer Kuh vorzustellen. Ich empfehle auch hier wiederum, sich dieses Bild wirklich vorzustellen. Da kommt also der Bauer mit seiner Kuh, die wirklich etwas anderes ist als das Pferd, man denke allein an den völlig anderen Bewegungsablauf. Die Kuh wirkt auf den Hans ausgesprochen beruhigend, und er stellt sich vor, daß er auf ihr nicht reiten muß und sie ihn nicht abwerfen kann: "Da lob ich mir Eure Kuh, da kann einer mit Gemächlichkeit hinter ihr hergehen, und hat obendrein seine Milch, Butter und Käse jeden Tag gewiß." Sie kann ihm sogar Milch geben! Es kommt also ein viel ruhigeres, bodenständigeres Element hinein; das dynamische Prinzip, das über die Länder dahinfliegende Freiheitsprinzip wird von einem Vertrauen und Geborgenheit gebenden Ruheprinzip abgelöst, vielleicht könnte man es auch als ein mütterliches Element charakterisieren. Gegenüber dieser Gemächlichkeit kommt man zunächst gar nicht auf die Idee, daß man da noch Fähigkeiten braucht. Aber siehe da: die Rechnung geht nicht auf, denn er kann sie nicht einmal melken. Vorher ißt er noch seinen ganzen Vorrat auf, als er zu einem Wirtshaus kommt und gibt sein letztes Geld - woher das plötzlich kommt, weiß ich auch nicht - dort aus ...

K.D.N.: ... für ein halbes Glas Bier.

J. Stüttgen: ... für Flens, genau. - Nun wird also das Motiv schon ganz deutlich, daß etwas im Abnehmen ist: aus dem Gold wird das Pferd, aus dem Pferd wird die Kuh. Man spürt als Leser, daß die Kuh nicht mehr so viel wert ist wie das Pferd. Das wird zwar nicht ausgesprochen, aber man spürt es doch. Eine Wertabnahme - aber genau die nimmt Hans nicht zur Kenntnis, sondern für ihn ist die Kuh in seiner Vorstellung in dem Moment wertvoller als das Pferd, und zwar, weil er am Pferd gescheitert ist. D.h. er fängt an, kleine Brötchen zu backen. Er ist zwar auf seine naive Art und Weise sehr zuversichtlich, aber in bezug auf seine Fähigkeiten ist er eher resignativ. Er sagt nicht etwa: "Ich will jetzt reiten lernen", sondern er stellt nur fest, daß er nicht reiten kann. So denkt er auch beim Tausch des Pferdes in die Kuh nicht an das Melken, sondern nur an die Milch. Er denkt wie ein kleines Kind an all die Dinge, die ihm geschenkt werden. Es ist immer noch das Schenkprinzip im Spiel.

Wichtig ist noch festzuhalten, daß sein Weg sich über den ganzen Tag hinzieht, vom Morgen bis zum Abend. Als er das Pferd gegen die Kuh eintauscht, befinden wir uns noch am Vormittag. Nun kommt der Mittag langsam näher - "Die Hitze ward drückender, je näher der Mittag kam" -, und Hans bekommt einen Riesendurst und will die Kuh melken. Jetzt kommt wieder ein kleiner versteckter Hinweis auf den Kopf, denn einen Eimer hat er nicht, und er stellt seine Lederkappe unter den Euter. Die nimmt er ja offenbar vom Kopf. Daraus ergibt sich das schöne Bild der Lederkappe unter dem Euter, der Beziehung von Schale zur Milch. Nur, es kommt keine Milch, und es stellt sich heraus: Er kann gar nicht melken! Und diese gute Kuh tritt plötzlich aus. Dieser ungeschickte Dummkopf maltretiert den Euter der Kuh so, daß selbst dieses gutmütige Tier ihn vor den Kopf tritt. Schon wieder der Kopf, und schon wieder stürzt er zu Boden. Die ersehnte Ruhe, die die Kuh ausstrahlt, tritt nicht ein, sie gibt ihm auch nicht die erhoffte Milch, sondern der Hans wird ein weiteres Mal drangsaliert. Als nüchterner Beurteiler der Sache muß man zugeben, daß auch hier wieder ein Mangel an Fähigkeiten sichtbar wird.

Das arme Schwein - Die Erde ist erreicht

Der Wert nimmt weiter ab, denn jetzt kommt ein Metzger mit der Schubkarre des Weges, auf der ein Schwein liegt. Diese Schubkarre ist auch ein schönes Bild. Da ist ein Mensch, der hat eine Karre in der Hand, und diese Karre rollt vorne auf einem Rad. Hier kommt zum ersten Mal ein Werkzeug vor, das sich der Mensch als verlängerten Arm zunutze macht und das zugleich auch wieder Bewegungscharakter hat. Das Pferd, die Kuh und jetzt die Schubkarre mit dem Schwein. Diese Verbindung ist wichtig, denn aus ihr wird auch ersichtlich, daß das Schwein gegenüber den anderen beiden Tieren eine ganz andere Stellung in dem ganzen hat. Es wird in der Schubkarre von einem Menschen transportiert. Das Schubkarrenprinzip ist ja eigentlich auch ein tierisches Prinzip, aber vom Menschen angeeignet. Die Schubkarre ist ein Gefährt, gewissermaßen ein verlängertes Organ des Menschen. Es ist ganz interessant, daß man als Kind ja auch Schubkarre spielt.

Im Zusammenhang mit dem Schwein tritt also zum ersten Mal ein mechanisches Prinzip auf, und zugleich tritt auch zum ersten Mal der Tod auf. Mit dem Schwein kommt ein neues Prinzip ins Spiel, als wenn jetzt eine Schwelle überschritten wäre, denn das Schwein - so wird es im Märchen gesehen - ist von vornherein zum Schlachten da. Der Abstieg vom Goldklumpen bewegt sich jetzt langsam in eine zwielichtige Atmosphäre hinein, die man spürt und die auf der nächsten Station beim Tausch des Schweines in die Gans noch gesteigert wird, indem dort das Motiv des Betruges auftritt.

Auf diesen beiden Stationen kommen nun auch Spekulationen mit ins Spiel, wie man am besten seine Geschäfte machen kann. Die klingen zwar auch schon vorher mit an, aber hier tritt mehr als Bewußtseinsmoment auf, was vorher schon da war. Hier trifft Hans auf Figuren, die ihn darauf aufmerksam machen, daß das, was er auch schon vorher gemacht hat, eigentlich das Prinzip des Handels ist. Dieses Prinzip wird hier ganz bewußt eingesetzt.

K.D.N.: Es ist ein Metzger, der dort mit dem Schwein auf der Schubkarre kommt. Er sieht das Tier, auch die Kuh, hauptsächlich unter dem Gesichtspunkt des Schlachtens, und auch Hans sieht die Tiere daraufhin als Fleisch und Würste.

J. Stüttgen: Ja, als Hans auf den Metzger mit dem Schwein trifft, befindet er sich auf der vierten Station seines Weges. Die Vier steht immer für Tod, sie ist das Kreuz, die vier Himmelsrichtungen, sie ist immer das Prinzip, daß die Erde erreicht ist. Der Abstieg zur Erde ist also auf dieser vierten Station so weit vollendet, daß Hans die Erde erreicht hat. Die Kuh hingegen mit ihrer herunterfließenden weißen Milch - die in diesem Fall aber versiegt ist; wir haben auch hier ein Bild des Abstiegs - verkörpert das Mondenprinzip.

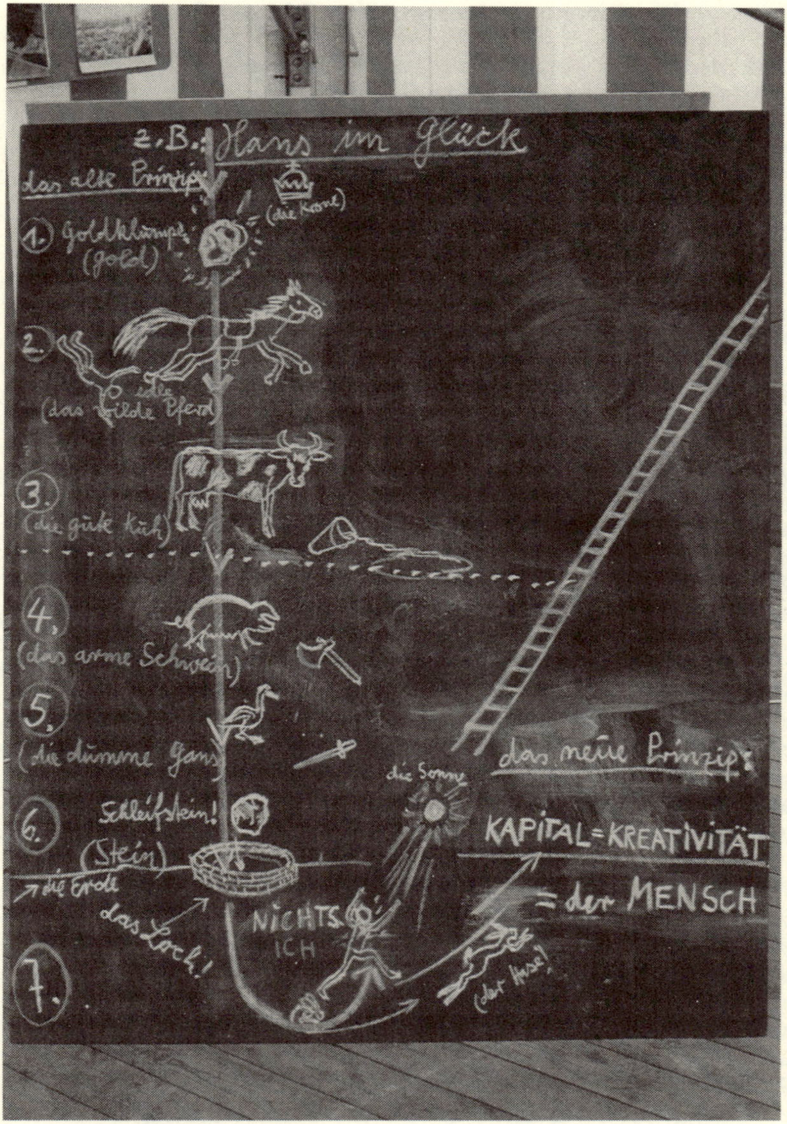

Johannes Stüttgen, Unterrichtstafel (1982)
Später eingesetzt von Joseph Beuys in: "is it about a bicycle? aus: VEHICLE ART" (1984)

Foto: © Willi Kraus

Die dumme Gans - Das offene Messer der Lüge

Als Hans seinen Weg weitergeht, begegnet ihm nun auf der fünften Station der Bursche mit der Gans, der behauptet, daß das Schwein in dem Dorf, durch das er gerade gekommen ist, eben dem Schulzen aus dem Stall gestohlen worden sei. Der Hans möge sich nun wirklich vorsehen, daß er mit dem Schwein nicht erwischt werde: "Sie haben Leute ausgeschickt, und es wäre ein schlimmer Handel, wenn sie euch mit dem Schwein erwischten: das Geringste ist, daß ihr ins finstere Loch gesteckt werdet." Nun weiß man hier gar nicht, ob diese Behauptung überhaupt stimmt, und das Kind bzw. der Leser wird in eine Stimmung versetzt, die ihm diese Situation undurchsichtig erscheinen und den Betrug spüren läßt. Die Lüge erscheint hier als sehr wahrscheinlich, denn man merkt, daß der Bursche gern das Schwein für die Gans haben will, die er auf dem Arm trägt.

Wenn man nun noch einmal zurückblickt, wird das Prinzip der Wertabnahme, allein schon vom Volumen her, wieder deutlich: Das Pferd ist größer als die Kuh, die Kuh größer als das Schwein, und das Schwein ist größer als die Gans. - Jetzt haben wir drei Dinge, die wir beachten müssen: Es ist zum einen das Todesprinzip, zum anderen treten hier der Diebstahl, der Betrug und die Lüge auf, und schließlich haben wir hier auch wieder, wie von Anfang an, die Bequemlichkeit, d.h. die Passivität gegenüber der Fähigkeit. Hans verstrickt sich jetzt immer mehr in ein irdisches Getriebe von Tod, Betrug und Lügerei und kommt damit im Grunde genommen real nicht klar, aber er bildet sich ein, daß er damit zurechtkommt. Hans verstrickt sich jetzt auch immer mehr in Abhängigkeiten hinein, zum Beispiel, indem der Bursche ihm verspricht, daß er die Geschichte mit dem gestohlenen Schwein schon für ihn erledigen werde, damit er nicht ins Unglück geriete. Als hätte er nun Mittel und Wege, besser mit dem angeblich gestohlenen Schwein zurechtzukommen als der Hans, der ihm hier offenbar ins offene Messer der Lüge läuft.

Das Interessante ist nun, daß auch die Gans zum Schlachten bestimmt ist und hier aber eine Teilung bei der Verwendung des zu schlachtenden Tieres in Betracht kommt: "Erstlich den guten Braten, hernach die Menge von Fett, die heraussträufeln wird, das gibt Gänsefettbrot auf ein Vierteljahr, und endlich die schönen weißen Federn, die laß ich mir in mein Kopfkissen stopfen, und darauf will ich wohl ungewiegt einschlafen." Wir sehen also, daß der Tod, der auf der vierten Station hinzugekommen ist, hier weiter fortwirkt, denn der Tod ist ein Teiler. Die weiße Feder ist eigentlich eine Art Unschuldssymbol oder ganz allgemein ein seelisches Symbol, das von Hans selber in Verbindung mit dem Schlafen und mit dem Kopfkissen gebracht wird, in das die Federn nachher gestopft werden. Und wieder taucht hier der Bezug zum Kopf auf. Hans freut sich auf das Einschlafen, er will zur Ruhe kommen.

Die Gans können wir uns in ihrer Gegenüberstellung zum Schwan vergegenwärtigen, wodurch zu bemerken ist, daß die Gans sehr stark diesseitig und irdisch ist. Wir haben also die schnatternde irdische Gans, aber immerhin mit der schönen weißen Feder, durch die das Schwanenprinzip anklingt, ein jenseitiges, ein Sehnsuchtsprinzip. Dieses Jenseitige ist natürlich auch in der Sehnsucht nach dem Einschlafen enthalten.

K.D.N.: Auf der sechsten Station seines Weges, in dem letzten Dorf, durch das er kommt, trifft Hans dann auf den Scherenschleifer.

J. Stüttgen: Ja, und hier kulminiert im Grunde genommen die ganze Geschichte, sie wird auf die Spitze getrieben, denn wir stoßen auf den Stein. Der Scherenschleifer ist eine merkwürdige Figur, eine dunkle Figur eigentlich. Man muß sich das Lied des Scherenschleifers, diesen Spruch, einmal richtig anhören:

"Ich schleife die Schere und drehe geschwind,
und hänge mein Mäntelchen nach dem Wind."

Der Schleifstein

Ein magischer Spruch, ein Abzählreim, der eigentlich keiner weiteren Interpretation bedarf. Man sollte sich diese Figur des Scherenschleifers vorstellen, wie er beim Schleifen der Scheren an seinem Karren, mit dem sausenden Rad, dieses fast teuflische Lied anstimmt. Zu diesem Teufelsgesang taucht hier auch ein magisches Vermögen auf, nämlich die wunderbare Selbstvermehrung des Geldes. Denn wer diesen Schleifstein zu bedienen versteht, der hat, wie dieser Scherenschleifer unausgesprochen behauptet, den Stein des Weisen in der Hand. "Ein rechter Schleifer ist ein Mann, der, so oft er in die Tasche greift, auch Geld darin findet." Das fasziniert den Hans natürlich. Hier scheint alles das, was er auf den vorhergehenden Stationen durchgemacht und sich gewünscht hat, zur Erfüllung zu kommen. Das hat er sich eigentlich ersehnt. "Habe ich Geld, so oft ich in die Tasche greife, was brauche ich da länger zu sorgen?"

Hier kulminiert auch das Prinzip, nicht weiter nach der Fähigkeit zu fragen und sich darum zu kümmern, sondern sich nur in eine, wie man heute sagen würde, Konsumhaltung zu begeben, also nur in Empfang zu nehmen. Ausgerechnet durch den Stein, der natürlich auch ganz und gar irdisch ist, scheint diese Haltung zur Kulmination zu kommen. Als Hans den Stein in Empfang genommen hat, kommt noch ein zweiter Stein hinzu, den der Scherenschleifer aufhebt und ihm gibt. Hier haben wir also das Prinzip der Verdoppelung, nicht mehr nur der Teilung, wie vorher, sondern auch der Verdoppelung, das Zweierprinzip. Hans bekommt zusätzlich zum Wetzstein noch einen gewöhnlichen schweren Feldstein, ein Stück Spezialerde, könnte man sagen, die besonders hart ist. Dieser Feldstein wird ihm als Unterlage empfohlen, um darauf seine alten Nägel gerade zu klopfen. Nägel - man denkt dabei an verrostete, krumme Nägel, an Sargnägel, an die Kreuzigung. Man denkt vielleicht auch an Günther Uecker - aber das nur nebenbei! -, ein moderner Künstler, dem ich zu Weihnachten mal eine Zange schenken wollte, weil er nur mit Nägeln arbeitet. Man denkt an den Tod, man denkt beim Nagel vor allem aber an das Zugespitzte, an das Festgenagelt-Werden, aber auch an das Prinzip, das vorher schon eine Rolle gespielt hat, nämlich an das analytische Prinzip, das Zerschneidende in Form des Messers oder auch des Schlachtbeils, mit denen man in der Lage ist, die Gans zu schlachten und das Schwein zu töten. Und diese Instrumente werden am Schleifstein geschliffen und geschärft, so daß die Funken sprühen.

Wir haben es hier also mit dem Verstand zu tun, der sozusagen mit dem Kopf auf die Erde stößt. Das ist der Verstand als Fähigkeit des Messens, Zählens, Wägens, und man muß hinzufügen: mit dem Verstand als Schleifer, Schärfer und als Widerstand. Hier haben wir das Prinzip des naturwissenschaftlichen Wissenschaftsbewußtseins vor uns, und zwar gepaart mit der Technologie. Wir stehen hier sozusagen am Höhepunkt des Materialismus, am Todespunkt, wo sämtliche alten Fähigkeiten wirklich zu Ende gehen.

K.D.N.: Hier ist auch der Punkt erreicht, von dem aus man die ganze Geschichte wieder rückwärts erlebt. So fragt in dem Märchen der Scherenschleifer auch Hans nach seinem Weg, den er bisher gegangen ist, und sie vollziehen den ganzen Weg und die Tauschprozesse noch einmal rückwärts.

J. Stüttgen: Ja, auch hier haben wir eine Fähigkeit des Verstandes, nämlich die Reflexion. Die Absurdität des Prozesses wird dem Kind bzw. dem Leser an dieser Stelle noch einmal bewußt. Hans bekommt aber vom Scherenschleifer die Bestätigung, daß er bisher ja gar nichts falsch gemacht hat. "Ihr habt euch jederzeit zu helfen gewußt." Der teuflische Scherenschleifer bestätigt Hans nochmal in seiner ganzen Unbekümmertheit und Naivität. Hans ist jetzt wirklich voll und ganz auf der Erde angekommen und hat es sozusagen auf den Punkt gebracht. Aber während der Scherenschleifer ihn dafür lobt, erlebt doch das Kind, das das Märchen hört: "Der Hans, der hat sie nicht mehr alle!" Das Kind erlebt gerade in diesem Rückwärtsgehen des Weges nochmal den ganzen Verlust von dem schönen Goldklumpen über das Pferd, die Kuh, das Schwein und die Gans, bis hin zu dem Wetzstein und dem Feldstein, wobei der Wetzstein sogar noch beschädigt ist. Hans erlebt aber diesen Verlust nicht und wird darin vom Scherenschleifer bestärkt.

Geld, Geld, Geld! - Die Zentrale des Kapitalismus

Die ganze Geschichte spitzt sich also zu, geradeso wie der Schleifstein die Messer und Scheren spitzt und schärft. So wie das Messer gespitzt und der Nagel begradigt wird, so spitzt sich auch in schöner Übereinstimmung der Form das Märchen an dieser Stelle zu. Es ist die sechste Station, wo der Verstand und die Analyse mit dem Prinzip der Verdoppelung auftreten und gleichzeitig: Geld, Geld, Geld, das sich selbst vermehrende Geld, d.h. die Gleichsetzung von Geld und Kapital, die wir hier an einem Zipfel erwischt haben. Wir sind hier sozusagen in die Zentrale des Kapitalismus eingestiegen, ausgedrückt in dem Geld, das sich auf eine magische Weise vermehrt. Das kann zwar nicht funktionieren, wird aber in der Figur des Scherenschleifers und der Faszination, die dadurch auf Hans ausgeübt wird, zum Ausdruck gebracht. Wir haben es hier mit einem zerstörerischen Prinzip zu tun.

Das Märchen läßt dieses Prinzip aber gar nicht wirksam werden, denn es macht gewissermaßen kurzen Prozeß. Denn der Hans nimmt nun, gewissermaßen erfüllt von dem Ergebnis seines Ganges, der für das Kind, das dieses Märchen hört, ein Abstieg ist, von dem Hans aber als Aufstieg erlebt wird, die beiden Steine und macht sich wieder auf den Weg. Inzwischen ist der Abend erreicht, das Ende eines langen Tages, und Hans wird müde. Als die Sonne am Morgen von der Erde aufstieg, erhielt Hans den Goldklumpen. Am späten Vormittag aß er seine restlichen Vorräte und gab seinen letzten Heller aus, als dann die Sonne im Zenit stand, versuchte er die Kuh zu melken, danach erhielt er das Schwein, und am späten Nachmittag tauchte mit der Gans zum ersten Mal das Motiv des Einschlafens auf. Und jetzt am Abend, wo die Sonne wiederum die Erde berührt, hat Hans also die zwei Steine, die man sich meines Erachtens auch von der Größe des Goldklumpens vorstellen kann. Als Kind habe ich mich immer fürchterlich darüber aufgeregt, daß ihm zuerst der Goldklumpen zu schwer war und er jetzt sogar zwei Klumpen durch die Gegend schleppen muß, die aber nicht einmal mehr aus Gold sind. Ich stelle sie mir immer

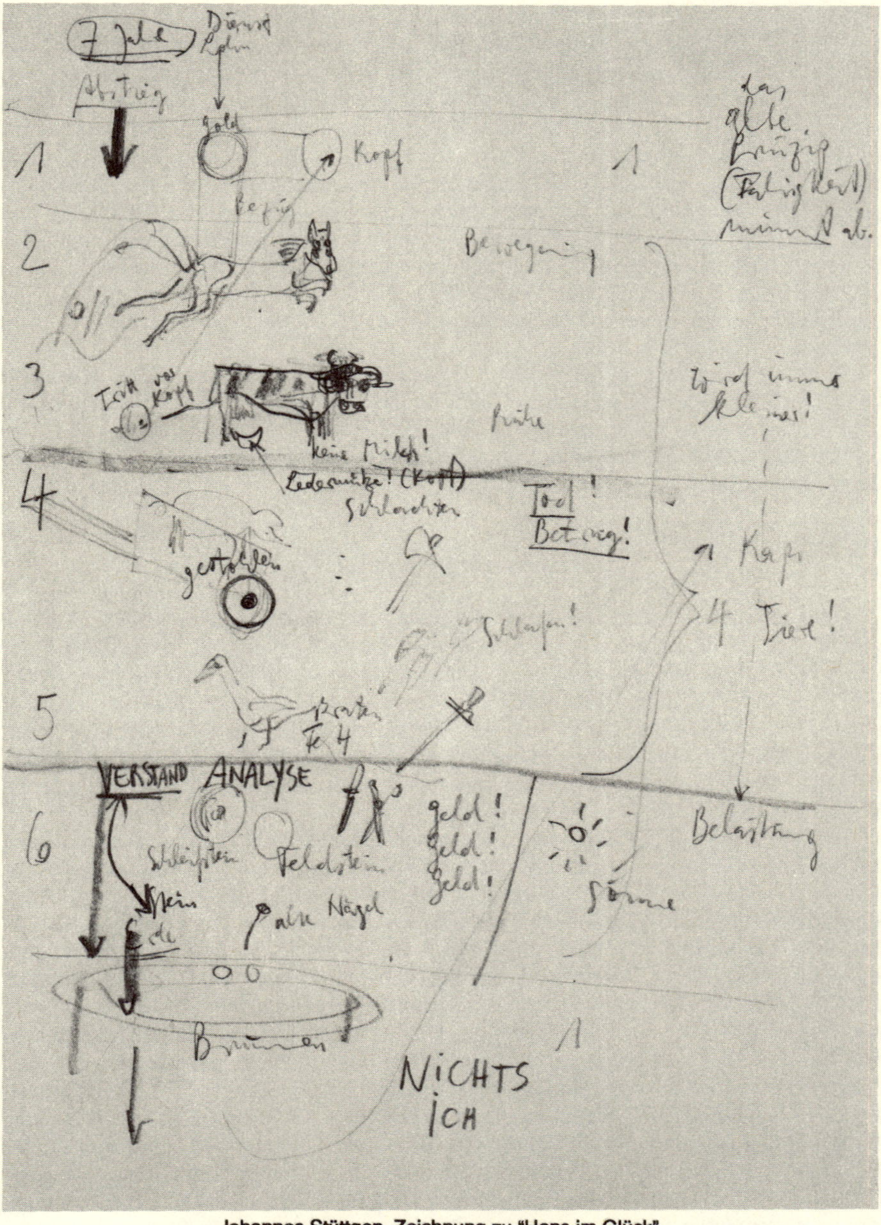

Johannes Stüttgen, Zeichnung zu "Hans im Glück"

in Kopfgröße vor - warum soll ich mir das nicht so vorstellen? -, und jetzt hat er zwei von den Dingern, sozusagen rechts und links und in der Mitte seinen Kopf. Jetzt haben wir praktisch drei Köpfe, wobei sich sein eigener, den er schon immer mit sich getragen hat, nicht als besonders erfolgreich herausstellt. Mit seinen Augen sieht Hans das allerdings nicht so, denn mit seinem Kopf hat er schließlich alles so weit gebracht. Der zweite Kopf ist der Schleifstein, an dem man alles wetzen kann, mit dem die analytischen Begriffe entwickelt werden, mit dessen Hilfe man messen, wägen, begradigen kann, das Nagelprinzip. Der dritte Kopf, der Feldstein, erscheint nochmal als Erde, als Sockel, auf den man sozusagen draufhauen kann, der also einem rein statischen Prinzip entspricht. Der Schleifstein steht demgegenüber mehr für dieses durchdrehende, sich verselbständigende Prinzip. Das Routieren ist das Prinzip des Schleifens, bei dem die Funken durch die schnelle Drehung sprühen und das metallene Geräusch in diesem schönen Bild auch den Eindruck von Schärfe vermittelt.

Wir haben hier sehr schöne Bilder, die man unmittelbar auf unsere Zeit anwenden kann. Die Steine stehen jetzt für das Geld. Für das Kind aber - das ist gar keine Frage - sind sie nichts weiter als dumme Steine. Hier tritt die Dummheit in ihrer ganzen Schwere, Mühsal und Müdigkeit ins Spiel, aber der Hans meint, er hätte nun wirklich den Stein des Weisen erreicht.

Die Befreiung von aller Last

Hans kommt nun an einen Brunnen: "Wie eine Schnecke kam er zu einem Feldbrunnen geschlichen." Während Hans auf seinem Weg auf der Erde gelandet ist, bohrt sich nun der Brunnen richtig in die Erde hinein. Der Brunnen spielt in den Märchen eine große Rolle: Bei "Frau Holle" - Holle, Helle, Hölle; die Frau Holle ist eigentlich eine Himmelsfigur, obwohl sie eine Teufelsfigur ist - ist der Absturz in den Brunnen der Aufstieg in den Himmel. Das ist die Paradoxie, daß das tiefe Eindringen in die Erde dem Aufstieg in den Himmel entspricht. Das Motiv des Brunnens geht in die Tiefe, wo auch in dem frischen Wasser das Bild der Seele wieder erscheint.

Jetzt stelle ich mir den Hans vor, wie er erschlafft den runden Brunnen erreicht, sich auf den Rand des Brunnens setzt und nur den Kopf vornüber beugen muß, um das frische Wasser zu schöpfen. Die zwei Steine, gewissermaßen seine Ersatzköpfe, legt er neben sich auf den Rand, und während er sich bücken will, stößt er sie in seiner Ungeschicklichkeit an, so daß sie in den Brunnen plumpsen. Nun ist interessant, daß in diesem Moment seine augenscheinliche Dummheit umschlägt in ein wirkliches Glücksgefühl, das auch das Kind, dem das Märchen erzählt wird, als ganz real erlebt. Denn das Glücksgefühl wird nun, anders als vorher, wirklich überzeugend und echt geschildert. "Mit leichtem Herzen und frei von aller Last sprang er nun fort, bis er daheim bei seiner Mutter war." Das äußerste Gewicht, die zwei Steine, wird schlagartig mit der größten Leichtigkeit konfrontiert, es erscheint als ein wirkliches Glück, es erscheint das Nichts. Das Nichts als eine Befreiung von sämtlicher Last! Die Last wurde vom Goldklumpen ausgehend immer irdischer. Vom Pferd zur Kuh kommt er näher zur Erde, schließlich zum Schwein und der Gans, wo die Erde auch vom Himmel getrennt wird, bis er endlich bei den Steinen landet. Am äußersten Punkt der Erde, nämlich im Brunnen, wo man die Erde durchstößt, fällt die ganze Last von ihm ab, indem die Steine in den Brunnen plumpsen und den Spiegel des Wassers durchbrechen.

K.D.N.: Was bedeutet dieses Nichts?

J. Stüttgen: In der Form des Nichts entsteht ein Freiheitsbild, und das ist sehr wichtig. Hier taucht das Nichts auf, das vorher schon im Sinne des Vernichtens oder auch im Nichtvorhandensein von Fähigkeiten wirksam war, als alles von außen auf den Hans zukam. Indem jetzt die Steine in den Brunnen fallen, stößt er auf eine Tiefe, und ich sage mal: Er stößt auf das Ich. Er hat jetzt nichts anderes mehr als sich selbst, nur noch sich. Er ist an dem Urpunkt der Fähigkeit angekommen, bei seinem eigentlichen Kapital! Er hat nichts, das Geld ist verschwunden, alles ist in den Brunnen gefallen, und er hat nur noch sein Ich. Aus dem Nichts, in dem ja das "Ich" darinnensteckt, hat er auf einmal sich selber, sein Ich. Dieses Ich hat das leichte Herz, und das ist eigentlich wieder die Sonne, aber jetzt nicht mehr in der materialisierten Form des Goldklumpens, sondern als Sonne, die ich im Herzen habe. Es geht also abends, als die Sonne äußerlich untergeht und die Steine in Entsprechung in den Brunnen fallen, die Sonne in seinem Herzen auf. Damit kommt am äußersten, extremsten Punkt das zur Erlösung, was im Abstieg bereits angelegt war.

An dieser Stelle wird der Kapitalbegriff in seiner reinsten Form deutlich, indem das Kapital ganz klipp und klar vom Geld getrennt ist: das reine im Ich des Menschen gründende Vermögen der Freiheit, aus dem Nichts heraus sich selbst erschaffen, sich selbst bilden zu können.

K.D.N.: Kannst Du noch etwas zum Bild der Mutter sagen?

J. Stüttgen: Der Hans hat also seinen Weg vollendet, nachdem er von seinem Herrn ausgegangen war und nun daheim bei seiner Mutter angelangt ist, zu der er sich immer gesehnt hat. Dieses Bild der Mutter ist ungeheuer vielschichtig, und darüber habe ich sehr lange nachgedacht, ohne bis zum heutigen Tag zu einem eindeutigen Ergebnis gekommen zu sein, wie ich ehrlich sagen muß. Natürlich steht die Mutter für das weibliche Prinzip, und zwar auch im Gegensatz zu dem männlichen des Herrn, der am Anfang des Weges den Lohn gibt und eigentlich ein altes Prinzip verkörpert, das auf dem Weg restlos aufgebraucht ist. Alles das, was man geschenkt bekommen oder aufgrund von Fähigkeiten erworben hat, die im Märchen ja nicht genau definiert waren, ist aufgebraucht. Jetzt, am Ende des Märchens taucht die Fähigkeit als Nichts auf, was auch vorher unausgesprochen mitschwang, weil deutlich wurde, daß der Hans wirklich nichts kann. Trotzdem hat er den Goldklumpen bekommen, aber der ist auf dem Weg zugunsten des wirklichen Nichts verzehrt und abgebaut worden. Er erreicht die Mutter im Sinne der Heimat, vielleicht auch als Bild für das wirkliche Erreichen der Erde, denn die Erde wird ja auch häufig als Mutter bezeichnet, als weibliches Prinzip im Gegensatz zur Sonne. Wenn hier die Mutter als Bild für die Erde gemeint ist, dann auch so, daß die Erde in ihrer ganzen Liebe erreicht ist und nicht im Sinne des Materialismus, also als weibliches Liebesprinzip, und dann entsteht das Sonnenprinzip im Herzen. Wir kämen so zu einem Kreativitätsbegriff, der doppelgestaltig wäre, einerseits das alte hervorbringende Prinzip und andererseits das empfangende, aus deren Durchdringung sich dann aber als Drittes das neu entstandene, wiedererweckte Schöpfungsprinzip ergibt. Ohne diese Doppelgestalt der männlich-weiblichen Kreativität, wobei hier im Hans besonders die weibliche Seite angelegt wird, käme man eigentlich gar nicht weiter, zum Beispiel auch nicht in bezug auf die Schaffung von neuen Wirtschaftsformen.

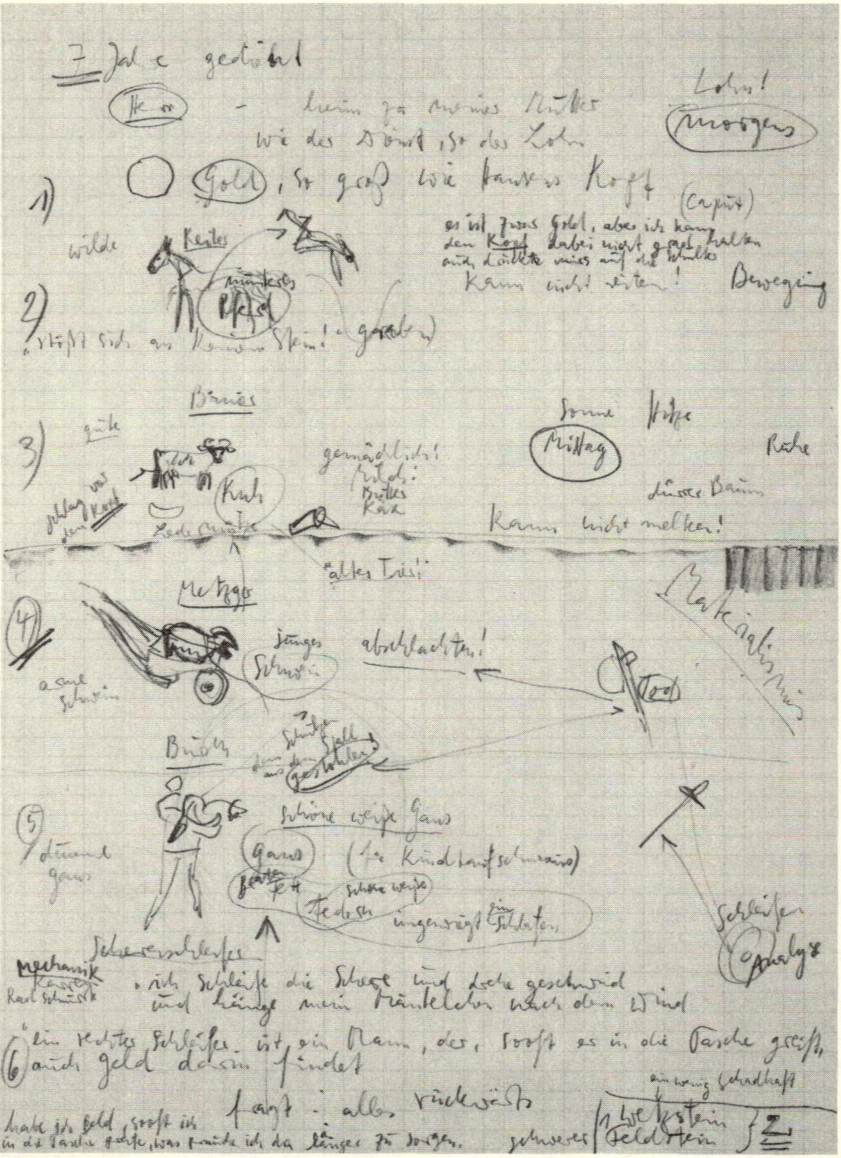

Johannes Stüttgen, Doppelblatt zu "Hans im Glück"

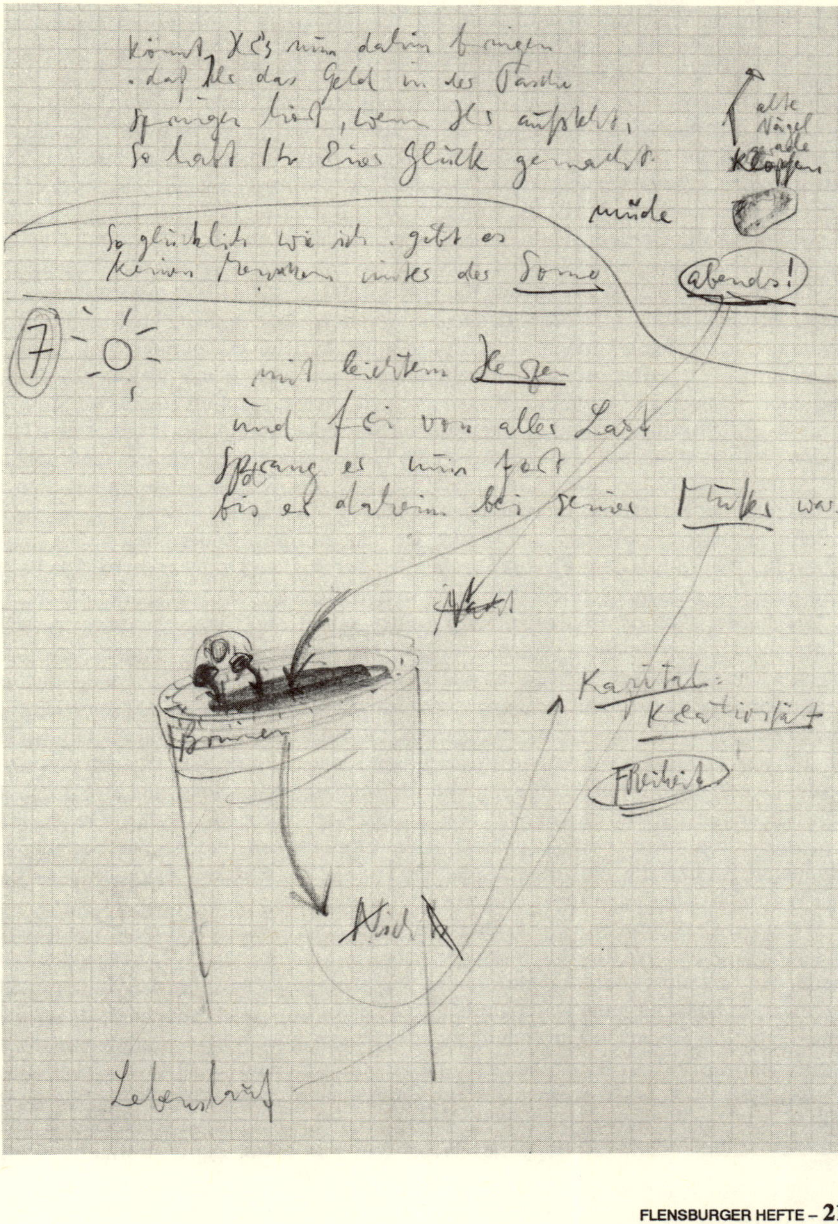

So habt Ihr Euer Glück gemacht.
alte Nägel gerade klopfen
müde
So glücklich wie ich, gibt es keinen Menschen unter der Sonne
abends!
7
mit leichtem Herzen
und frei von aller Last
sprang es nun fort
bis er daheim bei seiner Mutter war.
Brunnen
Kapital = Kreativität
Freiheit

Die Liebesbeziehung im Wirtschaftskreislauf

K.D.N.: Wie ist das zu verstehen?

J. Stüttgen: Vielleicht ist der Sprung für manchen zu groß - dazu muß man auch erst in den Brunnen fallen -, aber wir stehen hier wieder vor der Frage des Kapitals, von dem ich behauptet habe, daß es hier endlich im Sinne der Ich-Fähigkeit erreicht ist, die im Nichts als Kreativität entsteht, als die Schöpfung aus dem Nichts: creatio ex nihilo. So haben wir hier auch den Ausgangspunkt für eine zukünftige Wirtschaftsform, die zwischen Kapital und Geld unterscheiden lernen muß. Wenn wir diesen Kapitalbegriff nicht rein erreichen, können wir auch keine Wirtschaftsform entwickeln, die sich von der Geldordnung unterscheidet. Das ist die Aufgabe, die wir jetzt am Ende des 20. Jahrhunderts zu erfüllen haben. Darüber sehr tief nachgedacht hat unter anderem Wilhelm Schmundt, der diese Entdeckung ja gemacht hat. Ich deute das hier nur an. Nur mit der Doppelgestalt der männlich-weiblichen Kreativität, die ja viel tiefer führt als in der bloßen Unterscheidung zwischen Mann und Frau, denn das Weibliche lebt ja auch im Mann und das Männliche in der Frau, können wir auch das Wirtschaftsleben neu begreifen. Denn das Wirtschaftsleben selbst ist auch in ein männliches und in ein weibliches Prinzip gegliedert, die wir im Doppelprinzip der Freiheit finden, nämlich einmal im Sinne der Freiheit des Konsumenten und zum anderen im Sinne der Freiheit des Produzenten. Diese beiden Freiheiten müssen ja miteinander eine Liebesbeziehung eingehen, denn sonst ist ein Wirtschaftskreislauf gar nicht vorstellbar, d.h. die Kreativität orientiert sich am Bedarf, und der Bedarf profitiert von der Kreativität. Wir haben hier zwei Bereiche der Freiheit: einmal die Freiheit am Markt, wo der Konsumbereich sich sozusagen in liebevoller Weise mit dem Produktionsbereich berührt, und zum anderen den Berührungspunkt, wo die menschliche Fähigkeit in den Produktionsbereich hineinfließt.

Wir haben also im Freiheitsprinzip selber schon die Unterscheidung zwischen männlichem und weiblichem Prinzip, zwischen Hervorbringen und Nehmen, wobei - und das ist wichtig - das Nehmende auch das bestimmende Prinzip ist. Das Maßgebliche in einer zukünftigen Wirtschaftsordnung ist das Empfangende, denn das bestimmt nämlich, was gebraucht wird. Diese Bestimmung durch das Empfangende ist wahnsinnig wichtig für das hervorbringende kreative Prinzip, denn sonst würde nur Unsinn produziert werden, wenn diese Sinnbestimmung von der empfangenden Seite aus, also durch den Konsumenten, wegfiele, es würde an den Bedürfnissen vorbei produziert. Durch diesen doppelgestaltigen Kreativitätsbegriff käme das Sinnmoment, und zwar als der alles entscheidende Sachzwang, erst mit ins Spiel. Und nur aufgrund dieses Sinnmomentes kann eine Wirtschaft überhaupt funktionieren.

Wenn wir an diesem Punkt von Hans im Glück sind, wenn wir also auch in unserem Bewußtsein erst einmal die Mutter erreicht haben und dadurch auch das Vergangene alles wieder neu verstehen können, dann könnten wir auch wieder neu über das Geld sprechen, und zwar im Blick auf eine Demokratisierung des Geldes. Hier wäre also das Geld mit dem Begriff des Rechts in Verbindung zu bringen. An diesem Punkt haben wir auch die Dreigliederung Rudolf Steiners erreicht, wo wir unterscheiden können zwischen Freiheit, d.h. Kapital, dem Rechtswesen, das im Geldkreislauf eine große Rolle spielt, und schließlich dem Wirtschaftsbereich, in dem man durch die Unterscheidung des Kapitals und der Geldkreisläufe ein doppeltes Wesen vor sich hätte, das in dreifacher Gestalt erscheint, wobei die höchste dem Liebesprinzip entspricht: die sich selbst liebende Freiheit im männlich-weiblichen Austausch. Das ist auch die Wiederkehr des Christus: das Liebesprinzip in einem höheren Wirtschaftsleib, die liebende Durchdringung in der Freiheit des Hervorbringenden, Machenden und in der Freiheit des Empfangenden. Im Geben erscheint eigentlich das dritte Element, denn es ist zugleich ein Empfangen. Dieses dritte Element ist eigentlich das Christusprinzip.

Phantasie- und Schneegestöber?

K.D.N.: So tritt auch für Hans das höchste Glück dadurch ein, daß er alles weggegeben hat, und die Tatsache, daß ihm auch mit den Steinen das Letzte genommen wurde, wird sogar als Gnade bezeichnet.

J. Stüttgen: Auf den Stufen des Märchens, die ich als einen Abstieg bezeichnet habe, tritt das Irdische als ein Prinzip auf, das sich immer mehr verdichtet, bis hin zum Stein, bis es schließlich gewissermaßen in sich selbst zusammenfällt: der Durchgang durch die Erde bis in den Brunnen hinein, bis in den Tod hinein. Dabei entsteht die eigentliche Substanz der Erde als Kreativität, als Freiheitssubstanz. Und da sagt der Hans: "So glücklich wie ich gibt es keinen Menschen unter der Sonne." Unter der Sonne! Dabei kann man doch davon ausgehen, daß die Sonne gerade untergegangen ist. Wir haben also die Ablösung des Goldes über die Verwandlung ins Geld und schließlich ins Kapital. Dieser Dreischritt ist im Gang des Märchens zu beobachten. Das Märchen "Hans im Glück" ist also eine Beschreibung dessen, wie man vom Gold über das Geld als Tauschwert schließlich zum Kapitalbegriff kommt, der auf der menschlichen Fähigkeit und Freiheit basiert.

Das kann man alles anhand dieses Märchens zeigen, wenn man nur einen gewissen märchenhaften Sinn hat. Man kann diesen märchenhaften Sinn allerdings auch als Phantasie- und Schneegestöber abtun, aber ich denke doch, daß er sehr praktisch, faktisch und brauchbar ist. Ich will ja nicht behaupten, daß damit das Märchen "Hans im Glück" schon hinreichend erschöpft wäre, sondern ich wollte nur einmal demonstrieren, wie man damit umgehen kann, wenn man nur unbefangen genug ist. Das Märchen spielt, wenn man es so auffaßt, ganz und gar in der Gegenwart, allerdings muß man auch bedenken, daß heute noch einige Dinge erschwerend hinzugekommen sind.

Der Schrei unserer Seele nach der Erlösung des Wassers

Denn Hans hat im Märchen noch sauberes Wasser und die Erde ist noch gesund, während heute das Wasser und die Erde vergiftet sind. Man sollte ja nicht auf die Idee kommen und glauben, daß wir auf die Erde in irgendeiner Weise verzichten könnten. Heute haben wir es mit vergifteten Brunnen zu tun - ich weiß, daß ich damit aus dem Bild des Märchens falle, aber das tue ich bewußt -, und es ist wirklich wichtig, daß man sich einmal darüber klar wird, daß das vergiftete Wasser nicht deswegen so furchtbar ist, weil wir es nicht mehr trinken können - das natürlich auch -, sondern wegen des Wassers selbst ist es so schwer zu ertragen. Es ist eine Sache, die in sich selber nicht mehr stimmt.

Damit sind wir auf eine sehr schöne Art und Weise wieder bei unserem Ausgangspunkt angelangt. Ich kann nämlich jetzt auch klarmachen, was eigentlich der Märchensinn ist. Denn nun stelle ich fest, daß der Sinn für das Märchen eigentlich auch der Sinn dafür ist, daß giftiges Wasser etwas Furchtbares ist. Wenn ich als Kind an giftiges Wasser gedacht habe, ist mir dabei nicht als erstes eingefallen, daß ich dieses Wasser nicht trinken kann, denn das ist ja eine Selbstverständlichkeit, sondern daß das Wasser in seiner Reinheit unrein geworden ist. Damit ist auch klar, daß der Sinn für das Märchen auch den Sinn für Qualität beinhaltet, und im Märchen lebt diese Qualität in einer sehr tiefen und wahren Weise. Wenn wir heute das vergiftete Wasser mit dem Märchensinn betrachten, dann schreit unsere Seele nach der Erlösung des Wassers. Das ist ein anderer Schrei als der, den die Seele ausstößt, weil man das Wasser nicht mehr trinken kann. Das ist wirklich ein großer Unterschied, und den spürt man auch. Es ist ein Dimensionszuwachs.

K.D.N.: Kannst du noch kurz etwas zur Gliederung und zu den Zahlenangaben in diesem Märchen sagen?

J. Stüttgen: Ja, es ist eben interessant, daß Hans sieben Jahre bei seinem Herrn gedient hat, bevor er sich auf den Weg macht, auf dem er sieben Stationen durchläuft. Auf der siebenten Stufe erfolgt dann die Befreiung und Erlösung von aller Last. Es ist schön zu sehen, wie hier eine Entmaterialisierung stattfindet, die ja ein tief in der Materie selbst wohnendes Prinzip ist, das entweder auf eine geistige und gesunde Weise wirksam wird, wie es tief in dem Märchen "Hans im Glück" zum Ausdruck kommt, oder in der heutigen perversen Form in der Zertrümmerung der Atome. Die Materie hat immer etwas mit diesem Prinzip zu tun, denn die Materie ist die tiefste Idee des Geistes, die in ihr verborgen ist. Das ist auch der wirkliche Grund, warum der Mensch geboren wird und warum der Hans irgendwann seinen Herrn verläßt und sich auf seinen Weg macht. Wenn der Hans seinen Weg gegangen ist, wird er nun auch die Fähigkeit gewinnen, vernünftig mit dem Schleifstein umzugehen, sich in richtiger Weise zum Geldkreislauf zu stellen, schließlich wird er die Schubkarre handhaben und melken und reiten können. Zu guter Letzt wird er auch die Tiere als Figurationen des Menschen und seiner Entwicklung erkennen und entsprechend mit ihnen umgehen. Dieses alles wird er können, wenn er als Ich aus dem Nichts erwacht ist, als Hans im Glück.

Und nun können wir auch sagen, daß Hans wirklich Glück gehabt hat, so erstaunlich das auch klingt. Er hat Glück gehabt, weil er sich so dumm angestellt hat. Auch das ist eine großartige Vision, die uns Menschen zeigt, daß so dumm, wie wir uns angestellt haben, man sich eigentlich gar nicht anstellen kann. Aber das Verstehen dieser Vorgänge allein genügt noch nicht, wenn wir nicht auch diese Stufe erreichen, auf der wir leichten Herzens sind, weil die Sonne in uns aufgegangen ist.

Was ich jetzt alles über das Märchen "Hans im Glück" gesagt habe, war nur ein Weg, den man beschreiten kann, es gibt bestimmt noch mindestens elf andere, wie man dieses Märchen auffassen kann. Man sollte sich nie auf einen Weg festnageln lassen. Wenn man einen Sinn für das Märchen entwickeln will, heißt das auch immer, einen Sinn für die Vielschichtigkeit des Märchens zu entwickeln. Je länger man über ein Märchen nachdenkt, desto tiefer wird die Sache. Das ist auch ein Geheimnis des Märchens. Und unsere Ausgangsfrage nach der Bedeutung des Märchens für den Erwachsenen in unserer heutigen Zeit haben wir nun ganz praktisch beantwortet, indem wir dieses Märchen einmal durchgegangen sind.

Bücherschau

Gisela Fugger: Einführung in die Bildsprache der Märchen - Zur Orientierung im Märchenraum

Novalis Verlag, Schaffhausen 1989, 85 Seiten, Ln., DM 19,80

Dieses Buch soll in die Märchensprache einführen. Gisela Fugger verdeutlicht auf verschiedenen Wegen, inwiefern man von einer Bildsprache der Märchen sprechen kann. Sie zeigt auf, daß Sprichworte und Märchenbilder miteinander verwandt sind. Der Deutung dieser Bilder legt sie die Anthroposophie zugrunde. Für sie sind die Märchen Menschenkunde. So findet man dann auch auf Seite 23 eine Tabelle, die die Märchenbilder in Beziehung zur Anthroposophie setzt. Damit entfernt Gisela Fugger sich sehr weit von der Bildsprache und begibt sich in die Gefahr, die Märchenbilder in Begriffe übersetzen zu wollen. Dann kommt es zu Aussagen wie der folgenden: "Von der Hochzeit der Bewußtseinsseele mit dem Geist geht die Wirkung aus, die das Böse überwindet. Es wird also eigentlich nicht von Strafen, sondern von Läuterungsvorgängen berichtet." (S.34)

Mit dieser Deutung des Märchens wird Gisela Fugger für Menschen, die die Anthroposophie nicht kennen, unverständlich. Außerdem legt sie die Bilder fest und verstößt damit gegen einen wichtigen Grundsatz im Umgang mit Symbolen und Bildern. Wenn die Märchen tiefe Weisheiten beinhalten, muß man sie wörtlich nehmen, auch diesem Grundsatz folgt Gisela Fugger nicht. Sie "zitiert" die Märchen frei. Dieser lockere Umgang mit dem Text steht im Gegensatz dazu, daß sie die Märchen als Weisheitsträger betrachtet. Wenn man sich bereits mit Anthroposophie beschäftigt hat, kann man dieses Buch als Ergänzung zu einem mehr bildhaften Betrachten der Märchen lesen, als Einführung ist es nicht geeignet.

Annegret Kühl

Charlotte Rougemont: ... dann leben sie noch heute

Aschendorfer Verlag, Münster 1984. 220 Seiten, Ln., DM 28,-

Fragt man jemanden: "Hast du schon mal Märchen gehört?", gibt es viele Antworten, u.a.: "Ja, als ich Kind war, haben meine Eltern mir vorgelesen." - Manche Menschen können auch von Erzählerinnen oder Erzählern, die sie gehört haben, berichten. Charlotte Rougemont ist eine Märchenerzählerin. Jeder, der sie jemals gehört hat, weiß von ihr mit glänzenden Augen zu berichten. Sie hat an verschiedenen Orten und unter sehr verschiedenen Bedingungen erzählt: im Krankenhaus, im Müttergenesungswerk, im Lazarett und in der Schule. Über ihre Erlebnisse hat sie Tagebuch geführt und später die vorliegende Autobiographie verfaßt, in der sie von ihren Erfahrungen beim Märchenerzählen schreibt.

Es sei eine Geschichte aus Flensburg herausgegriffen: "Vor ein paar Jahren saß mir in Flensburg in der Straßenbahn ein einarmiger, älterer Mann gegenüber, der Uniform nach

Postbeamter. Er fixierte mich, guckte weg, guckte her, und dann lachte er mich plötzlich geradezu zärtlich an, und seine Worte überstürzten sich fast: 'O Fräulein - sind Sie das wirklich! Unser Fräulein! Wissen Sie nicht noch, damals vor zehn Jahren - ja, wahrhaftig, zehn Jahre ist das her! - im Lazarett in der Schloßstraße. Ach, das war ja zu schön! Wie haben wir uns doch immer gefreut, wenn Sie kamen - jede Woche einmal, wissen Sie nicht noch? Über Ihre Ansprache (so sagte er wörtlich) haben wir uns so gefreut. Und dann war das so schön, im Dunkeln, mit der Kerze! Die ganze Woche haben wir immer drauf gewartet. Und das Beste - wissen Sie, was das Beste war?! Das war das Märchen von der Gänsemagd. Wo das mit 'Falada' drin vorkommt. Nu denken Sie, Fräulein, *das* Märchen erzähl' ich heut noch meinen Enkelkindern! Das vergeß' ich ja nie!'" (S.49)

Für jeden Märchenliebhaber oder Märcheninteressenten ist dieses Buch lesenswert. Es läßt einen am Leben einer "Märchentante" teilhaben. Die Erzählungen aus ihrem Leben wecken Erstaunen und die Frage: "Und das alles kann man mit Märchen erleben?" Wenn man dieser Frage nachgeht, wird dieses Buch zu einer Einladung zur weiteren Beschäftigung mit Märchen.

Annegret Kühl

Eugen Drewermann und Ingritt Neuhaus: Frau Holle

Walter-Verlag, Olten 1989. 52 Seiten mit 8 Farbtafeln, Ln., DM 36,-

Der katholische Theologe, Tiefenpsychologe und Märchenfreund Eugen Drewermann hat mehrere Bücher über Märchen geschrieben, einige davon hat Ingritt Neuhaus illustriert. Für diese Rezension habe ich als Beispiel "Frau Holle" herausgegriffen. Wie alle Bücher dieser Reihe ist es sehr ansprechend und großzügig gestaltet. Im Vorwort schreibt Eugen Drewermann über den Umgang mit Märchen:

"Das Märchen der 'Frau Holle' wird nachfolgend also ganz wie ein alter Mythos interpretiert. Damit soll hier sowenig wie in den anderen Märcheninterpretationen dieser Reihe behauptet werden, die jetzige Gestalt, in der das Märchen in der Grimmschen Sammlung vorliegt, besitze auch *überlieferungsgeschichtlich* ein besonders hohes Alter. Wohl sind die Fragestellungen, die Motive und die Antworten des 'Frau Holle'-Märchens außerordentlich alt und weit verbreitet, und insofern stellt es seinen Anschauungsformen und seinem Gehalt nach in der Tat ein Urbild alter Mythologie dar; aber etwas ganz anderes sind die Fragen der literarhistorischen Entstehung und Verarbeitung mancher Märchen. Das Verhältnis ist hier ähnlich wie in der Ethnologie. Man kann als Völkerkundler eine steinzeitliche Kulturform der Gegenwart, die historisch betrachtet als relativ jung gelten muß, doch sehr wohl als prähistorisches Modell heranziehen, um die Anfänge menschlicher Kulturentwicklung vor vielen Jahrtausenden zu verstehen. In demselben Sinne kann auch ein historisch gesehen relativ junges Märchen wie die Geschichte der 'Frau Holle' als Modell archaischer Weltanschauung gelten, und es muß auf einem Niveau interpretiert werden, das dem Aussagegehalt der Mythen angemessen ist. Das soll hier versucht werden." (S.5)

Dann ist der Text des Märchens im Wortlaut der Brüder Grimm abgedruckt. Auf jeder Doppelseite findet man die Abbildung einer Batik von Ingritt Neuhaus mit Motiven zu dem Märchen. Diese Illustrationen können für Erwachsene aufschlußreich für die Deutung Drewermanns sein. Die Technik der Batik steht allerdings im Gegensatz zur Wiedergabe als Druck.

Es folgt die Deutung des Märchens aus tiefenpsychologischer und religionswissenschaftlicher Sicht. Eugen Drewermann faßt "Frau Holle" als mythisches Märchen über den Ursprung von Sonne und Mond auf, in dem erzählt wird, wie Frau Holle, die Weltenmutter, den beiden ihre heutige Gestalt verleiht. Er zieht dazu vielfältige mythologische und religionswissenschaftliche Texte heran, die er in den umfangreichen Anmerkungen ausführlich und mit genauen Quellenangaben zitiert. Das macht das Buch zu einem interessanten Studienbuch über Märchenmotive und ihre Betrachtung aus der Sicht der vergleichenden Religionswissenschaft. Wenn man die Anmerkungen nicht lesen will, ist der Text auch ohne diesen Anspruch verständlich.

Es ist Eugen Drewermann gelungen, Bücher über Märchen zu schreiben, die für Menschen mit sehr unterschiedlicher Vorbildung und sehr verschiedenen Fragen interessant sind.

Annegret Kühl

Henning Köhler: Jugend im Zwiespalt. Eine Psychologie der Pubertät für Eltern und Erzieher

Verlag Freies Geistesleben, Stuttgart 1990. 232 Seiten, geb., DM 38,-

Ja, was ist eigentlich der "Zwiespalt"? Eine einfache Antwort gibt es in diesem Buch nicht. Im Inhaltsverzeichnis findet der besorgte Vater eines Fast-14jährigen und einer Fast-13jährigen unter der Abschnittüberschrift "Spurensuche. Jugendfrage und Menschenbild": "Entwicklung zwischen Bedingtheit und Freiheit", oder: "Das Ich: 'fixe Idee' oder Realität?" Ist es das?

Der zweite große Abschnitt heißt: "Der Weg zum Herzen. Die Pubertätskrise im Licht der frühen Kindheit", und dann - nun kann ich es wirklich übergehen -: "Bausteine zu einer entwicklungspsychologischen Phänomenologie". Ist das nun bescheiden oder ein wenig "dick aufgetragen"?

Ich blättere um und stoße auf den dritten großen Abschnitt: "Anatomie einer Krise. Seelische Beobachtungsresultate aus der Jugendarbeit und Ratschläge für Eltern und Erzieher", und dann noch ein Anhang: "Drei Kolumnen und ein Märchen".

Als ziemlich kopfigen Vater "turnt" mich das alles nicht so sehr "an", aber ich beginne - diszipliniert - mit den "Vorbemerkungen des Verfassers" und finde hier meine Frage formuliert: "Bis zu welchem Alter und in welchem Umfang geht es überhaupt darum, im Lebenslauf eines Menschen etwas abzuwenden, 'ihm ersparen' zu wollen? Ab wann kommt es vielmehr darauf an, eine Art verstehend begleitendes 'Wächter'-Amt wahrzunehmen ...?" (S.7) ... und nun hat mich das Buch gefangengenommen.

Ich stelle mir vor, wie jemand anders, zum Beispiel eine Mutter, mit dem Buch umgehen würde: Sie würde vielleicht darin blättern, die Vorbemerkungen überschlagen, auf Seite 13 an der Überschrift "Die verlorene Heimat" hängenbleiben und lesen: "Den Hintergrund für die nachfolgenden Betrachtungen bildet die anthroposophische Menschenkunde ..." (S.13). Ach ja - weiterblättern! Seite 19: "Gesprächsauszug Karin M., 17 Jahre alt" - das würde sie lesen und darin kann sie sich wiederfinden.

Vielleicht würde sie daraufhin noch einmal zurückblättern und nun lesen, was ich auf Seite 14 angestrichen habe: "In diesem Prozeß (der menschlichen Entwicklung, E.K.) ist die Schwelle zum dritten Lebensjahrsiebt, die sogenannte Pubertät einschließlich der darauffolgenden Zeit, eine entscheidende Wegmarke, weil hier der heranreifende Mensch erstmals seine Begabung zur biographischen Selbstverursachung entdeckt und erprobt. Dies ist eine völlig neuartige Qualität des Selbsterlebens im Weltzusammenhang, die keineswegs nur freudige Empfindungen auslöst.

Sie ist zunächst verwirrend und beängstigend, der Umgang mit ihr muß von Grund auf erübt werden, und zwar - darin liegt die besondere pädagogische Schwierigkeit - von jedem einzelnen auf ganz individuelle Art."

Vielleicht blättert sie weiter und bleibt an einem Gedicht hängen:

> "Ich bin da,
> Ich lebe.
> Ich gehe Schritte vorwärts,
> Und es sind meine Schritte.
> ..." (S.78)

Oder jemand beginnt gleich hinten: "An die Eltern": "Liebe Eltern!" steht da, "Sie haben dieses Buch vielleicht zur Hand genommen, weil Sie mit Ihrer Tochter oder Ihrem Sohn nicht mehr weiterwissen, Angst um sie/ihn haben, ihre/seine Zukunft bedroht sehen und sich nun praktische Erziehungsratschläge erhoffen. ... Ich kann und will all diesen fadenscheinigen 'Anweisungen zum Glücklichsein' keine weitere hinzufügen, sondern an Ihren Mut zur Selbstverantwortung, zur sozialen Phantasie und in gewisser Hinsicht auch zum 'Aushalten' problematischer Schicksalssituationen, an Ihre Geduld also, appellieren." (S.188)

"... Die Erziehung sollte von vornherein gar nicht auf die *Vermeidung* einer Pubertätskrise abzielen, sondern darauf, das Kind mit Kräften auszustatten, die es ihm ermöglichen, die Krise heil zu überstehen. Und wenn es dann soweit ist, sollte nicht die möglichst rasche *Abschaffung* der Krise im Mittelpunkt der Bemühungen stehen, sondern die Begleitung des Jugendlichen *durch* die Krise." (S.190)

Und nicht nur hier, sondern immer wieder in dem Buch wird deutlich, daß man sich schon *ganz* einlassen muß auf dieses Buch - auch auf die "Bausteine zu einer entwicklungspsychologischen Phänomenologie".

Und es stellt sich die Einsicht ein, daß es - für Eltern - nicht nur um das Durchstehen dieser schwierigen Zeit geht, sondern auch um eine "therapeutische" Bewußtheit: "Was kann in die jugendliche Seele hineingelegt werden, damit sie das, was ihr jetzt widerfährt, später als sinnvoll verfügbaren Baustoff für ihr biographisches Lebenswerk wiederfindet? Wie können in der Krise Selbstüberwindungskräfte freigesetzt werden, die vielleicht nur sehr langsam heranreifen, aber dann einen Zugewinn für das ganze weitere Leben bedeuten?" (S.23)

Dabei geht es um die Selbsterziehung des Erziehers, für die das Buch viele Anregungen vermittelt. Vor allem aber auch die Einsicht, daß das Durchleben der Krise ebenso wichtig ist, wie in früheren Lebensphasen das Durchleiden der Kinderkrankheiten. Während aus diesen das Kind oft in einer veränderten Leibesgestalt hervorgeht, ist jetzt unter dem Motto "Ich gebe mir Form und Gestalt" eine große eigene *seelische* Aktivität des Jugendlichen notwendig. Köhler verweist hierbei den Erwachsenen in die Rolle des liebevoll-interessiert Begleitenden, Scherben Auffegenden, Anregenden (der das eine oder andere "unter der verschlossenen Tür durchschiebt", mit der Bitte um Kenntnis- oder Stellungnahme).

Dabei plädiert er entschieden gegen jede weltanschauliche Beeinflussung, die über das konsequente *Leben* der eigenen Auffassungen hinausgeht: "... es kann nicht darum gehen, die Jugendseele zum Schlachtfeld eines Weltanschauungskrieges zu machen. Auf das Offenhalten des geistigen Lebens käme es an, auf die Vermeidung von Festlegungen, vor allem aber auf strenge Enthaltsamkeit in bezug auf die Mitteilung sogenannter 'aufgeklärter', pragmatischer Weltformeln. Man überlasse dem Jugendlichen ohne Wenn und Aber selbst, ob er die Erdenentwicklung mit einem 'Urknall' oder einem göttlichen Schöpfungsakt beginnen lassen, die darwinistische Evolutionstheorie akzeptieren, sich als herkommend aus einer geistigen Welt oder abstammend vom Affen verstehen will. ... Die 'richtige' Antwort ist gerade keine inhaltlich festlegende Auskunft, sondern eine Art 'ermutigende Auskunftsverweigerung': Du bist auf dem richtigen Weg; nur die Antworten, die du selbst findest, sind für dich von Wert." (S.74 f.)

"Wenn in dieser Phase eine starke Affinität zu ungestümen (und auch unausgegorenen) Formen des Existenzialismus, Atheismus, Individualanarchismus, sozialethischem Materialismus und so weiter zum Vorschein kommt, so liegt darin der positive Sinn, daß auf diese Weise der Idealismus 'geerdet' und aus der Not des Weltschmerzes die Tugend einer melancholischen Philosophie gemacht wird, die vielleicht, insofern sie das Tun und Lassen des Jugendlichen beeinflußt, zu allerlei Verwicklungen und Aufregungen führt, uns aber doch dankbar stimmen sollte." (S.81). Denn schlimmer wäre es, wenn keine eigenständigen Überlegungen angestellt und statt dessen nur an die Erwartungen der Altersgenossen oder der Eltern angepaßte Verhaltensweisen an den Tag gelegt würden.

Ich könnte mit solchen Zusammenfassungen und Zitaten fortfahren, hoffe aber, hierdurch hinreichend deutlich gemacht zu haben, daß das Buch eine Hilfe sein kann. Dabei ist *eine* Stärke des Buchs, daß es kein schlechtes Gewissen suggeriert, sondern eindeutig um Verständnis für die Probleme der Jugendlichen wirbt, ohne an irgendeiner Stelle elterliches Fehlverhalten zu brandmarken.

In mir hat die Lektüre zu Empfindungen geführt wie "Ja, *so* ist das?!" Es hat mir geholfen, gegen mein eigenes Denken und Tun für meinen Sohn und meine Tochter Partei zu ergreifen, was die Wahrnehmung in liebevoller Weise schärft. Dafür bin ich dankbar und hoffe, daß ich im Verlauf der vor uns liegenden Jahre des krisenhaften Heranreifens unserer Kinder öfter wieder einmal darin lesen werde. - Ob ich dann immer akzeptieren kann, was Köhler den mitlesenden Jugendlichen zuruft?

"Laßt euch nicht einreden, ihr müßtet so werden, daß ihr euch in diese Welt 'nützlich' einfügt. Diese Welt soll sich den Impulsen fügen, die sie durch euch empfangen kann. Haltet eure Erneuerungsimpulse lebendig und kämpft mit friedlichen Mitteln um ihr Wirksamwerden. Dies gibt eurem Leben Sinn." (S.209)

Ekkehard Krüger

Pavel Florenskij: Die Ikonostase. Urbild und Grenzerlebnis im revolutionären Rußland
Aus dem Russischen. Mit einer Einführung von Ulrich Werner.
Verlag Urachhaus, Stuttgart 1988. 194 Seiten, 15 Abb., kart., DM 28,-

Ikonen - 1000 Jahre Rußland - Denkmäler einer vergangenen Religiosität, so assoziiert man zunächst bei dem Titel "Die Ikonostase"; aber wie paßt dazu der Untertitel, in dem auf das revolutionäre Rußland hingewiesen wird? Was verbindet Ikonen mit der heutigen Kultur und mit dem heutigen Kunstverständnis?

Da ist zunächst der Autor Pavel Florenskij (1882-1937) zu nennen. "1922, fünf Jahre nach der Oktober-Revolution, verfaßte ein russischer Priester, Kunstwissenschaftler und Mathematiker unter dem Titel 'Die Ikonostase' eine grundlegende, bis heute gültige Schrift über die Ikonenmalerei" (S.7), schreibt Ulrich Werner in dem einleitenden Kapitel: "Pavel Florenskij: Lebensspuren". Es folgt "Pavel Florenskijs Ikonostase im zeitgeschichtlichen Umkreis". Nachdem so die Rahmenbedingungen der Veröffentlichung deutlich geworden sind, folgt der eigentliche Text Florenskijs über die Ikonostase.

"Die Ikonostase ist die Grenze zwischen sichtbarer und unsichtbarer Welt, und die Altarschranke wird realisiert, wird dem Bewußtsein zugänglich gemacht durch die festgefügte Reihe der Heiligen, durch die Wolke von Zeugen, die den Thron Gottes umgeben, die Sphäre himmlischen Ruhms, und das Geheimnis verkünden. Die Ikonostase ist eine Vision." (S.68). Unter Zuhilfenahme der Begriffe "Gesicht - Maske - Antlitz" zeigt Florenskij: "Die Ikone ist dasselbe wie eine himmlische Vision, und doch nicht dasselbe: eine Linie, die die Vision umreißt." (S.71). In jedem Fall, ob es sich nun um eine ersterschienene oder um eine tradierte Ikone handelt, liegt der Ikone eine Vision zugrunde; damit ist ihr Realitätsgehalt verbürgt.

Im weiteren werden die Lebensregeln für Ikonenmaler und die Technik der Ikonenmalerei beschrieben und die Begründungen für diese Anweisungen dargelegt. Ein Dialog über Ikonenmalerei, Ölmalerei und Gravüre wird zu einem philosophischen Gespräch über Orthodoxie, Katholizismus und Protestantismus. Während in der orthodoxen Kirche Ikonen gemalt werden, bedient der Katholizismus sich in erster Linie der Ölmalerei, und der Protestantismus bevorzugt die Gravüre. "Während die Ölmalerei am besten befähigt ist, das sinnliche Vorhandensein der Welt wiederzugeben, die Gravüre entsprechend ihr verstandesmäßiges Schema, besteht die Ikonenmalerei als anschauliche Erscheinung des metaphysischen Wesens dessen, was sie abbildet." (S.124)

Es ist faszinierend, wie Florenskij sein wissenschaftlich und philosophisch geschultes Denken auf die Ikonenmalerei anwendet und sie dadurch in einen zeitgenössischen kunsttheoretischen Zusammenhang stellt. Dabei zeigt sich in der Vorgehensweise eine überraschende Verwandtschaft zwischen Florenskijs Betrachtungen über Ikonen und Johannes Stüttgens Ausführungen über Installationen von Beuys: Beide gehen von den Phänomenen aus und loten sie in ihrer Bedeutung aus. Sowohl die Ikonenmalerei als auch die Beuyssche Aktion führen bei diesem Vorgehen direkt an die Grenze zwischen sichtbarer und unsichtbarer Welt und weisen darüber hinaus. Spätestens wenn beim Lesen des Buches von Florenskij dieser Zusammenhang deutlich wird, ist die Brücke von der Ikone zum Grenzerlebnis, nicht nur im revolutionären Rußland, geschlagen. "Die Ikonostase" von Pavel Florenskij erfordert vom Leser einige Mühe, weil die Gedankenwege zum Teil ungewohnt sind; aber dann eröffnet sie ungeahnte Verständnismöglichkeiten für Ikonen, die Aufgaben der Kunst und die Unterschiede zwischen Ost und West.

Annegret Kühl

In ansprechender Gestaltung hat der Oghamverlag drei Bände der Oghambücherei in Neuauflage herausgebracht. Es handelt sich dabei um drei Spruchsammlungen, man kann sagen: "Lektüre für Minuten".

Lothar Vogel: Sonnengesänge der Menschheit

Oghamverlag, Stuttgart 1990, 88 Seiten, Ln., DM 12,80

> "Herr Gott ich preise
> Dich im Stillen
> Um Deiner Werke Pracht,
> In Sonderheit der goldenen Sonne willen,
> Die Du gemacht!"

Der bekannteste Sonnengesang ist wohl der des Franz von Assisi. Aber bereits lange vorher und auch danach hat die Sonne die Menschen zu Lobgesängen angeregt. In diesem Band sind Sonnengesänge aus verschiedenen Zeiten und Kulturen gesammelt, unter anderem: Ägypten, Persien, Indien, Afrika, die Sonne im Kelten- und Germanentum, Sonnenerleben in der Renaissance. So kann man einen Eindruck gewinnen, wie die Sonne gepriesen wurde, ohne in vielen Büchern suchen zu müssen. Die Literatur- und Quellenangaben am Ende ermöglichen es, auch das Umfeld der Texte zu beachten.

Manfred Krüger: Denkbilder, Aphorismen

Oghamverlag, Stuttgart 1990, 60 Seiten, Ln., DM 13,80

Aphorismen zu lesen, kann erfrischend sein: Man versteht zunächst nicht ganz, stutzt, denkt nach, mit einem Schmunzeln findet man die Antwort, verweilt einen Moment und geht dann weiter. In dem Band "Denkbilder" von Manfred Krüger heißt die erste Aphorismus-Trilogie "Schreiben". Sie lautet folgendermaßen: "Spricht die Seele, so spricht, ach! schon die Seele nicht mehr: Das gilt noch tiefergreifend für das Schreiben. Das geschriebene Wort ist wie Kristall. Schreiben macht Seelenwinter. Aber den Prozeß der Eisbildung kann die Seele als Läuterungsfeuer erleben." - "Ich habe gehört und halte dafür: Das Nur-Gehörte bleibt unsicher." - "Schreiben heißt festschreiben. Der Sinn von Geschriebenem ist zunächst ebenso dunkel wie der Sinn von Gehörtem. Aber ich kann immer wieder nachlesen, prüfen. An Geschriebenem wird das Denken scharf." Die folgenden Aphorismen sind meist kürzer und regen zum Denken, zum Teil zum Widerspruch an. Manfred Krüger hat Tiefsinniges in prägnante Sätze gegossen, nur leider fehlt der Humor.

Christoph Rau: Erdenspeise Gotteskraft

Oghamverlag, Stuttgart 1990, 74 Seiten, Ln., DM 12,80

Christoph Rau hat eine reiche Auswahl von Tischsprüchen und -gebeten zusammengestellt. Dieses Buch kann Anregung und Hilfe für die Gestaltung der Mahlzeiten sein und Fundgrube für Sprüche, von denen man nur noch den Anfang weiß.

Annegret Kühl